한국의 단군 문헌

단군학총서 04

한국의 단군 문헌

초판 1쇄 발행 _ 2019년 10월 3일

저자_ 박미라

펴낸이_ 이연숙
펴낸곳_ 도서출판 덕주(德周)
출판신고_ 제2018-000137호(2018년 12월 13일)
주소_ 서울시 종로구 삼일대로 457(경운동 88) 801호
전화 02-733-1470 팩스 02-6280-7331
전자우편 duckjubooks@gmail.com
홈페이지 www.duckjubooks.co.kr

ISBN 979-11-963795-4-4 (93910)
ISBN 979-11-963795-0-6 (세트)

한국의 단군 문헌

단군학총서
04

박미라 저

덕주

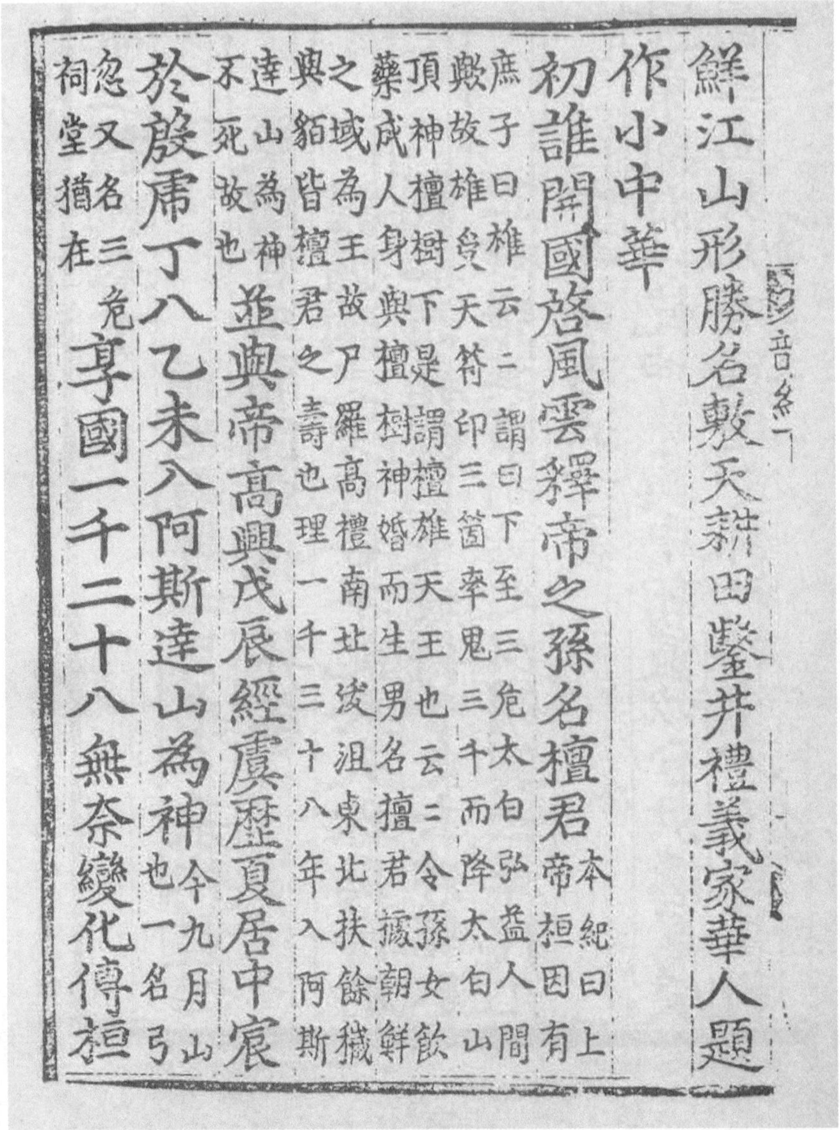

鮮江山形勝名敷天耕田鑿井禮義家華人題
作小中華
初誰開國啓風雲釋帝之孫名檀君本紀曰上帝桓因有庶子曰雄云云謂曰下至三危太白弘益人間歟故雄受天符印三箇率鬼三千而降太白山頂神檀樹下是謂檀雄天王也云云令孫女飮藥成人身與檀樹神婚而生男名檀君據朝鮮之域爲王故尸羅高禮南北沃沮東北扶餘穢與貊皆檀君之壽也理一千三十八年入阿斯達山爲神不死故也
並與帝高興戊辰經虞歷夏居中宸
於殷虎丁八乙未入阿斯達山爲神今九月山也一名弓忽又名三危祠堂猶在
享國一千二十八無奈變化傳桓

제왕운기 단군 기록 (국립중앙도서관 소장 디지털 자료)

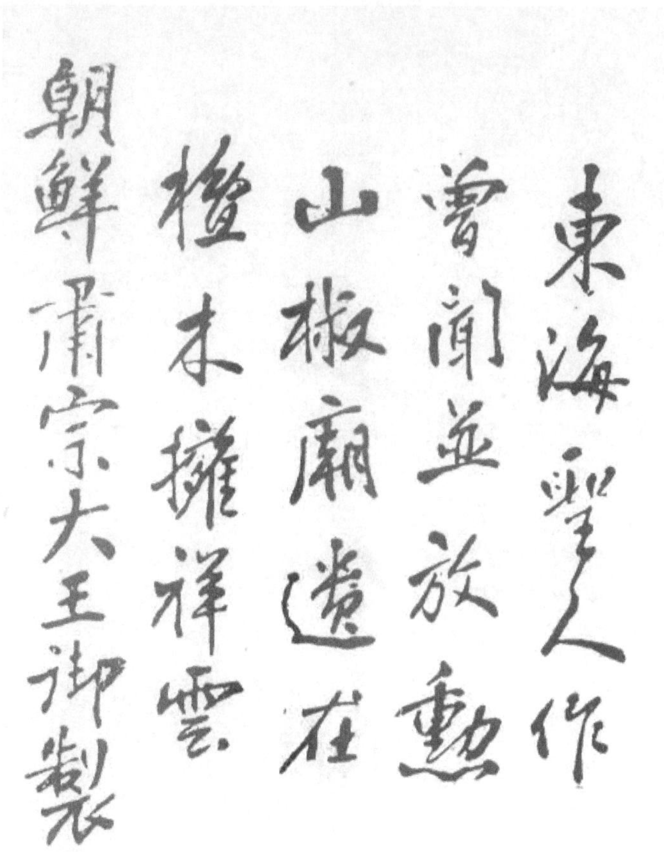

숙종어제시

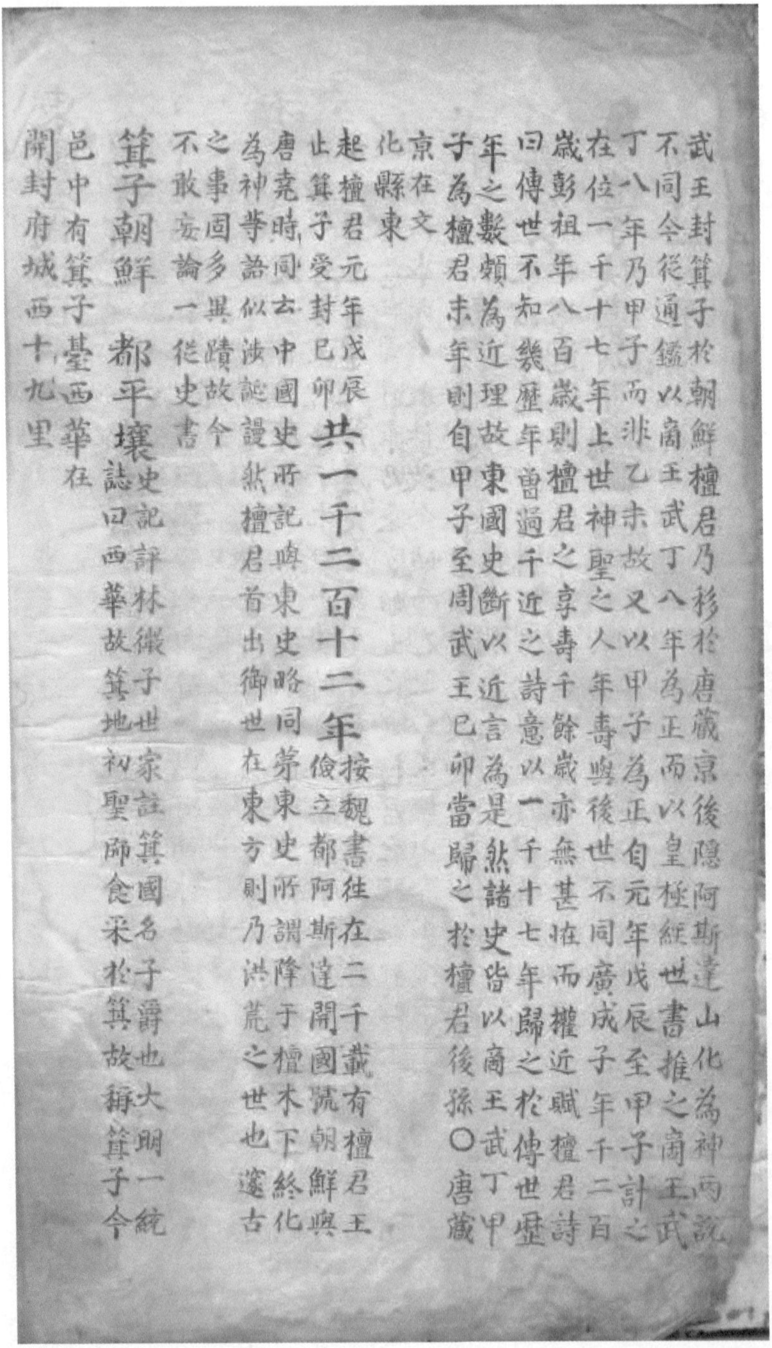
武王封箕子於朝鮮檀君乃移於唐藏京後隱阿斯達山化為神而說
不同今從通鑑以商王武丁八年為正而以皇極經世書推之商王武
丁八年乃甲子而非乙未故又以甲子為正自元年戊辰至甲子計之
在位一千十七年上世神聖之人年壽與後世不同廣成子年千二百
歲彭祖年八百歲則檀君之享壽千餘歲亦無甚恠而權近賦檀君詩
曰傳世不知幾歷年曾過千近之詩意以一千十七年歸之於傳世歷
年之數頗為近理故東國史斷以近言為是然諸史皆以商王武丁甲
子為檀君末年則自甲子至周武王己卯當歸之於檀君後孫○唐藏
京在文
化縣東
起檀君元年戊辰
止箕子受封己卯
共一千二百十二年
按魏書往在二千載有檀君王
儉立都阿斯達開國號朝鮮與
唐堯時同云中國史所記與東史略同第東史所謂降于檀木下終化
為神等語似涉誕謾然檀君首出御世在東方則乃洪荒之世也邈古
之事固多異蹟故今
不敢妄論一從史書
箕子朝鮮 都平壤
史記評林微子世家註箕國名子爵也大明一統
誌曰西華故箕地初聖師食采於箕故稱箕子今
邑中有箕子臺西華在
開封府城西十九里

홍만종 조선역대총목 (국립중앙도서관 소장)

홍만종 동국역대총목 고대조선 (국립중앙도서관 소장)

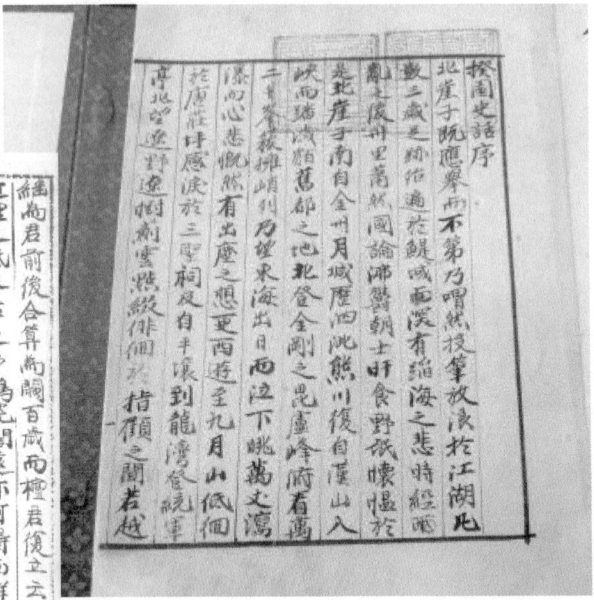

揆園史話序

北崖子旣應擧而不第乃喟然投筆放浪於江湖凡
數三歲足跡殆遍於鯷域而慨有滄海之悲時經兵
亂之後千里蕭然國論沸騰朝士旰食野夫懷愊於
是北崖子南自金州月城歷泗沘熊川復自漢山入
峽而踰濊貊舊都之地北登金剛之毘盧峰俯看萬
二千峯簇擁峭列乃望東海出日而泣下眺萬丈瀑
而心悲慨然有出塵之想更西遊至九月山低徊
於唐莊坪感淚於三聖祠又自平壤到龍灣登統軍
亭北望遼野遼樹薊雲點綴排徊於指顧之間若越

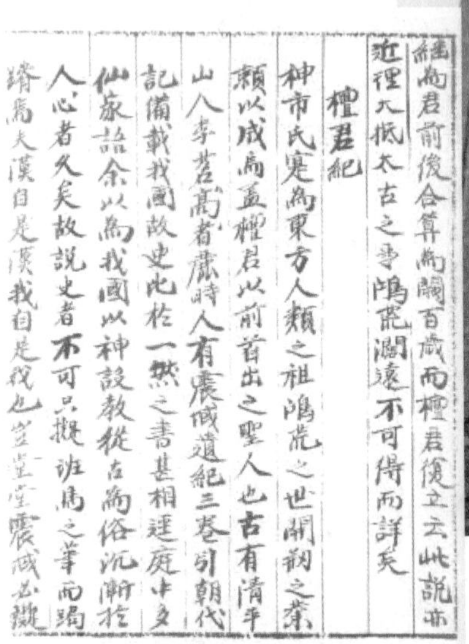

繼爲君前後合算爲闕百歲而檀君復立云此說亦
近理大抵太古之事鴻荒濶遠不可得而詳矣

檀君紀

神市氏寔爲東方人類之祖鴻荒之世開物之業
賴以成焉蓋檀君以前首出之聖人也古有淸平
山人李茗高麗時人有震域遺紀三卷引朝代
記備載我國故史比於一然之書甚相逕庭中多
仙家語余以爲我國以神設敎從古爲俗沈漸於
人心者久矣故說史者不可只擬班馬之筆而竭
蹐爲夫漢自是漢我自是我也豈堂堂震域必擬

규원사화 고필사본 (국립중앙도서관 소장)

조선사략 표지

삼일신고 최초본

성경팔리 최초본

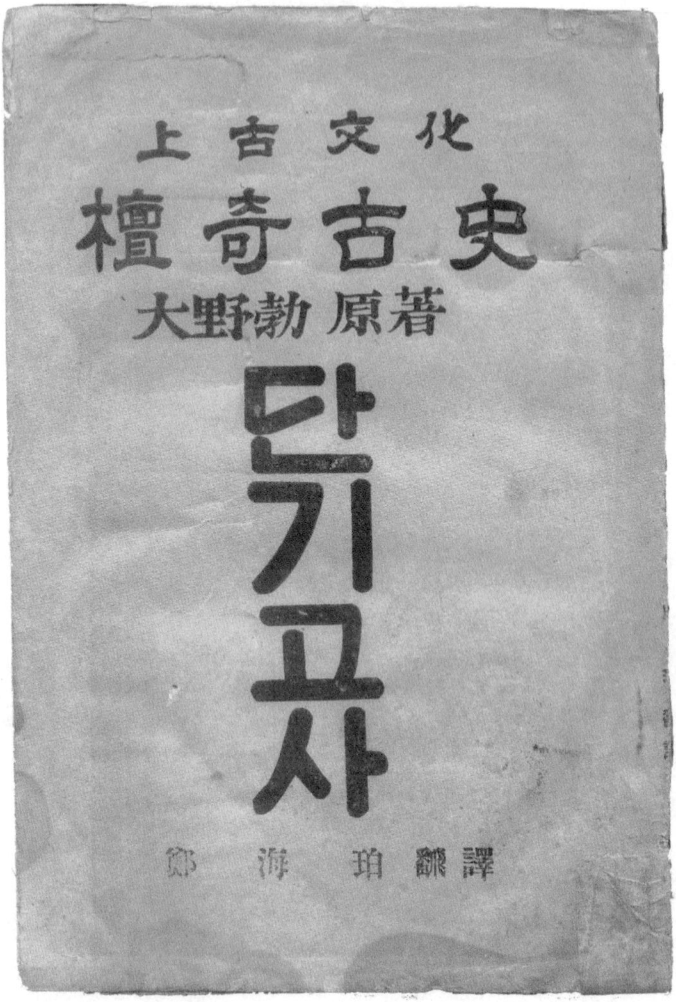

단기고사 정해백본

1979년 발행된 환단고기 최초 판본(호화양장본과 보급본)

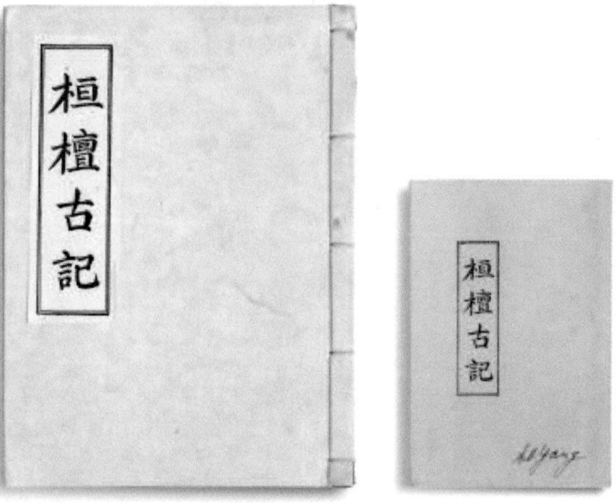

환단고기 초기 판본

신태윤 정사

나철 동상 (윤한주 제공)

정훈모 영정 (정달영 제공)

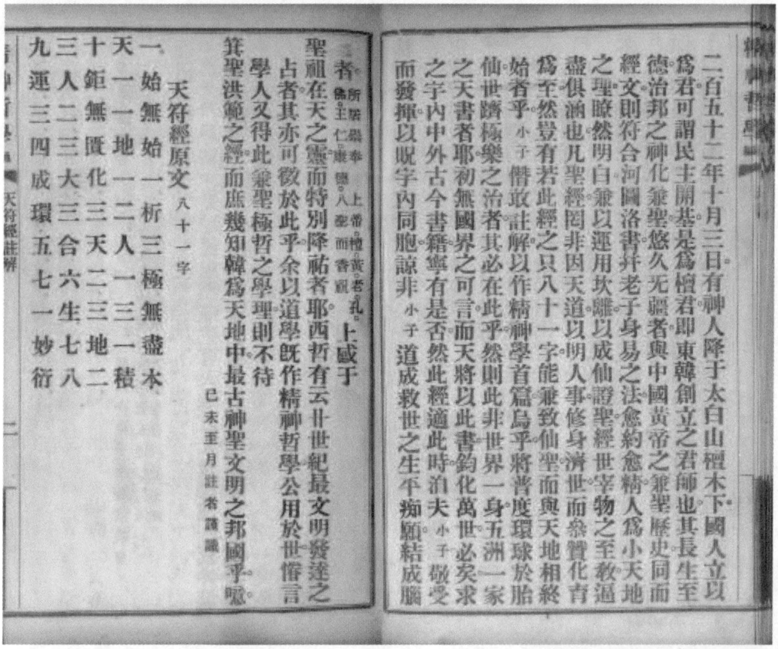

精神哲學

二百五十二年十月三日有神人降于太白山檀木下國人立以爲君可謂民主開基是爲檀君即東韓創立之君師也其長生至德治邦之神化兼聖悠久无疆者與中國黃帝之兼聖歷史同而經文則符合河圖洛書幷老子身易之法愈約愈精人爲小天地之理瞭然明白兼以運用坎離以成仙證聖經世宰物之至教逼盡俱涵也凡聖經罔非因天道以明人事修身濟世而參贊化育爲至然豈有若此經之只八十一字能兼致仙聖而與天地相終始者乎 小子 僭敢註解以作精神學首篇烏乎將普度環球於胎仙世躋極樂之治者其必在此乎然則此非世界一身五洲一家之天書者耶初無國界之可言而天將以此書鈞化萬世必奚求之宇內中外古今書籍寧有是否然此經適此時洎夫 小子 敬受而發揮以旣宇內同胞諒非 小子 道成救世之生乎痴願結成臘者所謂奉上帝檀黃老孔佛主仁東德八聖而香祖上感于聖祖在天之靈而特別降祐者耶西哲有云卄世紀最文明發達之占者其亦可徵於此乎余以道學旣作精神哲學公用於世脩言學人又得此兼聖極哲之學理則不待箕聖洪範之經而庶幾知韓爲天地中最古神聖文明之邦國乎噫

己未至月註者謹識

天符經原文 八十一字

一始無始一析三極無盡本
天一一地一二人一三一積
十鉅無匱化三天二三地二
三人二三大三合六生七八
九運三四成環五七一妙衍

精神哲學 天符經註解 一

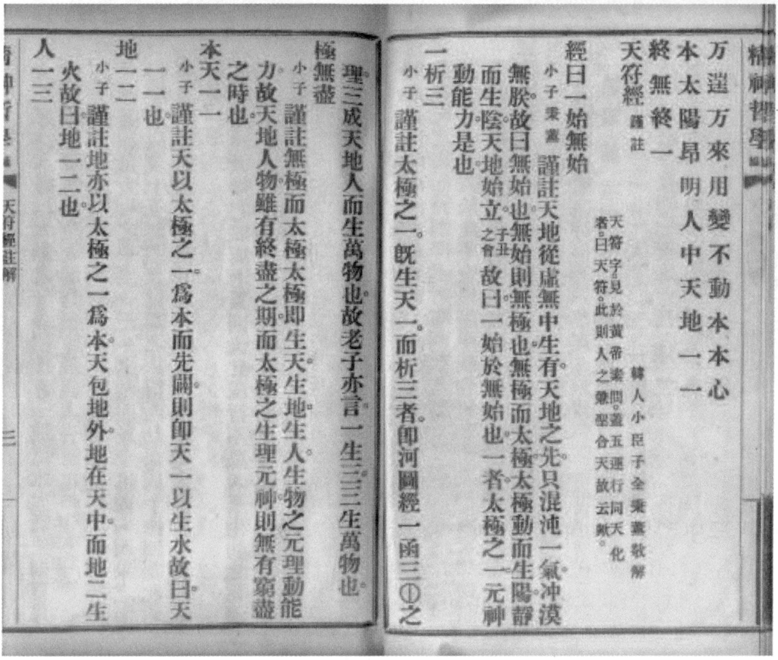

精神哲學

万逞万來用變不動本本心
本太陽昂明人中天地一一
終無終一

天符經 謹註 韓人小臣子全秉薰敬解

天符字見於黃帝素問蓋五運行同天化者曰天符此則人之與聖合天故云歟

經曰一始無始

小子秉薰謹註天地從虛無中生有天地之先只混沌一氣冲漠無朕故曰無始也無始則無極也無極而太極太極動而生陽靜而生陰天地始立子丑之會故曰一始於無始也一者太極之一元神動能力是也

一析三

小子謹註太極之一旣生天一而析三者即河圖經一函三⊕之理三成天地人而生萬物也故老子亦言一生二三生萬物也

極無盡

小子謹註無極而太極太極即生天生地生人生物之元理動能力故天地人物雖有終盡之期而太極之生理元神則無有窮盡之時也

本天一一

小子謹註天以太極之一爲本而先闢則卽天一以生水故曰天一一也

地一二

小子謹註地亦以太極之一爲本天包地外地在天中而地二生火故曰地一二也

人一三

精神哲學 天符經註解 三

1920년에 처음으로 전문이 공개된 천부경 원문

광무9년명 천부경 각석

1905년에 새겨진 최초 천부경 명문으로, 대종교 등장 이전에 이미 천부경에 존재했다는 증거를 보여준다

一積十鉅
光武九

一積十鉅

단군학총서를 엮으며

작은 글들이지만 한곳에 모이니 일단 4권의 총서 형태를 갖추었다. 국조 단군의 영정·사묘·자료·문헌이란 4주제로 분류하고, 그에 관해 국내외의 자료들을 가능한 한 전수조사를 해서 정리하였다.

우리는 단군을 알리고자 하나, 있는 그대로 객관적으로 알리고자 하였을 뿐 우리 자신이 국수주의에 흐르거나 우리가 감히 국혼(國魂)을 말하려 하지는 않았다. 모화사상과 사대주의에 찌든 민족허무주의를 극복하고 진실의 빛을 찾으려 노력했으나, 오직 있는 그대로를 기록해 두고 묻혀 있던 자료들을 발굴해서 체계적으로 펴내고자 하였다.

예를 들면 『환단고기』는 그 원자료가 1979년에 출간되었으므로 우리는 기본적으로 1979년에 출현한 사료로 보았다. 그 범례에서 계연수가 1911년 간행했다는 내용이 나오지만, 그를 증거할 다른 자료가 없으므로 1911년 간행했다고 '전(傳)'한다고 기록한다. 또 그 내용에서 고려 말 이암(1297~ 1364)이 지었다고 나오지만 다른 곳에서 확인되지 않으므로, 전(傳) 이암 작으로 기술한다. 만일 그 진실성이 의심스러운 점이 있다면 '의심(疑心)스럽다'고 기록해 둔다는 것이다. 부분적으로 의문점이 있다고 해서 전체를 위작(僞作)이라고 단정하지도 않거니와, 의심스런 점을 모른 척하거나 민족주의적 감정에 호소하지도 않을 뿐더러 일부를 가지고 확대 해석하지도 않았다. 단군을 찬양하는 견해도 반대하는 견해도 모두 가감없이 사실 그대로를 기록해 두었다. 앞으로 열정을 가진 애호가와 안목을 가진 전문가의 해석을 기다리며, 옥석을 가리는 비판을 바랄 따름이다.

이렇게 나름대로 원칙을 가지고 노력했지만, 여러 현실적 제약으로 부족한 점을 감출 수 없다. 일본 가고시마 옥산궁이나 도쿄의 고려신사도 가 보았고 중국 산동성의 무씨사당도 답사를 했으나, 정작 단군의 고향이라고 할 수 있는 구월산이나 묘향산 등 북한 유적을 답사하지 못한 점은 아쉬움을 금할 수 없다.

그러나 그동안 남북한이 개천절 공동 행사를 진행하는 등 단군을 중심으로 남북의 형제들이 서로 만나서 화합의 장을 보인 것은 매우 뜻깊은 일이다. 일제강점기 동안 단군이 독립운동의 상징이었다면, 앞으로 단군은 통일의 상징으로 남북의 화합을 이끄는 등대가 될 것이라 생각한다.

이 소편(小篇)들은 단군학의 완성이나 결정판이 아니고, 단군학 연구를 위한 자료 모음집으로서 공구서나 안내서일 뿐이다. 그동안 많은 선현과 선배들의 연구와 헌신의 결과물이 있었기에, 이를 토대로 작은 자료집을 꾸밀 수 있었다.

고려시대의 일연선사와 이승휴 선생을 비롯해서 조선시대의 수많은 학자와 선각자들이 세차게 밀어닥치던 사대주의의 흐름 속에서 의연히 지주(砥柱)가 되었기에 단군의 전승이 그치지 않을 수 있었다. 특히 단군 연구가 본격화한 일제강점기에는 신채호, 박은식, 최남선, 정인보, 신규식, 권덕규, 장도빈, 김교헌, 서일, 윤세복 등의 여러 선현을 비롯해서 광복 직후 김재원, 안호상 박사의 선도적 연구가 길을 열었고, 그 뒤에 이용태, 강수원, 최인, 최동, 이유립, 정명악, 강무학, 이상시, 서희건, 손경식, 송호수 선생 등 여러 학자들의 헌신과 임승국, 임균택, 박성수, 이강오, 박용숙, 정호완, 한영우, 윤내현, 김상일, 정영훈, 박창범, 서영대, 윤명철, 이형구 교수 등의 학문적 열정으로 단군학은 커다란 성과를 일굴 수 있었다. 일일이 거명할 수 없지만 이런 여러 선배들의 노력으로 이제 엄밀한 학적 체계와 고증을 통한 새로운 연구 단계에 들어설 수 있었다.

현재 학계와 사계에서 활발하게 연구를 하고 있는 여러 학자들의 이름은 이 자리에서 하나하나 거론하지는 않지만, 이 책의 내용과 참고문헌 편을 보면 그분들의 학문적 열정과 뜨거운 마음을 단박에 알 수 있을 것이다.

이런 많은 분들의 노력으로 전통시대에 호랑이 담배 피던 시절의 이야기로 치부되었던 단군이 일제강점기 희망의 등대가 되어 후손들의 슬픈 가슴을 쓰다듬어 주었고, 이제는 다시 통일의 상징으로 우리의 미래를 다시 한 번 비추고 있다. 앞으로도《단군학총서》는 더 수정 보완할 것이고, 또 새로운 주제를 발굴하고, 그동안 묻혀 있던 귀중한 자료들을 잘 다듬어 펴낼 것이다.

나름대로 정성을 들인다고 했지만, 이 소책자가 갖고 있는 여러 한계와 미비한 점들에 대해선 가차 없는 질책과 질정을 청한다. 다만 한 가지 바라는 것은, 이 소편들이 그동안 단군을 둘러싸고 갈라졌던 흑백의 진영 논리를 벗어나 통일과 화합의 상징으로서 합리적 단군관이 마련되는 작은 디딤돌이 되기를 바라는 마음뿐이다.

단기 4352년 개천절을 맞이하며
〈단군학자료원〉에서 엮은이 대표 임채우 삼가 쓰다.

책을 펴내며

단군(檀君)은 우리 민족의 국조(國祖, National Ancestor)로서 정신적 지주였고, 민족의 정체성을 확인하는 상징이었다. 단군은 고려 말이나 조선 말 같은 혼란한 시대에 민족을 지켜 주는 희망의 등불이자 위난극복의 구심점으로 작용하였으며, 특정 종교나 종파의 문제를 넘어서서 민족의 지도이념의 바탕이 되었다. 그래서 신규식(申圭植, 1879~1922)은 단군이 태백산 단목 아래 강림했다는 한 줄기 기록이 없었다면 한민족은 다른 민족에게 종속되고 말았을 것이라고 말한 바 있다.㉠

단군 국조 관념은 고조선의 뒤를 이어 부여나 고구려·발해로 그 전통이 계승되었으나, 외세의 영향을 받으면서 그 위상이 격하되기도 했다. 조선시대는 특히 모화주의에 젖어서 그 위상이 기자(箕子)의 다음에 있었다. 그러나 이민족의 침략을 당할 때는 단군 국조를 받들어 민족의식

㉠ 신규식 저, 민병하 옮김, 『한국혼』, 박영사, 1975, 38쪽 참조.

과 자주독립의 지주로 삼았다.

예를 들면 임진란에 포로로 잡혀간 조선인 24성(姓)이 일본의 가고시마(鹿兒島)에 이주해서도 마을 이름을 조선촌이라 칭하고 단군 사당을 세워 제사지내면서㉠ 단군을 중심으로 민족의 정체성을 지켜 왔다. 또 외세의 침탈 속에 극히 혼란스러웠던 구한말에 단군숭배운동이 요원의 불길처럼 번져가면서 독립운동을 주도했던 것도 국조 단군에 대한 한민족의 뿌리 깊은 의식을 보여 주는 좋은 예이다.

조선시대 단군은 사대주의에 빠져 있던 지배층과 도통의식(道統意識) 의식에 젖어 있던 일부 성리학자의 영향으로 인해 일시적으로 기자(箕子)의 위상에 가려져 있었다. 그러나 일제 식민통치기를 거쳐 광복으로 이어지는 일련의 과정 속에서, 단군 국조의 관념은 우리로 하여금 중화주의적 세계관을 벗어나 민족적 정체성을 확인하는 근거가 되었을 뿐 아니라, 각성된 민족의식은 일제의 식민주의에서 벗어나 자주독립운동으로 이행하는 이념적 계기를 마련했다고 할 수 있다.

자력으로든 타력으로든 중국으로부터의 독립을 위해서 단군론이 대두된 것은 필연적인 일이었다. 중국에 조공을 바치던 속국의 위상에서 근대적 민족국가로 독립하기 위해서는 중화주의적 세계관을 극복할 새로운 국가이념이 필요했기 때문이다. 또한 국난 때마다 단군이 민족의 구심점 역할을 했던 역사를 돌이켜볼 때, 일제를 비롯한 외세의 침략으로 암울했던 구한말에 민족의 상징으로서 단군이 대두된 것은 자연스런 현상이었다고 할 수 있다.

이렇게 단군 국조관은 민족의 위난 때마다 자생적으로 등장했고, 이런

㉠ 이강오, 『한국신흥종교총람』, 한국신흥종교연구소, 1992, 314~315쪽.

전통이 자주독립의 상징으로서 해방 이전까지 민족주의 운동의 기반을 이루었던 것임에는 의심의 여지가 없다.

그러나 단군으로부터 비롯한 인간 세상을 널리 이롭게 한다는 '홍익인간(弘益人間)'과 '재세이화(在世理化)'의 명제는 한민족에만 한정된 것이 아니라 인류 전체의 보편이념을 제시하고 있다는 점에 주목할 필요가 있다. 해방 후 1946년 '홍익인간'을 대한민국 교육의 기본이념으로 정하려고 하자 미군정에서 이 말이 민족주의적 색채가 심하다고 거부하려고 했다. 이때 미국에서 신학을 공부한 기독교인으로 조선교육심의회 위원이었던 백낙준 박사(1896~1985)는 홍익인간을 영어로 '인간에 대한 최대한의 봉사(maximum service to humanity)'로 번역하여 미군정을 설득했다고 한다.㉠ 단군은 위기에 처할 때마다 우리 민족에게 힘을 불어넣어 준 민족의 상징이기도 했지만, 또한 인류 보편의 이념을 제시하고 있다는 점에서 선민의식이나 제국주의에 흐르는 경향을 보이는 다른 민족의 신화나 전설과는 차원이 다르다고 하겠다.

그러나 근래에 들어오면서 단군 존숭은 점점 더 약해지고 있고, 때로 우리 사회에서 갈등을 빚는 현상이 나타나기도 하고 있다. 근현대의 단군 종교운동에 대해 조사를 했던 이강오는 현대의 단군 국조관과 그에 대한 사회적 인식에 대해 다음과 같이 정리한 바 있다.

> "단군신교(檀君神敎)를 신봉하는 종교적 신앙과 단군을 다만 국조로 숭봉하는 태도로 구별할 수 있는데, 대개 전자는 종교단체로 후자는 사회단체의 형태로 나눠진다. 그러나 여기에도 분간하기 어려운 것은

㉠ 노길명 외, 『한국민족종교운동사』, 민족종교협의회, 2003, 229~230쪽 인용.

단군을 신앙하는 종교인이 단군신교를 신봉하는 것인지 혹은 국조숭배에 그치는 것인지 그 태도가 매우 모호하다는 것이다……. 실상 단군 신앙은 국조단군에 대한 숭배관념과 혼동되는 점도 없지 않다"고 해서, 단군을 신앙하는 태도에 있어서의 두 가지가 중복되어 있다.㉠

단군 국조에 대한 현대인의 인식에는 종교로서의 신앙과 국조로서의 숭봉이란 성격이 혼재되고 있다는 것이다. 이 두 가지 성격의 혼재는 현대 단군숭배에 있어서의 한 특징도 되지만, 또한 이를 구분하지 못함으로써 종교적 갈등이 표출되는 한 원인이 되고 있기도 하다.

미래에 있어서의 단군은 현재의 남북 대립과 민족 분열을 통합하는 민족대단합의 이념적 구심점으로서의 역할을 기대할 수 있을 것이다. 이 《단군학총서》가 이 시대적 요청에 작은 디딤돌이 되었으면 바랄 뿐이다.

기해년 원단

엮은이 박미라

㉠ 이강오, 『한국신흥종교총람』, 299쪽 참조.

차례

2부 단군 문헌 원문

1장 경전

2장 역사

3장 전통 역사서

4장 개인 문집

5장 관찬서 · 잡록

6장 근현대 교과서

7장 외국 문헌

1. 중국

2. 일본

본서 수록 단군 관련 원문 자료 분류표

경전	天符經, 三一禮誥, 聖經八理(참전계경)
역사	揆園史話, 檀奇古史, 符都誌, 桓檀古記
전통 역사서	三國遺事, 帝王韻紀, 高麗史, 三國史節要, 東國通鑑, 東國史略, 標題音註東國史略, 東史纂要, 彙纂麗史, 東史補遺, 東國通鑑提綱, 東國歷代總目, 纂修東國史, 東史會綱, 同文廣考, 東史綱目, 紀年兒覽, 朝野輯要, 燃藜室記述, 海東繹史, 叢史, 大東掌攷, 大東遺事, 紀年東史約, 東史, 東史撮要, 東史節要, 歷史輯略, 國朝寶鑑, 神檀實記, 韓國歷代小史, 帝王年代歷
개인 문집	陽村集, 四佳集, 白湖全書, 藥泉集, 記言, 息山集, 崧嶽集, 藥山漫稿, 圓嶠集選, 斗室寤言, 旅菴全書, 修山集, 明隱集, 精神哲學通編, 借樹亭雜收
관찬서·잡록	龍飛御天歌, 世宗實錄地理志, 應製詩註, 東國輿地勝覽, 筆苑雜記 鎖尾錄, 磻溪雜藁, 青鶴集, 海東異蹟, 旬五志, 星湖僿說, 梧溪日誌集, 東國文獻備考, 楓巖輯話, 文苑黼黻, 春官通考, 海東樂府, 五洲衍文長箋散稿, 東典考, 林下筆記, 增補文獻備考
근현대 교과서	朝鮮略史十課, 朝鮮歷代史略, 朝鮮歷史, 東國歷代史略, 普通教科 東國歷史, 東史輯略, 大東歷史, 普通教科 大東歷史略, 新訂 東國歷史, 中等教科 東國史略, 대한력ᄉᆞ, 初等 大東歷史, 초등 대한력ᄉᆞ, 初等 大韓歷史, 初等 本國歷史, 初等 本國略史, 初等 本國歷史, 新撰 初等歷史, 조선상고사, 故事通, 朝鮮歷史講話, 국사대관, 조선사개설
외국 문헌	[중국] 朝鮮史畧, 朝鮮志, 御定歷代彙, 鄭開陽雜著, 山海經廣注, 歷代建元考, 皇清文顯, 御定駢字類編, 御定佩文韻府 [일본] 朝鮮史, 日韓古史斷, 朝鮮史, 朝鮮四千年史, 朝鮮文化史大全, 朝鮮史要, 檀君考, 朝鮮史のしるべ

일러두기

1. 이 책에 수록된 원문은 전통시기 단군과 관련된 한문 원전 자료의 초간본을 저본으로 삼고, 이본을 참고로 했다.
2. 판본이 여럿일 경우에는 초기 판본을 중심으로 상호 비교 교감하여 가장 원본에 가까운 판본을 선본으로 삼고, 다른 판본의 이탈자(異脫字)나 오자(誤字)는 해당되는 곳에 각주를 달아 정리했다.

1

단군 문헌 해제

머리말

이 책은 2015년에 발간한 『단군자료집성』을 수정·보완해서 재출간한 것이다. 당시 (사)민족종교협의회의 지원 아래 전통시대 단군에 관한 주요 문헌자료를 국내외를 막론하고 수집·분류해서 그 원문을 모두 활자화한 다음, 각 판본 비교를 통해 오자·탈자 등의 교감(校勘)을 하여 『단군자료집성』(민족종교협의회, 2015)을 발간하였다. 그러나 『단군자료집성』은 비매품으로서 시판되지 않았던 관계로 널리 보급되지 못했다. 이 책은 『단군자료집성』을 저본으로 해서, 전통시대뿐 아니라 근현대 부분까지 연결해서 비교해 볼 수 있도록 내용을 수정·보완하여 『한국의 단군 문헌』으로 정식 출간한 것이다.

먼저 이 책에서는 전통 시기의 단군관을 찾아볼 수 있도록 원칙적으로 광복 이전의 한문 원전을 수록했다. 다만 조선 말에서 1910년대 무렵까지 등장했던 근대 역사교과서 17종과 해방 직후 등장한 『단기고사』와 『부도지』, 1979년에 공개된 『환단고기』는 본서의 취지와 내용상 같이 참조할 만한 가치가 있다고 판단되어 수록했다. 하지만 정훈모에 의해 수집된 것으로 전해지고 있는 『천을선학경』이나 이유립이 공개한 『태백속경』, 『신시개천경』 등은 이 책에 같이 수록하지 않았다. 또 최근에는 「천부경」을 모방한 「지부경」, 「인부경」 등도 등장했다. 이 전적들은 내용이 특정한 경향성을 띄거나 기존의 내용을 인용한 경우도 있고, 전수과정에 불확실한 부분이 있어서 좀 더 연구를 한 다음에 추후에 보완하는 것으로 방침을 정했다.

이 책은 한문 원문을 그대로 실으면서, 읽기 편하도록 단구(斷句)를 해두었다. 그리고 특히 여러 판본들을 비교해서 교감했다. 단군 문헌은 주로 필사본을 통해서 시중에 유전되었던 탓으로, 전사(傳寫)의 과정에서 오탈자가 많이 나올 수밖에 없었다. 어떤 경우에는 필사자가 자신의 뜻에 맞추어 내용을 빼거나 바꾸는 경우도 비일비재했다. 예를 들면 「천부경」은 원문이 81자에 불과했지만, 공개된 지 몇 년 사이에 이체자가 등장하면서 판본이 3개나 되었다. 『성경팔리』도 등장하자마자 몇 글자의 첨삭으로 인해 2개의 판본이 되고, 이름 자체가 『참전계경』으로 바뀌었던 사실이 이를 잘 보여 준다. 이 책에서는 바로 여러 판본들이 등장한 내력과 역사를 해제에 밝혀 두었고, 그 원문과 판본들을 한 자 한 자 비교해서 그 교감 결과를 각주 속에 수록해 두었다. 이로써 원전 내용상의 고증적 근거를 밝히면서 객관적으로 그 의미를 파악할 수 있도록 했다.

이번에 보완된 부분은 본문에서는 전병훈과 김택영의 초기 「천부경」 한문주석본과 『해동악부』의 관련 내용과 일본서 부분을 추가했다. 이 책은 원칙적으로 전통시대의 단군 문헌을 수록했기 때문에, 현대의 여러 국사교과서와 역사서 등에서의 단군 관련 기술 문제는 더 이상 싣지는 않았다. 그러나 일제로부터 해방된 직후 단군의 역사를 어떻게 기술했는지 참고할 수 있도록 민족주의 사학을 보여준 최남선 『고사통』과 더불어, 실증주의 사학의 대표라고 할 수 있는 경성대학 조선사연구회에서 1949년 펴낸 『조선사개설』과, 같은 해 이병도의 『국사대관』에서 인용해서 추가했다.

이로써 해방 직후 경성대학(서울대학교)과 이병도의 국사교과서를 필두로 일제강점기의 식민주의 사학을 결산하면서 새로운 시각을 열어 가는 모습을 확인하면서, 단군관의 역사적인 흐름을 파악할 수 있도록 했다. 그래서 고려 말 채록되기 시작한 단군이 전통시대에서 근현대를 통과하며 어떻게 성립되고 발전 혹은 굴절되며 전개되었는지, 그 객관적 자료를 통해 확인할 수 있도록 했다.

이렇게 보고서가 출간된 지 몇 년이 지난 뒤에 다시 내용을 더 보충하고 오탈자를 교정하여 정식으로 출간하게 되었다. 사계의 전문연구자에게 앞으로의 연구에 도움이 될 수 있고, 이 부분에 관심 있는 교양 있는 독자들에게도 객관적이고도 전체적인 인식을 얻는 데 도움이 되었으면 하는 마음뿐이다. 눈 밝은 강호제현들의 지도 편달을 엎드려 부탁한다.

시대별 단군 인식의 전개

고려 이전

고대로부터 단군을 숭배해 왔음을 보여 주는 신화나 전설이 우리 민족에 전해 내려오고 있음을 여러 곳에서 볼 수 있다. 인천 강화군 마니산의 참성단(塹城壇)이나 황해도 신천군의 어천대(御天臺), 태백산의 제천단(祭天壇), 묘향산 단군굴 석주(石柱) 등이 예부터 단군을 제사하던 제단으로 전해지고 있으며, 강화도의 삼랑성은 단군의 아들이 축조했다는 전설도 전해지고 있다. 또한 단군에 대한 제사가 국가의례로 정립되기 이전부터 구월산 삼성사 등에서는 환인·환웅·단군 세 분에게 민간에서 자발적으로 제사를 올렸다고 한다.㉠

이 밖에 고대 단군을 향사(享祀)하는 제단은 대개 산마루나 마을 앞뒤

㉠ 박미라, 「근대 유교의 단군 국조론」, 『한국사상과 문화』28집, 한국사상문화학회, 2005년, 228쪽.

에 있는 노고수(老古樹) 아래에 돌을 쌓아 설치하였는데, 국내 각처의 산 위에 산왕단(山王壇)·산신단(山神壇)·성황당(城隍壇) 등 노천제단(露天祭壇)을 구축하고 크고 높은 노고수를 당산신수(堂山神樹)로 삼고, 솟대를 세워 신에게 제사하는 전통 민속은 삼신(三神) 가운데 한 분인 환웅천왕이 신단수 아래에 제단을 설치했던 방식이 오랜 시대를 통하여 유사한 형태로 전승되어 온 것이라고 보기도 한다.㉠

이렇게 단군에 관한 여러 신화와 전설은 우리 민족과 더불어 계속 전승되어 왔다. 하지만 대부분이 구전으로만 전수되어 왔을뿐 단군에 관한 정식 기록은 고려 말 일연(一然, 1206~1289)의 『삼국유사』가 처음이니, 아주 늦게 나타난 셈이다. 그것은 고대의 역사를 기록한 사서들이 외침과 전란 속에서 소실되어 버렸기 때문일 것이다.

근자에 북한에서는 기원전 8~7세기 무렵에 단군과 관련한 유물이 발견되었다고 주장하기도 했다. 이에 따르면 십이대영자돌곽무덤에서 발굴된 사람의 얼굴상이 단군이라고 단정할 수는 없지만 시조를 형상화한 작품일 가능성이 있으며, 룡산리 제4호 무덤의 선인 벽화가 단군일 가능성이 있다는 문제를 제기하기도 했다.㉡ 그리고 1993년에는 강동의 단군릉을 발굴하여 여기에서 출토된 유골이 5011년 전의 단군이라고 보고 있다.㉢ 그러나 이런 주장들이 얼마나 과학적 근거와 공신력을 지닐지는 미지수로 남아 있다.

고대로부터 단군을 숭배해 왔던 습속은 여러 곳에서 확인되는데, 역사

㉠ 이강오, 『한국신흥종교총람』, 332~339쪽 참조.

㉡ 리철, 「력대 단군화상들의 사료적 가치」, 『단군과 고조선연구』, 1994. 평양 사회과학출판사(한국문화사 영인본), 123~124쪽 참조.

㉢ 정영훈, 「남과 북의 단군인식과 단군숭앙」, 『단군과 고조선 연구』, 지식산업사, 2005, 197~199쪽 참조.

적으로는 고려시대부터 보인다. 먼저 국가제사에서 단군과 관련된 내용들을 추정해 볼 수 있다. 고려시대에는 동명성제사(東明聖帝祠)를 설립해서 동명왕과 단군을 같이 제사하였다.㉠ 동명왕을 단군과 같이 제사한 이유는 고려가 고구려의 후예를 자처했기 때문인데, 고구려 시조 동명왕을 중심으로 한 동명성제사가 기자(箕子)를 제사하던 기자사(箕子祠)보다 더 중시된 것은 당연한 일이었다.

고려 인종 9년(1131)에는 묘청(?~1135)의 건의로 평양에 팔성당(八聖堂)을 세워 '구려평양선인(句麗平壤仙人)' 등을 모셨다고 하는데, 이는 『삼국사기』「고구려본기」의 '평양은 선인왕검의 집'이란㉡ 구절과 내용이 일치하며, 평양선인이란 단군왕검을 지칭한 것일 가능성이 높다. 그렇다면 묘청의 팔성당 역시 단군을 모시고 있었을 가능성이 충분하다고 할 수 있다.

고려조에서는 현종 2년(1010)에 단군이 어천(御天)하였다는 황해도 구월산에 삼성사(三聖祠)를 세웠다는 기록이 있으며,㉢ 거란과 원의 침략을 막기 위하여 평양에 숭령전(崇靈殿)을 짓고, 평안도 강동군에 단군능과 단군묘를 설치했다.

이 뒤 몽고의 침입을 받아 30여 년간의 몽고항쟁을 거친 다음 저술된 『삼국유사』와 『제왕운기』에서는 고조선을 우리 역사의 시원으로 제시하고, 분명하게 단군을 기술함으로써㉣ 민족의 주체성을 드러냈다. 일연의

㉠ 『高麗史』「地理志」, "西京留守官平壤府本三朝鮮舊都 唐堯戊辰歲神人降于檀木之下 國人立爲君 都平壤號檀君 是爲前朝鮮 周武王克商封箕子于朝鮮 是爲後朝鮮…東明王墓[在府東南中和境 龍山俗號'眞珠墓.' 又仁里坊有祠宇 高麗以時降御押行祭朔望 亦令其官行祭邑人至今有事輒禱 世傳東明聖帝祠]" 참조.

㉡ 『三國史記』「高句麗本紀」, 東川王 二十一年, "平壤者 本仙人王儉之宅也."

㉢ 『高麗史』「地理志」顯宗九年, "有九月山[世傳阿斯達山] 莊莊坪[世傳檀君所都卽唐莊京之訛] 三聖祠[有檀因檀雄檀君祠]."

『삼국유사』「기이(紀異)」편에서는 다음과 같이 기술하고 있다.

『위서』에 이르기를 "지난 2000년 전에 단군왕검이 있어, 아사달에 도읍을 세우고 나라를 열어 '조선'이라 이름 하니, 요 임금과 같은 시기이다"라고 하였다. 『고기』에 이르기를 "예전에 환인의 지차 아들인 환웅이 있었으니, 자주 하늘 아래 세계에 뜻을 두고 인간의 세상을 구제하고자 하였다. 그 아버지가 아들의 뜻을 알고 아래로 삼위태백의 땅을 굽어보니 인간세상을 널리 이롭게 할 만하기에, 천부인 3개를 주어서 내려 보내어 그 곳을 다스리게 하였다. 환웅은 3천의 무리를 거느리고 태백산 꼭대기 신단수 아래로 내려와 신불이라 일컬으니 이 분이 곧 환웅천왕이다. 풍백과 우사 그리고 운사에게 곡식과 생명 그리고 질병과 형벌 및 선악을 맡게 하고 무릇 인간 세계의 360여 일을 주관하여 세상에 머물며 올바른 이치로서 백성들을 교화하였다. 이때 한 마리의 곰과 한 마리의 범이 있어 같은 굴속에 거처하며 항상 신인인 환웅에게 기도하며 사람으로 변화되기를 원하였다. 이때 신인께서 영험한 쑥 한 타래와 마늘 20개를 주며 이르기를 '너희들이 이것을 먹고 백 일 동안 햇빛을 보지 않으면 곧 사람의 모습을 얻을 것이다' 하였다. 곰과 범은 그것을 받아먹으며 삼칠일 동안 근신하였다. 곰은 여자의 몸을 얻었으나 범은 제대로 근신하지 못하였기에 사람의 몸을 얻지 못하였다. 웅녀는 더불어 혼인할 자가 없어서 매번 신단수 아래에서 아이 갖기를 기원하였다. 환웅께서 이에 잠시 변화하여 그와 혼인하고 아들을 낳으니 이름을 단군왕검이라 하였다. 그는 당요 즉위 50년인

㉣ 박광용, 「기자조선에 대한 인식의 변천—고려에서 한말까지의 사서를 중심으로」, 『한국사론』6, 1980, 255~258쪽 참조.

경인년에 평양성에 도읍하고 처음으로 '조선'이라 일컬었다. 또 도읍을 백악산 아사달로 옮겼는데 그곳을 궁홀산이라고도 하고 또 금미달이라고도 하니 1500년 동안 나라를 다스렸다. 주나라 무왕이 즉위한 기묘년에 기자를 조선의 땅에 봉하고 단군은 이에 장당경으로 옮겼다가 후에 돌아와 아사달에 은거하여 산신이 되었으니 향년 1908세였다"라 하였다.㉠

일연은 『위서(魏書)』를 인용하여 "지금으로부터 2,000년 전에 단군왕검이 있어 도읍을 아사달(阿斯達)에 정하고 나라를 개창하여 조선이라 일컬으니 중국의 요(堯)임금과 같은 때"라고 했고, 함께 인용한 『고기(古記)』에는 "단군왕검이 요임금이 즉위한 지 50년인 경인(庚寅)년에 평양성에 도읍하고 비로소 조선이라 일컬었다"고 하면서 1500년 동안 나라를 다스리다가 기묘년에 기자를 조선땅에 봉(封)하고 아사달에 은거하다 향년 1908세에 산신이 되었다고 그 전기를 비교적 자세히 기술했다.

이승휴(李承休, 1224~1300)의 『제왕운기』 「동국군왕개국연대(東國君王開國年代)」에는 단군을 제석천(帝釋天)의 손자로 기술하고 있다.

처음에 어느 누가 나라를 열었던가? 석제(釋帝)의 손자로 단군(檀君)이라 부른다. 요임금과 같은 때 무진년에 일어나서 순임금을 지나

㉠ 『魏書』云 乃往二千載, 有壇君王儉, 立都阿斯達, 開國號朝鮮, 與堯同時. 『古記』云 昔有桓因, 庶子桓雄數意天下, 貪求人世. 父知子意, 下視三危.太伯, 可以弘益人間, 乃授天符印三箇, 遣往理之. 雄率徒三千, 降於太伯山頂, 神壇樹下, 謂之神市, 是謂桓雄天王也. 將風伯·雨師·雲師, 而主穀·主命·主病·主刑·主善惡, 凡主人間三百六十餘事, 在世理化. 時有一熊一虎, 同穴而居, 常祈于神雄, 願化爲人. 時神遺靈艾一炷, 蒜二十枚曰『爾輩食之, 不見日光百日, 便得人形.』熊虎得而食之, 忌三七日. 熊得女身, 虎不能忌, 而不得人身. 熊女者, 無與爲婚, 故每於壇樹下, 呪願有孕. 雄乃假化而婚之, 孕生子, 號曰壇君王儉. 以唐堯卽位五十年庚寅, 都平壤城, 始稱朝鮮. 又移都於白岳山.阿斯達, 又名弓忽山, 又今彌達, 御國一千五百年. 周.武王卽位己卯, 封箕子於朝鮮. 壇君乃移於藏唐京, 後還隱於阿斯達爲山神, 壽一千九百八歲.

하(夏)나라까지 왕위에 계시다가, 은 무정 8년 을미년에 아사달산에 들어가서 신선이 되었으니 나라를 누린 것이 1028년인데 그 조화는 상제(上帝)이신 환인(桓因)이 전한 일 아니던가?㉠

이승휴는 단군이 요임금과 같은 무진년에 즉위하여 은나라 무정(武丁) 8년 을미에 아사달산에 들어가 산신이 되었는데, 그 동안 나라를 다스린 기간이 1,028년이라 했다. 이승휴가 서술한 내용은 일연과 약간 다르다. 단군을 제석천의 손자로, 웅녀를 손녀로 표현하고 있고, 연대(年代)에서도 약간의 차이가 있지만, 일연이 우리나라의 건국 시조 단군에 대해 기술한 내용과 기본적으로 일치하고 있다.

신화나 설화를 제외하고 고려시대까지 등장한 단군 관련 문헌자료는 이『삼국유사』와『제왕운기』의 기록이 가장 대표적인 글이다. 이들은 모두 몽고의 침입이란 국난 속에 등장한 글로서, 당시까지 전해지던 단군에 관한 자세한 내용을 싣고 있다. 이로써 민간의 전설이나 습속으로 전해지던 단군이, 개인적인 저술을 통해서이긴 하지만 연대기를 가진 사화(史話)로써 고려 말에 채록되었다. 이는 이후 단군 전승의 원형이 되었다.

조선시대

고려 말 몽고의 침입을 겪으면서 민족적 자주의식과 함께 크게 대두되었던 단군 국조관은 조선시대에 들어와서는 명(明)에 대한 사대주의 정책

㉠ 初誰開國啓風雲 釋帝之孫名檀君. 並與帝高興戊辰 經虞歷夏居中宸 於殷虎丁八乙未 入阿斯達山爲神 享國一千二十八 無奈變化傳桓因.

과 유교의 이념만이 독존(獨尊)되면서 상황이 달라졌다.

먼저 조선시대 국가에서의 단군 존숭문제는 기자(箕子)와의 관계 속에서 분명하게 드러난다. 고려 후기부터 주자학이 수용되자 동방 유교문화의 시원으로서 기자에 대한 관심이 커졌다. 이런 맥락에서 고려 말 1325년(충숙왕 12) 평양에 기자사당을 세우고, 1356년(공민왕 5)에 이를 중수한 것은 이러한 시대적 경향을 보여 준다.

유교를 국교로 삼았던 조선은 엄격한 국가 사전체계(祀典體系)를 갖추고 있었다. 유교는 엄격한 의례체계를 특징으로 하는데, 국가의 제사는 천인(天人)을 관통하는 국가의 정통성과 권위를 과시하면서 강력한 공동체의식과 도통의식을 형성하는 배경이 되었다. 그런데 유교는 삼국시대 이후 우리의 사전체계를 정립하는 데 도움을 주기도 했지만, 한편으로는 우리의 전통을 제약하거나 왜곡하는 역기능을 하기도 했다.

이는 우리 민족의 시조인 단군과 더불어 은나라 말기 주임금의 폭정을 피해 조선에 들어와 교화했다는 소위 '교화지주(敎化之主)' 은태사 기자(殷太師 箕子)에㉠ 대한 국가제사 형태를 통해 분명하게 확인해 볼 수 있다. 조선의 사전(祀典) 체제에서 역대 건국시조에 대한 제사는 중요한 국

㉠ 사실 『상서(尙書)』·『논어(論語)』·『죽서기년(竹書紀年)』 등의 중국 고대의 초기 문헌에는 은의 멸망과 기자의 망명에 관한 단순한 내용이 실려 있을 뿐 조선과의 관계는 나타나지 않는다. 기자가 동으로 와서 조선의 지배자가 되었다는 기자동래설(箕子東來說)을 전하는 최초의 문헌은 복생(伏生)의 『상서대전(尙書大傳)』이고, 『한서(漢書)』「지리지(地理志)」에서는 조선의 순후한 풍습은 기자가 팔조금법(八條禁法)으로써 교화시킨 결과라고 언급하였다. 『삼국지』「동이전」에서는 기자 이후 자손이 40여 대에 걸쳐 조선을 다스렸으며, 여러 차례 연나라와 충돌했고, 마침내 위만(衛滿)에게 나라를 빼앗겨 기씨의 조선이 멸망하게 되었는데, 마지막 왕인 준(準)이 바다로 도망가 한(韓) 땅에서 왕이 되었다고 하였다. 이상의 『상서대전』이나 『삼국지』의 기록은 기자 전설과 고조선의 역사 변천에 관한 전승이 어우러져 '기자조선'에 대한 인식의 기본적인 내용을 형성하였다.

가제사였다. 여기에는 각 왕조를 세운 단군·기자·박혁거세·고주몽·온조·왕건 등이 포함되는데, 특히 단군과 기자는 최초의 건국시조로서 특별한 의미를 지니고 있었다. 단군은 민족의 시조라는 점에서, 기자는 은나라의 태사로 조선에 망명해 조선 백성들을 교화시킨 공덕이 있다는 점에서 숭배되었다.

태조 즉위년(1392)에 '조선 단군은 동방에서 처음으로 천명을 받은 군주(東方始受命之主)이고 기자는 처음으로 교화를 일으킨 군주(始興教化之君)'라 하여 단군과 기자에게 제사할 것을 건의한 내용이 『조선왕조실록』에 실려 있다. 1429년(세종 11)에는 평양에 단군사당을 세워 동명왕과 함께 제사하였고, 1456년(세조 2)에는 단군을 조선 시조로, 기자를 후조선 시조로 확정하였다.㉠ 그러나 기자는 정위(正位)인 북위남향(北位南向)에 두고, 단군은 배위(配位)인 동위서향(東位西向)에 배치한 것은 분명 차등을 둔 것이다.

그런데 친명사대주의(親明事大主義) 정책을 표방하고 나온 조선은 왕조의 국호를 조선이라 한 것도 단군조선이 아니라 기자조선을 계승한다는 취지였던 바와 같이,㉡ 역대시조 제사에서 단군보다 기자가 우위를 차지하는 굴절된 양상을 보여 주고 있다. 조선은 고려 때 세운 평양의 단군묘와 구월산의 삼성사를 수리하는 등 역대의 국조숭배를 계승했지만, 이 역시 기자에 비해 그 위상은 낮았다.

『삼국유사』 등에 보면, 단군은 고조선의 개국시조로서 뒤에 중국의 은

㉠ 『조선왕조실록』 세조 2년 3월 28일(丁酉), "乞每年春秋於東郊, 合祭前朝鮮王檀君, 後朝鮮王箕子."

㉡ 정도전은 『조선경국전』에서 국호 제정의 경위를 설명하면서 기자조선의 계승자로서의 처지를 천명한 바 있다.

나라에서 망명해 온 기자에게 자리를 물려주었다고 했음에도 불구하고, 조선왕조에서 단군의 위상이 기자의 위상보다도 낮게 역전되었다. 다시 말해 조선시대에는 우리 민족의 시조라고 일컬어지는 단군보다는[ㄱ] 중국의 선진문명을 가지고 삼한(三韓)을 교화했다는 기자를 더 앞세우고 성대하게 제사했다는 것이다. 이는 중국과의 사대관계상 기자를 더 앞세우지 않을 수 없었을 것이다.

고조선시대에 중국에서 숭배하는 성현 기자의 교화를 받았다는 자부심은 조선이 소중화(小中華)라는 의식을 자아냈고, 조선 후기 청나라의 침입에 굴복하지 않고 민족적 자존심을 지키는 기능도 해 왔던 것이 사실이다.[ㄴ] 또한 어떤 학자는 조선 태종 때에 기자묘(箕子廟)에 단군을 합사(合祀)한 것은 기자묘를 참배하는 중국 사신에게 단군을 인식시키기 위한 고려였다고 해석하기도 한다.[ㄷ]

아무튼 조선 중기에 들어와 사림(士林)이 정치의 중심세력으로 대두됨에 따라 존화(尊華) 사대의식이 팽배해지면서 조선 도학의 시조로 기자가 더욱 부각되었다.[ㄹ] 도학정치의 이상에 부합하는 절의(節義)와 인현(仁賢)의 인물이며 왕도정치를 구현한 성현으로서 기자에 대한 숭앙심이 더욱 고조되면서 기자조선의 정통성이 강조되었고, 단군은 기자에 비해 부수적인 위상으로 인식되었다. 기자에 대해선 오랑캐의 풍속을 변화시

㉠ 태종 16년(1416)에 변계량은 단군은 우리의 시조이며 조선은 중국의 분봉국이 아니었음을 밝히고 하늘에 제사하는 의례는 동방의 정통이므로 어떤 이유로도 폐지할 수 없다고 주장한 바 있다. 『조선왕조실록』 태종 16년 6월 1일(辛酉), "吾東方 檀君始祖也 蓋自天而降焉 非天子分封之也."

㉡ 박광용, 「단군인식의 역사적 변천」, 『단군』, 서울대학교출판부, 2001, 159~164쪽.

㉢ 한영우, 「고려-조선전기의 기자인식」, 『한국문화』3, 35쪽 참조.

㉣ 박광용, 「단군인식의 역사적 변천」, 159~164쪽.

켜 예의를 지키는 문명한 나라로 만들어준 은덕을 강조하고 공자에 비견할 정도로 높였지만, 이에 비해 단군은 이름뿐인 상징적 존재로 인식되었다.㉠ 조선의 대표적인 사림 중 하나인 율곡 이이(1536~1584)는 다음과 같이 언급하고 있다.

> 우리 동방에도 백성이 있어 살아온 지 중국에 뒤지지 않은 것 같은데, 아직 예지를 지닌 성신이 나오시어 군사(君師)의 구실을 다하였다는 말을 듣지 못하였다. 물론 단군께서 제일 먼저 나시기는 하였으나 문헌으로 상고할 수 없다. 삼가 생각하건데 기자께서 우리 조선에 들어오시어 그 백성을 비루한 오랑캐로 여기지 않고 후하게 양육하고 힘써 가르쳐 주시어 오랑캐의 풍속을 변화시켜 제·노(齊魯)의 나라로 만들어 주셨다. …… 저 수사(洙泗)의 유자들이 공부자의 미언(微言)을 깊이 연역하고 낙민(洛閩)의 선비들이 정자·주자의 끼친 가르침만을 전하는 것도 또한 일리가 있다. 그런데도 우리 동방은 기자의 망극한 은혜를 받았으니 그 실적에 대하여 마땅히 집집마다 읽고 사람마다 익혀야 할 것이다.㉡

위의 언급을 통해 당시 조선시대 성리학자들의 국조론의 단면을 볼 수 있다. 즉 단군을 조선의 시조라고 인정하지만 더 이상 역사의 기록이 없어서 상고할 수 없다고 하면서, 기자 이전은 오랑캐의 상태라고 언급한 것을 볼 때 단군 국조는 이름뿐인 상징적 존재로 인식되었음을 알 수 있다. 이에 비해 기자에 대해선 우리로 하여금 오랑캐의 풍속을 변화시켜

㉠ 박미라, 「근대 유교의 단군국조론(檀君國祖論) 연구」, 228~229쪽 참조.
㉡ 『율곡전서』「箕子實記」, 성균관대학교 대동문화연구원, 1971.

예의를 지키는 문명한 나라로 만들었다는 은덕을 강조하고, 그를 원성(元聖)이라 표현하면서 공자에 비견할 정도로 높이고 있다.

다시 말해 단군이 기자보다도 더 앞선 조선 건국의 국조이자 민족의 시조임을 부정하지는 않지만, 문헌이 부족해서 정확하게 증거할 수는 없다는 것이다. 반면 당시 조선의 백성은 비루한 오랑캐 수준이었으나 기자가 백성들을 가르쳐서 예(禮)를 아는 문명국으로 만들었다고 높이고 있다. 단군과 기자에 대한 기술을 비교해 보면 조선시대 유학자들의 단군관을 짐작할 수 있으니, 유교에만 경도된 사림의 등장으로 존화의식이 더욱 팽배해지면서 조선 도학의 시조로 기자가 부각되었음을 알 수 있다.

청의 침략으로 조선은 전국이 초토화되었다. 중국에서는 명나라의 멸망이 이어지면서, 조선 후기에는 조선이 중국의 도통을 이어받은 '소중화'라는 의식이 대두되었다.㉠ 소중화라는 의식 속에서 기자는 고대 시기 중화문명을 조선에 전해준 분이니, 중화문명의 표상으로서 더 중시되었다. 이런 분위기에서 윤두수(尹斗壽, 1533~1601)의 『기자지(箕子志)』·이이의 『기자실기(箕子實記)』·한백겸(韓百謙, 1552~1615)의 『기자유제설(箕子遺制說)』·서명응(徐命膺, 1716~1787)의 『기자외기(箕子外紀)』·이가환(李家煥, 1742~1801)의 『기전고(箕田攷)』 등의 기자를 전문적으로 다룬 저술들만도 여러 편 나왔다.

조선 말에 이르러선 서양 제국주의 침탈이란 사건을 통해 청이 힘없이 무너지는 것을 보면서 고조된 위기의식이 기자에 대한 숭배를 최고조에 달하게 만들었다. 그래서 대한제국 때에는 기자에게 태조문성왕(太祖文聖王)이란 존호를 부여하기도 했다.

㉠ 박광용, 「단군인식의 역사적 변천」, 159~164쪽.

그러나 조선 후기에는 단군에 대한 관심도 서서히 고조되고 있었다. 양란을 겪고 난 뒤 일부 학자들에 의해 단군에 대해서 다시 관심을 기울이기도 했다. 이민족의 침탈 속에 국가적 위기를 경험하면서 우리 자신의 정체성과 고대 역사에 대해 주목하게 되었는데, 특히 민간에 비장되어 있던 『진역유기(震域遺記)』와 같은 고려의 고대 사서가 조선 후기 무명의 학자에 의해 발굴되어 『규원사화(揆園史話)』와 같은 저술에 수록됨으로써 단군에 대한 인식을 새롭게 보여 주기도 했다.㉠

기자 숭배는 중국에서 청이 멸망하고 한국에서 한일합방이 이뤄지자 더 이상 지속되지 못하고 사라져 버리고, 그 자리를 단군이 대신하게 되었다. 국가의 기강이 흔들리는 국가 붕괴의 위험에 처한 구한말에는 드디어 단군이 민족의식과 독립운동의 상징으로 대두되었다.

결국 기존의 중화주의적 화이관(華夷觀)이 붕괴되면서 조선시대에 존숭되었던 기자는 역사의 무대 뒤로 사라지고, 단군이 명실상부한 우리 민족의 국조로 정립되었던 것이다. 이로써 국난을 극복하는 구심점으로서의 새로운 단군관이 대두되었다.

조선시대의 단군에 관련된 자료로는 정인지(1396~1478)의 『세종실록지리지(世宗實錄地理志)』, 서거정(1420~1488)의 『동국통감(東國通鑑)』·『사가집(四佳集)』, 허목(1595~1682)의 『기언(記言)』, 남구만(1629~1711)의 『약천집(藥泉集)』, 홍만종(1643~1725)의 『해동이적(海東異蹟)』·『동국역대총목(東國歷代總目)』, 이만부(1664~1732)의 『식산집(息山集)』, 임상덕(1683~1719)의 『동사회강(東史會綱)』, 이익(1681~1765)의 『성호사설(星湖僿說)』, 이의백(1711~?)의 『오계일지집(梧溪日誌集)』, 신경준(1712~

㉠ 임채우, 「규원사화 해제」, 『선도문화』6집, 2009. 참조.

1781)의 『여암전서(旅菴全書)』, 유광익(1713~1780)의 『풍암집화(楓巖輯話)』, 이종휘(1731~1797)의 『수산집(修山集)』, 이긍익(1736~1806)의 『연려실기술(練藜室記述)』, 홍경모(1774~1851)의 『총사(叢史)』, 이원익(1792~1854?)의 『기년동사약(紀年東史約)』, 이유원(1814~1888)의 『임하필기(林下筆記)』 등이 있다. 이들 자료는 대개 『삼국유사』나 『제왕운기』의 단군 사화(史話)를 전재(轉載)해서 기록하거나, 단군에 관한 사적(事蹟)을 채록(採錄)한 단편적인 자료들이다.

이런 조선시대의 단군 관련 자료 중에서 특히 이채를 띠는 것은 『규원사화(揆園史話)』이다. 이 책은 숙종 원년인 1675년에 북애자(北崖子)가 저술하였다는 역사서 형식의 사화(史話)로, 환인·환웅의 신화시대와 단군조선의 역사에 대해 상세하게 기술되어 있다. 그 내용 중 「조판기」·「태시기」·「단군기」는 『진역유기』 등의 고대사서와 여러 자료들을 참조해서 편찬한 것으로 추정된다. 「조판기」는 수백만 년간 혼돈의 시대가 지나고 환인이 환웅천왕으로 하여금 천지를 나누게 하고 여러 신들의 활동으로 동·식물이 땅 위에 나타나 번성하고 사람들이 만들어지는 20만 년간의 내용이 시간 순으로 기록되어 있는 창조신화이다. 「태시기」는 환웅이 환인의 명을 받아 치우씨(蚩尤氏)·고시씨(高矢氏)·신지씨(神誌氏) 등으로 대표되는 3천의 무리와 함께 우리나라에 내려와 1만 1000년간 인간 세상을 다스렸다고 설명한다. 「단군기」에서는 단군을 특정의 고유명사가 아니라 단군조선의 임금을 호칭하는 일반명사로 쓰면서, 47대 단군의 역사를 상세하기 기록하고 있다. 47대 단군 역사는 근현대 시기에 등장한 『단기고사(檀奇古史)』와 『환단고기(桓檀古記)』에서도 유사하게 나타나고 있어서, 『삼국유사』나 『제왕운기』의 단군 기록과 다른 계열의 상고사가 전수되고 있었음을 보여 준다.

근·현대

조선의 근대는 19세기 말 서구 열강의 침탈과 개항으로 시작되었다. 청나라의 몰락과 일본 제국주의의 발흥으로 중국 중심의 세계관이 붕괴되고, 조선왕조는 내우외환과 제국주의 열강의 침탈 앞에서 속수무책으로 위기를 맞게 되었다.

밖으로는 급작스럽게 밀어닥친 서양 열강들이 거대한 힘으로 동아시아를 압도하면서 천하의 종주국임을 자처하던 중국을 굴복시켰고, 오랑캐로 무시하던 일본이 제국주의 세력으로 성장하여 아시아의 새로운 맹주로 발돋움하기 시작했다. 안으로는 누적된 봉건제도의 모순이 민란 등으로 터져 나오고 있었고, 기독교가 빠른 속도로 번져 나가면서 조상의 제사를 거부하는 등 기존의 유교사상으로는 수용하기 어려운 새로운 종교를 전파하고 있었다.

중국의 우산 아래 소중화라는 자부심을 정체성으로 삼던 조선왕조는 종이호랑이로 전락한 청을 보면서 기존의 중화주의적 세계관에 커다란 충격을 받았다. 중국 중심의 세계관과 유교이데올로기 속에서 안주하고 있던 조선의 지배층들도 이제 원하든 원하지 않든 새로운 대안을 모색하지 않을 수 없게 되었다.

유교의 담지자이자 조선의 지배층이었던 유림은 중화주의적 세계관의 붕괴와 미증유의 위란을 목도하면서 그동안 신봉해 왔던 유교이데올로기에 대해 회의하지 않을 수 없었고, 국가와 민족의 정체성 문제를 심각하게 반성해야 했다. 혹자는 기자나 공자의 도(道)를 중심으로 유교의 명교(名教) 체제를 강화해야 한다는 주장도 나왔지만, 단군 국조론이 힘을 얻으면서 점점 대두되었다.

한말에 들어와서는 기존의 기자-단군의 위상이 급속히 변화하게 된다. 일제의 식민 지배에 처할 위기에 놓이자 민족의식이 더욱 고조되었다. 이러한 배경 하에서 조선시대에서 내세우던 기자보다는 우리 민족의 국조 단군을 숭봉해야 한다는 의식이 대두되었다. 국가적 위기를 맞은 한말에는 기자보다 단군이 앞서기 시작했고, 단군을 앞세운 '단기(檀箕)'라는 복합개념도 등장하기 시작했다.㉠ 이것은 기존의 기자-단기의 위상이 뒤바뀌어 있음을 단적으로 보여 준다.

그런데 이런 단기라는 역사인식은 1905년 국권회복을 위한 애국계몽운동을 기점으로 새로운 단계를 맞게 되었다. 1904년 이전의 '단기'라는 자존의식은 주로 황제와 조선왕조의 권위를 절대화시키기 위한 것이었으나, 1905년 이후에 일어난 애국계몽운동을 경유하면서 민족정신의 순수성이 보다 강조됨으로써 황제의 권위와 무관한 민족정신 자체의 상징으로 변했다.㉡

1907년에 발표된 다음의 논설은 뿌리 깊이 박혀 있던 중화주의적 유교 이념에서 과감히 벗어난 단군의 모습을 보여 준다.

단군은 독립의 시조인데 옛 명나라 숭정(崇禎)의 연호를 쓰고 있음

㉠ 1896년 설립된 독립협회에서는 단군을 한국 최초의 국토 개척자로, 기자를 성스러운 문화 교화자로 삼아 단군과 기자를 합쳐서 '단기'라는 용어를 만들어 냈고, 이 단기에 의거해서 역사적 독립성을 호소했다. 『황성신문』에도 단기라는 슬로건이 자주 등장하고 있다. 이는 사실 단군과 기자 그 자체를 강조한 것이 아니라, 조선왕조와 이를 계승한 대한제국이 중국과는 독립된 4000년의 역사를 지니고 있음을 과시하기 위한 것이었다. 삿사 미츠아키, 『한말·일제시대 단군신앙운동의 전개: 대종교·단군교의 활동을 중심으로』, 서울대학교 박사학위논문, 2003, 24~25쪽 참조.

㉡ 삿사 미츠아키, 『한말·일제시대 단군신앙운동의 전개: 대종교·단군교의 활동을 중심으로』, 27쪽.

은 또한 오류이며 학문을 왜곡한 썩은 선비가 오히려 헛된 문장과 거짓된 예법을 떠들어댐이 어찌 나라를 약하게 한 병의 근원이 아닌가? …… 혹시 단군기자시대 민족의 혈통을 생각하지 않는가? 또한 독립국가를 이룩한 조상의 업적을 생각하지 않는가?㉠

여기서는 단군이 직접적인 민족의 시조이자 독립의 표상으로 언급되고 있으며, 망한 명나라의 연호를 계속 고집하는 조선의 일부 유학자들의 위선과 오류를 강한 어조로 비판하고 있다. 이는 중화주의에서 근대 민족국가 이념으로 방향 전환이 이루어지고 있음을 보여 준다. 이제 조선의 상징이던 기자의 위상을 단군이 대체하게 되었다.

한일강제합병이 이뤄지던 날에는 단군 국조를 모신 대종교가 등장했다.㉡ 민족종교적 성격이 강한 대종교에서는 단군신화를 역사적 사실로 서술하며 우리 민족의 지리적 영역이나 종족적 범위도 만주 지역을 포함하는 것으로 확장하였고, 단군 역사를 중심으로 한 역사서들을 간행함으로써 민족의식을 고취시켰다. 일제강점기에는 대종교의 민족주의에 영향을 받은 유교 지식인들이 다수 등장하였다.㉢

대종교는 다른 종교단체에 비해 창설 당초부터 양반 유림들이 많이 입교했다. 일제의 탄압으로 교단 본부를 만주로 옮긴 후에도 명문 양반을

㉠ 김성희, 「민족국가설」, 『夜雷』제1권 제2호, 1907, 8쪽.

㉡ 원래 이름은 단군교였으니, 1909년 나철(羅喆)이 오기호(吳基鎬)·이기(李沂)·강석화(姜錫華)·박호암(朴湖巖)·유근(柳瑾)·정훈모(鄭薰謨) 등의 우국지사들과 더불어 단군대황조 신위를 모시고 제천의식을 거행한 뒤 단군교를 선포하였다. 이듬해 1910년 8월 나철은 단군교를 다시 대종교로 바꾸었다.

㉢ 금장태, 『유교개혁사상과 이병헌』, 167쪽과 221쪽 참조.

포함한 유교 계통의 독립운동가들이 대종교에 대거 입교했으므로 대종교는 '양반 종교'로 불리기도 했다.㉠ 제2대 교주 김교헌(金教獻, 1868~1923)은 명문 경주 김씨 출신으로 규장각 부제학 등의 요직에 올랐던 엘리트 양반이고, 임시정부의 중요 인물이었던 이시영(1869~1953)·이동녕(1869~1940)이나 만주 서로군정서의 대표였던 이상룡(1858~ 1932) 등이 모두 유학자로서 대종교에 입교했던 인물이다.㉡ 공자를 존숭하는 유교와 단군을 국조로 모시는 종교가 서로 충돌하거나 모순되는 관계로서 받아들여지지 않았다.

이렇게 청의 몰락과 일제의 침략 및 민족자결주의의 부상이란 짧은 시기에 몰아쳤던 국제정세의 변혁 속에서 조선왕조 500년 동안 기자 위주였던 국조 관념이 단군 중심으로 순식간에 바뀌었다. 그래서 단군은 한말 이래로 민족운동의 구심점이 되었는데, 이제 단군은 중국으로부터의 독립뿐 아니라, 새로 등장한 일본 제국주의 침탈에 맞선 표상이 되었다.

유교뿐만 아니라, 그 당시에는 우리 사회 전체가 종교를 초월해서 민족의 정체성을 확인하는 상징으로서 단군을 받아들였던 것으로 보인다. 한 예를 들면 간도의 조선인 기독교 교회에서는 단군을 존숭하고 있었다. 당시 기독교에서 세운 명동학교 교가에는 "흰 뫼(백두산)가 우뚝 솟아 은택이 호대한 한배검이 깃 차신 이 터에 그 씨앗 크신 뜻 넓히고 가르는 나의 명동"이라고 해서 단군의 정신을 교가로 채택하고 있었다. 이

㉠ 박영석, 『일제하 독립운동사 연구』, 일조각, 1984, 250~251쪽 참조. 이점에 관해 혹자는 대종교를 "위정척사사상으로 극단의 쇄국적 보수주의로 치달았던 조선유교가 민족종교로 탈바꿈한 것"이라고 언급하기도 했다. 박성수, 『민족사의 맥을 찾아서』, 집현전, 1985, 58쪽 인용.

㉡ 삿사 미츠아키, 『한말·일제시대 단군신앙운동의 전개: 대종교·단군교의 활동을 중심으로』, 149~154쪽 참조.

는 단군을 기독교 교리에 어긋난다고 보거나 반대하지는 않고 있었음을 보여 준다. 또 기독교도였던 안창호(1878~1938)는 평생 단군상을 몸에 지니고 다녔고, 필라델피아에서는 대규모 단군집회를 개최하기도 했다고 한다.㉠

이 점에 대해 삿사 미츠아키는 당시에 대종교는 종교의 하나로서가 아닌 교파를 초월하여 일반적으로 믿어지는 초종교의 역할을 했다고 보았다. 이것은 단군 숭배가 종교로서의 성격도 있지만, 국조라는 차원에서 본다면 종교가 아닌 민족의식에 관련된 문제였기 때문이라고 할 수 있다. 일제강점기 직후 각자의 종교적 신앙의 문제와는 별도로 전국적으로 단군 사묘 설립 운동이 일어난 것도,㉡ 국조 숭배라는 민족의식을 바탕으로 한 것임을 보여 준다.

이렇게 일제강점기에는 민족의식의 상징이자 독립운동의 구심점이었던 단군이, 해방 후에는 현저하게 축소되거나 변형되는 경향이 나타난다. 해방 이후 서구의 정치와 경제체제를 모델로 한 급격한 근대화가 진행되면서 우리 사회에서 단군에 대한 인식이 이전에 비해 점점 더 협소해질 뿐 아니라, 국가와 민족의 국조로서가 아니라 일개 종파의 신앙 대상으로 제한적으로 인식되어 가는 경향을 볼 수 있다. 해방 이후 단군기원을 쓰던 연호를 편리성과 효율성이란 이유로 서기(西紀)로 대체한다거나 1980년대 서울시의 단군성전 건립 계획을 특정 종교의 것이라는 시각에서 반대했던 종교적 갈등을 보면 점점 시간이 지날수록 국조에 대한 존

㉠ 전택부, 『토박이신앙산맥』2, 대한기독교출판사, 1982, 97쪽. 이명화, 「북간도 한인사회와 명동교회」, 『일제하 간도지역의 한인사회와 종교』, 한국학중앙연구원 문화와종교연구소 국제학술대회보, 2009. 11. 20. 45쪽 참조.

㉡ 이강오, 『한국신흥종교총람』, 335쪽 참조.

숭의식은 사라지고, 서구적 기준에 맞춘 편리성과 개인의 종교적 신념이 우선시되는 경향을 볼 수 있다.㉠

또 근래에는 역사교과서 기술 등을 둘러싸고 우리 사회에서 종교적 갈등의 양상이 전개되기도 했다. 전통시대에는 개인적 신앙을 초월해서 단군을 국조로 삼는 것을 당연시했으나, 현대에서는 단군을 특정 종교의 숭배대상으로 한정해서 반대하는 시각이 대두되고 있다.

앞에서도 보았듯이 이강오는 현대의 단군 국조에 대한 인식에는 종교적 신앙과 국조로서 숭봉하는 두 가지 성격이 혼재되어 있다고 지적한 바 있다.㉡ 이로 말미암아 전통시대에는 국조 숭봉이 문제가 되지 않았으나, 현대사회에서는 종교적 갈등을 유발하기도 한다.

현대사회는 근대민족국가에서 뚜렷하게 구별되었던 국가간·민족간·종교간 경계가 무너져 가고 있으며, 세계의 기성종교는 기존의 독선적인 입장을 지양하고 타종교와의 대화와 이해를 도모하면서 상호 공존하는 종교 다원화 시대가 되었다. 단군에 관해서도 종교 다원화 시대에는 좀 더 개방적인 시각이 요청되며, 국조에 대한 존숭이란 차원에서 보다 전향적인 접근이 필요하다고 본다. 아울러 정부이건 시민단체건 간에 국조를 존숭하기 위해서는 종교성 시비에 휘말리지 않도록 이 두 가지 측면을 분명히 구분할 필요가 있다. 개별적인 종교로서 단군을 신앙하는 것은 개인에게 보장된 종교의 자유이지만, 국조를 존숭하는 국가 사회적인 사업에 특정 종파적 시각이 개입되어서는 안 될 것임은 당연하다.

근현대 시기에 나온 단군 관련 자료는 고려나 조선의 전통시대보다도

㉠ 임채우, 「해방후 단군인식의 변화와 문제」, 『선도문화』12집, 2012 참조.

㉡ 이강오, 『한국신흥종교총람』, 299쪽. 임채우, 「대종교 단군영정의 기원과 전수문제」, 『선도문화』11집, 2011, 15쪽 참조.

질과 양에서 풍성하다. 일제강점기 초기에 민족의 3대경전이라 일컬어지는 「천부경(天符經)」을 위시해서 『삼일신고(三一禮誥)』·『성경팔리(聖經八理)』가 등장했고, 해방 후에는 『단기고사』가 등장해서 단군 47대 왕조사와 더불어 기자(奇子)조선사를 보여 주었고, 1953년에는 『부도지(符都誌)』(원제목은 『要正澄心錄演義』)가 공개되어 마고성(麻姑城)을 중심으로 한 창조신화와 함께 인류의 시원에서부터 한민족의 기원을 다룬 신화가 새로 등장하기도 했다. 1979년에는 단군시대를 중심으로 한 역사·철학·문화의 종합 총서인 『환단고기』가 출현해서, 단군시대의 체계적인 역사와 사상을 풍성하게 구성해 볼 수 있게 되었다.

다만 이들 자료는 대부분이 단군이나 신지(神志) 등의 작이거나 부여의 왕수긍이나 고구려 을파소(乙巴素, ?~203)나 신라의 박제상(朴堤上, 363~419), 발해 대조영(大祚榮, ?~719) 등에 의해 상고시대나 고대시기에 써졌다고 주장한다. 그러나 이들 자료는 대부분 수천 년 동안 아무런 관련 기록이 없다가 갑자기 등장했다는 점과, 기존의 역사학적 상식에 부합되지 않는다는 점 등에서 학계에서 위작 논쟁이 있다.

선현을 가탁하거나 오랫동안 묻혀 있다가 갑자기 출현하는 경우 위작의 시비가 발생하는 경우가 있다. 이런 경우 본서에서는 최대한 객관적 시간을 확보하기 위해 간행연도나 출현한 시간을 기준으로 자료를 분류하였다.

가령 최치원(857~?)의 「제왕연대력(帝王年代歷)」의 「단군기(檀君紀)」는 단문이긴 하지만 "단군은 갑자년 10월 3일 탄강하셨으며, 무진년 10월 3일 제위에 오르시고, 경자년 3월 15일 승하하셨다. 제위에 있으신지 93년이요 향년이 270년이다"㉠라는 등 단군 관련 기록들이 등장한다. 만일 이 글을 최치원이 지었다고 한다면 단군 관련 기록이 고려 말

『삼국유사』에서 처음 등장하는 것이 아니라, 통일신라 말 9세기에 단군 관련 사료가 처음 등장한 것으로 상향 조정되어야 할 것이다.

하지만 최치원의 「제왕연대력」은 1928년에 발견되었고, 1971년에 발간되었다. 그동안 이름만 전해지다가 천여 년 만에 그 내용이 처음으로 공개된 이 『제왕연대력』은 학계에서 위작의 혐의를 받고 있다. 이처럼 그 저술연대가 확정되지 못하거나 위작 시비가 있는 경우의 자료는 일단 해당 자료가 나온 20세기의 기록으로 분류했다. 만일 이 자료가 최치원의 저작으로 판정된다면 당연히 연대가 상향 수정되어야 할 것이지만, 그렇지 못한 상태에서는, 일제강점기에 출현했다는 사실에 의거해서 20세기에 등장한 단군 자료로 분류한다는 것이다. 마찬가지로 본서에서는 『단기고사』·『부도지』·『환단고기』 역시 해방 이후에 나온 역사서로 분류해둔다.

㉠ 檀君 甲子十月三日誕降, 戊辰十月三日卽位, 庚子三月十五日昇遐. 在位九十三年, 壽二百七十年.

단군 관련 주요 경전 해제

「천부경」

자료 소개 및 작자

「천부경」은 81자로 구성된 문장으로, 1916년 처음으로 발견되어 세상에 전해졌다. 이 글은 숫자를 위주로 한 81자에 불과한 짧은 단문이지만 단군의 철학사상을 가장 잘 요약하고 있다고 간주되며, 세상에 공개된 지 불과 100년에 불과하지만 단군의 3대 경전으로 불린다.㉠

「천부경」은 원문 81자만 전해지기 때문에, 그 작자나 전수 내력에 대해서 알 수 없다. 다만 발견자 계연수(桂延壽, ?~1920)의 편지에 의하면

㉠ 대종교에서는 배달겨레의 거룩한 3대 경전으로 조화경인 「천부경」과 교화경 『삼일신고』 및 치화경인 『참전계경』이 있는데, 총 81자로 구성된 「천부경」은 환웅께서 태백산(백두산) 신단수(神檀樹) 아래에 내려오셔서 신시를 열어 홍익인간을 위하여 만백성을 가르칠 적에 조화의 원리, 곧 우주 창조의 이치를 81자로 풀이한 진경(眞經)이라고 한다. 조준희, 「대종교 경전의 서지적 검토」, 한민족공동체연구소 학술회의, 2012. 7. 20.

단군이 지었다고 하며, 최치원에 의해서 묘향산 석벽에 새겨졌다고 하지만 정확하게는 알 수 없다.

계연수는 평안북도 선천 출신으로 평안북도 영변군에 있는 묘향산에서 1916년 9월 초순에 발견했다고 하는데, 계연수는 이후에 단군교당에 자신이 발견한 「천부경」의 사본을 편지와 함께 보내서 「천부경」을 발견할 당시 상황을 다음과 같이 묘사하고 있다.

> 내가 이전에 스승에게서 들은 바로, "동방을 처음으로 여신 단군 시조는 신인이라, 천부(天符) 삼인(三印)을 가지고서 하늘에서 이 세상에 내려왔는 바, 그의 교화가 행해진 지 이제 4000여 년이 되었다. 그러나 아득한 태고 적의 일이라 삼인이 무엇인지 어떤 보물인지 알지 못하지만, 천부는 바로 단군께서 교화를 베푸신 글이다. 이제야 세상에 전하니 만일 사람이 이 글을 구해서 읽으면 재액이 길상(祥瑞)으로 변하고, 불량한 자도 어진 사람으로 변화하니 이렇게 오래 도를 이루면 후손이 번창하고 장수와 부귀를 계속 누리게 되며 결국 신선이 될 것이요, 어리석은 이라도 이 「천부경」을 잘 갖고 있으면 재앙을 면할 것이다"라고 하셨다.
>
> 내가 이를 명심해 두고 「천부경」을 구하려 했지만 구할 수 없었다. 다만 도를 수련하는 기술을 익히고, 약초를 캐면서 10여 년 동안을 명산들을 떠돌아다녔다. 그러다가 지난해 가을 태백산에 들어가서 점점 더 깊은 골짝에 이르자 사람들이 잘 다니지 않은 곳에서, 계곡 위에 있는 석벽에 옛날에 새겨 놓은 글이 있었다. 석벽에 낀 이끼를 손으로 치우고서 보니 분명히 신이 주신 천부의 경전이었다. 두 눈이 문득 밝아져서 절하고 꿇어앉아 공경히 읽었다. 한편으로 하늘에서 내려오신 단군 국조께서 주신 귀중한 글임에 기

뻐고, 한편으론 고운 최치원 선생의 기이한 자취를 찾아서 기뻤다.

이를 얻고 보니 마음이 가득차서 스승께서 헛된 말씀을 하지 않았음을 깨닫고는 100보가량 돌을 포개 놓아서 길을 표시해 두었다. 돌아와 종이와 먹을 준비해 가지고 다시 산속으로 들어갔으나 이전에 갔던 길이 아니었다. 이리저리 찾다가 사흘 동안을 산신에게 빌고 나서야 겨우 찾았으니, 이때는 구월 구일이었다. 겨우 한 벌을 탁본했는데, 글자가 아주 흐려서 다시 탁본을 뜨려 했지만 안개가 갑자기 일어나 할 수 없었다.㉠

이를 보면 계연수는 선도를 닦는 수도자로 보이며, 이미 「천부경」에 관한 이야기를 스승으로부터 전해 듣고 있었는데, 묘향산에서 약초를 캐다가 우연히 발견했다는 것이다. 계연수가 단군교당에 보낸 편지를 보면 「천부경」을 발견할 당시 인적이 닿지 않는 묘향산의 깊은 골짜기 석벽에서 「천부경」석각으로 발견되었음을 알 수 있다. 일반적으로 「천부경」 발견 일자는 1916년 9월 9일이라고 알고 있는 경우가 많지만, 이 편지 내용에 의거해보면 9월 9일은 다시 찾은 날짜이고, 처음 발견한 것은 그 3일 이전이니, 처음으로 발견한 날짜는 정확히 1916년 9월 6일인 셈이다. 그는 수개월 동안 연구를 해 보았으나 「천부경」의 뜻을 해독하지 못

㉠ 『단군교부흥경략』, 『단재 정훈모전집』 3, 아라, 2015, 217~220쪽. 僕嘗聞之師 東方開荒之祖 檀君 神人, 持天符三印 自天降世 德化大行于今四千餘年. 事在鴻濛 未知三印爲何物 如何寶物 而天符卽設敎之經也. 尙今遺傳處 人若得而誦之卽災厄化爲吉祥 不良化爲仁善 久久成道則子孫繁昌 壽富連綿 必得仙果 但愚昧者 藏之一本 可免災禍矣云而僕銘在心中 求之不得矣. 浚乃鍊成爲工 採藥爲業 雲遊名山十許年矣 昨秋入太白山 信步窮源 行到人跡不到之處 澗上石壁 若有古刻. 手掃苔蘚 字劃分明果是天符神經. 雙眼忽明拜跪經讀 一以喜檀君天祖之寶經 一以喜孤雲先生之奇蹟. 心中充然 若有所得 始覺吾師不發虛言 乃百步疊石 記其道路 歸携紙墨 更入山中 非復前日經過處. 東尋西覔 暗禱山靈三宿而始得 時九月九日也. 纔搭一本 字甚模糊 更欲搭之 雲霧忽起.

하고 고민하던 중 서울에 단군교가 있다는 말을 듣고는 다음해인 1917년 1월 10일 인편에 서울 단군교당에 보낸 것으로 적고 있다.㉠

다만 발견자인 계연수에 대해서도 당시의 기록에는 등장하지 않아서, 그의 이력을 정확히 알 수는 없다. 다만 1969년에 나온 『해동인물지』란 책에는 계연수를 다음과 같이 소개하고 있다. "계연수의 자는 인경(仁卿)이고 호는 운초(雲樵)다. 평안도 선천에 살았다. 이기의 문인으로 백가(百家)의 책을 섭렵했다. 무술년에 『단군세기』와 『태백유사』 등을 간행하고, 기미년(1919)에 이상룡(1858~1932) 막하에 들어가 참획군정으로 공을 세우고 경신년(1920)에 만주에서 죽었다."㉡

이후에 이유립(1907~1986)에 의해서 전해진 『환단고기』의 범례에 보면 계연수는 1911년 홍범도(1868~1943)와 오동진(1889~1930) 등의 지원을 받아 『환단고기』를 간행한 바 있다고 한다. 또 이유립은 계연수에게서 자신이 직접 배웠다고 하면서, 계연수는 자신의 부친인 이관즙의 제자이며 이관즙은 고려조의 문하시중(門下侍中) 좌정승(左政丞)을 지낸 행촌(杏村) 이암(李嵒) 선생 직계라고 소개했다. 이암은㉢ 고려 후기의 문신으로 문하시중을 역임했던 인물로, 이유립은 바로 『환단고기』 중에서 『단군세기』의 편찬자라고 했다. 이유립의 전언에 의거해서 보면 이유립과 계연수는 『환단고기』와 더불어 서로 혈연과 학연으로 겹겹이 연결되

㉠ 『단군교부흥경략』, 『단재 정훈모전집』3, 220쪽. "爲祝誠心修道 丁巳正月初十日 香山遊客·桂延壽再拜. 檀君敎堂 道下."

㉡ 성창호, 『해동인물지』 곤편, 회상사, 1969, 295쪽.

㉢ 이암(1297~1364)은 고려 후기의 문신으로 본관은 고성(固城), 자는 고운(古雲), 호는 행촌(杏村)이다. 1313년(충선왕 5)에 문관에 급제하고 여러 번의 유배를 거쳐 공민왕 초 철원군에 봉하여졌으나 사직하고 청평산(淸平山)에 들어갔다가 수문하시중(守門下侍中)에 제수되었다. 글씨에 뛰어나 동국의 조자앙(趙子昂)으로 불렸으며, 특히 예서와 초서에 능하였다. 『한국인물대사전』, 1656쪽.

어 있는 사이이다.

그러나 최근에 나온 한 연구에서는 계연수가 가공의 인물이라고 주장하는 설들을 몇 가지로 정리해서 소개하고 있다. 첫째 수안계씨의 계보 등 계씨 족보에 계연수라는 인물이 존재하지 않는다. 둘째, 이상룡 막하에서 독립운동을 했다고 하는데, 독립운동사에 계연수라는 인물이 발견되지 않는다. 셋째 『환단고기』의 범례를 보면 계연수가 홍범도·오동진의 지원을 받아서 『환단고기』를 편찬했다고 하는데, 홍범도는 이에 대해서 전혀 언급이 없었다는 점 등이다.㉠ 이 문제는 계연수 개인의 이력에 관한 문제이기도 하지만, 「천부경」의 발견 및 공개 과정과 더불어 중요한 의미를 지닌다. 이 문제에 대해서는 앞으로 더 연구가 뒤따라야 될 것이다.

판본 및 전수 과정

역사적으로 볼 때 조선시대까지 누구도 「천부경」이란 글의 존재를 알지 못했고 언급한 적도 없었다. 혹자는 정조(正祖) 11년에 간행된 『문원보불(文苑黼黻)』에 있는 '천부보전(天符寶篆)'이란 구절이㉡ 바로 조선시대 「천부경」을 지칭한 것이라고 해석하기도 한다. 하지만 『문원보불』의 '천부보전'이란 기록이 「천부경」을 가리킨다고 확정하기는 어렵다.

「천부경」은 일제강점기 초기 계연수에 의해 발견되어 공개되었지만, 「천부경」에 대해 현재 3종류의 판본이 전해지고 있다. 하나는 1916년 묘향산에서 계연수에 의해 발견되었다고 하는 묘향산 석벽본(石壁本) 「천부경」이고, 둘째는 1926년 최국술(崔國術)이 편찬한 「최고운선생사

㉠ 우대석, 「환단고기 판본에 대한 비판적 고찰」, 국제뇌교육종합대학원대학교 석사학위논문, 2010 참조.

㉡ 『文苑黼黻』卷28 「致祭文」 一, '三聖祠致祭文' 참조.

전병훈 사진
(출처: 『정신철학통편』)

적(崔孤雲先生史跡)」에 실린 최치원 사적본이며, 세 번째는 1957년 간행된 『단군철학석의』에 실린 기정진본(奇正鎭本)이다.

먼저 묘향산 석벽본에 대해서부터 살펴보자. 바로 위에서 보았듯이 이 석벽본은 평안북도 영변군에 있는 묘향산에서 1916년 9월 6일 계연수가 처음으로 발견하여 그 이듬해 1917년 1월 10일 단군교로 「천부경」을 보내왔다. 다시 이듬해인 1918년 11월 경 단군교의 간부였던 윤효정이 북경에서 도사로 활동하던 전병훈(全秉薰, 1857~1927)에게 「천부경」을 전달하게 된다. 전병훈은㉠ 조선 말의 유학자 출신으로 일제가 침략

㉠ 전병훈은 조선 철종 9년(1857) 7월 6일 평안동도 삼등현(平安東道 三登縣)[현 평안북도 강동군(平安北道 江東郡)에 해당] 학루리(鶴樓里) 마을에서 태어났다. 그는 어려서는 병이 많았다고 하며, 20여세에 부모를 여의었다. 11살이 되어서는 화서 이항로(華西 李恒老, 1792~1868)의 문인이면서 평안북도의 명유(名儒)였던 운암 박문일(雲菴 朴文一, 1822~1892) 문하에서 유학을 수학하였다. 후에 추천으로 의금부 도사가 되었으며,

해 오자 관직을 버리고 중국에 망명해서, 나부산(羅浮山)에 들어가 10여 년간 전진교(全眞教)에서 내단(內丹) 수련을 했고 도를 얻은 뒤에는 북경에서 정신철학사(精神哲學社)를 열어 후진 양성 및 저술활동을 한 인물이다.

전병훈은 「천부경」을 전해 받고는 1년여 동안 연구했고, 1920년 2월 북경에서 간행된 『정신철학통편』에 「천부경」의 원문과 함께 그의 「천부경주해」를 실었다. 이로써 「천부경」이 세상에 공개되어 널리 알려지게 되었다. 이것이 최치원이 묘향산 석벽에 새겨 놓았던 것을 계연수가 1916년 발견하여 1917년 단군교에 보냈다는 판본으로, 이른바 묘향산 석벽본이라고 칭해진다. 이 본이 가장 오래된 「천부경」이다. 이 묘향산 석벽본 「천부경」은 바로 이듬해인 1921년 단군교에서 발간한 『단탁』에도 실려 있다.㉠

전문을 해석하고 주석을 붙인 전병훈의 「천부경」 연구는 당시로서는 「천부경」을 최초로 공개한 것일 뿐 아니라, 「천부경」에 대한 최초의 주석으로서 커다란 의의를 갖는다.

그런데 『정신철학통편』이나 단군교당에서 간행한 『단탁』에는 「천부

을사조약의 부당성과 조선의 독립을 촉구하는 상소를 올렸다. 순종이 즉위하던 해(1907년) 그의 나이 51세 때에 관직을 사임하고 중국으로 망명길에 올랐다. 상해(上海)를 거쳐 금릉(金陵, 지금의 남경)에서 통제사 서소정(徐紹楨)과 양광총독(兩廣總督) 장인준(張人駿)으로부터 융숭하게 대접받았다고 한다. 그는 이어 광동성(廣東省) 나부산(羅浮山)으로 들어가 진사(眞師) 고공섬(古空蟾) 선생을 만나 도를 배웠다. 그 뒤 『도장(道藏)』을 연구하며, 10년 동안 수련한 결과 환갑의 나이에 정신이 현관(玄關)으로 응결되는 도(道)를 체득하고 세상에 나왔다. 그는 자신이 체득한 도를 정신철학(精神哲學)이라고 명명하면서 정신철학사라는 수련단체를 창립하고 북경에서 많은 제자를 길렀다. 저서로는 『정신철학통편(精神哲學通編)』과 『도진수언(道眞粹言)』이 있다.

㉠ 전병훈, 『정신철학통편』, 명문당, 1982, 31~32쪽. 『단탁』의 「천부경」 원문은 『단재정훈모 전집』3, 30쪽에 영인되어 있다.

경」의 원문 중에서 일반적으로 쓰이고 있는 '만왕만래(萬往萬來)'가 '만왕만래(万迬万來)'로 되어 있다. 이 문제에 대해 이찬구는 「천부경」의 판본을 비교하면서 "전병훈과 김영의가 '왕(迬)' 자를 쓰고 있는데, 이것은 왕(往) 자의 원고체(原古體)이다. 만약 이것이 계연수에 의해 비롯되었다면, 석벽에는 왕(迬) 자로 새겨 있다고 볼 수 있다. 『태백일사』에 없는 글자인 것을 보면, 석벽의 발견이 사실일 수 있고 단군교에 보낸 것도 사실일 수가 있다. 대종교에서도 왕(迬)을 정본으로 삼고 있다. 계연수가 단군교에 보낸 「천부경」 탁본이 단군교당에서 일제의 감시 때문에 제대로 보관하지 못하다가 분실(아니면 만주로 보냈거나)했을 수 있으며, 1937년에 단군교당이 주해한 「천부경」은 결국 전병훈(1920년 저술)으로부터 역수입한 것일 수 있다. 왕(往) 자의 고체가 이를 입증해 준다. 이런 의미에서 전병훈의 「천부경」을 계연수의 '묘향산 석벽본'으로 간주할 수 있다"㉠라고 판본의 의의에 대해 언급한 바 있다.

이 외에 2종의 「천부경」 판본이 더 전해진다. 두 번째 판본은 1926년 최치원의 후손인 최국술이 「최고운선생사적」을 편찬했는데, 이 속에 「천부경」이 수록되었다. 그런데 앞의 묘향산 석벽본과 5글자가 다르게 되어 있어서, 이를 최치원 사적본이라고 칭한다. 최국술이 소개한 「천부경」 81자에는 묘향산 석벽본의 글자가 다음과 같이 다르게 표기되어 있다.

석(析) → 석(碩)

궤(匱) → 괴(愧)

묘(妙) → 묘(杳)

㉠ 이찬구, 「역학과 동학의 관점에서 본 「천부경」」, 한국신종교학회, 『신종교연구』, 2003, 참조.

연(衍) → 연(演)

앙(昻) → 앙(仰)

만일 「최고운선생사적」에 실린 판본이 최치원으로부터 집안 내력으로 전해진 것이라면 이 판본은 9세기에 써졌으니 묘향산 석벽본보다 더 원본에 가깝다고 할 수 있을 것이다. 하지만 이 최치원 사적본이 어떻게 최국술에게 전달되어 1926년에 편찬되었는지에 대해 알려진 바가 없어서, 이것이 별도의 판본이 아니고 묘향산 사적본의 전사(轉寫) 과정에서 생겼을 가능성도 있을 것으로 본다.

세 번째는 기정진본이란 것이다. 1957년 김형탁이 지은 『단군철학석의』에 수록된 「천부경」이다. 이는 조선 후기의 유학자인 기정진(奇正鎭, 1798~1876)으로부터 전해졌다고 해서 기정진본으로 불린다. 기정진본 역시 '인중천지일(人中天地一)'이 '인중천중일(人中天中一)'로 되어 있는 등 몇 개의 글자가 다르다.

비교적 근대의 학자인 기정진으로부터 전해진 것이라는 점에서 천여 년 전의 최치원 사적본보다는 진실일 가능성이 높아 보이지만, 기정진본도 기정진의 제자로부터 받아 전해진 것이라는 증언만 있을 뿐, 다른 증거자료는 없다. 이들 모두 이전에는 아무런 관련 기록 없이 침묵하고 있다가 공교롭게 묘향산 석벽본이 공개된 1920년대 이후에서야 세상에 공개된 이유와 과정을 설명하기가 쉽지 않다.

최근 「천부경」의 판본 문제와 관련해서 두 가지 고려해야 할 사안이 생겨났다. 1979년에 이유립에 의해 공개된 『환단고기』의 범례에 의하면 1911년 5월 계연수가 대한독립군 홍범도 장군과 광복군총영장 오동진 장군의 자금 조달로 『태백일사』를 비롯한 5권을 종합한 역사서 『환단고기』를 1권의 책으로 목판에 새겨 인쇄했다고 한다.

그런데 문제는 여기에 이미 「천부경」이 실려 있다는 사실이다. 『환단고기』가 1911년에 발간되었다고 하니, 그동안 「천부경」이 1916년 계연수에 의해 발견되어 단군교로 이관되어 공개된 것으로 알려진 것과는 다른 사실이다. 이 말이 사실이라면 묘향산 석벽본 이외로도 또 다른 전수 계통이 있었을 가능성도 있다. 하지만 현재로서는 그 진위 여부에 대해 판단할 근거자료가 없는 형편이므로, 판단은 유보할 수밖에 없다.

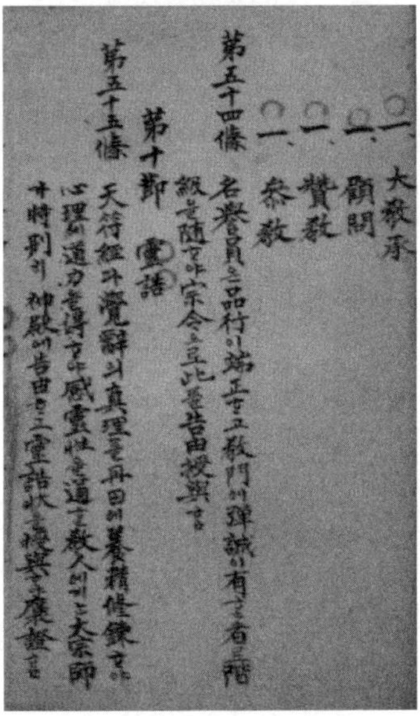

「단군교종령」 중 「천부경」 조항

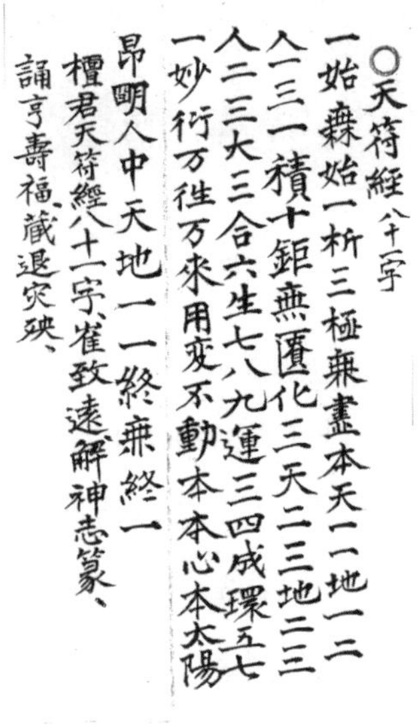

○天符經 八十一字
一始無始一析三極無盡本天一一地一二
人一三一積十鉅無匱化三天二三地二三
人二三大三合六生七八九運三四成環五七
一妙衍万往万來用変不動本本心本太陽
昂明人中天地一一終無終一
檀君天符經八十一字 崔致遠解神志篆
誦亨壽福 藏退灾殃

정훈모 필사 「천부경」(최고본)

최근 정훈모(1868~1943)와 「천부경」의 관계에 대해 새로운 자료가 하나 발굴되어 학계에 보고되었다. 정훈모가 1913년 무렵에 친필로 쓴 「천부경」이 그의 수첩 속에서 발견되었다고 한다. 발견자 조준희는 정훈모가 「천부경」 원문을 친필로 작성한 뒤 "단군천부경 81자는 최치원이 신지의 전자를 해석한 것이다. 암송하면 장수와 복을 누리고, 재앙을 막

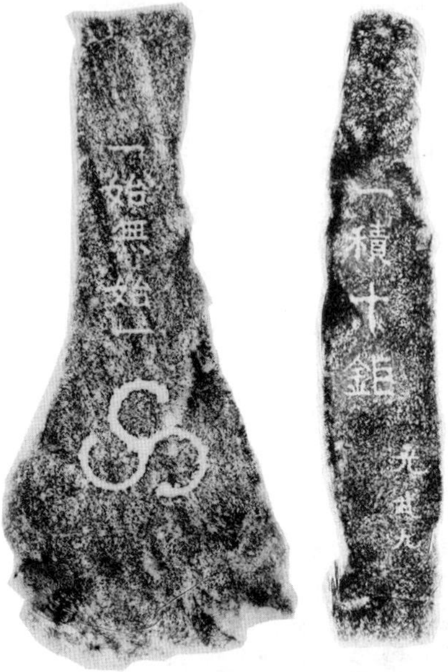

광무 9년 천부경 각석 탁본

고 피할 수 있느니라(檀君天符經八十一字, 崔致遠, 解神志篆. 誦亨壽福, 箴退灾殃)"라고 부기해 두었는데, 이를 보면 그가 「천부경」을 교인의 수련에 활용코자 했음을 알 수 있다고 설명했다.㉠

조준희에 의하면 이 수첩에는 「천부경」의 전문과 함께 1913년에 제정한 「단군교종령(檀君敎宗令)」 제55조에, "「천부경」과 각사(覺辭)의 진리를 단전(丹田)에 양정수련(養精修鍊)ᄒᆞ야 심리(心理)에 도력(道力)을 득(得)ᄒᆞ야 감영성(感靈性)을 통(通)ᄒᆞᆫ 교인(敎人)에게ᄂᆞᆫ 대종사(大宗師)가 특별(特別)히 신전(神殿)에 고유(告由)ᄒᆞ고 영고장(靈誥狀)을 수여(授與)ᄒᆞ야 포증(褒證)ᄒᆞᆷ"이라고 기록을 남겼는데, 「단군교종령」의 출판 허가 청원 날짜는 대정 2년, 즉 1913년 7월 31일로 적혀 있다. 이 1913년 7월이란 날짜가 바로 『정신철학통편』 출간 이전에 이미 「천부경」이 존재했음을 알려 주는 근거라는 것이다.㉡

이외에도 2000년에 갑골문으로 쓰인 「천부경」이 등장했다고 일부에서 주장하기도 하나, 그 발견 과정이나 자료의 신빙성에 대해서는 여러

㉠ 조준희, 「한국고대사의 시공간적·문헌적 범위」, 『대종교 경전의 서지적 검토』, 한국학중앙연구원 한민족공동체연구소, 2012. 7. 20.

㉡ 「天符經」, 『알소리』1 , 한뿌리, 2006, 100~103쪽 및 「국학자료발굴기」, 『알소리』4, 한뿌리, 2007, 50~51쪽 참조. 이에 의하면 2005년 7월 23일 정훈모의 손부 권태영 씨가 보관해 오던 유품을 공개하는 과정에서 발견되었다고 한다.

의문점이 있다.

이보다 광무 9년 명문이 새겨진 천부경 각석이 임채우 교수에 의해 공개되었다. 전체 81자의 「천부경」 원문 중에서 '一始無始一'과 '一積十鉅'의 9자가 새겨져 있지만, 광무 9년 즉 1905년에 이미 「천부경」이 존재하고 있었음을 보여주는 증거로서 대단히 중요한 의미를 갖고 있는 각석이다. 앞으로 이를 중심으로 「천부경」의 전수 역사를 새롭게 정립해야 할 것이다.

「천부경」 관련 자료

「천부경」이 공개된 초기 정식으로 출간된 자료만 정리를 해 보면 아래와 같다.

1920년 전병훈 『정신철학통편』에 「천부경주해」 수록.

1921년 『단탁』지에 한별의 「천부경 81자」 수록.

1922년 김택영의 『소호당전집』에 「천부경」 주석 수록.

1925년 김용기의 『단전요의(檀典要義)』에 「천부경」 전문 수록.

1926년 최국술의 『최고운선생사적(崔孤雲先生史蹟)』에 「천부경」의 전수 내력 및 전문 수록.

1930년 이용태의 「천부경도석주해(天符經圖釋註解)」 저술.㉠

1934년 이시영의 『감시만언(感時漫言)』에 「천부경」 전문 수록.

1937년 『단군교부흥경략(檀君教復興經略)』에 김영의의 「천부경주해」 수록.

1957년 김형탁의 『단군철학석의』에 「천부경」 수록

1979년 계연수의 『환단고기』에 「천부경」 전문 수록.

㉠ 이외에 이용태, 「천부경도석주해서」(1957)와 「천부경의 해설」(1960), 『이용태선생문고』, 1997 참조.

현재 「천부경」에 대한 번역 및 연구 성과는 매우 많이 나와 있다. 일제강점기에서 1960년대 무렵까지는 「천부경」 원문의 뜻에 대한 주석과 해설이 주종을 이루고 있었다. 1970년대 이후부터 「천부경」에 대한 연구가 서서히 일어나기 시작했고, 1980년대 상고사에 대한 관심이 고조되면서 「천부경」에 대한 단행본과 관련 서적들이 간행되기 시작했다. 2000년대 들어서는 재야학계를 중심으로 논의되던 「천부경」이 학계에서 연구되고 있으며, 「천부경」 국제학술대회도 개최되는 등 학계의 주목을 받고 있다. 근래에는 외국의 학자들의 연구 논문이 발표되기도 했다. 현재까지 외국학자의 논문은 다음과 같다.

佐佐充昭(삿사 미츠아키), 「한말 일제시대 단군신앙운동의 전개」, 서울대학교대학원 박사학위논문, 2003.

鞠曦, 「天符经的思想 与现代意义」, 『선도문화』4집, 2008.

刘仲宇, 「天符经与道教宇宙论的 比较研究」, 『선도문화』4집, 2008.

朱越利, 「天符词义之诠释」, 『선도문화』4집, 2008.

蕭登福, 「天符經中所見道家道教思想」, 『선도문화』13집, 2012.

强昱, 「简论天符经的思想内涵」, 『선도문화』13집, 2012.

「천부경」은 81자에 불과한 단문이다. 이 짧은 글에 많은 내용을 담아 설명하려다 보니, 다소 무리한 경우도 있던 것이 사실이다. 임채우는 「천부경」 연구에 대한 그간의 태도에 대해 “지금부터 불과 100년 전에 발견되어 공개된 「천부경」은 고조선의 개국시조 단군에 그 기원을 둔다는 점 때문에, 국내의 일부 연구들에서 민족주의에 치우치는 경향이 나타나기도 했다. 또한 「천부경」에 대해 때로는 수천 년간의 시간을 훌쩍 넘어 현재의 관점을 투영시키거나, 세계사적 보편성을 무시한 채로 자민족중심의 과잉해석이 나타나기도 했다"㉠라고 비평을 한바 있다. 「천부경」은 『삼일신고』와 더불어 불과 100년 전에 출현한 경전이지만, 기존에 존재했던 단편적인 사료(史料)들과는 차원이 다른 단군의 철학사상을 담은 경전으로 단군 관련 자료의 중심을 차지한다. 360여 자에 불과한 『삼일신고』보다 글자 수도 적고 또 이보다 10년 뒤에 공개되었지만, 단군 관련 자료에서 가장 핵심적인 위상을 차지하고 있다.

『삼일신고』

자료 소개 및 작자

『삼일신고(三一神誥)』란 이름의 의미는 삼진(三眞)이 하나로 돌아가 합일하는 진리를 밝힌 글이란 뜻으로, 삼라만상의 시종과 만법귀일(萬法歸一)의 철학적 이치를 담은 경전이며, 366자로 이뤄진 짧은 글이다. 『삼일신고』는 환웅이 설법한 내용을 단군 임금께서 지었다고 전해지며, 김교헌에 의해 1912년 간행되었다. 『삼일신고』는 「천부경」·『성경팔리』(『참전계경』)와 함께, 단군사상을 담은 3대 경전으로 알려져 있다.

이 책의 맨 뒤에 실려 있는 「삼일신고 봉장기」를 보면 단군이 무진년 10월 3일 백두산 아래에 내려와 『삼일신고』로써 교화하자 삼천단부의 무리들이 이를 받들었고 신지가 글로 새겨서 후대에 전했는데, 이것이 다시 부여에서 왕수긍에 의해 은나라 글로 전해졌고 고구려를 거쳐 발해

㉠ 임채우, 「중국철학에 대비되는 천부경의 특수성과 연구방법론에 대해—천부경에 나타난 도가 도교 사상을 읽고」, 『선도문화』13집, 2012, 196쪽 인용.

로 전해졌다고 한다.

『삼일신고』는 구한말 나철(羅喆, 1863~1916)이 백두산에서 단군교를 신앙하고 있던 인물로부터 전해 받아 세상에 등장하게 되었다고 한다. 대종교총본사에서 발행된『대종교요감』을 보면 단군 경전과 관련해서 나철이 여러 차례에 걸쳐 백봉(白峰) 등의 인물들과 접촉해서 자료를 전수받은 사실이 적혀 있다.

> "1905년 음 12월 30일 백봉 신사가 보낸 두암 백전옹으로부터『삼일신고』와『신사기』를 받으심."
>
> "1908년 음 11월 12일 일본 동경 청광관에서 백봉 신사의 문하인 두옹 두일백으로부터 「단군교포명서」를 받으시고, 같은 해 12월 9일 일본 동경 개평관에서 다시 두옹을 만나 영계식을 거행함."㉠

이를 보면 모두 백봉이 보낸 인물을 통해서 1905년에『삼일신고』와『신사기』를 받았던 사실이 수록되어 있다. 처음에 1905년 음 12월 백봉에게서『삼일신고』라는 경전을 받았고, 다음 1908년 12월에는 역시 백봉으로부터 일본 동경에서「단군교포명서」를 받았다고 했다.

그런데 대종교의 역사를 기록한『대종교중광육십년사』에는『삼일신고』를 받게 된 상황이 조금 더 자세하게 기술되어 있다. 여기를 보면 1908년 12월 5일(음 11월 12일) 오전, 백두산에서 단군을 신앙하던 백봉의 제자 가운데 한 사람인 두일백이 대일 외교차 일본 동경에 머무르고 있던 나철(당시에는 나인영)의 숙소 세이코칸(清光館)을 찾아와서, 백두산

㉠ 대종교총본사,『대종교요감』, 1987, 372~373쪽 인용. 강수원,『우리 배달겨레와 대종교역사』, 한민족문화사, 1993, 396쪽에도 같은 내용이 실려 있다.

의 단군 신앙 집단의 존재와 「단군교포명서(檀君教佈明書)」 발행에 관한 내용을 알려 주었다.㉠ 다시 20여일 뒤 12월 31일(음력 12월 9일) 두일백이 2차로 방문해서 단군교의 유래에 대해 설명하고, 『성경팔리』·『삼일신고』의 경전류와 예식에 관한 『고본신가집』·『봉교과규』·『입교의절』·『봉교절차』의 서책 및 단군 영정을 전했다. 그는 이들을 주면서 오로지 단군교를 전하고자 왔으니 즉시 본국으로 돌아가 단군교를 다시 일으켜 동포를 구하라고 명하였다. 이때 나철과 정훈모는 두일백에게 같이 영계(靈戒)를 받았고, 다음날 새벽 정훈모가 먼저 영정을 가지고 귀국했다고 한다.㉡

이를 보면 모두 백봉이 보낸 인물을 통해서 『삼일신고』를 전해 받았다는 점에서는 같으나, 『대종교요감』에서는 1905년에 이미 백봉이 보낸 『삼일신고』와 『신사기』를 받았다고 했고, 『대종교중광육십년사』에서는 1908년에 받았다고 해서 약간의 시간적 차이가 있다.㉢ 아무튼 나철 등은 몇 차례 백두산 단군교의 인물들과의 만남을 통해서 『삼일신고』등의 경전을 전해 받아 서울에서 단군교를 중광하게 된 사실을 알 수 있다.

판본 및 전수 과정

현재 전해지고 있는 『삼일신고』는 크게 발해 석실본(渤海石室本), 태소암본(太素庵本), 신사기본(神事記本) 세 가지로 구분된다.㉣ 『삼일신고』는

㉠ 대종교총본사, 『大倧教重光六十年史』, 1971, 93쪽.

㉡ 조준희, 「단군 영정」, 『알소리』5, 한뿌리, 2007. 7, 20쪽 재인용.

㉢ 대종교총본사, 『역해종경사부합편』, 1쪽에도 1905년 12월 5일 나철이 백전에게서 서대문 역전의 노상에서 받았다고 기록하고 있다.

㉣ 이유립에 의하면 이 외에도 속본(俗本)이 더 있는데, 태백일사본을 원본으로 보면 속본의 전문은 원본과 같은데 신사기본과 혼동하여 자구가 틀린 것이 있다고 한다(이유립, 『대배달민족사』권5, 고려가, 1987, 146쪽).

나철이 1905년 12월 30일 서대문의 길거리에서 백봉이 보낸 두암(頭巖) 백전옹(伯佺翁)에게서 받으면서 처음으로 세상에 전해졌는데, 이 판본을 발해 석실본이라고 부른다. 왜냐면 「단군교포명서」에 보면 백봉이 10년 동안 태백산에서 하늘에 기도하여 『삼일신고』 등의 경전과 역사책을 석함(石函)에서 얻었기 때문에㉠ 이를 석실본이라고 부른다.㉡ 또 같은 날에 받은 신사기에도 『삼일신고』가 수록되어 있다. 여기에는 환웅이 신(禬)으로 화하여 대도(大道)를 세우고 큰 가르침(大教)을 베풀며 신고(禬誥)를 통해 무리들을 가르쳤다고 하는 내용에㉢ 이어 『삼일신고』 전문이 나오는데, 신사기본에 의하면 『삼일신고』는 환웅시대의 큰 가르침으로 '신고'로만 불리었으며, 석실본이나 태소암본처럼 분장이 되어 있지 않고 장 제목이 없다.㉣

그런데 이에 대해 다른 주장도 있다. 조준희에 의하면 지금까지 신사기본은 1949년에 간행된 『역해종경사부합편(譯解倧經四部合編)』의 『신사기』, 「교화기(敎化紀)」편에 수록된 『삼일신고』를 원본으로 생각했으나, 1918년에 인쇄된 최고본 『신사기』가 발견되었는데,㉤ 여기에는 『삼일신고』 원문이 없다는 것이다. 그래서 신사기 속에 들어 있는 『삼일신고』는 후대에 추가된 것이라고 주장했다.㉥ 그렇다면 신사기본은 별도로

㉠ "白峰은 十年 동안 百苦를 經하시고 太白山中에서 禱天하여, 大皇祖 神聖의 默契를 受하고 本教經典과 檀君朝實史를 石函中에서 得하였다"(대종교총본사, 「단군교포명서」, 『대종교중광육십년사』, 1971, 85쪽)

㉡ 김교헌 편수 겸 발행, 『三一禮誥』, 大倧教本司, 1912. 이 자료는 국립중앙도서관, 국회도서관, 경희대·고려대·연세대 도서관 등에 소장돼 있다.

㉢ "欽稽教化主 曰桓雄 以禬化人 立大道 設大教 感化蠢蠢民 演禬誥 大訓于众."

㉣ 이승호, 『한국선도와 현대단학』, 국학자료원, 2015, 61~68쪽 참조.

㉤ 『四册合附』, 大倧教東道本司, 1918.

㉥ 조준희, 「대종교경전의 서지적 검토」, 한민족공동체연구소 학술회의, 2012. 7. 20.

존재하는 것이 아니라, 사실상 발해 석실본과 같은 판본이 되는 셈이다.

태소암본은 1979년 공개된 『환단고기』 중 『태백일사』에 수록된 판본을 말한다. 『태백일사』는 이맥(李陌, 1455~1528)㉠이 편찬해서 한말의 이기(李沂, 1848~1909)가 간수하고 있었다고 전한다. 『태백일사』「고려국본기」에 보면, 『단군세기』의 저자 이암(李嵒, 1297~1364)㉡이 천보산(天寶山)에 유람을 갔다가 태소암에서 이명·범장과 함께 환단(桓檀)으로부터 전수된 진결을 얻었다고 했기 때문에 붙여진 이름이다.㉢

태소암본은 석실본과 제1장, 2장, 5장의 제목이 다르고 제1장과 제5장은 내용도 약간 다르다. 가령 석실본에서는 제1장 첫머리에서 '원보팽우(元輔彭虞)'라고 해서 '원보'란 관직에 있는 '팽우'에게 말하지만,㉣ 태소암본은 '이오가중(爾五加众)'이라 하여 오가(五加)와 중생들에게 신고를 설하는 것으로 되어 있다.

또 석실본에는 장수(章數)가 없이 제목만이 있는데, 신사기본은 장수와 제목이 모두 없으며 태소암본은 장수와 제목이 함께 명기되어 있다. 「천훈」의 서두에 석실본은 '제왈 원보팽우'라고 되어 있고 신사기본은

㉠ 조선 전기의 문신, 1474년(성종 5) 진사시에 합격하였고 1498년(연산군 4) 44세에 문과에 급제하였다. 장숙용(張淑容)이 연산군의 총애를 기회로 호화주택을 짓고 축재하자, 수차례에 걸쳐 이를 탄핵하다가 연산군의 미움을 받아 유배되었다. 중종반정으로 연산군이 물러나면서 다시 관계에 진출하였다. 성품이 매우 강직하고 매사에 공정하였다(정신문화연구원, 『한국인물대사전』, 1551쪽).

㉡ 고려 후기의 문신, 호는 행촌(杏村). 1313년(충선왕 5)에 문관에 급제하고 여러 번의 유배를 거쳐 공민왕 초 철원군에 봉하여졌으나 사직하고 청평산(淸平山)에 들어갔다가 수문하시중(守門下侍中)에 제수되었다. 예서와 초서에 능하였다(『한국인물대사전』, 1656쪽).

㉢ 『태백일사』「고려국본기」. "杏村先生 嘗遊於天寶山 野宿太素庵 有一居士曰素佺 多藏奇古之書 乃與李茗范樟 同得神書 皆古桓檀傳受之眞訣也."

㉣ 「역해삼일신고」, 『역해종경사부합편』, 14쪽.

'주약왈(主若曰) 자이중(咨爾众)'이라고 되어 있으나, 태소암본에서는 '이오가중'으로 되어 있다. 「진리훈」에서는 상이한 내용이 많은데 가령 석실본과 신사기본에서 삼진(三眞)이 '선무악(無善惡)' '무청탁(無淸濁)' '무후박(無厚薄)'으로 되어 있으나, 태소암본은 '선무악(善無惡)' '청무탁(淸無濁)', '후무박(厚無薄)'으로 되어 있다.

이에 대해 혹자는 태소암본에서는 대종교 경전인 『삼일신고』와 다르게 변작(變作)된 자구가 발견되는데㉠ 결정적으로 나중에 편찬된 『역해종경사부합편』에서 오기된 '착(着)' 자가 태소암본에 그대로 전재되어 있기 때문에 태백일사에 실린 『삼일신고』본은 위서로 판명될 소지가 높다고 주장하기도 했다.㉡

최근 독립기념관에 소장된 『삼일신고』 필사본이 발견되었다. 조준희에 의하면 이 필사본은 대종교 교단 내 핵심 인물만이 회람했던 경전으로 보이며, 내지의 필체는 1910년 9월 12일 고경각(古經閣) 명의로 발표된 필사본 『대종교신리(大倧教神理)』㉢와 흡사하고, 1910년경 백봉이 전수한 전사본(傳寫本)을 한 번 떠 옮겨 쓴 중사본(重寫本)으로 보인다고 했다.

그런데 『삼일신고』 필사본 중 「진리훈」 주해의 "淫厶[相沓切]交"가 『삼일신고』 활자본에서 "淫△[相沓切]交"로 오식되어 있음을 볼 때 『필사본』이 활자본보다 앞선 것으로 판단된다. 그렇다면 발해 석실본을 이 독립기념관 필사본 『삼일신고』로 바꾸어야 할 것이라고 주장했다.

㉠ 帝曰元輔彭虞(원문)→帝曰爾五加衆, 無善惡(원문)→善無惡, 無淸濁(원문)→淸無濁, 無厚薄(원문)→厚無薄(이유립, 『桓檀彙記 1: 弘益四書』, 檀檀學會, 신시개천5873(1976), 14, 25쪽).

㉡ 조준희, 「대종교경전의 서지적 검토」, 한민족공동체연구소 학술회의, 2012. 7. 20.

㉢ 「大倧教神理」, 『알소리』3, 한뿌리, 2006, 164~173쪽.

『삼일신고』 필사본 표지
(독립기념관 소장)

그래서 조준희는 『삼일신고』의 원본 내지 고사본(古寫本)이 현전하지 않는 현황에서 이 필사본이 『삼일신고』 판본 중에서 최고(最古) 본일 것으로 추정했다.㉠

체재 및 내용

이 책을 보면 발해 시조 대조영의 동생 대야발(大野勃)㉡이 지은 서문과 대조영이 지은 「어제삼일신고찬(御製三一䄙誥贊)」이 실려 있다. 그다음에 본문으로 「천훈(天訓)」·「신훈(䄙訓)」·「천궁훈(天宮訓)」·「세계훈(世界訓)」·「진리훈(眞理訓)」의 5개훈으로 분장되어 있고, 자수대부(紫授大夫) 선조

㉠ 조준희, 「대종교 경전의 서지적 검토」, 한민족공동체연구소 학술회의, 2012. 7. 20.

㉡ 생몰년 미상. 발해시대의 왕족. 고조 대조영의 아우이다. 제9대 왕 간왕(簡王) 대명충(大明忠)이 즉위한 지 1년 만에 죽자, 대야발의 4대손 대인수(大仁秀)를 세워 제10대 왕으로 하였다. 『한국민족문화대백과』 '대야발'조 인용.

성(宣詔省) 좌평장사(左平章事)이면서 문적원감(文籍院監)㉠인 임아상(任雅相)㉡이 주해했다. 본문 다음에 고구려의 개국공신인 극재사(克再思)㉢가 지은 『삼일신고』 독법(讀法)이 있고, 맨 끝에 발해 문왕이 지은 봉장기(奉藏記)가 첨부되어 있다.㉣ 석실본에서는 从(虞)·旡(無)·䄅(神)·𠆭(靈)·𠜎(腦)·嚞(哲)·众(衆)·𡗗(觸) 등 옛 한자를 사용하고 있다.

체제를 보면 석실본은 「천훈」·「신훈」·「천궁훈」·「세계훈」·「진리훈」으로 되어 있는데, 태소암본에서는 이를 각각 「허공」·「일신」·「천궁」·「세계」·「인물」로 이름을 붙여서 장을 나누었다. 『태백일사』에 의하면 원본은 장이 나누어져 있지 않았는데, 『태백일사』를 지은 이암이 분장하였다고 한다.㉤

『삼일신고』는 "하나를 잡음으로써 셋을 포함하고, 셋을 모아서 하나로 귀일한다(執一含三, 會三歸一)"고 해서 회삼귀일이란 독특한 삼위일체의 논리를 편다. 이것은 단군철학의 중요한 논리구조를 형성하는데, 『역해종경사부합편』에서는 이를 환인·환웅·환검이 나누면 셋이고, 합치면 하나

㉠ 자수대부(紫授大夫)는 발해의 무관직이고, 좌평장사(左平章事)와 문적원감(文籍院監)은 발해의 문관직에 해당한다(정진헌 역, 유득공(柳得恭) 저, 『발해고(渤海考)』, 서해문집, 2008, 129, 132, 136쪽 참조).

㉡ 『삼국사기』에 의하면 고구려 보장왕 20년(661)에 당(唐)이 임아상(任雅相)을 패강도행군총관(浿江道行軍摠管)으로 삼았다는 내용이 있다(『삼국사기』권제22, 「고구려본기」제10, 보장왕 하). 『발해고』에 의하면 발해 무왕(武王)이 개원(開元) 10년(723)에 그의 아우 대문예(大門藝)와 외숙 아아상(雅雅相, 임아상의 오기)을 시켜서 군대를 내어 흑수를 공격하게 했다는 내용이 있는데(정진헌 역, 유득공 저, 『발해고』, 52, 75쪽), 동일 인물인지는 알 수 없다.

㉢ 극재사는 고구려 개국공신이다. 주몽을 처음 만났을 때 마의(麻衣)를 입고 있었고, 주몽이 극(克) 씨라는 성을 내려 주었다고 한다(『삼국사기』「고구려본기」 第一始祖 東明聖王).

㉣ 송호수는 발해 석실본이 진본임을 일곱 가지 이유를 들어 설명하고 있다. 자세한 내용은 송호수, 『한겨레의 뿌리 얼—한민족의 뿌리 사상』, 133~135쪽 참조.

㉤ 『태백일사』「소도경전본훈」, "『三一禮誥』 舊本無分章, 杏村先生分章, 一曰虛空 二曰一神 三曰天宮 四曰世界 五曰人物."

라는 삼신일체설로 해석하기도 한다.

「천부경」과 『삼일신고』는 모두 짧은 경전이지만 단군의 사상을 요약한 중요한 내용을 담고 있다고 보았다. 『삼일신고』는 『환단고기』에도 전문이 실려 있는데, 특히 「천부경」과 함께 『삼일신고』를 같이 연용해서 쓰면서 중시하고 있음을 여러 곳에서 확인해 볼 수 있다. 『환단고기』의 범례에서 계연수는 「천부경」과 『삼일신고』를 낭가(郎家)의 『대학』과 『중용』이라고 소개하고 있다.㉠

현재 『삼일신고』에 대해서는 대종교를 비롯한 단체와 개인 등의 다양한 연구 결과와 번역본이 나와 있다. 『삼일신고』에 관한 연구로는 조준희·이승호·조남호 등의 연구가 참고할 만하다.㉡

『성경팔리』

자료 소개 및 작자

『성경팔리(聖經八理)』는 군자의 덕으로서 성(誠)·신(信)·애(愛)·제(濟)·화(禍)·복(福)·보(報)·응(應) 팔리(八理)를 근간으로 삼아 366조목에 달하는 체계적인 교리를 담고 있는 단군교의 교리서이다. 이 책은 정훈모가 발간했는데, 『성경팔리』란 이름은 단군 성인의 가르침인 팔리를 설명했다

㉠ 其「天符經」『三一禮誥』, 兩書全文, 俱在篇中, 實爲郎家之大學中庸也.

㉡ 이승호, 「한국선도문헌의 연구사 소고」, 『선도문화』6집 및 「한국 선도사상에 관한 연구」, 대전대학교 박사학위논문, 2010. 조남호, 「홍익인간 사상의 삼원론적 고찰」, 『홍익문화 통일 강연 시리즈 3~4호』통권20호, 홍익문화통일협회, 2003. 조준희, 「삼일신고독경연구」, 『선도문화』7집 등 참조.

는 의미에서 붙인 이름이다.

그런데 『성경팔리』는 『단군교팔리』 혹은 『참전계경(參佺戒經)』·『참전경』으로도 불린다. '단군교팔리'는 정훈모가 『성경팔리』를 간행하면서 속지에 '단군교팔리'라고 제명을 붙인 데에서 유래했다. 이유립이 편찬한 『환단휘기』에서는 '성경팔리'라는 이름을 쓰지 않고, '참전계경'이라고 불렀다. '참전(叅佺)'이란 '완전한 사람이 되기를 도모한다'는 뜻이다. 혹자는 원래 '참전계경'이라는 제호를 정훈모가 '성경팔리'라고 개제(改題)하였다고 주장하기도 하지만, 발행된 시기로 보면 '성경팔리'가 60년 가까이 앞선다. 그러나 현재는 대종교에서 '참전계경'이란 말을 승인함으로써 '성경팔리'보다 널리 유통되고 있다.

『성경팔리』의 전수 내력에 대해서는 먼저 『성경팔리』의 서문을 보면 "기자(箕子)께서 말씀하시기를 단군의 신성하신 세상에서는 여덟 가지 이치로써 사람을 가르쳤다. 사람이 현명하든 어리석든 천리를 통달하고 윤리에 통하기 쉬웠으니 무위(無爲)로 교화되었던 까닭에 요순의 세상보다 깊이 교화되었다고 했다. 또한 만물을 감화하는 여섯 가지 이치가 있으므로 원방란(袁方蘭)에게 주해를 명했으니 대략 124조가 된다"고 했다.㉠

이를 보면 정훈모는 『성경팔리』가 단군의 가르침을 정확히 파악하고 있었던 기자의 손에 의해 편집되었으며 원방란이란 신하에게 주해하도록 명함으로써 『성경팔리』라는 책자가 성립되었다고 보았음을 알 수 있다. 여기에서 원방란이 누구인지는 파악되지 않는다.

이유립이 전한 『태백일사』에서는 이와 다르게 설명한다. 여기에서는

㉠ 조준희 외, 『단재정훈모전집』1, 아라, 2015, 101쪽과 34~35쪽 참조.

『참전계경』의 저술 경위가 자세하게 나와 있는데, 고구려초 재상을 지냈던 을파소가 단군의 계시로 저술했다고 명언하고 있다. 그 내력을 보면 환국(桓國)의 환인천제(桓因天帝)와 신시(神市)의 환웅천왕(桓雄天王) 때에 교화에 사용하던 계율이 있었는데 뒤에 연(燕)나라의 침략 등 병화(兵禍)를 당하고 단군 직할의 진한(眞韓)이 허물어지면서, 이 글도 숨게 되었다. 그러던 중 고구려 초 을파소의 정성으로 말미암아 성신(聖神)의 계시로 다시 얻어 오늘에 전해지게 되었다는 것이다.

을파소가 이 책을 저술하게 된 계기에 대해 다음과 같이 기술하고 있다. 을파소는 일찍이 묘향산맥의 백운산에 들어가서 하늘에 기도하면서, 천경(天經)과 신고(神誥)를 열심히 공부하였다. 그러던 어느 날 홀연히 오색구름을 타고 내려오는 국조 단군의 성신을 뵙고, 계시를 받아 천서(天書)를 얻게 되었는데, 그 천서가 "성(誠)·신(信)·애(愛)·제(濟)·화(禍)·복(福)·보(報)·응(應) 팔리훈이었다"고 전한다. 을파소는 석굴 속에서 마음을 가라앉히고 차분히 연구하기 시작했고, 기본 강목과 팔리훈 낱낱의 덕에 대해 체(體)와 용(用)으로 나눠 총 366훈으로 『참전경』을 판별하였고 깨달은 이치에 따라 각각의 분장에 대해 주석을 하였다고 한다.

기자가 주 건국 초기 무렵에 생존했다고 볼 때 이 『참전계경』은 『성경팔리』 서문에 의하면 3000여 년간을 숨어 있다가, 혹은 『태백일사』의 설명에 의하면 고구려 초기에 지어졌다고 하니 1700년 이상 잊힌 채로 있다가, 1921년 정훈모에 의해 출간됨으로써 세상에 처음으로 공개된 셈이 되었다.

그런데 한 연구에 의하면 『성경팔리』의 저술 시기에 대해 그 서문에서 "경효왕 8년 신묘"라고 한 것은 기자조선시대인 기원전 1050년에 해당되기는 하지만, 실제로는 기자와 그 3대 경효왕을 가탁(假託)하여 조선시대에 집성되었다고 보았다. 그 이유는 경전의 각 장 가운데 열부, 곧 열녀에 관한 「열(烈)」, 「빈우(賓遇)」, 「고정(固貞)」, 「육친(育親)」의 구절은 조선조 성리학이 사회 전반에 수용되면서 여성의 수절과 정절을 관습화했던 정절이데올로기와 상통하는 내용으로서, 18세기 이후의 유교적 여성관이 반영된 것으로 보이기 때문이라는 것이다.㉠

판본 및 전수 내력

위에서 본 바와 같이 『성경팔리』는 두 가지 판본이 있다. 하나는 1921년 간행된 정훈모본 『성경팔리』이고, 다른 하나는 1971년 『환단휘기』에 실린 이유립본 『참전계경』으로 내용은 비슷하지만 이름 자체가 다르다. 먼저 『성경팔리』는 1908년 일본에서 정훈모가 백봉이 보냈다는 두일백으로부터 전해 받아서 세상에 등장했다. 1971년 대종교총본사에서 펴낸 『대종교중광육십년사』에 보면 1908년 12월 5일(음 11월 12일) 오전, 백두산에서 단군을 신앙하던 백봉의 제자 가운데 한 사람인 두일백이 대일 외교차 일본 동경에 머무르고 있던 나철의 숙소를 찾아와서, 백두산의 단군 신앙 집단의 존재와 「단군교포명서」 발행에 관한 내용을 알려 주었다. 다시 20여일 뒤 12월 31일(음 12월 9일) 두일백이 2차로 방문해서 단군교의 유래에 대해 설명하고, 『성경팔리』를 비롯해서 『삼일신고』의 경전류와 예식에 관한 『고본신가집』·『봉교과규』·『입교의절』·『봉교절차』의 서책 및 단군 영정을 전했다. 그는 이들을 주면서 오로지 단군교를 전하고자 왔으니 즉시 본국으로 돌아가 단군교를 다시 일으켜 동포를 구하라고 명하였다고 한다.

㉠ 조준희, 「대종교 경전의 서지적 검토」, 한민족공동체연구소 학술회의, 2012. 7. 20.

그런데 이 뒤로 나철이 대종교의 이름으로 독립한 뒤 『삼일신고』는 간행했으나, 『성경팔리』는 간행하지 않았다. 『성경팔리』는 1921년에 정훈모의 단군교에서 간행한 것을 보면, 원래 두일백이 『성경팔리』는 정훈모에게 주었거나 아니면 그가 원본을 간수하고 있던 것으로 보인다. 정훈모는 1914년부터 단군교에서 『성경팔리』를 강연했으며, 1921년에 한문본을 출판했고, 1926년에 다시 한글번역본을 출간했다.

단군교에서는 『성경팔리』를 중요한 교리서로 받아들였다. 1937년에 출간된 단군교의 『단군교부흥경략(檀君教復興經略)』에는, "본교(本教)의 진리는 「천부경」·성경(聖經)·『삼일신고』"라고 밝히고 있는 것을 보면, 단군교에서는 「천부경」 및 『삼일신고』와 더불어 『성경팔리』를 3대 경전으로 체계화하고 있음을 볼 수 있다. 그러나 1936년 7월부터 일제의 유사종교탄압정책으로 단군교의 활동이 강제로 정지되면서 『성경팔리』도 거의 주목받지 못했다.

이후에 『성경팔리』는 30년 가까이 잊힌 채로 있다가, 1965년 이 책을 우연히 습득한 박노철이 『단군예절교훈성경팔리삼백육십육사』로 출판했고, 이유립은 1971년에 『참전계경』이란 이름으로 간행한 바 있다. 이유립에 따르면 그의 스승인 평북 선천 사람인 계연수가 정주 사람인 이탁으로부터 『참전계경』을 얻어서 1899년 간행했다.[㉠] 그리고 자신은 이미 1931년 5월 5일 고향 삭주에서 『참전계경』을 연구해서 「참전계경 후서」를 남겼다고 했다.[㉡] 1971년에는 자신이 편찬한 『환단휘기』에 『참전계경』을 역해·수록함으로써 세상에 『참전계경』으로 알려지게 되었다.[㉢]

㉠ 이유립, 『대배달민족사』1, 고려가, 1987, 383쪽.

㉡ 이유립, 『대배달민족사』3, 132쪽.

1973년 강성모에 의해 주해되어 대종교총본사 명의로 『팔리훈』으로 간행되면서 다시 관심을 받았다. 대종교단에서는 1975년 교의회의 결정에 따라 『성경팔리』를 『참전계경』이란 이름으로 공인했고, 1983년에는 『대종교요감』에 경전으로서 수록되었다. 이로써 두일백에게서 받았던 『성경팔리』가 정훈모와 이유립의 손을 거쳐서 대종교의 교리체계 속에 정식 편입되었다.

체제 구성 및 내용

『성경팔리』에서는 1년에 해당하는 366일에 맞추어, 인간사에서 가장 필요로 하는 실천 윤리의 덕목으로 그 내용들을 구성하고 있다. 내용을 정리해 보면, 우선 환국(桓國)의 환인천제(桓因天帝) 시에는 오훈(五訓)이 있었고, 신시(神市)의 환웅천왕(桓雄天王) 시에는 오사(五事)가 있었는데 이 오훈과 오사를 천부(天賦)의 순리에 따라 '삼백육십육사'에 관한 계율로 삼아 교화(敎化)와 치화(治化)에 사용하였다는 것이다. 이로써 「천부경」·『삼일신고』와 더불어 대종교에서 말하는 '조화(造化)·교화·치화'의 경전이 형성되었다고 한다. 그러나 어떤 연구에 의하면 『성경팔리』는 『삼일신고』·『신사기』와 신관과 역사관이 다른 계통의 문헌이라는 주장도 있다.㉠

이유립본 『참전계경』의 내용은 정훈모본 『성경팔리』와 거의 비슷하다. 두 판본에서 각 강령의 조목에 관한 전체적인 내용을 보면, 한두 자 정도가 빠지거나 차이나는 것을 제외하고는 기본적으로 같은 내용을 다루고 있다.

㉢ 이유립, 『환단휘기』, 단단학회, 1971에 실려 있다.
㉠ 조준희, 「대종교 경전의 서지적 검토」 참조.

최근의 연구 성과들을 살펴보면, 단행본으로는 1973년에 대종교총본사에서 나온 『팔리훈』과 1983년 강천봉이 펴낸 『참전계경(팔리훈)』을 위시해서 송호수·손경식·최동환 등 여러 번역서들이 나와 있다.㉠ 연구 논문으로는 조준희·민영현 등의 학자들의 성과가 참고할 만하다.㉡

『규원사화』

자료 소개 및 작자 문제

『규원사화』는 조선 숙종 원년인 1675년에 북애자가 저술하였다는 역사서 형식의 사화(史話)로, 상고시대와 단군조선의 임금에 대해 상세하게 기술되어 있다.

「규원사화」의 서문에서 북애자는 효종~숙종 시대의 과거에 급제하지 못한 선비라고 스스로를 소개하면서, 저술의 동기에 대해 다음과 같이 밝히고 있다. 그는 과거를 단념하고 전국을 방랑하며 역조의 사적지를 두루 답사하던 중 예맥(濊貊, 지금의 춘천 지방)의 산골에서 고려 말 이명(李茗, 생졸연대 미상)이 저술한 고대사서 『진역유기(震域遺記)』를 얻었는

㉠ 송호수, 『(삼화)개천경: 조화경·교화경·치화경』, 개천민족회, 1984. 송원홍, 『배달전서』, 밀알, 1987. 손경식, 『弘益三經』, 홍익삼경개명원, 2003. 이성재, 『天書三經大經典』, 천지원리학회, 각세문화사, 1997. 최동환, 『366사』, 지혜의나무, 2007. 최민자, 『천부경 삼일신고 참전계경』, 모시는 사람들, 2006. 한문화원편집부, 『천지인』, 한문화, 2008. 최윤수 편저, 『참전계경』, 단촌글방, 2004.

㉡ 방건웅, 「參佺戒經 小考」, 『국학연구』5집, 국학연구소, 2000. 민병학, 「한민족의 고유사상의 실상」, 『인문학지(人文學志)』35집, 충북대학교 인문과학연구소, 2007. 최윤수, 「三一神誥와 參佺戒經에서의 三一 원리」, 『국학연구』4집, 국학연구소, 1998. 조준희, 「대종교 경전의 서지적 검토」, 한민족공동체연구소 학술회의, 2012. 7. 20. 민영현, 「參佺經 해제와 그 문화사상적 의의」, 『선도문화』6집, 2009.

데, 뒤에 처의 사망 소식을 듣고 돌아와 고향 기슭에 초당을 짓고 여생을 저술에 바쳤다고 한다. 그래서 그는 우리나라가 유사 이래로 여러 차례의 병화로 전적이 다 소멸되어 진정한 역사가 없음을 크게 한탄하며, 올바른 국사를 저술하여 우리의 옛 강토를 수복하고 양란의 치욕을 씻겠다는 염원으로 『규원사화』를 집필하게 되었다고 술회하고 있다.

『진역유기』의 작자로 알려진 이명은 고려 말 공민왕 때에 청평산에 머물렀던 도인으로 추정되며,㉠ 이암(李嵒, 1297~1364)·범장과 함께 천보산의 태소암에서 고기류의 사서를 보고 『진역유기』를 지어 산골에 숨겨 두었다고 한다.㉡ 『진역유기』는 발해의 역사서인 『조대기(朝代記)』를 참조하여 저술되었으므로, 『규원사화』 역시 『조대기』의 내용을 담고 있을 것으로 추정된다. 『조대기』는 세조 때에 고대 사서를 구하는 유시에서 그 이름을 볼 수 있어서, 조선 전반까지는 전해졌던 것으로 보인다.

그런데 이유립은 『규원사화』의 작자에 대해 다른 설을 제기한 바 있다. 그는 다음과 같이 말한다. "『규원사화』는 삭주부사 권현(權俔)의 저술한 것이 틀림없는 사실이지만 부일거두 윤덕영의 ○○교 남도본사의 재정 일부를 뒤대주면서 그의 사랑방을 한때 사무실로 정하고 ○○교 교리에 맞도록 단군을 한 사람으로 만들기 위하여 『규원사화』의 원전 47세의 단군을 모두 임검(壬儉)으로 바꾸는 잘못을 범하고 말았다…….
권현은 경기도 여주 출신으로 본관은 안동, 양촌(陽村)의 후손이다. 일찍 삭주부사를 지냈고 퇴관 후 북악산 동쪽기슭에 살았음으로 호를 북애자

㉠ 조선 선조 때에 쓴 것으로 추정되는 조여적의 『청학집』에 도인의 계보를 설명하는 중에 간단하게 이명을 언급한 바 있다. 이석호 역주, 『한국기인전 청학집』, 명문당, 1990, 1348쪽.

㉡ 임승국 역, 『한단고기』, 정신세계사, 2001, 330~331쪽과 고동영 역, 『규원사화』, 한뿌리, 1986, 8쪽 참조.

라고 하고 또 규원(揆園)이라 함은 그가 계(癸)년생인 까닭에 규(癸) 자에 재(扌) 변을 더하여 규원이라 했다는 확증이 있다."㉠

이유립에 의하면 『규원사화』는 양촌 권근(1352~1409)의 후손인 권현이 원작자인데, 이를 친일파의 거두인 윤덕영(1873~1940)이 잘못 개작해서 간행했다는 것이다.

다시 말해 현전하는 『규원사화』는 윤덕영이 대종교의 입장에서 원본 『규원사화』를 개작한 것이며, 1920년대 말경 시흥의 녹동서원에서 그것을 등사하여 판매한 일이 있다는 것이다. 삭주부사였던 권현이 『규원사화』를 지었다는 사실은 권현행장에 온다고 하면서, 이유립 자신은 이 원본 『규원사화』와 행장을 본 일이 있다고 주장하였다.㉡ 그의 주장은 확인되지는 않았지만, 결국 이유립은 『규원사화』의 전수 과정에 있어서 친일파 윤덕영이 개작했다고 함으로써 그 내용의 진위 문제에 의문점을 제기한 셈이 되었다.

『규원사화』의 등장과 판본 문제

『규원사화』를 비롯한 우리의 고대사에 관한 사서들은 조선 초에 내려진 수서령에 의해서도 수거되었지만, 일제가 소위 조선사편찬사업을 수행하는 과정에서 조선총독부가 우리의 사서를 탈취, 소각할 때 피해를 당했을 것으로 추정된다. 그런데 해방 직후(1945~1946년) 국립중앙도서관에서 조선시대에 써진 『규원사화』 필사본을 구입하였다. 또 이와는 별도로 일제강점기 때 양주동(1903~1977)도 또 하나의 『규원사화』 소장본을 가지고 있었는데 이를 1940년 손진태(1900~1950?)가 필사하여 두었다가

㉠ 이유립, 『대배달민족사(5)』, 고려가, 1987, 72~73쪽 인용.
㉡ 조인성, 「규원사화론첨보」, 『경대사론』3집, 1987, 174쪽 참조.

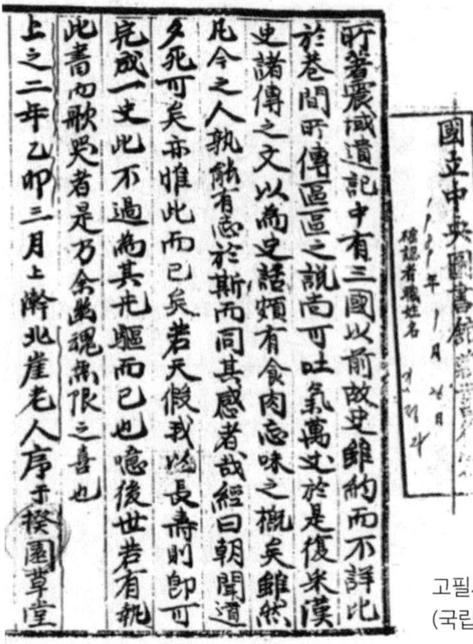
所著震域遺記中有三國以前故史雖約而不詳比
於卷間所傳區區之說尚可吐氣萬丈於是復采漢
史諸傳之文以爲史話頗有食肉忘味之概矣雖然
凡今之人孰能有志於斯而同其感者哉經曰朝聞道
夕死可矣亦惟此而已矣若天假我以長壽則卽可
完成一史此不過爲其先驅而已也噫後世若有能
此書而歌哭者是乃余幽魂無限之喜也
上之二年乙卯三月上澣北崖老人序于揆園草堂

고필사본『규원사화』
(국립중앙도서관 소장)

광복 후 고려대학교 도서관과 서울대학교 도서관 및 국립중앙도서관에 각 1부씩 기증한 판본도 전해지게 되었다.㉠

이 외에도 여러 필사본이 전해지고 있으나㉡ 이들 중에서 중요한 의미를 지니는 것은 국립중앙도서관 소장의 고(古)필사본과㉢ 손진태 필사본이다. 특히 고필사본은 고서심의위원회의 심의를 거쳐 조선조 숙종대에 제작된 진본으로서의 가치성이 인정되어 국립중앙도서관의 귀중본으로 지정되었다.㉣ 그런데 고필사본의 원문은 총 26,828자이며 손진태 필사

㉠ 서희건,『잃어버린 역사를 찾아서』, 고려원, 1986, 75쪽 인용.

㉡ 현존하는 『규원사화』의 필사 및 등사본은 다음과 같다. 국립중앙도서관본(양주동-손진태 필사본, 필사), 고려대본(양주동-손진태 필사본, 필사), 동국대본(권상로 소장본, 필사), 서울대본(방종현 소장본, 등사), 한국학중앙연구원본(이선근 소장본, 등사).

㉢ 현존하는『규원사화』는 모두 필사본이지만 특히 국립중앙도서관의 귀중본으로 등록된 필사본은 그 제작연대가 숙종 연간으로 확인된 가장 오래된 필사본이므로 다른 판본과 구별하기 위해 古필사본이라고 부르기로 한다.

본은 총 26,357자로서, 두 판본 간에 471자의 차이가 있다. 이 가운데 손진태 필사본에 있으나 고필사본에 없는 글자가 연자(衍字)를 포함하여 모두 27자가 있다. 이것은 필사 과정에서 약간의 출입이 생겨난 것으로 추정된다. 그런데 27개의 고필사본에 없는 글자가 손진태 필사본에 들어 있는 점으로 미뤄볼 때 고필사본이 북애자의 친필 원본은 아닐 것이라고 추정하기도 한다. 왜냐하면 고필사본이 북애자가 직접 쓴 원본이라면, 다른 판본에 1, 2글자 정도 오탈자 등의 출입이 있을 수는 있으나, 원본에 없는 글자가 27자씩이나 더 들어 있을 수는 없기 때문이라는 것이다.

결국 손진태 필사본은 고필사본의 저작 이후에 다른 시기에 써진 또 다른 판본임이 인정되었으니, 조선시대에 또 다른 필사본이 있었음을 보여 준다. 이는 『규원사화』가 일제강점기 때 조작된 위서(僞書)가 아닌 조선시대에 쓰여진 진서(眞書)라는 사실을 뒷받침해 준다.

체제와 내용

『규원사화』의 체제는 「규원사화서(揆園史話序)」·「조판기(肇判記)」·「태시기(太始紀)」·「단군기(檀君紀)」·「만설(漫說)」의 5개 부분으로 구성되어 있다. 이 중에서 「규원사화서」와 「만설」은 북애자의 글이며, 「조판기」·「태시기」·「단군기」는 아마도 『진역유기』 등의 내용에 근거해서 북애자가 여러 전적들을 참조해서 편찬한 것으로 추정된다. 설명 중간에는 저자나 『진역유기』의 의견이 추가된 듯한 부분이 있는데, 대체로 인용 근거를 표시하고 있다.

「규원사화서」는 서문으로서 『규원사화』 저술의 동기와 배경을 적고

㉣ 고평석, 「규원사화 북애노인 친필본」, 『한배달』6호, 1989, 참조.

있다. 「조판기」는 수백만 년간의 혼돈의 시대가 지나고 환인이 환웅천왕으로 하여금 천지를 나누게 하고 여러 신들의 활동으로 동·식물이 땅 위에 나타나 번성하고 사람들이 만들어지는 20만 년간의 내용이 시간 순으로 기록되어 있는 창조신화이다.

「태시기」는 환웅이 환인의 명을 받아 치우씨(蚩尤氏)·고시씨(高矢氏)·신지씨(神誌氏) 등으로 대표되는 3천의 무리와 함께 인간 세상을 다스리는 1만 1000년간의 치세의 내용을 설명한다.

「단군기」는 단군임금이 고조선을 세우고 이후의 역대 임금들이 단군임금에서 고열가 임금에 이르기까지 47대에 걸쳐 만주와 요동, 한반도 북부 일대를 다스리는 1200여 년간 치세의 내용이 기록되어 있다. 전체의 치세 기간은 기원전 2333년~기원전 1128년으로, 47대 1205년간 지속되었다. 이 기록과 유사한 기록을 보여 주고 있는 것은 근자에 공개된 『환단고기(桓檀古記)』이다. 그중 『단군세기(檀君世紀)』에 기록된 내용과 『규원사화』에서 기술하고 있는 단군조선의 역사를 전체적으로 대비해 보면, 같은 점은 47명의 단군 이름과 단군조선이 기원전 2333년부터 시작되었다는 것과 각 단군에 대한 일부 역사적 사실이 일치한다는 것이다. 다른 점은 『규원사화』에서는 단군조선이 기원전 1139년에 끝났다고 적혀 있는 반면에, 『환단고기』 「단군세기」에서는 기원전 238년에 끝난 것으로 기술되어 있다. 즉 『규원사화』는 단군조선이 기자 동래(東來) 이전에 멸망했다고 기록되어 있다.

「만설」은 간행 후기에 해당되며, 북애자 자신의 생각과 의견을 담고 있다. 여기에는 우주의 시원과 신의 존재 문제 및 생과 사의 문제 등 근본적이고도 철학적 질문들을 던지고 있으며, 역사의식 민족의식 그리고 현실의 문제와 구국(救國)의 방안 등에 대해 솔직하고도 날카로운 필치로 서술하고 있다. 이 「만설」은 『규원사화』 저술의 동기를 솔직하게 서술한 서문과 더불어, 작자의 시대상에 대한 비평과 함께 다른 글에서 볼 수 없는 조선시대 단군 사상과 한국 선도의 흐름을 잘 보여주는 귀중한 문장이다.

『규원사화』를 보면 북애자는 이상세계를 신시와 단군의 시대로 설정하고 있음을 알 수 있다. 이는 조선의 지배층이 성리학적 이상세계를 꿈꾸었던 것과는 완연히 구별된다.

> 내가 일찍이 항상 거론하던 바와 같이, 조선의 근심 가운데 나라의 역사가 없는 것보다 더 큰 것은 없다. 무릇 『춘추(春秋)』가 저작되자 명분이 바로 서게 되고, 『강목(綱目)』이 이뤄지니 바른 계통과 가외의 계통이 나누어지게 되었으나, 『춘추』나 『강목』 같은 것은 한(漢)나라 선비들이 자기들의 사상에 의거하여 정리한 생각일 뿐이다. 우리나라의 경전과 사서는 누차의 병화를 거치며 흩어져 거의 없어졌다. 후세에 고루한 자들이 한나라 서적에 탐닉하여 헛되이 사대(事大)와 존화(尊華)만을 옳다고 여길 뿐, 먼저 근본을 세우고 이로서 우리나라를 빛낼 줄은 알지 못하니, 마치 칡이나 등나무의 성질이 곧바르게 나아가고자 하지는 않고 도리어 얽히고 비틀어지는 것과도 같음에 어찌 천하다 하지 않겠는가!(『규원사화』 「서」)

> 유가에서는 '혼(魂)은 오르고 백(魄)은 내린다' 하였고, 불가에서는 '영혼은 없어지지 않는다' 하여 열반·지옥·윤회·해탈 등의 말이 가장 많으며, 단군 임금은 이르기를 "맡은 바를 완전히 이루면 하늘에 올라 신의 고향으로 돌아가게 된다" 하였으며, 또한 "모든 착한 것을 북돋우

고 모든 악한 것을 소멸시키며, 본성에 통하고 맡은 바를 완전히 이루면 하늘에 오르게 된다" 하였다. 불가의 말이 맞는가, 유가의 말이 충실한 것인가, 단군 임금의 교훈이 진실된 것인가? …… 나는 유가나 불가 및 단군 임금의 말에 대해 비록 증명할 만한 겨를이 없으나, 사람의 삶에는 없어지지 않는 영(靈)이 있어서 착함을 북돋우고 악함을 소멸시키며 본성에 통하고 맡은 바를 온전히 하면, 곧 신체는 굳어져 죽는다 하더라도 영령(英靈)은 없어지지 않고 능히 하늘에 올라 신의 고향으로 들어가게 된다는 것이 믿을 만하다고 여겨진다(『규원사화』「만설」).

또 철학 종교 정치 문화 경제 등 여러 관점에서 단군을 높였다는 점에서, 단순히 단군을 상징적 국조로만 받아들인 조선 사대부와는 차원이 다르다. 한영우는 이를 정신문화 혁명의 지침서라고 극찬한 바 있다.[㉠]

기존의 연구 성과와 논쟁점

현재 학계에서는『규원사화』의 진위 여부에 대한 견해가 대립하고 있다. 즉『규원사화』가 조선 숙종 연간에 저술되어, 이후 근대기 민족사학과 대종교의 성립에 영향을 주었다는 주장과 20세기 초에 민족의식을 고취시키기 위해 위작되었다는 주장이 맞서고 있다.[㉡]

가령 '민기(民氣)'·'선민(先民)'·'천주(天主)' 등의 용어가 있는 것으로 보아 효종이나 숙종시대의 문헌으로 보기에는 너무 시대를 앞지르고 있고, 말갈여진 등을 우리 민족의 분파로 보며 만주의 고토(故土) 회복을

㉠ 신용운,「조선중기의 단군론과 규원사화」,『한국사의 단군인식과 단군운동』, 국제평화대학원대학교출판부, 2006, 227~230쪽 참조.

㉡ 김정배,『한국사』권4-초기국가-고조선·부여·삼한, 국사편찬위원회, 1997, 53쪽.

강조하는 등 후세의 대종교 내지 민족주의 사학의 주장과 유사한 것으로 미루어 보아 한말·일제시대 대종교류의 위서로 보기도 하였다.㉠ 또 다른 연구자는 "『규원사화』는 『환단고기』와 마찬가지로 단군신앙과 관련된 종교사화일 뿐 우리 한국고대사 연구에 어떤 도움을 줄 수 있는 것은 전혀 아니다"라고 결론을 내리고 있다.㉡

또 한 연구에서는 고대역사에 대한 통설을 과학적 합리성에 의거해서 재단해야 한다고 하면서 본문 내용 중 '첨성대가 천수백 년이 지났는데'라는 표현한 구절에 대해, 천수백 년이라고 하면 일반적으로 1200~1300년 정도를 가리키니 이 구절을 근거로 계산해 보면 『규원사화』의 저술연대는 숙종 때가 아니라 1830년~1940년대 사이에 해당한다고 주장했다. 또 『규원사화』에서 세종 연간의 단군묘 설치라든가 세조 연간의 단군위패를 고쳐 쓴 일, 고조선 관계 고기류를 수집할 것을 명령한 일 등을 언급한 것은 『조선왕조실록』을 볼 수 없었던 북애노인으로서는 기술할 수 없는 내용이니, 『조선왕조실록』을 자유롭게 볼 수 있었던 시기인 한말에서 1920년대의 작품이라고 주장했다. 이 외에 『규원사화』에 사용된 국가(國家)·동족(同族)·문화(文化)·전세계(全世界)·민중(民衆) 등의 용어가 근대적이고, 『규원사화』에서 만주족·일본족과 연합해서 중국을 쳐야 한다는 주장은 조선인·만주인·일본인의 단결로서 중국을 쳐야 한다는 대동아공영론과 상통하며, 일본 제국주의 논리의 왜곡된 체험을 바탕으로 민족주의를 표방한 것일 가능성이 있다고 주장했다.

이에 대해 임채우는 다음과 같은 반론을 제기한 바 있다. '천수백 년 전'이란 관용어가 반드시 '1200~1300년 전'이란 의미라고 단정할 수는

㉠ 송찬식, 「위서변」, 『월간중앙』, 1977, 74~76쪽 참조.
㉡ 조인성, 「『揆園史話』와 『桓檀古記』」, 『韓國史市民講座』2輯, 1988, 78~88쪽.

없고, 민기·선민·천주·문화·전세계·민중·신향 등의 개념도 『사고전서(四庫全書)』 등을 검색해 보면 수많은 용례가 나오고 있다. 단군묘 설치, 단군위패 수정, 고조선 관계 고기류 수집 등의 역사적 사실은 왕조실록에만 담겨 있을 뿐 당시의 일반 백성들은 알 수 있는 방법이 없다는 주장도 인정받기 어렵다. 또 대동아공영론이나 친일파의 논리라는 비판에 대해서도 북애자의 서문을 보면 "우리나라의 선비들이 비록 밤낮으로 남한산성의 치욕에 대해 이빨을 갈면서, 임진년에 신통치 않게 도움을 받은 의리로 명나라에 대해 보답하려고 한다. 그러나 스스로 여진을 오랑캐로 여겨 물리치고 만주를 호로(胡虜)로 여겨 배척하면서 동쪽으로는 왜놈들에게 제압당하고, 서쪽으로 명나라를 그리워하니, 백성들이 다시 어느 겨를에 능히 힘을 기를 것인가!"를 탄식하고 있다.㉠ 이를 보면 북애자가 말하고자 하는 것은 당시 힘이 없어 임진왜란·병자호란을 연이어 당하고도 여전히 사대주의에 빠져 정신을 차리지 못하는 위정자들을 비판하는 것이지, 대동아공영론에 동조하는 친일론이라고 볼 수는 없다고 지적한 바 있다.㉡

가치와 의의

사실 『규원사화』의 진위 논쟁은 형식적으로는 불필요한 일이다. 왜냐하면 이미 국내 서지학 및 금석학 분야 전문가의 감정과 심의과정을 거쳤기 때문이다. 그것은 고필사본에 대하여 위작설이 제기되자, 1972년 11

㉠ 「규원사화서」, "我國之士, 雖日夜以南漢之恥切齒, 以區區東援壬辰之誼, 欲向明而圖報. 然百年之內, 余保 其必無是事矣夫. 區區鴨水以南, 數千里之地, 衆寡之數, 已自懸絶, 而又自却女眞以爲胡, 斥滿洲以爲虜, 東控于倭, 西戀于明, 民復奚暇能養其力哉!"

㉡ 임채우, 「선도사서 규원사화 해제—위작설에 대한 쟁점을 중심으로」, 『선도문화』6집, 2009 인용.

월 3일 국립중앙도서관 고서심의위원회가 열려, 당시 감정학계의 권위자였던 이가원(李家源, 1917~2000)·손보기(孫寶基, 1922~2010)·임창순(任昌淳, 1914~1999) 3인의 위원이 조선 중기에 써진 진본임을 확인하여 인증서를 작성했다. 이 외에도 서지학자로서 국립도서관에서 고서를 전문으로 다룬 전문가도 종이의 질과 글씨 및 제호를 표지에 바로 쓴 것 등으로 미루어 조선 중기에 써진 것임이 틀림없음을 확인했다고 한 바 있다.㉠

다만 국립도서관본이 조선 중기에 쓰였을 것이라는 감정 결과가 바로 저자인 북애노인이 직접 쓴 친필본이라는 사실을 의미하는 것은 아니다. 북애자의 원본일 수도 있고, 누군가에 의해 베껴 쓴 또 다른 필사본일 수도 있다. 그러나 중요한 것은 국립중앙도서관 소장본이 조선 중기에 써진 것은 틀림없다는 사실이다.

원저자의 친필본이든 아니든 간에 조선 중기에 이 책이 존재했었다는 사실을 통해 아무리 내려잡아도 적어도 조선 중기부터는, 이전 『삼국유사』와 『제왕운기』의 단군사화와는 내용이 전혀 다른 47대 단군왕조사를 비롯한 환인 환웅의 신화가 실존하고 있었음을 확인할 수 있다. 이 책의 실존이 단군 왕조의 실존을 보증해 주는 것은 아니지만, 적어도 조선 중기에는 그런 내용을 가진 단군 왕조사가 실존했었다는 점은 보장할 수 있다. 이 사실은 단군과 관련해서 제기되었던 많은 의문점들을 풀 수 있는 실마리를 제공해 준다.

한국사에 대해 많은 비판적 연구를 내놓은 이이화는 "조선 후기에 씌어진 『규원사화』에서는 좀 더 확실한 근거를 대고 합리적인 방법으로 단

㉠ 『영인 규원사화』, 한뿌리, 1990, 발문 참조.

군 문제를 해결하고 있다. 이 책은 북애산인이 고려 때 이명이 쓴 『진역유기』를 참고해서 『삼국유사』의 불교설화가 견강부회한 내용을 담고 있다고 비판하고 단군을 도가의 원조로 추적하고 있다. …… 위의 내용은 상당한 근거와 합리적인 바탕 위에서 제시되어 있다. 북애산인이 참고한 『진역유기』는 오늘날 전해지지 않아 어떤 내용을 담았는지 알 수 없으나, 북애산인은 우리나라의 종래 기록을 종합하여 부연하고 있는데 일부 관계 사실은 확인할 수가 있다. 예컨대 왕조실록과 맞추어 보아도 정확한 부분이 많다. 또 민간 설화와 풍습 등에도 광범위한 조사가 이루어졌음을 알 수가 있다. 그러기에 단군역년을 적었다는 『환단고기』의 내용보다도 이런 면에서는 근거가 있다고 하겠다"㉠고 평가한 바 있다.

이상시는 『규원사화』를 다른 위서들과 같은 범주로 몰아붙여서 옥석구분(玉石俱焚)의 우를 범하는 것을 비판하면서, 꼼꼼한 문헌고증을 통해 『규원사화』「단군기」에서의 중국과의 외교·전쟁 등에 해당되는 중국사서의 기록과 그 연대가 부합함을 추적하여 제시하였다. 그는 『규원사화』「단군기」에 기술된 사실에 대해 역사과학으로서 요구되는 사료적 가치의 신빙성은 현존하는 어떤 단군사서보다 높이 평가되어야 할 것이며, 우리나라 국사의 상고사를 정립 편찬하는 데 가장 기본사료가 되어야 한다고 주장하였다.㉡ 또 『규원사화』를 "단군조선사에 관하여 그 원형을 잃지 않고 현존하고 있는 것으로서 가장 오래되고 가장 방대한 고사기류(古史記類)와 문헌을 바탕으로 하여 비교적 상세하게 합리적으로 엮어진 사서"라고 성격을 규정하였다.㉢

㉠ 이이화, 「단군에 대한 이해와 오해」, 『천부사상과 환단역사』, 동신문화사, 213~214쪽 인용.

㉡ 이상시, 『단군실사에 관한 문헌고증』, 고려원, 1990, 271~273쪽 참조.

북한의 사학계에서는 고조선의 통치 연대를 『규원사화』와 다른 1500년으로 보고 있으나, 단군조선의 제도에 대한 묘사나 전조선(단군조선)의 1200년간 47대왕이 통치한 평균 재위 연수는 긍정적으로 받아들이고 있으며, 고조선 사회의 설명에 해당 내용들을 채택하고 있다.㉠

북애자는 효종 때 일어났던 북벌론에 동의하면서도, 북벌론의 근거인 존명사대(尊明事大)에 대해서는 반대하는 독특한 의견을 내놓았다. 이는 북벌이든 아니든 모두 성리학적 의리론에 입각해있던 당시의 견해와 구별되는 독특한 사상이었다. 또한 당시 위기에 빠진 조선을 구할 수 있는 방안으로 지리(地利)·인화(人和)·보성(保性)이란 방법론을 제시하면서, 이 중에서도 보성이 가장 중요한데, 이는 중국과 구별되는 단군 이래로의 한(韓) 문화를 회복하자는 의미이며, 이것을 강국이 되기 위한 가장 중요한 조건으로 보았다.

이런 점에서 『규원사화』에는 당시로서는 찾아보기 어려운 반존화적(反尊華的) 사상과 민족 자주의식을 확인할 수 있다. 한마디로 이 『규원사화』는 한국의 고대사를 기술한 자료 중에서 가장 저술연대가 분명한 역사서인 동시에 가장 풍부한 철학성을 지닌 전적이다. 『규원사화』가 일제시기에 위작된 것이 아니라 숙종 초에 존재했었다는 사실은 우리 고대사나 고대사상 연구에 튼실한 지지점을 마련해 주었다고 할 수 있다. 설사 『규원사화』에서 언급한 단군의 역사가 사실이 아니라 하더라도, 적어도 숙종 초에 이런 기록이 있었다는 것은 부정할 수 없는 사실이며, 『환단고기』에 등장하는 단군 47대 왕조사가 등장한 시점이 늦어도 조선 중

㉢ 이상시, 『단군실사에 관한 고증연구』, 고려원, 1990, 134쪽.

㉠ 허종호 외 지음, 사회과학출판사(북한) 엮음, 『고조선력사개관』, 도서출판 중심, 2001. 참조.

기까지로 확보된다는 점에서 큰 의미를 지닌다. 다시 말해 일제강점기 때에 들어와서야 단군의 사상과 역사가 급조된 것이 아니라, 아무리 낮춰 보더라도 조선 중기 이후에는 우리 사회에 존재하고 있었다는 사실이다.㉠

『단기고사』

자료 소개 및 작자

『단기고사(檀奇古史)』는 발해를 건국한 대조영의 아우 대야발이 8세기경에 편찬했다고 전해지는 단군시대와 기자조선(奇子朝鮮)의 역사서이다. 이 책은 구한말에 중국에서 발견되어 다시 국내로 전해졌다고 하며, 『규원사화』에서 처음으로 언급되었던 47대의 역대 단군사를 부연해서 서술할 뿐만 아니라, 이와 별도로 42대 기자(奇子)조선사를 실사(實史)로서 기술하고 있다.

『단기고사』에 수록된 「서문」과 「출간 경로」에는 이 책의 출간 및 전수 과정에 대해 기록하고 있다. 원래 『단기고사』는 발해를 일으킨 대조영이 동생인 반안군왕 대야발에게 편찬하게 했다. 728년 대야발이 흩어져 있던 사서를 모으고 비문을 확인하며 돌궐국까지 여러 번 답사하는 등 13년의 노력 끝에 발해의 글로 지었으며, 그 100년 후에 황조복(皇祚福)이 한문으로 번역했었다고 한다. 대조영과 대야발은 『삼일신고』의 전수 과정에서도 등장하는 인물이지만, 황조복이 누구인지에 대해서는

㉠ 임채우, 「선도사서 규원사화 해제—위작설에 대한 쟁점을 중심으로」, 『선도문화』6집, 2009 참조.

현재 찾아볼 수는 없다.

이 책은 구한말에 중국에서 발견되어 1907년에 간행되었다고 하지만, 원문은 전해지지 않으며, 해방 후 김해암과 이관구가 1949년 조선복음사에서 발행한 판본, 1950년 경찰교양협조회에서 발행한 판본 그리고 1959년에 정해백(鄭海珀)에㉠ 의해 출간된 국한문본이 있다. 근래에 와서 1983년에 복원된 한문본도 있고, 1984년에 유태우가 간행한 한글본 등도 전해진다. 이후에는 1986년 자유문고와 한뿌리에서 국한문체를 한글로 풀어쓴 한글 전용본이 출간되었다.

판본과 전래 과정

대야발이 썼다는 「단기고사 재편서(再編序)」에 의하면 이 기록은 원래 발해문으로 목판에 새겨 나라에서 보관하였고, 이를 베껴 교육용으로 사용했으며, 그 후 건흥 8년(825) 4월 발해의 대문호인 황조복이 한문으로 옮기고 장상걸이 주석을 달아 펴냈다고 한다.

그 이후로 오랫동안 실전되었으나, 다시 구한말에 외국에서 등장하게 되었다. 그 전래된 연유에 대해서는 광무 11년(1907)에 학부편집국장(學部編輯局長)이었던 이경직(李庚稙)이 쓴 「단기고사 중간서」에 "중국인 왕상춘이 책을 가지고 와서 이 책은 필연코 귀국의 역사의 일부인 듯하니 혹 참고에 이바지하라"고 해서 받았었는데, 뒤에 "이윤규 군㉡이 중국에

㉠ 정해백은 충북 청원군 옥산면 덕촌리에 거주하였으며, 1980년대 중반 무렵까지도 생존했던 것으로 보인다. 대야발 원저, 유태우·정창모 역, 『단기고사』, 음양맥진출판사, 1993 제3판(1984 초판), 11쪽 참조.

㉡ 이윤규(1865~1926). 유학자로 유응두의 문인. 호는 용암(庸菴), 자는 중집(中執)이고 참봉을 지냈다. 정욱재, 「華史 李觀求의 『新大學』 연구」, 『한국사학사학보』제10집, 한국사학사학회, 2004, 97쪽 참조.

서 책을 구해와 학부에서 출간하여 세상에 공포하라"고 하면서 주었다. 그런데 공교롭게도 두 책이 같은 내용이었다고 했다. 이를 보면 왕상춘이란 중국인과 이윤규의 두 가지 경로를 통해 당시 대한제국의 학부에 전래되었음을 알 수 있다. 왕상춘은 누구인지 알 수는 없다.

신채호의 「단기고사 중간서」에 이윤규가 『단기고사』를 가져온 내력이 설명되어 있는데, "문인 유응두가 중국의 한 서점에서 우연히 발견해서 이윤규 등에게 당부하여 수십 권을 등사케" 했다고 한다. 유응두의 행적에 대해서 자세하게 알려진 것이 없고 단편적인 사실들로만 확인된다. 그는 유명한 학자로서 대한독립의군부(大韓獨立義軍府)의 황해도 대표로 추대되었다고 한다.㉠ 또 이관구(李觀求, 1885~1953)의㉡ 『언행록』에는 유응두와 이관구가 도에 관해 문답한 내용이 나오고 있고, 황현(1855~1910)의 『매천야록』 광무 9년(1905) 정월조에 풍천군 사람인 유응두가 경술(經術)로 알려졌고 특이한 재능이 있다고 해서 그를 불러 참봉을 제수했다는 내용이 수록되어 있다.㉢

이외에 또 하나의 한문원본의 존재를 언급한 이도 있다. 『단기고사』를 번역 출간한 고동영에 의하면 "부통령을 지낸 이시영(1869~1953) 선생

㉠ 정욱재, 「華史 李觀求의 『新大學』 연구」, 『한국사학사학보』제10집, 한국사학사학회, 2004, 97쪽 참조.

㉡ 대한광복회(大韓光復會) 황해도 지부장으로서 국내 및 만주, 중국에서 독립운동을 한 혁신유림이자 독립운동가. 자는 명숙(明叔), 호는 화사(華史)이다. 황해도 송화 태생으로 이윤규의 장남이다. 숭실학교 재학 시 항일운동에 투신했고, 상해에서 신채호・이동녕 등과 함께 동제사를 조직하여 비밀결사 활동을 했다, 이시영 등과 무관학교를 설립하였고 성낙규와 조선환에게 총독암살 지령을 하는 등 독립운동을 하다가, 1918년 체포되어 5년간 옥고를 치렀다. 광복후 건군협진회(建軍協進會)를 조직하고 사학연구회를 설립했다, 한국전쟁 기간 중 피난지 전북 옥구에서 1953년 세상을 떴다. 저서로는 『義勇實記』·『言行錄』·『新大學』·『新中庸』 등이 있다.

㉢ 조인성, 「韓末 檀君關係史書의 再檢討: 神檀實記·檀奇古史·桓檀古記를 中心으로」, 『국사관논총』제3집, 1989, 250쪽 참조.

이 상해 임시정부 때에 장개석 총통으로부터 기증받았다"고 했으나,㉠ 사실 여부를 확인할 수 없고 실물도 전해지지 않고 있다고 했다.

아무튼 이윤규가 『단기고사』를 이경직에게 건네주어 1907년에 간행하려 했으나 일제에 의해 소각되었으며, 그 후 1912년 이윤규의 아들 이관구가 신채호 선생과 함께 중국에서 출간하려다가 뜻을 이루지 못했다고 한다. 광복운동에 투신했던 이관구는 갖은 박해 속에서 이 책을 숨겨 오다가 해방 직후인 1949년 서울에서 김두화(1884~1967)와㉡ 함께 국한문으로 번역하고, 이시영(1869~1953)㉢ 선생의 교열을 거쳐 간행했다.

이관구 간행본을 가지고, 1950년(5월 1일)에 경찰교양협조회에서 『단기고사』 국한문본을 중간하였고, 1959년에는 정해백이 국한문본으로 다시 중간하였다. 정해백은 이전의 이관구본이 국한문혼용체로 되어 있었는데, 보다 읽기 쉽게 한글로 바꾸고 괄호 속에 한문을 넣었다.

『단기고사』는 발해문자로 쓰인 원본과 황조복의 한문본을 위시해서 근대 유응두가 중국에서 발견해서 1907년에 공개되었다는 중국본 등이

㉠ 고동영 역, 『단기고사』, 한뿌리, 1986, 203쪽 인용,

㉡ 이관구의 평양대성학교 시절의 스승. 신민회에 가입하여 평양지회(平壤支會)의 평의원(評議員)과 반장으로 활동하였다. 2005년 국가유공자로 애족장을 받았다. 저서로 『宗教大典』(京城, 朝鮮圖書, 1925)이 있다. 고동영 역, 『단기고사』, 203쪽 참조,

㉢ 독립운동가이자 대한민국의 정치인으로 본관 경주. 호는 성재(省齋)·시림산인(始林山人). 본명은 성흡(聖翕). 1885년(고종 22) 사마시(司馬試)에 합격하였고, 1891년 증광문과(增廣文科)에 병과(丙科)로 급제했다. 1910년 한일합병으로 나라를 빼앗기자 6형제의 가족 50여 명을 이끌고 남만주에 들어가 사재로 신흥무관학교(新興武官學校)를 설립, 조국해방을 위한 독립군 양성에 전력을 기울였다. 1913년 일본경찰의 감시가 심해지자 북경(北京)으로 가서 원세개(袁世凱) 총통을 만나 한인들의 보호를 요청해 승낙을 얻어 냈다. 1919년 4월 상해로 가서 임시정부를 조직하고 법무총장·재무총장 등을 지냈다. 1948년 정부 수립과 동시에 초대 부통령에 취임했으나, 이승만 대통령의 비민주적 통치에 반대해 1951년 부통령직을 사임했고, 1953년 4월 피난지인 부산에서 노환으로 죽었다. 저서로는 『政教道典』과 『感時漫語』가 있다.

모두 전해지지 않는다. 따라서 현재 1949년에 간행된 이관구의 국한문본이 가장 오래된 판본이고, 가장 널리 보급된 것은 1959년에 간행된 정해백본이다.

체제 및 내용

『단기고사』는 '단군(檀君)과 기자(奇子)의 옛 역사'라는 의미이다. 여기에서의 기자(奇子)는 은나라에서 망명해 온 기자(箕子)가 아니라 단군 왕실의 방계라고 한다. 전체적으로는 서문과 본문의 두 부분으로 구성되어 있는데, 서문에는 「단기고사재편」(발해국 대야발)·「단기고사중간서」(이경직)·「단기고사중간서」(신채호)·본서출간경로(이관구) 등이 있다. 본문은 전단군조선·후단군조선·기자조선의 3편으로 나눠져 있다.

본문은 '전단군조선'과 '후단군조선'으로 분류된 47대 단군의 재위 기간과 각 시대의 주요 기록, 약 2000여 년에 걸친 역사와, 전단군조선보다 늦게 시작된 기자조선의 42대 1000여 년의 일을 시대 순으로 기술하고 있다.

『단기고사』의 내용을 보면 근대적인 개념이나 용어·연대 등이 자주 나타난다. 기존의 학계에는 『단기고사』의 이런 문제점들로 인해서 위작설이 주류를 이루고 있었다. 그런데 근래에 국한문본 『단기고사』에 기록된 10여 건의 천문 관련 기록을 현대천문학의 관점에서 검토하여 그 정확성을 검증한 논문이 발표됨으로써 『단기고사』 연구에 대한 새로운 지평을 열게 되었다.㉠ 이 연구에 따르면 『단기고사』에 기록된 오성취합(五星

㉠ 연구의 기준으로 쓰인 연대는 『환단고기』를 따라 고조선이 기원전 2333년에 건국되었음을 가정한 것이다. 박창범·라대일, 「단군조선시대 천문현상기록의 과학적 검증」, 『한국상고사학보』14, 95, 1993년. 박창범, 『하늘에 새긴 우리역사』, 김영사, 2002. 박창범,

聚合) 현상은 250년에 한 번 정도 일어나는데, 기록과 실제 현상은 1년 밖에 차이나지 않는다. 썰물 기록도 200년 사이에 가장 큰 썰물이 4년의 오차로 기록되고 있음이 확인되었다. 이런 기록이 우연히 일치할 확률은 0.007%에 불과하며, 따라서 기록이 임의로 조작되었을 가능성이 0에 가까운 정확한 기록이라고 할 수 있다는 것이다.

이는『단기고사』의 내용이 단순하지 않다는 것을 의미하며, 그동안 실전과 복원의 과정 속에서 부분적 첨삭이나 가필이 있지만, 고대로부터 전수된 기록도 있을 가능성이 높다는 것을 의미한다.

북한의 경우에는『단기고사』의 지나치게 긴 재위 연대에는 현실성에 의문을 제기하였고, 시대와 맞지 않는 내용과 근대 이후에 사용된 용어 등 많은 부분이 후대에 가필되었다고 판단하고 있다. 그런데 기자조선(奇子朝鮮)의 기록은 받아들이지 않았지만, 전조선·후조선의 구분은 채택하고 있다.

현재『단기고사』에 대해서는 2종의 번역본이 시중에 나와 있고, 연구논문으로는 박광용·박창범·조인성·박미라 등의 논문이 나와 있다.㉠

「개천절 日字와 단군조선 개국년도 문제 고찰과 제언」,『천문학논총』, 한국과학기술정보연구원(KISTI), 2015 참조.

㉠『단기고사』, 자유문고, 1986. 고동영 역,『단기고사』, 한뿌리, 1986. 박창범,『하늘에 새긴 우리역사』, 김영사, 2002. 조인성,「韓末 檀君關係史書의 再檢討:『神檀實記』·『檀奇古史』·『桓檀古記』를 中心으로」,『국사관논총』3집, 1989. 박광용,「대종교 관련 문헌에 위작 많다2」,『역사비평』, 1992년 봄호. 박창범·라대일,「단군조선시대 천문현상기록의 과학적 검증」,『한국상고사학보』14, 1993. 김주현,「단기고사 중간서의 저자문제」,『어문논총』48호, 한국문학언어학회(구 경북어문학회), 2008. 박미라,「단기고사의 판본과 문제」,『선도문화』6집, 국제뇌교육종합대학원 국학연구원, 2009.

『부도지』

자료 소개 및 작자

『부도지(符都誌)』는 마고성(麻姑城)을 중심으로 인류의 시원에서부터 한민족의 기원을 다룬 신화이다. 이 책의 원저자는 신라 눌지왕 때 박제상(朴堤上, 363~419)이라고 하며, 공개한 이는 박제상의 55세손인 박금(朴琴, 1895~?, 본명은 재익)이다.

박제상은 신라 내물왕에서 눌지왕 무렵에 생존했으며 충절의 인물로서 널리 알려져 있다. 그는 신라의 제5대왕인 파사이사금(婆娑尼師今)에서 비롯된 박씨 왕족 파사왕계 가문 사람이다. 그 가문은 아도갈문왕[昆始仙人]·물품파진손[勿稽子]·백결선생(百結先生) 등 신라 상고기를 대표하는 선가(仙家)들을 배출했다고 한다. 신라 건국의 주체로서 박씨 왕족에게는 국가 보위에 대한 책임이 부여되었고, 이에 따라 탈해이사금 이후 박씨 왕족을 변경 요새지에 파견하는 관행이 생겨났다. 그래서 2세기 말~3세기 초 무렵 파사왕계의 물품파진손은 대가야 요새지인 삽량주 지역으로 이주하였다.

박제상은 선대 물품 이래 세거지였던 삽량주에서 태어났다. 당시 신라의 대고구려 종속 구도 하에서 고구려·신라 대 백제·왜·가야 간의 전쟁이 빈발하였는데, 그 와중에 박제상은 삽량주간(歃良州干)에 배임되었다. 선조 물품이 삽량주간에 배임된 전례에 의한 것으로, 그에게는 가야·왜 연합세력의 연결을 차단하는 역할이 주어졌다. 오랜 전쟁을 겪으면서 박제상은 신라가 대고구려 종속 및 백제·왜·가야의 공격에서 벗어나 자립하기를 바랐으나 신라의 대고구려 종속 정도는 더욱 심화되어 급기야 고구려의 개입으로 내물왕이 제거되고 실성왕이 즉위하게 되었다. 박제상은 실성왕의 신라의 고구려 종속 정책에 반발하여 은퇴하고, 향리 삽량주에 은거하였다. 이때 『징심록』을 편찬하였다고 한다.㉠

부도지를 공개한 박금(본명은 재익)은 함경도 문주 출신으로, 어린 시절부터 집안에 간수되어 온 『부도지』를 읽으면서 그 내용을 익히 알고 있었으나, 한국전쟁으로 월남하면서 원본을 함경도 문주에 두고 왔다고 한다.㉡ 그는 울산에 피난한 이후에는 사회활동을 접고 가학 연구에 전념해서, 집안에 전해 내려오던 『징심록』의 일부인 「부도지」를 기억에 의거해 복원해서 59세 되던 1953년에 공개했다. 그는 『징심록』 전체 15지 중의 제1지에 해당하는 「부도지」 및 『징심록』의 부록편인 「징심록추기(澄心錄追記)」를 한문 원문으로 복원했고, 그 전후 사정을 밝힌 본인의 「후기(後記)」를 덧붙여 『요정징심록연의(要正澄心錄演義)』를 완성해서 공개한 내력을 기술하였다.

판본 및 전수 과정

『부도지』는 『징심록』 원본에 있다는 15개의 지(誌) 중에서 첫 번째 지이며, 이 책의 말미에는 매월당 김시습(梅月堂 金時習, 1435~1493)이 쓴 『징심록』 해제서인 「징심록추기」와 박금의 「후기」가 실려 있다. 박금에 의하면 어린 시절부터 『징심록』 원본을 보아 왔는데, 긴 한지를 4절로 잘라 세필로 쓴 약 30장 정도 분량의 소책자 형태로서 부록편인 「금척지(金尺誌)」만이 고체(古體)였으며 나머지는 근대적인 문체로 고쳐서 읽기 쉽게 바뀌어져 있었다고 했다.㉢ 김시습의 「징심록추기」에 의거하면

㉠ 정경희, 「한국선도와 징심록」, 『선도문화』14집, 2013, 44쪽 참조.

㉡ 1925년부터 1934년 동안 신문사에 재직, 원산 지국장, 사회부기자 등을 역임하기도 하였다. 현재 고향에 두고 왔다는 『징심록』 원본의 실재 여부는 미상이다.

박재상이 27세 되던 해에 왕실도서관인 보문전 이찬직을 역임했는데, 이때에 왕실 소장 자료들을 열람할 기회를 가졌고 또 이것이 『징심록』에 반영된 것으로 보고 있다.㉠

박금의 기술에 의하면 박제상이 만년에 은거하면서 『징심록』(15誌)을 편찬하였는데, 상교(上教) 5지(誌), 중교(中教) 5지(誌), 하교(下教) 5지(誌)의 체제로 구성되어 있었다고 전한다. 상교 5지는 「부도지(符都誌)」·「음신지(音信誌)」·「역시지(曆時誌)」·「천웅지(天雄誌)」·「성신지(星辰誌)」, 중교 5지는 「사해지(四海誌)」·「계불지(禊祓誌)」·「물명지(物名誌)」· 「가악지(歌樂誌)」·「의약지(醫藥誌)」이다. 하교 5지는 「농상지(農桑誌)」·「도인지(陶人誌)」만 기억하고 나머지 3지는 기억하지 못했다. 그리고 박제상의 아들인 백결이 쓴 「금척지」 및 김시습의 「징심록추기」가 첨부되어 있었다고 한다.

박금이 『부도지』를 처음 공개할 당시에는 『요정징심록연의』라는 등사본의 형태였다. 현재 영해박씨 대종회 장서고에 『징심록연의』 2종이 소장되어 있는데, 관설당이 작성했다는 『징심록』과 김시습의 「징심록추기」를 박금이 암기해서 작성한 초안 복사본이 있다.

체제 구성 및 내용

『부도지』는 내용상 크게 두 부분으로 나누어 볼 수 있다. 제1부는 마고성을 중심으로 한 창세신화가 실려 있으며, 제2부는 '인류사 및 한국사의 시원' 부분이다. 선천(先天)과 짐세(朕世), 그리고 후천(後天) 중에서

㉢ 『演義』「後記」, "其爲册則細書而長楮四切 約三十張也…原文文體 金尺誌以外 亦非古體而殆變於近古 則此傳寫之時 難澁者必從俗 而使易讀也."

㉠ 김시습, 「澄心錄追記」, "其古史者 非但家傳而公在寶文殿伊飡十年之間 必得其詳矣."

도 인간의 시조(人祖)가 원거주지인 마고성에서 분거(分居)하기 이전까지의 시기에 해당한다. 여기에서는 마고(麻姑)나 이희(二姬, 穹姬·巢姬)와 같은 여성신, 그리고 그들의 자녀인 사천녀(四天女)·사천인(四天人) 및 사천녀와 사천인의 후예이자 인간의 시조(人祖)인 천인(天人)들이 등장한다. 마고·이희·사천녀·사천인에 의해 세상이 생겨나고, 그들의 창조물인 인조(人祖)가 마고성이라는 이상향에서 생활하면서 세상의 질서를 바로잡는 역할을 하였으나 '오미(五味)의 화(禍)'를 거치면서 결국 마고성에서 출성하게 된다는 내용을 줄거리로 하고 있다.

제2부 '인류사-한국사의 시원'은 마고성에서 분거해 나간 네 종족 황궁족(黃穹族)·백소족(白巢族)·청궁족(青穹族)·흑소족(黑巢族) 중에서도 특히 복본(復本)의 사명을 자임하였던 황궁족계의 역사가 중심이 되며, 마고성의 근원을 상징하는 '천부(天符)'의 전승에 초점이 맞추어져 있다.

천산주로 간 황궁족은 복본의 사명을 잊지 않고 계속 지켜 가기 위하여, 황궁족의 수장(首長)을 통해 지속적으로 천부를 전승해서, 황궁씨(黃穹氏)는 유인씨(有因氏)에게, 유인씨는 환인씨(桓因氏)에게 천부를 전하였다. 이들의 수증(修證) 노력으로 햇빛이 고르게 비추고 기후가 순조로워지는 등 세상이 안정되고, 사람들의 괴이한 모습도 점점 본래 모습을 찾게 되었다.

환인씨에게서 천부를 전해 받은 환웅씨(桓雄氏)는 천웅도(天雄道)를 수립하고, 궁실(宮室)·주거(舟車)·화식(火食)의 방법 등도 가르쳤다㉠. 환웅

㉠ 『符都誌』, "黃穹氏到天山洲 誓解惑復本之約 告衆勸勉修證之業…黃穹氏乃入天山而化石長鳴調音 以圖人世惑量之除盡無餘 期必大城恢復之誓約成就 於是有因氏 繼受天符三印…有因氏千年 傳天符於子桓因氏…於是日光均照 氣候順常 血氣之類 庶得安堵 人相之怪 稍復本態 此三世修證三千年 其功力 庶幾資於不咸者也…桓因氏子桓雄氏…繼承天符三印 修禊除祓 立天雄之道 使人知其所由…於是桓雄氏 始乘舟浮海 巡訪四海 照證天符

씨의 천부는 임검씨(任儉氏)에게로 계승되었다. 후천말세 초기에 태어난 임검씨는 특히 마고성을 본딴 부도(符都)를 건설하여 사해의 제족(諸族)에게 천부의 법을 전하는 중심 근거지로 삼았다.

그런데 임검씨대에 이르러 중원 지역의 요(堯)가 부도의 명령을 거스르고 천부의 법에 반하는 이론을 만들어 웅거한 이래 그 세력이 점차 커지자 유호씨(有戶氏)를 파견해 치죄하였다. 임검씨의 천부는 다시 부루씨(夫婁氏)를 거쳐 읍루씨(浥婁氏)에게로 이어졌다. 읍루씨는 요 이래 중원의 하족(夏族)에 의해 천부의 진리가 왜곡된 것을 슬퍼하여 마침내 천부를 봉쇄하고 입산하였다.

이렇게 제2부에서는 인조들의 마고성 분거 이래 천부가 황궁씨→ 유인씨→ 환인씨→ 환웅씨→ 임검씨→ 부루씨→ 읍루씨의 7대로 이어지는 7세 7000년간의 역사를 중심으로 한국사의 시원 부분을 기술하고 있다.

『부도지』는 처음에 전승 과정의 문제가 분명치 못하다는 등의 이유로, 세간에 주목을 받지 못했으나, 1986년 김은수(金殷洙, 1937~1986)에 의해 국문으로 번역·해설되면서 다시 알려지게 되었다. 이를 계기로 『부도지』에 대해 관심을 갖는 사람들이 늘어났고, 『부도지』를 조명한 글들이 발표되기 시작하였다.

정경희는 우여곡절 끝에 세상에 모습을 드러내게 된 『연의』는 『징심록』 원본이 아닌 부분 복원본이라는 한계가 있지만, 『징심록』의 편찬·전승 과정·체제·대략적인 관점과 내용 등 『징심록』 전반에 대해 기록을 남기고 있다고 보았다. 그리고 『부도지』 속의 고대사상 및 내용은 상징적

修身…教宮室舟車火食之法"

이고 비유적인 표현 방식과 복잡한 논리 구조의 문제 등이 있어서 기존의 학문 방법론으로 접근하기에는 상당히 어려운 측면이 존재하지만, 동시에 기성 학문의 폭과 깊이를 충분히 증폭시켜 줄 만큼의 많은 여지와 가능성을 가지고 있다고 평가했다.㉠ 현재 김은수 번역본을 위시해 몇 종의 번역서와 연구 논문이 나와 있다.㉡

『환단고기』

자료 소개 및 작자

『환단고기』는 1911년 묘향산 단굴암(檀窟庵)에서 계연수(?~1920)가 발행했다고 하는 『삼성기(三聖記)』·『단군세기(檀君世紀)』·『북부여기(北夫餘紀)』·『태백일사(太白逸史)』라는 각기 다른 네 종류의 책을 하나로 묶은 총서(叢書)이다. 근래에 이유립(1907~1986)의 제자 조병윤에 의해 1979년에 출간되어 세상에 공개되었는데, 이유립이 1983년에 수정·보완한 『환단고기』 판본에는 『북부여기』 중에서 『가섭원부여기』가 별도로 취급되어 모두 5종으로 구성되었다. 이와 같이 『환단고기』는 5종의 고대사서가 함께 묶여 있기 때문에 작자 및 편찬자도 각기 다르지만, 간단히 말하면 단군시대로부터 내려오는 여러 사서들을 모아 고려시대에 편찬한 책이라고 할 수 있다.

㉠ 정경희, 「한국선도와 징심록」, 43~45쪽.

㉡ 金殷洙 역, 『符都誌』, 가나출판사, 1986. 지승, 『부도와 한단의 이야기』, 대원출판, 1996. 윤치원 역, 『부도지』, 대원출판, 2002. 정경희, 「한국선도와 징심록」 및 「천부경의 삼원조화론—부도지의 "天符" 개념을 중심으로」, 『학술대회』7권, 국제뇌교육종합대학원 국학연구원, 2007.

『환단고기』는 기존의 역사지식과 다른 내용이 포함되어 있어 학계에 커다란 파장을 일으켰다. 이 책은 우리 민족과 고대사의 공간적 배경을 중국과 만주에 두고, 시간적 배경을 단군조선시대를 넘어 배달국과 환국시대까지 소급해서 상세한 역사를 기록하고 있다. 『환단고기』는 우리 민족의 3대경전이라고 하는「천부경」·『삼일신고』·『참전계경』을 비롯해 환인·환웅의 신화에서부터 고조선의 역사 및 사상을 알 수 있는 다양하고도 획기적인 내용을 담고 있어 사계의 주목과 관심을 받았다.

『환단고기』「범례」에 따르면『삼성기』는 원래 2종류가 있는데 이 중 계연수 집안에 소장하고 있던 안함로(安含老) 저작의 책을『삼성기전(三聖記全)』상편으로, 태천의 백관묵 진사로부터 얻은 원동중(元董仲) 저작의 책을『삼성기전』하편으로 하여 이를 합해『삼성기전』이라 했다 한다.『단군세기』는 고려 말에 문하시중을 역임했던 이암이 엮은 것인데, 계연수가 백 진사한테서 얻었다고 전한다.『북부여기』는 휴애거사(休崖居士) 범장(范樟)이 저술했는데, 본래『단군세기합편(檀君世紀合編)』이란 이름으로 전해지고 있었다. 이 책은 삭주 이형식 진사의 집에서 나왔으며,『단군세기합편』가운데『단군세기』는 백관묵이 소장했던 책과는 한 자도 틀림없이 완전히 동일했다고 한다.『북부여기』는 내용상『단군세기』의 속편인 셈인데,『북부여기』뿐만 아니라『가섭원부여기』라 해서 동부여의 역사까지 서술하고 있다.『태백일사』는『단군세기』를 저술한 이암의 현손인 이맥이 저술한 것으로 발문에 의하면 이맥은 조선 중종 15년(1560)에 찬수관을 지냈다고 한다.『태백일사』는 계연수의 스승인 이기가 소장했던 책이라고 전한다. 이는「삼신오제본기(三神五帝本紀)」·「환국본기(桓國本紀)」·「신시본기(神市本紀)」·「삼한관경본기(三韓管境本紀)」·「소도경전본훈(蘇塗經典本訓)」·「고구려국본기(高句麗國本紀)」·「대진국본기(大震國本紀)」·「고려국본기(高麗國本紀)」로 구성되어 있는데, 고대의 문화와 고유의 철학사상에 관한 많은 자료를 담고 있다.

전수 내력: 계연수와 이유립

『환단고기』는 이유립에 의해 전해졌다. 그는 1911년에 스승인 계연수로부터 이 책을 전해 받았다고 했는데, 그의 제자였던 조병윤이 1979년 출판해서 공개하게 되었다.

이유립은 1907년 평북 삭주군 구곡면 안풍동 구령포에서 이관즙의 4남으로 태어났고, 1948년 월남해서 고대사에 관한 여러 저술과 활동을 활발하게 전개했다. 단단학회의 3대회장이 되어 기관지인 『커발한』을 발행하였고, 1976년에는 유봉영·박창암·안호상·임승국 등과 국사찾기협의회 등을 조직하였으며, 『자유』지에 고대사 관련 저술들을 수년에 걸쳐 기고하는 등 단군 고대사에 관해 활발한 활동을 전개하였다. 그의 저작으로는 『커발한문화사상사』1, 2와 『한암당이유립사학총서』(1983)가 있으며, 1986년에는 그동안 집필한 저술을 총정리한 『대배달민족사』 5권을 발간하였다.

이유립에 의하면 『환단고기』의 최초 편찬자인 계연수는 평안북도 선천에서 태어났으며 민중계몽운동을 한 이기의 문인으로, 상해 대한민국 임시정부 국무령을 지낸 이상룡의 휘하에서 참획군정을 맡기도 하였다. 단군사상을 연구했고, 이기와 나철이 창설한 단학회의 2대 회장을 지낸 뒤 홍범도·오동진의 지원을 받아 묘향산 단군굴에서 1911년에 『환단고기』를 편찬하였다고 전해진다. 이유립에 의하면 이기가 문하생인 계연수에게 『환단고기』 편저를 부탁했다고 한다.㉠ 그러나 학계 일부에서는 계연수의 실존 여부에 대해 의문을 갖기도 한다.

『환단고기』의 체제와 내용

『환단고기』는 한국사의 상고 및 고대의 역사뿐만 아니라, 신앙·풍습·정치·경제·예술·철학 등등에 대한 다양한 내용이 종합적으로 들어있다. 『삼성기』는 신라의 승려인 안함로와 행적이 확실치 않은 원동중이 쓴 것을 각각 상권과 하권으로 구분하여 합친 것으로, 환인·환웅·단군시대의 이야기를 담고 있다. 이는 우리 민족의 시발인 환국시대의 환인으로부터 7세 단인까지 3301년의 역사와 신시시대의 한웅으로부터 18세 단웅까지 1565년의 역사를 압축한 것이다. 하권에는 「신시역대기」가 있다.

『북부여기』는 고려 1363년 공민왕 12년에 행촌 이암이 찬술한 책이다. 상권은 1대 해모수로부터 4대까지 163년간 역사를 담고 있고, 하권은 5대~6대 51년간을 담고 있다. 5대 때에 북부여가 쇠하여지자 졸본으로 내려와 다시 즉위하고 동명이라고 칭하였는데, 이가 곧 고구려 시조에 해당한다. 『가섭원부여기』는 시조 해부루로부터 108년간 3대에 걸친 역사를 담고 있다.

『단군세기』는 고려시대인 1363년(공민왕 12)에 행촌 선생 문정공 이암이 저술한 책으로, 아사달에 도읍하여 '조선'이라는 나라 이름을 사용한 1대 단군왕검부터 47대 고열가단군까지 2096년 동안의 47대 단군의 이야기를 담고 있다. 47대 단군의 재위기간 중에 주요 사건을 편년체로 요약정리하고 있다.

마지막은 『태백일사』인데 일십당 이맥(1455~1528)이 지은 책으로 『환단고기』의 60% 가까운 분량을 차지한다. 이맥은 『단군세기』를 쓴 행촌 이암의 현손이며, 『태백일사』에 고대의 철학과 역사 및 문화 등에

㉠ 이유립, 「국사바로잡기 천년의 혈맥」, 『자유』통권78호, 1978. 12, 33~34쪽.

대한 풍부한 내용을 기록해 두고 있다. 『태백일사』는 「삼신오제본기(三神五帝本紀)」·「환국본기(桓國本紀)」·「신시본기(神市本紀)」·「삼한관경본기(三韓管境本紀)」·「소도경전본훈(蘇塗經典本訓)」·「고구려국본기(高句麗國本紀)」·「대진국본기(大震國本紀)」·「고려국본기(高麗國本紀)」로 구성되어 있는데, 「삼신오제본기」는 주로 우주의 생성과 운행에 관한 철학사상의 내용을 담고 있고, 「환국본기」는 환인이 다스렸다는 환국의 역사를, 「신시본기」는 환웅이 다스렸다는 신시시대의 역사를 기록하고 있다. 「삼한관경본기」에는 단군왕검이 나누었다는 진한(眞朝鮮)·마한(莫朝鮮)·번한(番朝鮮) 중 마한과 번한의 역사가 실려 있다. 「소도경전본훈」에는 특히 「천부경」·『삼일신고』·『성경팔리』 등의 경전과 철학적 내용이 많이 실려 있다.

판본 문제

이유립은 1911년 홍범도·오동진의 지원으로 계연수에 의해 『환단고기』 초판 30부가 발행되었다고 증언했으나, 현재까지 이 초판본은 발견되지 않았다. 또 이유립이 북한에서 가져왔다는 『환단고기』 원고도 분실되어 원본을 다시 찾을 가능성은 거의 없는 상태이다. 그래서 일부에서는 계연수가 실존했는지 의심스러우며 계연수가 발간했다는 초판본은 처음부터 존재하지 않았다는 주장이 나오기도 했다.

현재로서 가장 오래된 판본은 1979년 조병윤이 광오이해사에서 발행한 판본이다. 광오이해사본은 영인본으로도 여러 차례 인쇄되었다.

『환단고기』 판본은 1979년 광오이해사에서 조병윤에 의해서 출간한 판본과 1983년㉠ 배달의숙에서 이유립이 수정 보완한 판본의 두 종류가

㉠ 이유립본의 판권지에는 1979년 간행한 것으로 표기되어 있으나, 실제 간행한 연도는 1983년이다.

있다(전자를 조병윤본이라고 부르고 후자를 이유립본이라고 부른다). 조병윤본은 국립중앙도서관과 경상대학교 문청각 및 고려대학교 한적실에 소장되어 있고, 이유립본은 숙명여자대학교 도서관에 소장되어 있다. 조병윤본과 이유립본의 가장 큰 형식상 차이는 『북부여기』를 『가섭원부여기』로 분리했는지의 여부와 「발문(跋文)」과 「후지(後識)」의 존재 여부이다. 조병윤본에는 『가섭원부여기』가 분리되어 있지 않으며, 필사자인 오병기의 「발문」과 발행자인 조병윤의 「후지」가 있다. 그러나 이유립본에는 『가섭원부여기』가 별도의 책자로 독립되어 있고 「발문」과 「후지」가 없다. 그리고 본문에 대해 이유립본은 일부 오자와 탈자를 수정했다.

조병윤이 1979년에 발간하기 이전에도 이유립은 『환단고기』의 일부를 『자유』라는 월간지나 『환단휘기』 등의 책자 등을 통해서 공개하고 있었다.

그런데 조병윤은 발간 당시 이유립과 충분한 상의를 거치지 않은 채 발간한 것으로 알려져 있고, 이유립은 몇 년 동안 수정·보완해서 4년 뒤에 배달의숙에서 다시 간행하게 됨으로써, 『환단고기』는 2종의 판본이 시중에 공개되었다.

최근 그 존재가 제대로 알려지지 않고 있었던 1979년의 『환단고기』 초간본이 발굴되었다.㉠ 이는 조병윤이 최초로 100부를 인쇄해서 이유립에게 보였던 판본인데, 이유립이 허락 없이 인쇄했다는 이유로 거부함으로써 세간에 거의 유통되지 않았지만 이 판본이 현재로서는 가장 이른 시기에 나온 초간본이라고 할 수 있다.㉡

㉠ 『경인일보』, 2014. 10. 23, 『환단고기』 초간본 발견에 관한 인터뷰 기사 참조.

㉡ 이 내용은 1979년 『환단고기』를 사재를 출연해서 출판해 주었던 광오이해사 대표 박기엽 사장을 만나 직접 필자가 확인한 것이다.

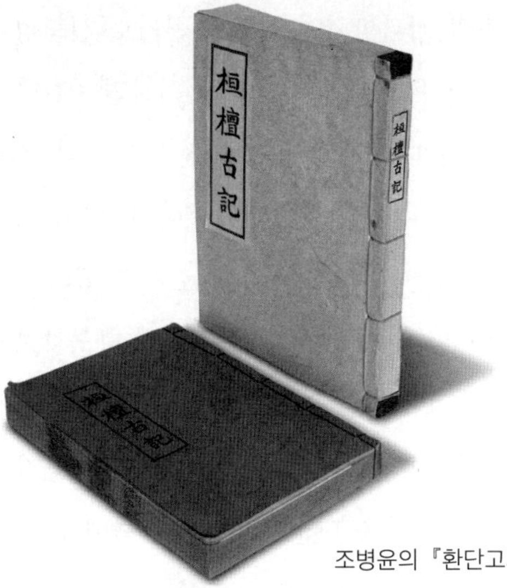

조병윤의 『환단고기』 초간본과 보급본

그런데 조병윤은 초간본외에 약간 판형을 작게 한 보급본을 추후에 발간함으로서, 현재 『환단고기』 판본은 이유립에 의해 수정 간행된 판본을 합해서 3종이다. 그리고 이 뒤에 『대배달민족사』에 수록한 이유립 주석본도 있으나, 이는 배달의숙본을 토대로 주석을 가한 것이다.

의의와 문제

『환단고기』는 1979년 서울 광오이해사에서 간행되었지만, 1982년 일본에서 일역판이 발간되었다. 이어서 1985년 강수원·김훈·김은수와 1986년 임승국 등에 의해 한글주해본이 출판되면서 널리 보급되었고, 학계에서 본격적으로 논의되기 시작했다.

특히 『환단고기』는 기존의 역사학적 내용과 다른 내용이 포함되어 있어 학계에 큰 파장을 일으켰고, 일부 학자들이 위서라고 주장하면서, 위작에 대한 찬반논쟁이 치열하게 전개되었다.㉠ 위서론자(僞書論者)들은 『환단고기』에 보이는 몇몇 근대적 용어나, 비상식적이거나 비논리적인 내용, 교리체계상의 문제 및 일부의 비과학적인 기록을 근거로 신뢰성이 떨어지는 책이라고 주장한다. 그러나 또 다른 연구에 의하면 『환단고기』의 천문관측 기록이나 조수 등에 대한 기록을 과학적으로 분석 조사한 결과, 우연히 일치할 가능성이 거의 없는 정확성을 보여서, 당시 기록들이 전해진 것으로 볼 수밖에 없다는 연구 결과가 나오기도 했다.

『환단고기』에는 창세신화를 비롯해서 고조선의 역사 및 단군사화에 대한 획기적인 내용을 담고 있다. 여기에는 그동안 우리의 국사학적 지식과는 다른 다양한 내용들을 담고 있다. 우리 민족과 고대사의 공간적 배경을 중국과 만주에 두고 시간적 배경을 단군조선시대를 넘어 배달국과 환국시대까지 소급해서 상세한 역사와 철학 및 풍부한 콘텐츠들을 기록하고 있다. 또한 현대의 천문학 관점에서 그 기록의 정확성을 검증한 바와 같이,㉠ 이를 단순히 근대에 나온 위작이라고 규정해 버릴 수 없는 과학적 가치도 지니고 있다.

현재 10여 종이 시중에 간행되어 있다. 그 번역 성과들을 정리해 보면 다음과 같다.

鹿島 昇 譯, 『桓檀古記』, 東京: 新國民社, 1982(서울: 民族文化社, 1982 영인).

강수원 역, 『桓檀古記』, 청주: 온누리, 1985.

임훈 역, 『桓檀古記: 大韓民族史』, 서울: 배달문화원, 1985.

김은수 역주, 『註解 桓檀古記: 韓國史의 原流: 檀君은 아시아를 統一했다』,

㉠ 위서론의 학자는 박광용·이순근·조인성·노태돈 등이 있다. 이에 대해 『환단고기』의 가치를 옹호하는 학자로 박성수·송호수·박병섭·박병훈·고준환·우대석 등이 있다.

㉠ 박창범·라대일, 「단군조선시대 천문현상의 과학적 검증」 및 박창범, 『하늘에 새긴 우리 역사』 참조.

서울: 기린원, 1985.
임승국 번역 주해, 『한단고기』, 서울: 정신세계사, 1986.
김청도 역, 『桓檀古記: 原典과 함께 읽는 한민족의 上古史』, 칠곡군: 고대원출판사, 1992.
단학회 연구부 엮음, 『桓檀古記』1 역주본 장구본, 2 인명 지명 서목 관련 기사, 3 대배달민족사 연표, 서울: 코리언북스, 1998.
문재현 역, 『바로보인 환단고기』1,2,3, 서울: 바로보인, 2000, 2001, 2002.
고동영 옮김, 『환단고기』, 고양: 한뿌리, 2005.
강희남, 『새번역 환단고기』, 서울: 법경원, 2008.
양태진 지음, 『환단고기』, 서울: 예나루, 2009.
안경전 역주, 『桓檀古記』, 대전: 상생출판, 2012.
안경전 역주, 『桓檀古記: 현토본 축소판』, 대전: 상생출판, 2012.
안경전 역주, 『桓檀古記: 역주본 보급판』, 대전: 상생출판, 2012.

『환단고기』에 대해서는 박병섭과 박병훈이 전문적으로 연구를 하고 있고,㉠ 이 외에 민영현·조남호·임채우·박성수 등의 연구논문들이 나와 있다.㉡

㉠ 박병섭, 『고조선을 딛고서 포스트 고조선으로』, 창과 거울, 2008.
박병섭 , 「『삼성기 전』 상하편에 숨겨진 사실들, 『선도문화』6집, 국제뇌교육종합대학원 국학연구원, 2009.
박병섭·박병훈, 「단군과 기자관련 사료를 통해 본 『환단고기』의 역사성 검토」, 『한국종교사연구』11집, 한국종교사학회, 2003.
박병섭·박병훈, 「환단고기의 역사적 전승」, 사단법인 한배달 2009년 후반기 학술대회 자료집, 2009.
박병섭·박병훈, 「계보 위축 변천 과정 신구왕호 토픽 그리고 『환단고기』 신 진위검토방법」 (1), (2), 『선도문화』9집, 10집, 2010, 2011.

㉡ 민영현, 「『환단고기(桓檀古記)』의 철학적 가치와 그 이해」, 『선도문화』9집, 2010. 조

『환단고기』의 특징은 무엇보다도 고조선사를 비롯한 방대한 역사적 자료와 콘텐츠를 가지고 있다는 점이다. 물론 이 속에는 고대사에 대한 귀중한 사료적 가치를 지닌 부분도 있지만, 후대에 첨삭 가필되어 있는 부분도 들어 있을 수 있고, 왜곡이나 오류를 범하고 있는 부분도 있을 수 있다. 이런 부분에 대해 단순하게 위작이라고 매도할 것이 아니라, 이런 부분에 대해서는 분명하게 그 진위문제를 분석하면서 옥석(玉石)을 구분하는 연구가 진행될 필요가 있다. 그래서 『환단고기』의 다양하고도 풍부한 내용 속에 담겨 있는 내용들을 학문적으로 분석하고 정리해서 고대 사상과 역사의 실체를 밝혀야 할 것이다.

남호, 「『환단고기』와 『삼일신고』」, 『선도문화』9집, 2010. 임채우, 「『환단고기』에 나타난 곰과 범의 철학적 의미」, 『선도문화』9집, 2010. 우대석, 「『환단고기』 위서론에 대한 비판적 고찰」, 『선도문화』9집, 2010 등 참조.

2

단군 문헌 원문

범례

1. 단군과 관련된 자료를 대략 경전·역사·문집·외국문헌의 순으로 정리했다. 단군 자료 중 환인과 환웅에 관련된 기록은 단군과 직접 관련된 것이므로 될 수 있는 한 수록했으나, 고구려·부여·발해 등에 관한 기록은 제외했다.
2. 주요 경전자료는 원본이나 초간본을 저본으로 삼고, 이본이나 별본은 원본과 대조 교감하여 주석으로 정리했다. 가령 『성경팔리』의 경우에는 1921년 정훈모가 간행한 초간본을 저본으로 삼고, 1971년 이유립에 의해 간행된 『참전계경』과 비교하여, 다른 부분은 주석에 정리했다.
3. 판본이 여럿일 경우에는 가장 원본에 가까운 판본을 선본으로 삼아, 다른 판본의 이탈자(異脫字)나 오자(誤字)는 주석에 표기했다. 가령 『환단고기』는 1979년 조병윤이 간행한 판본보다, 1983년 이유립에 의해 수정 간행된 판본을 더 원본에 가까운 선본으로 보아서, 이유립본을 저본으로 삼고 조병윤본을 대조 교감하여 그 차이를 주석에 정리했다.

본서 수록 단군 관련 원문 자료 분류표

경전	天符經, 三一禮誥, 聖經八理(참전계경)
역사	揆園史話, 檀奇古史, 符都誌, 桓檀古記
전통 역사서	三國遺事, 帝王韻紀, 高麗史, 三國史節要, 東國通鑑, 東國史略, 標題音註東國史略, 東史纂要, 彙纂麗史, 東史補遺, 東國通鑑提綱, 東國歷代總目, 纂修東國史, 東史會綱, 同文廣考, 東史綱目, 紀年兒覽, 朝野輯要, 燃藜室記述, 海東繹史, 叢史, 大東掌攷, 大東遺事, 紀年東史約, 東史, 東史撮要, 東史節要, 歷史輯略, 國朝寶鑑, 神檀實記, 韓國歷代小史, 帝王年代歷
개인 문집	陽村集, 四佳集, 白湖全書, 藥泉集, 記言, 息山集, 崧嶽集, 蘗山漫稿, 圓嶠集選, 斗室寤言, 旅菴全書, 修山集, 明隱集, 精神哲學通編, 借樹亭雜收
관찬서·잡록	龍飛御天歌, 世宗實錄地理志, 應製詩註, 東國輿地勝覽, 筆苑雜記　鎖尾錄, 磻溪雜藁, 青鶴集, 海東異蹟, 旬五志, 星湖僿說, 梧溪日誌集, 東國文獻備考, 楓巖輯話, 文苑黼黻, 春官通考, 海東樂府, 五洲衍文長箋散稿, 東典考, 林下筆記, 增補文獻備考
근현대 교과서	朝鮮略史十課, 朝鮮歷代史略, 朝鮮歷史, 東國歷代史略, 普通教科 東國歷史, 東史輯略, 大東歷史, 普通教科 大東歷史略, 新訂 東國歷史, 中等教科 東國史略, 대한력ᄉ, 初等 大東歷史, 초등 대한력ᄉ, 初等 大韓歷史, 初等 本國歷史, 初等 本國略史, 初等 本國歷史, 新撰 初等歷史, 조선상고사, 故事通, 朝鮮歷史講話, 국사대관, 조선사개설
외국 문헌	[중국] 朝鮮史畧, 朝鮮志, 御定歷代彙, 鄭開陽雜著, 山海經廣注, 歷代建元考, 皇清文頴, 御定騈字類編, 御定佩文韻府 [일본] 朝鮮史, 日韓古史斷, 朝鮮史, 朝鮮四千年史, 朝鮮文化史大全, 朝鮮史要, 檀君考, 朝鮮史のしるべ

1장

경전

「天符經」

묘향산 석벽본 (전병훈, 『정신철학통편』, 1920)

一始無始一析三極無
盡本天一一地一二人
一三一積十鉅無櫃化
三天二三地二三人二
三大三合六生七八九
運三四成環五七一妙
衍万迬万來用變不動
本本心本太陽昻明人
中天地一一終無終一

최치원 사적본 (최국술, 「최고운선생사적」)

一始無始一碩三極無
盡本天一一地一二人
一三一積十鉅無愧化
三天二三地二三人二
三大三合六生七八九
運三四成環五七一杳
演萬往萬來用變不動
本本心本太陽仰明人

中天地一一終無終一

기정진본 (김형탁, 『단군철학석의』, 1957)

一始無始一釋三極無盡

本天一一地一二人一三

一積十鉅無匱化三

天二三地二三人二三

大三合六生七八九運三

四成環五七一妙演

萬往萬來用變不動

本本心本太陽昻明人中

天中一一終無終一

『三一禋誥』㉠

발해 석실본 (『三一禋誥』, 大倧教本司, 1912)

天訓

帝曰 元輔彭炊 蒼蒼 非天 玄玄 非天 天 旡形質 旡端倪 旡上下四方 虛虛空空 旡不在 旡不容

禋訓

禋 在旡上一位 有大德大慧大力 生天 主旡數世界 造甡甡物 纖塵旡漏 昭昭霝霝 不敢名量 聲氣願禱 絶親見 自性求子 降在爾𡿺

天宮訓

天 禋國 有天宮 階万善 門万德 一禋攸居 羣霝諸嚞 護侍 大吉祥 大光明處 惟性通功完者 朝 永得快樂

世界訓

爾觀森列星辰 數旡盡 大小 明暗 苦樂 不同 一禋 造羣世界 禋 勅日使者 轄七百世界 爾地自大 一丸世界 中火震盪 海幻陸遷 乃成見象 禋 呵氣包底 煦日色熱 行翥化游栽 物 繁植

㉠ 발해석실본 『삼일신고』에 쓰이는 고자는 禋(神), 帝(帝), 炊(虞), 旡(無), 䄆(神), 霝(靈), 𡿺(腦), 嚞(哲), 轄(轄), 众(衆), 㒵(觸)이다.

眞理訓

人物 同受三眞 曰性 命 精 人 全之 物 偏之 眞性 旡善惡 上嚞 通 眞命 旡淸濁 中嚞 知 眞精 旡厚薄 下嚞 保 返眞　一禋

惟众 迷地 三妄 著根 曰心 氣 身 心 依性有善惡 善福惡禍 氣 依命有淸濁 淸壽濁殀 身 依精 有厚薄 厚貴薄賤

眞妄 對 作三途 曰感 息 龺 轉成十八境 感 喜懼哀怒貪厭 息 芬𤢿寒熱震濕㉠ 龺 聲色臭味淫抵

众 善惡 淸濁 厚薄 相雜 從境途任走 墮生長肖病歿 苦 嚞 止感 調息禁龺 一意化行 返妄卽眞 發大禋機 性通功完 是

태소암본 (이유립 편, 『환단고기』, 1979)

三一禋誥 (總三百六十六字)

第一章 虛空 (三十六字)

帝曰 爾五加众 蒼蒼 非天 玄玄 非天 天 旡形質 旡端倪 旡上下四方 虛虛空空 旡不在 旡不容

第二章 一神 (五十一字)

禋 在旡上一位 有大德大慧大力 生天 主旡數無世界 造兟兟物 纖塵旡漏 昭昭靈靈 不敢名量　聲氣願禱 絶親見 自性求子 降在爾𡋯

㉠ 𤢿: 炭尸이다.

第三章 天宮 (四十字)

天 神國 有天宮 階萬善 門萬德 一神攸居 羣嚞諸众 護侍 大吉祥 大光明處 惟性通功完者 朝 永得快樂

第四章 世界 (七十二字)

爾觀森列星辰 數旡盡 大小 明暗 苦樂 不同 一神 造羣世界 神 勅日使者 牽七百世界 爾地自大 一丸世界 中火震蘯 海幻陸遷 乃成見像 神 呵氣包底 煦日色熱 行翥化游栽 物 繁植

第五章 人物 (一百六十七字)

人物 同受三眞 惟众 迷地 三妄着根 眞妄 對 作三途

曰 性 命 精 人 全之 物 偏之 眞性 善旡惡 上嚞通 眞命 清旡濁 中嚞知 眞精 厚旡薄 下嚞保 返眞一神

曰 心 氣 身 心 依性 有善惡 善福惡禍 氣 依命 有清濁 清壽濁夭 身依精 有厚薄 厚貴薄賤

曰 感 息 觸 轉成十八境 感 喜懼哀怒貪厭 息 芬㯖寒熱震濕 觸 聲色臭味淫抵 众 善惡 清濁 厚薄 相雜 從境途任走 墮生長肖病歿苦 嚞止感 調息 禁觸 一意化行 返妄卽眞 發大神機 性通功完 是

『聖經八理』㉠ (정훈모, 『성경팔리』, 1921)

檀君敎八理目錄

誠

敬神: 尊奉 崇德 導化 彰道 克禮 肅靜 淨室 擇齊 懷香

正心: 意植 立身 不惑 溢嚴 虛靈 致知 閉物 斥情 默安

不忘: 自任 自記 貼膺 在目 雷虛 神聚

不息: 勉强 圓轉 休算 失始 塵山 放運 慢他

至感: 順天 應天 聽天 樂天 待天 戴天 禱天 恃天 講天

大孝: 安衷 鎖憂 順志 養體 養口 迅命 忘形

信

義: 正直 公廉 惜節 不貳 無親 捨己 虛誑 不尤 替擔

約: 踐實 知中 續斷 排忙 重視 天敗 在我 忖適 何悔 拶合

忠: 佩政 擔重 榮命 安民 忘家 無身

烈: 賓遇 育親 嗣孤 固貞 昵仇 滅身

循: 四時 日月 德望

愛

恕: 幼我 似是 旣誤 將失 心蹟 由情

容: 固然 情外 免故 全昧 半程 安念 緩急

施: 原喜 認艱 矜發 公頒 偏許 均憐 厚薄 付混

育: 導業 保産 獎勤 警墮 定老 培幼 勸贍 灌涸

㉠ 이유립 『참전계경』본(이하 참전계경본으로 약칭)에는 제목이 『參佺戒經』으로 바뀌어 있다.

教: 顧賦 養性 修身 湊倫 不棄 勿擇 達勉 力收

待: 未形 生芽 寬遂 穩養 克終 傳托

濟

時: 農災 涼愜 熱染 凍莩 無時 往時 將至

地: 憮柔 解剛 肥甘 燥濕 移物 易種 拓闢 水山

序: 先遠 首濱 重輕 衆寡 合同 老弱 壯健

智: 設備 禁癖 要劍 精食 潤資 改俗 立本 收殖 造器 預劑

禍

欺: 匿心 慢天 信獨 蔑親 驅殞 踢傾 假章 無終 怙恩 侍寵

奪: 滅産 易祀 攜金 謨權 偸卷 取人

淫: 荒邪 戕主 藏子 流胎 强勒 絶種

傷: 凶器 鴆毒 奸計 摧殘 必圖 委唆 囪謨

陰: 黑箭 鬼焰 妬賢 嫉能 間倫 投質 送絶 誹訕

逆: 褻神 瀆禮 敗理 犯上 逆詬

福

仁: 愛人 護物 替惻 喜救 不驕 自謙 讓劣

善: 慷慨 不苟 遠嫌 明白 繼物 存物 空我 揚能 隱愆

順: 安定 沈默 禮貌 主恭 所思 知分

知: 修敎 遵戒 溫至 勿疑 省事 鎭怒 自就 不謀

寬: 弘量 不吝 慰悲 保窮 勇赴 正旋 能忍 藏呵

嚴: 屛邪 特節 明察 剛柔 色莊 能訓 急祛

報

積: 世久 無斷 益增 庭授 天心 自然

重: 有早 恐失 勉勵 株守 斥訪 廣佈

枛: 有歲 有隣 其然 自修 不倦 欲及

盈: 襲犯 連續 有加 傳惡

大: 勘尙 無憚 驟峻 外善

小: 背性 斷連 不改 勸隣

應

福積: 極尊 巨有 上壽 諸孫 康寧 仙安 世襲 血祀

福重: 大榮 玉帛 節化 賢子 健旺 吉慶 世章

福枛: 痰滯 裕庫 無厄 利隨 河淸

之盈: 雷震 鬼喝 滅家 絶祀 失屍

之大: 刃兵 水火 盜賊 獸害 形役 天羅 地網 及身

之小: 貧窮 疾病 敗亡 靡室 道丐 及子㉠

檀君敎八理 上㉡

聖靈 在上 主宰人間三百六十六事 其綱領 曰誠, 曰信, 曰愛, 曰濟, 曰禍, 曰福, 曰應.㉢

誠者 衷心之所發 血誠之所守 有六體四十七用

信者 天理之必合 人事之必成 有五團三十五部

㉠ 檀君敎八理目錄 ; 참전계경본에는 이상 목록 부분이 누락되어 있다.

㉡ 檀君敎八理 上: 참전계경본에는 參佺戒經 上篇으로 되어 있다. 이 편명아래에 "乙巴素撰. 綱領. 大始哲人 在上 主人間三百六十餘事 其綱領 有八條. 曰誠 曰信 曰愛 曰濟 曰禍 曰福 曰報 曰應 是爲參佺戒"가 더 있다.

㉢ 聖靈 在上 主宰人間三百六十六事 其綱領 曰誠, 曰信, 曰愛, 曰濟, 曰禍, 曰福, 曰應:참전계경본에는 이 구절이 누락되어 있다.

愛者 慈心之自然 仁性之本質 有六範四十三圍

濟者 德之兼善 道之賴及 有四規三十二模

禍者 惡之所召 有六條四十二目

福者 善之餘慶 有六門四十五戶

報者 天神 報惡人以禍報善人以福 有六階三十及

應者 惡受惡報善受善報 有六果三十九形.㉠

(1 誠)㉡

誠之敬神㉢

2 敬者

盡至心也 神㉣ 天神也 日月星辰風雨雷霆 是有形之天 無物不視 無聲不聽 是無形之天 無形之天 謂之天之天 天之天 卽天神也 人不敬天 天不應人 如草木之不經雨露霜雪.

3 尊奉

尊崇拜也 奉誠佩也 人而存奉天神 天神亦降精于人 如乳於赤喘 衣於凍體 若無誠而尊之 且聲且盲 聽之無聞 視之無見.

㉠ 有六果三十九形: 참전계경본에는 이 뒤에 "故天雖不言 陟降周護 知我者昌 求是則實 一以參佺 全人受戒"가 더 있다.

㉡ 誠: 정훈모 성경팔리본에는 없으나, 참전계경본에 의거해서 넣었다. 이하의 숫자는 열람의 편의를 위해 참전계경본에 의거해서 삽입했다.

㉢ 誠之敬神: 참전계경본에는 敬神으로 되어 있다.

㉣ 神: 참전계경본에는 神者로 되어 있다.

4 崇德

崇尊之也 德天德也 天德者甘霖於旱土 陽春於陰谷之類也 造次之間 苟未有天德 人而不爲人 物爲不爲物 是以君子孜孜頌天德.㉠

5 導化

導指引也 化天工造化也 人不知有天工造化 則昧於天人之理 不知我賦性 從何而受矣 亦不知我身體 自何而來矣 覺不先比 無所餘覺 君子宜開㉡ 導後人.

6 彰道

彰贊也 道天神正道也 人以正道則妖怪 不能顯其狀 邪魔不能逞其奸 夫正道者 中道也 中一其規 天道乃彰.

7 克禮

克極也 禮敬天神之禮也 無禮則不恭 不恭則無誠 若盡禮盡敬 天神穆臨于上.

8 肅靜

肅立氣也 靜定心也 立氣則物慾不作 定心則天理自明 如日下掛鏡 陰暗映輝 以肅靜敬之 能觀在天之靈.

9 淨室

淨室者尊奉天神之處也 卜陟乾 禁葷穢 絶喧譁㉢ 勿繁式 器具不在重寶 質潔是要.

10 擇齊

擇至精之儀也 齊靜戒之意也 雖有所禱 以七情餘使 猝然求之 此慢天

㉠ 君子: 참전계경본에는 哲人으로 되어 있다.

㉡ 君子: 참전계경본에는 哲人으로 되어 있다.

㉢ 譁: 참전계경본에는 嘩로 되어 있다.

神也 必擇日戒心 一道誠線 盤縈于胸次然後 乃行則天神俯瞰.

11 懷香

懷香詩 曰欲供一爐奉 恭懷千里心 香煙飛不散 定向至誠深.

誠之正心㉠

12 正心者 正天心也 心有七竅 七情弄焉㉡ 求天理而不可得也 若一片靈臺㉢ 巍然獨立 太陽光明 雲霧消滅之 大海汪洋 塵埃杜絶之.

13 意植

意受命於心者也 植株植而不移也 意不受命於天心 從人欲而妄動則百體反令㉣ 終不收功而風枝 遂搖根矣 欲正天心 先耕意田于衡 乃運.

14 立身

立直也 身躬也 無所愧於心然後 乃直躬 立於世矣 不正則隱微之間 惱懣交至 精散而氣衰 是故君子粹潤㉤ 小人傴僂.㉥

15 不惑

不惑者 不惑之於物也 心正則明 物照於明 自顯其醜姸精粗 不待我別之而物先知於明 何惑焉 心不明則如隔重簾 簾外走的飛的 不知是獸是禽 惑遂生焉.

㉠ 誠之正心: 참전계경본에는 正心으로 되어 있다.
㉡ 七情: 참전계경본에는 六感으로 되어 있다.
㉢ 臺: 참전계경본에는 府로 되어 있다.
㉣ 欲: 참전계경본에는 慾으로 되어 있다.
㉤ 君子: 참전계경본에는 哲人으로 되어 있다.
㉥ 小人: 참전계경본에는 衆人으로 되어 있다.

16 溢嚴

溢水盈而遇也 嚴正大之氣色也 天含秋意 肅氣溢于世界 人包正心 嚴氣一于動作 威如神龍 形似喬嶽.

17 虛靈

虛無物也 靈心靈也 虛靈者 心無所蔽 犀色玲瓏 虛中生理氣㉠ 大周天界 細入微塵 其理氣也 且虛且靈.㉡

18 致知

致知者 知覺乎所不知也 正心而無間斷焉則心神掌知 心靈掌覺 聲入而神通 物來而靈悟 旣往將來 燎若當時.㉢

19 閉物

閉不開也 物事物也㉣ 心者 藏事之府庫 身者 行事之樞機也 藏而不發 安得現做乎 開發 有時有地 開不以時 發不以地 天理昏暗 人道顚覆 故君子㉤ 閉物而愼開發.

20 斥情

斥却也 情情慾也 有喜怒則不得正心 有好惡則不得正心 求逸樂則不得正心 厭貧賤則不得正心 欲正心 先斥情慾.

21 默安

默沈遠也 安淡泊也 沈遠以戒心之亂近 淡泊以戒心之冗劇則泥水漸清重濁乃定 此清心之源也 清心者 正心之基也.

㉠ 理: 참전계경본에는 누락되어 있다.

㉡ 其理氣也 且虛且靈: 참전계경본에는 "其心也虛 其氣且靈"으로 되어 있다.

㉢ 燎: 참전계경본에는 瞭로 되어 있다.

㉣ 物事物也: 참전계경본에는 이 구절 뒤에 "腦者 知事之源泉"이 더 있다.

㉤ 君子: 참전계경본에는 哲人으로 되어 있다.

誠之不忘㉠

22 不忘者 不是欲不忘 是天然不忘也 誠者 成道之全體 作事之大源也 天然不忘其所抱之誠則誠 一而無違者 直其次焉耳.

23 自任

自任者 不由他而專其自然之誠 不求而自至㉡ 如春秋之代序 日月之相替.

24 自記

自記者 不欲記而自記也 欲記者 是求之於心者也 自記者 不求之於心而自在者也㉢ 修道之士 存誠於誠之之理 已爲糝腦洽精 故雖萬想交迭 斷斷一念 不外乎誠.

25 貼膺

貼膺者 貼乎膺而不離也 夫天然之誠 神御之 靈包之 身載之 牢拴於膺 體寒而膺熱.

26 在目

在目者 不思誠之所在而常在於目也 目之於視物 無物不見 但誠意在目則近物 不知名 遠物如畫圖.

27 雷虛

雷虛者 誠心纏于耳聞 誠發之時 以雷聲之大㉣ 自虛而不聞也.

㉠ 誠之不忘: 참전계경본에는 不忘으로 되어 있다.

㉡ 至: 참전계경본에는 主로 되어 있다.

㉢ 於: 참전계경본에는 누락되어 있다.

㉣ 大: 참전계경본에는 大者로 되어 있다.

28 神聚

神精神也 聚合也 人之諸經部神 各守 肝役 肺不參 胃役 腎不參 但於誠役 諸神聚合 無一則不能成誠.

誠之不息㉠

29 不息者 至誠不息也 不息及無息 各自有異 其在道力之奮躋 人慾之消長 纖毫之隔 相去天壞也.

30 勉强

勉强者 勉自强也 自强者 克圖進向 無岐隅趦趄之端緖 畢竟困而得之也 勉强則誠本深固 不治强而能强 無何而能成也.

31 圓轉

圓轉者 誠之不息 如圓物之自轉於坪坦也 欲止而不得 欲緩而不得 欲速而又不得 隨體轉向而不息.

32 休算

休歇也 算計也 有欲而爲誠者 輒計自起日 日迄于幾時 抑未有感歟 此與不誠同 夫誠之不息者 不算誠之起年 又不算誠之終年.

33 失始

失忘也 始初也 初有所欲爲而始誠 漸入深境則所欲爲 漸微 所欲誠 漸大 又漸入眞境則無所欲爲而只有所欲誠而已.

34 塵山

塵塵埃也 塵埃隨風 積于山陽 年久 乃成一山 以至微之土 成至大之丘

㉠ 誠之不息: 참전계경본에는 不息으로 되어 있다.

者 是風之驅埃不息也 誠亦如是 至不息則誠山 可成乎.

35 放運

放放誠意也 運運誠力也 放誠意而不息則黑夜 生明月 運誠力而不息則隻手 擧萬鈞 雖誠有然 其或誠意浮沈 誠力柔强 不能識其果.

36 慢他

慢不存乎心也 他念外事也 心一念 在乎誠 誠一念 在乎不息則念外事安能萌動乎 是以 貧賤 不能倦其誠 富貴 不能亂其誠.

誠之至感㉠

37 至感者 以至誠 至於感應也 感應者 天感人而應之也 人無可感之誠天何感之 人無可應之誠 天何應之哉 誠而不克 與無誠同 感而不應 與不感無異.

38 順天

順天者 順天理而爲誠也 知天理而逆禱者 或有之 難天理而速禱者 亦有之 此皆止感而不受應也 若受應者 順天理而不逆 順天理而不速.

39 應天

應天者 應天理而養誠也 天授患難 甘受而誠不違 天遺吉祥 反懼而誠不怠 歸患難於無誠 屬吉祥於非誠.

40 聽天

聽天者 聽天命而不以誠待感應也 謂吾之誠 必不至於感矣 有何所應哉 愈久愈淡 愈勤愈寂 還不知誠在何邊.

㉠ 誠之至感: 참전계경본에는 至感으로 되어 있다.

41 樂天

樂天者 樂天之意也 天意於人 至公無私 我之誠 深則天之感深 我之誠淺則天之感亦淺 自知天感之深淺 知我誠之深淺 故漸誠漸樂也.

42 待天

待天者 待天必有感應於至誠之人也 無待天之深則無信天之誠 待之無限而誠亦無限 雖經感應 自不已信天之誠也.

43 戴天

戴天者 頭戴天也 有物在頭 毫重可覺 戴天 如戴重物㉠ 不敢斜頭而縱身 敬戴如此 其誠意 能至於感應也.

44 禱天

禱天者 禱于天也 不知禱者 謂難者難禱 易者易禱 知禱者 不然 易者知易禱故 誠不徹己 難者 知難禱故 誠能徹天.

45 恃天

恃依恃也 下誠疑天 中誠信天 大誠恃天 以至誠接世 天必庇佑 自有所恃㉡ 凡他行險索怪於至誠何.

46 講天

講天者 講天道也 人事順則天道和 人事逆則天道乖 知順和逆㉢ 乖之理者 念念講天 恐懼謹愼 不捨於心則誠意乃至感天.

㉠ 如: 참전계경본에는 知로 되어 있다.
㉡ 恃: 참전계경본에는 依로 되어 있다.
㉢ 和: 참전계경본에는 知로 되어 있다.

誠之大孝㉠

47 大孝者 至孝也 一人之孝 能感一國之人 又能感天下之人 非天下之至誠 焉能至此 人感則天亦感.

48 安衷

安和之也 衷心曲也 爲人子而安父母之心 悅父母之心 定父母之心 先父母之心 則祥雲擁室 瑞氣亘霄.

49 鎖憂

鎖閉也 憂不樂事也 父母有憂 子宜掃平 如其憂 有而後無㉡ 莫若不登乎父母之聆聞 設有力不及勢不追 惟至誠得之.

50 順志

順平也 志志氣也 父母之志氣 各自不同 子不知父母之知氣則父母不得志 雖窮身家之好娛 常有不平之氣 爲大孝子 能順父母之志.

51 養體

養體者 養父母之體也 父母之肢體 在健康 猶適宜奉養 況或有殘疾 或有重痾乎 使殘疾 安如完體 重痾 無遺 術然後 可盡人子之孝矣.

52 養口

養口者 養父母之甘毳也 富供珍羞之味 任人 非養也 貧盡漁採之勞 自執養也 不養則不知父母之食性 捨其所嗜 違其所調和之變 雖進水陸萬種 食猶不滿足也 大孝者 知養 五味隨性 四時 致非時物者 實天感之.

53 迅命

迅速也 命母之命也. 父母有命 子必奉行 然父母之命 是慈愛之命故

㉠ 誠之大孝: 참전계경본에는 大孝로 되어 있다.

㉡ 如: 참전계경본에는 與로 되어 있다.

嚴托督囑 未有於慈愛之間 若先後相左 緩急失當 口雖不言 意思則新 是以大孝 隨命無遺.

54 忘形

忘形者 忘身形也 子事父母 不敢有其身者 重報父母之恩也 只認之 不敢有其身 無忘自己之身形者 還有其身也 大孝㉠ 父母在世 頓忘其身 父母沒後 始覺有其身.

(55 信)㉡

信之義㉢

56 義祖信而孚應之氣也㉣ 其爲氣也 感發而起勇 勇定而立事 牢鎖心關 霹靂莫破 堅剛乎金石 決瀉乎江河.

57 正直

正則無私 直則無曲也 夫義 以正秉志 以直處事 無私曲於其間故 寧事不成 未有失信於人.

58 公廉

公不偏也 廉潔也 公以視事 無愛憎 廉以接物 無利慾 無愛憎 人服其義 無利慾 人信其潔.

59 惜節

人之有義 猶竹之有節也 竹焚則節有聲㉤ 身灰而節不灰 義何異哉 人

㉠ 大孝: 참전계경본에는 '大孝者'로 되어 있다.

㉡ 信: 정훈모 성경팔리본에는 없으나, 참전계경본에 의거해서 넣었다.

㉢ 信之義: 참전계경본에는 義로 되어 있다.

㉣ 祖: 참전계경본에는 粗로 되어 있다.

㉤ 有聲: 참전계경본에는 누락되있다.

之惜節者 恐其壞節而不取信於各界也.

60 不貳

不貳者 不貳於人也 流水一去而不返 義人一諾而不改 故不重其克終重其有始.

61 無親

親親屬及親近也 義無昵親斥疎 義則雖疎心合 不義則雖親必棄.

62 捨己

捨己者 不分其身也 旣許心於人 仍蹈患難 身義 不可俱全 小人捨義而全身 君子捨身而全義.㉠

63 虛誑

虛誑者 虛言誑人也 正人信我 我亦信其人 正人義我 我亦義其人 正人有難 我當救之 非誑 不可用片言成之 棄小節而全信義者 君子不咎焉.㉡

64 不尤

不尤者 不尤人也 義者 自執中正 決心就事 伊吉伊凶 乃成乃敗 不關於人也 雖凶 不怨人 雖敗 不尤人.

65 替擔

替擔者 爲人擔憂也 善人有寃 自不能伸 正人有急 自不能救 君子㉢憫焉而擔憂者 義也.

㉠ 君子: 참전계경본에는 哲人으로 되어 있다.

㉡ 君子: 참전계경본에는 哲人으로 되어 있다.

㉢ 君子: 참전계경본에는 哲人으로 되어 있다.

信之約㉠

66 約者 信之良媒 信之嚴師 信之發源 信之靈魄也 非媒不合 非師不責 非源不流 非魄不生.

67 踐實

踐實者 如約也 合奔時日 完淸事物 無參差 無錯誤 無讒凶

68 知中

知中者 知就約 有中道也 旣約而被間而止 厭苦而止 推移而止 聞虛信而止 皆非中道也 故知者自戒.

69 續斷

續斷者 續將斷之約也 正大成約 奸人沮戱 偏方懷疑 將至斷約 君子誠信解諭㉡ 渾然復初.

70 排忙

排忙者 排擱紛忙而超然趁約也 人以信守性則事有倫次 理無違背 自無由紛忙而失約 或想禚有障則如月穿行雲 少信者 困後成之.

71 重視

重視者 視之又視也 視約 如玩重寶 察之又察 將約 視之於靈 旣約 視之於心 臨期 視之於氣.

72 天敗

天敗者 非人罷約 天敗約也 由之天敗 約旣不完 聽諸天而已乎 告諸天而復乎 大約聽天 小約告天.

㉠ 信之約: 참전계경본에는 約으로 되어 있다.
㉡ 君子: 참전계경본에는 哲人으로 되어 있다.

73 在我

約之成 在我 約之不成 在我也 豈須人勸而成 人讒而止哉 不被勸 在我 不信讒 亦在我 然後 知信力之大.

74 忖適

村度也 適宜也 寒不可以約熱 弱不可以約强 疎不可以約親 貧不可以約富 雖寒弱疎貧 能完約於熱强親富者 恃其信慤之相適也.

75 何悔

向利背約則雖利無信 謀愛背約則雖愛無信 旣無信矣 利或不成 愛亦不得 將悔焉.

76 摎合

摎合者 平木之具 相合也 一人崇信 一國景信 一人立身 天下趨信 大約如摎合 點水不能渝 纖芥不能容.

信之忠㉠

77 忠者 感君知己之義 盡誠意 窮道學 以天理 事君而報答也.

78 佩政

佩政者 爲政也 君信臣而任政 臣代君而爲政 求俊乂而進用 有賢於己者則苦諫而替任

79 擔重

擔重者 擔負重事也 國有大事 身在當職 安危攸係 籌算氣數 運順逆之理 殫竭才智 知盛衰之道.

㉠ 信之忠: 참전계경본에는 忠으로 되어 있다.

80 榮命

榮命者 榮君命也 迎賓懷柔 出境辨捍 丹心炳日 氣如霜雪 使君命 振揚於瀛漠.

81 安民

安民者 安國民無事也 守君信己之義 布道德於民 行敎化於民 勉業獎學 四境晏然.

82 忘家

有賢 薦君而不留家 有財 補公而不營私 非才 不擧親戚 君賜不受.

83 無身

無身者 許身於君 不知有其身也 君有命則不辭辛苦 在安樂 亦不忘憂 心壯 不知壯之漸衰 心不老 不知老之將至.

信之烈㉠

84 烈 烈婦也 烈婦 節于其夫 有延命者 有捐生者 或於初適 或於再嫁 其道信也.

85 賓遇

賓遇者 婦敬夫以賓禮 貧賤而愈愛 老去而愈恭 子女滿堂 猶親供具飮食.

86 育親

育親者 養無子之親也 金石信約 夫沒 不欲獨存 爲養老至親 生代夫身.

87 嗣孤

嗣孤者 保遺胎 嗣夫後也 倫莫重於嗣後 信莫大於保孤 故捨人事之偏

㉠ 信之烈: 참전계경본에는 烈로 되어 있다.

義 終天理之正經.

88 固貞

固貞者 固其心 無轉回 貞其節 無移動 斷斷一念 信乎其夫 目不見産業 耳不聞子女.

89 昵仇

昵仇者 夫帶寃而逝 婦宜報雪 仇人自來 其事不遠 區區成道 君子憐之.㉠

90 滅身

滅身者 晷刻之間 不存身於世也 肉身 不可與靈魂相接 靈魂 可與靈魂成雙 速做靈魂 願隨夫靈魂.

信之循㉡

91 循有形之天之輪回也 有形之天 輪回有定數而無違 故人瞻仰 察災異 自戒不信.

92 四時

四時者 春夏秋冬也 春夏秋冬 次序有氣候 生物收功 信之爲業 海陸交易 貴賤利害.

93 日月

日爲晝 月爲夜 陽去陰來 陰盡陽生 分毫不差 此天之信也 人之信 如天之信然後 可謂君子之信也.㉢

㉠ 君子: 참전계경본에는 哲人으로 되어 있다.
㉡ 信之循: 참전계경본에는 循으로 되어 있다.
㉢ 君子: 참전계경본에는 哲人으로 되어 있다.

94 德望

德聖德也 望人望也 聖德 無聲而所及處 有人望 如天之輪回 無聲而所盡處 有物色也 德無不望 輪無不色 此人之信 如天之信.

95 無極

無極者 周而復始之元氣也 如有止息 天理乃滅 人之養信 亦如無極元氣 斷若容髮 人道廢焉.

(96 愛)㉠

愛之恕㉡

97 恕由於愛 起於慈 定於仁 歸於不忍.

98 幼我

幼我者 推人如我也 我寒熱 人亦寒熱, 我飢餓 人亦飢餓, 我無奈 人亦無奈.

99 似是

似是者 似是而非 似非而是也 愛包物 不吐物 近是一百 遠非五十 宜挽近而拒遠.

100 旣誤

旣誤者 旣誤解而誤程也 趲及勉返 正立於初卽其功 賢於泳海拯人.

101 將失

將失者 將欲失理也 蹇者不及 謂不能卽可 走者過之 謂不則不可 一失雖同 蹇者諭之 走者招之.

㉠ 愛: 정훈모 성경팔리본에는 없으나, 참전계경본에 의거해서 보충했다.

㉡ 愛之恕: 참전계경본에는 恕로 되어 있다.

102 心蹟

心蹟者 表善裡惡 未有顯隱而君子 猶視之也 水塞源則過流 草去根則無葉 此恕之自然.

103 由情

由情者 出諸情之無奈也 愕然是悔 悵然是鎮 不知然而知之 知然而知之者 恕之輕重也.

愛之容㉠

104 容容物也 萬里之海 逝萬里之水 千仞之山 載千仞之土 濫之者 非容也 崩之者 非容也.

105 固然

固然者 人理之常然也 於天理失運 於天道失正 然尺蠖不上石㉡ 山鷄不戾空 此容之始也.

106 情外

情外者 非眞情也 扁舟遇颶 孰不析順 重樓失火 孰不跳下 遇颶失火是情外也 析順跳下 是容機也.

107 免故

免故者 免乎故行故止也 導誤勸錯 升斗沒量 性偏小 性虛誕 性輕燥不知所及眞而謂之自眞者 大容生焉.

108 全昧

全昧者 全沒覺性理也 靈性包天理 天理包人道 人道藏情慾 故情慾甚

㉠ 愛之容: 참전계경본에는 容으로 되어 있다.

㉡ 蠖: 참전계경본에는 蠖으로 되어 있다.

者 人道廢 天理沈 靈性穰㉠ 闢安閉混則已容自覺.

109 半程

半程者 止於中程也 間於善否 中立而無進退者 能悟善而悟不善也 可容物理 不可容性理 然戒物理自衰則性理自盛 容在乎戒.

110 安念

安念者 大可滅性 小能滅志 性與志俱滅 存亡 難辨 遂而人覺 火焰燒身 猶望容乎 其容者誰.

111 緩急

緩緩界也 急急界也 急界妖孽 人或可容 緩界妖孽 人不可容也.

愛之施㉡

112 施賑物也 布德也 賑物以救艱乏 布德以明性理.

113 原喜

原喜者 人之天性 原來愛人喜施也 人反天性 不愛人則孤 不喜施則賤.

114 認懇

認懇者 人之艱難 認若已當也 人有急難 懇求方略 不在乎力 在乎愛人如已.

115 矜發

矜發者 慈心無親疎 又無善惡 但見矜卽發 是以猛獸依人 猶且救之.

116 公頒

公頒者 普施天下也 布一善 天下善 矯一不善 天下改過 一夫之不善

㉠ 穰: 참전계경본에는 壞로 되어 있다.

㉡ 愛之施: 참전계경본에는 施로 되어 있다.

道家之過也.㉠

117 偏許

偏許者 援急不助贍也 施亦兼術 愛中有愛 慈中有慈 仁中有仁 博以其通 施無不合.

118 均憐

均憐者 聞遠艱 如目睹 非犍困 如殘傾也 天有雨稂 不雨莠之理乎 施之均 如雨之霑.

119 厚薄

厚非過也 薄非不足也 施不適畫 勺水解渴 渴不可斥 當準必準 當略必略.

120 付混

付混者 施之而不望報也 愛心而動 慈心而發 仁心而決 故隨施隨忘 無自德之意.

愛之育㉡

121 育以教化育人也 人無定教則衣不領 罟不綱 各自樹門 奔雜成焉 因此一其主教 保育人衆.

122 導業

業生計也 人之性理雖同 性質及性氣不同 剛柔强弱 行路各殊 教化大行 潤性質而安性氣則穴處巢居 自營其業.

㉠ 道家: 참전계경본에는 朝宰로 되어 있다.
㉡ 愛之育: 참전계경본에는 育으로 되어 있다.

123 保產

保產者 不失產業也 心固志硬 放肆不售 業久則通 有振無縮 能保乃產.

124 奬勸

奬勸者 奬人之勸化育也 育人而人化 春物漸滋 塵鏡轉明 掩短揭長 開善揚能.

125 警墮

警墮者 警之墮敎育也 行而復回 醒而復睡 猶勝乎不行不醒矣 明之以理 長洲黑夜 遠電閃閃.

126 定老

定老者 定老人之敎化也 賢老爲師 傳布敎化 自育其德 愚老爲翁 誠守敎化 自育其安.

127 培幼

培幼者 培養幼穉也 萌不沾露㉠ 雖莖必萎 童不服育 雖長必頑 培而植之 養而成之 敎化與枝葉相繁.

128 勸贍

勸贍者 勸裕德也 有裕德者 性或好勝 不事流育 自善其賢 宜勸而進就.

129 灌涸

灌涸者 灌洪波於涸川也 川涸 產物靡殘 不得生成之理 惠霈降之 如人受育.

㉠ 沾: 참전계경본에는 霑으로 되어 있다.

愛之教㉠

130 敎敎人以倫常 道學也 人有敎則百行得體 無敎則雖良工 無繩墨.
131 顧賦
顧賦者 顧稟賦也 天之賦與以人者 理也氣也 未有不依諸理而合之者 不付諸氣而行之者 故大聖命賦㉡ 賢人轄賦㉢ 其次顧賦.㉣
132 養性
養性者 擴充天性也 天性元無不善 但人性相雜 物慾乘釁 苟不擴充 天性漸磨漸消 恐失其本.
133 修身
身靈之居宅也 心之所使也 不由諸心而由於妄意肆氣 輒行不善 反害元理 故修身而失天性者 未之有也.
134 湊倫
湊倫者 合於倫常也 倫人之大義也 無倫 與畜生相近 敎人 必先倫理 以正相愛之義.
135 不棄
不棄者 敎不棄人也 非敎 靈不配人 無敎 心不合人 不聽天靈 不守天心者 不知不棄之理.
136 勿擇
勿擇者 不拘碍也 敎化之流行 如日影隨物 無物不照 何擇賢者而敎之

㉠ 愛之敎: 참전계경본에는 敎로 되어 있다.
㉡ 大聖: 참전계경본에는 上哲로 되어 있다.
㉢ 賢人: 참전계경본에는 中哲로 되어 있다.
㉣ 其次: 참전계경본에는 下哲로 되어 있다.

不賢者而不敎 以愚返賢也.㉠

137 達勉

達勉者 勉敎而達敎也 行敎 難於知敎 勉敎 難於行敎 達敎 難於勉敎 達敎則能知愛物之理.

138 力收

力收者 專力以收功也 磅石不能琢 樗木不能直 獃愚不能化 必用力收 勿染漬於隣.

愛之待㉡

139 愛之諸部 待最大焉者 以其不見不聞 蘊愛於將來之無窮也 非徒蘊愛 亦有方焉.

140 未形

未形者 事物之未形也 見未形而愛之 待現形而護之 若種仁而變之.

141 生芽

生芽者 物之始也 凡愛物者 愛物之始 慮有中廢 克待晩榮 結果則反之.

142 寬遂

寬遂者 寬時而睹遂也 人有我寬則樂 不寬則憂者 不寬益我 寬妨我 我寬時 覩其樂遂.

143 穩養

穩養者 安以養之也 有物無依 孤危且患 收而養之㉢ 安其成長 養之有

㉠ 以愚返賢也: 참전계경본에는 "故敎者 改愚以反賢也"로 되어 있다.

㉡ 愛之待: 참전계경본에는 待로 되어 있다.

㉢ 收而養之: 참전계경본에는 '收以養'으로 되어 있다.

地 相質就業.

144 克終

克終者 善其終也 愛始不愛終 物無終局 老蠶落枝㉠ 尺絲何得 愛物必克終.

145 傳托

傳托者 傳物而託也 哲人愛物 必克始終 終之非難 時正不適 傳之託之 續我克終.

(146 濟)㉡

濟之時

147 時者濟物之時也 濟不以時 燕鴻相違 水與山遠 毛甲不同.

148 農災

農災者 不勤農而遭灾也 農者 天下之大本 四業之首也 教化隆洽 人無閒慵 健者農 聰者學 敏者商 巧者工 工能窮理 商不徑貪 學能達道 農不失時 農不失時則無人灾.

149 凉怪

凉怪者 秋風肅氣 妖怪害人也 正心而無邪 氣淸而無動 意定而無亂則 妖怪 不敢近.

150 熱染

熱染者 酷暑蒸炎㉢ 妖魔害人也 六丁鏕天 三庚伏地 上感下凝 妖生其間 淸心淨處 哈取金氣 不飽不飢則妖魔不敢生.

㉠ 蠶: 蚕으로 되어 있다.
㉡ 濟: 참전계경본에 의거해서 보충했다.
㉢ 炎: 참전계경본에는 熱로 되어 있다.

151 凍莩

凍莩者 凍餓死也 四業之家 有不需敎化者 擔賴無業 嗜逸訪閒 尊衣尙飮 其謀不長 至凍莩 君子濟物㉠ 必先于此.

152 無時

無時者 常時也 聖人以德濟物 准備良道 爲供不時 薰若春煖 殘氷自消.

153 往時

往時者 過去時也 有病諸過時 不能蘇新氣 未展以正道 革其邪根 邪根卽除.

154 將至

將至者 將來也 哲人大道 爲萬世人規 然物盛則規衰 趑痼未完㉡ 祛爲福利.

濟之地㉢

155 地者 濟物之地也 濟合於地理 地宜於濟質然後 濟 理質 若不應巨輪 行有曲岐.

156 撫柔

撫柔者 撫地性之柔 挽回不廢也 地性柔則人心反覆 敎化不行 導水西流㉣ 種竹樹㉤ 飮深井.

157 解剛

解剛者 解地性之剛 挽回和氣也㉥ 地性 剛則人質强暴 私鬪多殘 害德

㉠ 君子: 참전계경본에는 哲人으로 되어 있다.
㉡ 趑: 참전계경본에는 趁으로 되어 있다.
㉢ 濟之地: 참전계경본에는 地로 되어 있다.
㉣ 西流: 참전계경본에는 灌園으로 되어 있다.
㉤ 竹: 참전계경본에는 花로 되어 있다.

化 淹滯 飮流水 種楊柳.㉠

158 肥甘

肥甘者 地質肥 地味甘也 地質肥味甘則人性 淳厚和樂 布德施教 如風過健草 成其天性 養其天心 派及附近.

159 燥濕

燥濕者 地質 有燥有濕也 地質 燥濕則人心 薄惡 謀利而不向義 縱慾而不知德 寬敎沉性 順和消心㉡ 安以回之.

160 移物

移物者 天移此地物於彼地也 天濟物 無偏濟 下物 無偏下 東豊西歉南霖北旱者 非偏 乃轉也 如人之氣血 通或不通 身體健或不健.

161 易種

易種者 天易所產物種也 天濟物 無極貴極盛 無極賤極衰 凡物貴盛 必賤衰 賤衰 必貴盛者 天 易此產於彼 易彼產於此 換人性 達人知.

162 拓闢

拓闢者 拓僻闢荒也 天濟人 先開物 故爲僻地無人 荒地無物㉢ 以神聖而始 賢智而補 愚昧而繼 敎化而終.

163 水山

水山者 海陸也 天濟海以陸 濟陸以海 敎自陸而化于海 道自陸而德于海 敎化立則濟功明 道德成則濟功揚.

㉥ 挽: 참전계경본에는 輓으로 되어 있다.

㉠ 種楊柳: '敎民種柳'로 되어 있다.

㉡ 消: 참전계경본에는 平으로 되어 있다.

㉢ 荒地無物: 참전계경본에는 '荒地無物故'로 되어 있다.

濟之序㉠

164 序濟物之道 非無次序也 審勢而施 量宜而決 無再算 有牙有頫.

165 先遠

先遠者 先于遠人也 哲人濟物敎化 先于遐陬 愚貽自變爲明哲 頑骨自覺有禮節.

166 首瀕

首瀕者 首先濟瀕危之人也 濟有先後 倒懸 雖急 溺水有矣 溺水 雖急焚有矣.

167 輕重

人之困厄 有重有輕 必欲濟之 宜知重知輕 重固時矣 輕固日矣 不時不日 無重無輕.

168 衆寡

千人八分其困 百人十分其困㉡ 衆困勝寡困 十分多八分 其雙成者 濟衆以德 濟寡以惠.

169 合同

合同者 擧世也 擧世尙德意 無物理 擧世尙物理 無德意 是以聖人濟人㉢ 相德物斟時.

170 老弱

濟老以恩 濟弱以方 恩可不易 方可無窮 寧爲不恩不方 不可無不易無窮.

㉠ 濟之序: 참전계경본에는 序로 되어 있다.

㉡ 百人十分其困: 참전계경본에는 "百人十分其困其困而"로 되어 있다.

㉢ 聖人: 참전계경본에는 哲人으로 되어 있다.

171 壯健

壯健者 遭天敗 立絶地 雖欲筋力井匏 無繩濟之單恩 可警其復 不警復非恩.

濟之智㉠

172 智者 知之師也 才之師也 德之友也 知能通達 才能剖判 德能感化 惟哲人之智 用濟人.

173 設備

明天理 述天道者 制人慾之預設也 編戒命 纂心銘者 修人身之準備也 代天設備 爲萬世濟物之鑑.

174 禁癖

禁癖者 禁人之痼癖也 驕横殘虐 人之痼 諛讒譎謊 人之癖也 定規箴 劃防閒 是爲藥石.

175 要儉

要儉者 爲務儉也 行乖生於奢 淫亂生於奢 未有務儉而爲行乖淫亂者也 儉則無求 儉爲終身之先覺.

176 精食

精食者 不求重食也 虎陷肉穽 魚縣餌綸者 貪口也. 身失於口 靈無所寄 其濟之者 精食乎.

177 潤資

潤資者 潤其資有也 人有資有則無苟願 長慈心 資有成之於勤 失之於

㉠ 濟之智: 참전계경본에는 智로 되어 있다.

怠 義則守 仁則潤.

178 改俗

改去也 俗野也 自濟完人 濟散自濟 時人濟遲 完與時在我 散與遲在人 是以 待人濟者野也 欲自濟者文也 去野而就文 濟之智成.

179 立本

立本者 立智本也 智之本志也. 帶志而智則濟 失志而智則不濟 無自濟之志㉠ 欠濟人之智.

180 收殖

收收人望也 殖殖財用也 濟之以德 非人望 不達 濟之以惠 非財用 不信 欲遂濟人之智者 貴人望而賤財用.

181 造器

造器者 天爲造人器也 造萬人一像 造萬性一品 但造八異而九殊者 濟質互相不同 必陶鎔磨鍊而成.

182 預劑

預劑者 病前煎藥也 埴壑而後扶 醉倒而後灌 是見物而濟之 智不如微物乎 地氣將濕 蟻螻封穴.

八理上卷 終㉡

㉠ 志: 참전계경본에는 智로 되어 있다.

㉡ 八理上卷 終: 참전계경본에는 누락되어 있다.

檀君教八理 下㉠

聖靈在上 誠者人事之母也 應者天理之市也.㉡

(183 禍)㉢

禍之欺㉣

184 人之過戾 無不由欺 欺者燒性之爐 伐身之斧也 自行欺 覺則不再故行欺 雖警無滌.

185 匿心

匿藏也 藏心於心 欺心於心 心已空矣 止則土木 行則肉尸 土木而能論事 肉尸而能追人乎

186 慢天

慢天者 不知有天之鑑也 行善而成 亦天力也 行惡而敗 亦天力也 行險而中 亦天力也 濛者行善 天力成之 知者行惡 天亦敗之 巧者行險 天縱試而力收之.

187 信獨

信獨者 謂無人知覺也 獨自做欺 雖謂無知者 靈已告心 心已告天 天已命神 神已照臨 日月燭其上.

㉠ 檀君教八理 下: 참전계경본에는 參佺戒經 下篇으로 되어 있다.
㉡ 聖靈在上 誠者人事之母也 應者天理之市也: 참전계경본에는 이 구절이 누락되어 있다.
㉢ 禍: 참전계경본에 의거해서 보충했다.
㉣ 禍之欺: 참전계경본에는 禍로 되어 있다.

188 蔑親

蔑親者 欺骨肉之親也 以骨肉欺骨肉者 其爭利歟 鬪義歟 若謀心不合 上禁止下 下諫諍上而已 欺骨肉而成私者 其家必亂.

189 驅殞

驅殞者 驅人於絶地也 强者凌弱 謀者弄痴 或所求不至 所言不從 暗驅網穽 羽肉狼藉 天不復弱痴者 聲其大欺也.

190 踼傾

踼傾者 踼傾人也 和健同謀 踼下傾殘 所欲者 阿附也 爲東人而踼西人 東人反疑之 西人刻痛之 崎哉 欺也 天竟使東人 踼相傾者.

191 假章

假章者 假托文章而欺也 秉筆者 弄文換墨 捏陷賢良 慫慂犭凶獰 善惡顚倒 吉凶易地 欺一人 欺一世 天必不容 況于斯哉.

192 無終

無終者 始懷無終而欺也 人於處事 有克始無終者 有善始善終者 有無奈半停者 皆行後知 惟此無終 始誘也 遠理謂之近理 歹做謂之好做 極其私慾則必反之.

193 怙恩

怙倚也 人恩已 宜思報恩 恩已之深 反輕之 恩人恩衰 又負之 又妨之.㉠

194 恃寵

恃賴也 蒙人存寵 殘葉青秀 敢懷恣肆 專用瞞害 蠹於中心 存寵者 冷自去之.

㉠ 又妨之: 참전계경본에는 "又妨之 其可乎"로 되어 있다.

禍之奪㉠

195 物慾蔽靈 竅塞 九竅盡塞 與禽獸相似 只有食奪之慾而已 未有廉恥及畏㤼.

196 滅產

滅產者 滅人之產業也 滅人產業 爲己所有 能安亨乎 能長久乎 天奪其魄 與之對頭.

197 易祀

易祀者 換人家祀也 謀奪人財 換人宗子 陰易其祀 倫理轉矣 自有冥冥.

198 擄金

擄金者 劫人之金也 農有歲金 學有晦金 商有暮金 工有朝金 役有時金 何事擄而後 取金 擄之力 重於農 勞於學 强於商 猛於工 苦於役 重勞强猛苦而 且不得金 無身.㉡

199 謀權

謀權者 謀奪人之權也 人之應權 苟欲謀奪 石上種苗 不可托根 雖成 峽人駕舟 島人御馬.

200 偸卷

偸卷者 倣人之卷也 欲偸實 有粧之假質 牛畵龍文 犬冒虎皮 百步之內 牛顚犬仰.

201 取人

取人者 竊人之名也 人功爲己功 人惠爲己惠者 非師之 又非娟之 乃偸利竊譽也 虛功沒利 虛惠無譽.

㉠ 禍之奪: 참전계경본에는 奪로 되어 있다.

㉡ 無身: 참전계경본에는 '無身而有'로 되어 있다.

禍之淫㉠

202 淫敗身之始 混倫之源 亂家之本也 猪也性淫 狗也色淫 羊也氣淫 故淫人謂之三畜.

203 荒邪

荒樂淫而忘身也 邪見淫而忘命也 樂淫而忘身 道理顚覆 見淫而忘命 患難接踵.

204 戕主㉡

戕主者 淫其婦而害其夫也 淫無智愚 智戕也 鬼神質其謀 愚戕也 日月質其頑 風吹草動 聲色自顯.

205 藏子

藏子者 匿淫胎也 淫産藏夜 名雖避難避 愛雖絶不絶 猶望他救 豈期幸也 淫必有種.

206 流胎

流胎者 藥於淫孕也 天落惡種 地必受生 雨露長之 猶以薰傍 若違天理 理有所歸.

207 强勒

欲淫人之妻妾 强之勒之也 和濃淫之奸也 强勒淫之賊也 和濃天且不赦 强勒赦乎 飛蛾撲燈 有焰燒身.

208 絶種

絶種者 淫人寡女而絶其嗣也 稚子近井 人必遠徙 筍芽始生 人必不踏 旣歡其母 寧忍其子 寂寞暗室 天眼如輪.

㉠ 禍之淫: 참전계경본에는 淫으로 되어 있다.
㉡ 戕主: 참전계경본에는 戕本으로 되어 있다.

禍之傷㉠

209 傷傷人也 天怒惡人傷人 雷霆警之 霹靂威之 惡之不回頭於利嫌界行不仁手段 其陽傷陰傷 罰有輕重.

210 凶器

凶器者 金鐵之屬也 以金鐵 敢傷人乎 傷人者 人也 被傷 者亦人也 人之身體 受於父母 育於父母 傷人者 獨無父母乎.

211 鴆毒

鴆毒者 鴆藥也 鴆毒毒於凶器.㉡ 金鐵加人 或有可保 鴆水灌人 合無餘命 孝於父母者 喜其全歸歟 孝子無受鴆之夭.

212 奸計

奸計者 奸計傷人也 奸妖邪之技能也 奸於事 未有不患者 奸於物 未有不敗者 況以奸傷人 其計能丹靑於雪而不消乎.

213 摧殘

摧殘者 拉朽枝也 雖有嫌怨 不忍於殘者 仁界也 蹈仁界則嫌怨自解 福利自至 若以拉朽之易 飜然下抉之 未年春根復至.

214 必圖

必圖者 刻意圖之也 於誠有必守 於信有必踐 於愛有必恕 於濟有必智 此人之天性也 反此 於微嫌 有必圖傷人之心 覔謀尋險 不傷不忘 天性滅矣 開戶視之 黑雲滿天.

215 委唆

委唆者 托囑於人也 事輪不轉 請人助力 誠也 信河難挽 求人扶翼 義

㉠ 禍之傷: 참전계경본에는 傷으로되어 있다.

㉡ 凶: 참전계경본에는 누락되어 있다.

也 欲報私怨 托於人 不仁之甚 欲爲人解怨 受非常之囑 不智也 指者危 領者亾.

216 猶謀

猶謀者 蠻行也 人有蠻行則怒善人 咬義人 無何而惡戮物理 無何而頑滅天道 禍不驟 乃長夜雨漫.

禍之陰㉠

217 陰陰謀也 義窮 歸陰謀 術盡 生陰謀 欲極 立陰謀 陰謀而成者禍也.

218 黑箭

黑箭者 暗地射人也 智箭或兼人 謀箭必由己 寧可智 不可謀 獵不殺宿仁也 人而不仁 貶人道 貶人道者 其禍仰噴.

219 鬼焰

鬼焰者 放火於醉人之家也 火之發 物之自然之理也 醉之昏 人之自然之理也 縱自然之物 害自然之人 大火反及於醒.

220 妬賢

妬賢者 小人惡賢人 如女妬女也 將己短 妬人長 短能距長部 翼殘蛛網者 蛛之禍也.

221 嫉能

嫉能者 無德 妨有德 無才 毀有才也 旣不如 可讓 旣不讓 可後 不知讓 不知後 獨欲先陰害德才者 人族之大盜也 盜能脫羅 無餘世.

㉠ 禍之陰: 참전계경본에는 陰으로 되어 있다.

222 間倫

間倫者 離間人倫也 見冬煖而喜者愚 見春寒而畏者亦愚 爲已贅慾 謀絶人倫則冬長煖乎 春長寒乎 聽間者 冬煖也 受間者 春寒也 冬煖更寒 春寒更煖 禍旋至者 天理也.

223 投質

投質者 投下可質也 爲呵嗛嚨 謀人實過 投之質物 堡其活路者 天破其隱 鳴得雉跡.

224 送絶

送絶者 陽惠陰仇也 惠不仇 仇不惠 人理也 非有所欲 怎爲惠而謀害深 其所欲爲 必亂人家 血痕未乾 隣鷄迭唱.

225 誹訕

誹訕者 小人之善口也 全心則毒于惡疾 困人軟呼吸 割人不見刀 其刀利柄奸鞘.

禍之逆㉠

226 逆不順之極也 人之百行 成于順 失于逆 逆而求大福大利者 兎止一窟.

227 褻神

褻神者 以不敬言語 褻天神也 知天道者 不淩天 知天理者 不怨天 是以褻天者 無道無理.

228 瀆禮

瀆禮者 撲滅禮行也 禮於人 如體之手脚 室之門戶 不動手脚而運體者

㉠ 禍之逆: 참전계경본에는 逆으로 되어 있다.

未有也 不由門戶而達室者 未有也 撲滅禮行 區成惡俗者 其比類之首悖乎.

229 敗理

敗理者 壞亂天理也 捨善而做惡 棄正而行邪 違天理也 做惡而反伐善行邪而反貶正 敗天理也.

230 犯上

犯上者 犯上科過戾也 子而不孝 臣而不職 弟子而反訓 兄弟而不睦 夫婦而荒亂不和 皆上科過戾 百禍根於玆.

231 逆詬

逆詬者 以逆理 叱官德老長 傷倫革次 爲子弟螟蛉之賊.

(232 福)㉠

福之仁㉡

233 仁者 愛之鎚也 愛無不愛故 或有偏愛私愛 非仁 莫能執中 仁如春氣溫和 物物發生.

234 愛人

仁人之愛人㉢ 愛善人 亦愛惡人 勸去惡就善 平人慍 勿結嫌於人 決人惑 勿轉致於人 導人迷 自得於己.

235 護物

護物者 愛物而護也 凡於天地間 人固自人 物固自物 必無人無物 仁人

㉠ 福: 참전계경본에 의거해서 보충했다.

㉡ 福之仁: 참전계경본에는 仁으로 되어 있다.

㉢ 仁人: 참전계경본에는 哲人으로 되어 있다.

包萬物㉠ 獨有之心 人之所有 若我所有 人之有失 若我有失.

236 替惻

替惻者 人於當憫人之憂 不憫 惟仁人 憫之㉡ 人於當憐人之困 不憐 惟仁人憐之㉢ 憫之有實 憐之致眞.

237 喜救

喜救者 好救人之急難也 救人之急難 或有功救焉 或緣難辭焉 惟仁人無功救㉣ 無難辭 聞人之急 輒喜救之 見物之困 輒喜施之 力殘則思 程遠則望.

238 不驕

仁者 德不驕愚 富不驕貧 尊不驕卑 慮人自迷 色近而和 言正而溫.

239 自謙

自謙者 雖有才德 不自長也 小人㉤ 有微才薄德 自色焉 唆揚焉 惟恐單畧 不徹宇內 君者之才㉥ 潛而不泳 君者之德㉦ 熱而不炎.

240 讓劣

讓劣者 優讓於劣也 求譽 陋而反損譽 釣名 譁而反傷名 是以仁人㉧ 有可功 讓於無功 有可賞 讓於不賞.

㉠ 仁人: 참전계경본에는 哲人으로 되어 있다.
㉡ 仁人: 참전계경본에는 哲人으로 되어 있다.
㉢ 仁人: 참전계경본에는 哲人으로 되어 있다.
㉣ 仁人: 참전계경본에는 哲人으로 되어 있다.
㉤ 小人: 참전계경본에는 衆人으로 되어 있다.
㉥ 君者: 참전계경본에는 健者로 되어 있다.
㉦ 君者: 참전계경본에는 健者로 되어 있다.
㉧ 仁人: 참전계경본에는 哲人으로 되어 있다.

福之善㉠

241 善愛之派流也 仁之童穉也 種於愛故 發心必善 學於仁故 行事必善.

242 慊慨

慊慨者 善之義也 瀑布之湍 落地便流 百鍊之鐵 臨物便切 其尙且快人所不快 不擇在己利害.

243 不苟

不苟者 善有決而不苟且也 性善者 無決則柔 穎斷遂滯 善之決 欲行必行 欲施無所苟且.

244 遠嫌

遠嫌者 無嫌隙也 善人接物㉡ 寧智疎短 誠無不足 寧言訥焉 心無詐僞故 無嫌無隙 不知其善者 反不善.

245 明白

性善則剖截丁寧 行決的歷 無猶豫進退 無疑似左右 天理人事 明白乎自然之間.

246 繼物

善善於恤人繼人 人事將廢 安人父母妻子之倫 定人背井離廚之蹤.

247 存物

善喜物存而惡物亡 羅而放之 獵而悲之 故之者 見其拂翼于雲霄 悲之者 不見其展脚于丘陵.

248 空我

空我者 我不念我也 善人處衆㉢ 逸衆而勞我 分衆 厚衆而薄我 同憂以

㉠ 福之善: 참전계경본에는 善으로 되어 있다.

㉡ 善人: 참전계경본에는 哲人으로 되어 있다.

衆 有若獨當.

249 揚能

揚能者 揚能人之所能也 善人㉠ 見人之能 心先喜悅 說輒揚言者 使能者 勉能 不能者 效則.

250 隱愆

隱愆者 隱人之做愆也 善人聞人之愆㉡ 直隱而不泄者 先自愧焉 先自警焉 又恐聯於人 失一人 如失天下之人.

福之順㉢

251 順不逆度也 貧不强取 困不强免 順天理也 答恩 不之諛 枉威 不之屈 順人理也.

252 安定

安心而心不動 受詆毁而不慍 定氣而氣不亂 逢忿激而不作者 順天德也 天德 內立則人德 外成.

253 沈默

性眞則沈 知遂則默 沈能成達㉣ 默能鎭柰者 順人智也 人智定則心靈貫通 可爲人師.

254 禮貌

動有禮貌者 順人事也 人有禮貌則不言而可解紛 頑悖不敢肆 賢良自遠至.

㉢ 善人: 참전계경본에는 哲人으로 되어 있다.
㉠ 善人: 참전계경본에는 哲人으로 되어 있다.
㉡ 善人: 참전계경본에는 哲人으로 되어 있다.
㉢ 福之順: 참전계경본에는 順으로 되어 있다.
㉣ 沈: 참전계경본에는 靜으로 되어 있다.

255 主恭

主恭者 主恭順也 一動一靜 必主恭順 視事如擧溢 接人如佩重 謹愼成信德 就收成譽德.

256 所思㉠

所思者 有所思也㉡ 夫人心不定 氣亦不順 心定氣順則自有所思 於尋理覓道 容易達通 順德成.

257 知分

知分者 知當爲者 知不當爲者 知天道 與人事相合 知物理 與人理相對也 知分則萬理順 百事和 如夜海月上.

福之和㉢

258 日之和 風之和 天和也 氣之和 聲之和 人和也 日和風和則禎祥時降 歲功遂 氣和聲和則靈神 精暢 昭德著.

259 修敎㉣

修者 自修修也 修人亦修也 修天道之道者 敎昏人 見明道 敎惡人歸善道 敎善人 遷人道 則功過於甘霈.

260 遵戒

遵守也 戒叅佺八戒也 新衣者 主整 惟恐襤褸 新浴者 主潔 惟恐汚穢 遵戒 如主整主潔 顧勤而無放怠 人和 神亦和 神和 天亦和.

㉠ 所思: 참전계경본에는 持念으로 되어 있다.

㉡ 所思者 有所思也: 참전계경본에는 "持念者 持念標而有所思也"로 되어 있다.

㉢ 福之和: 참전계경본에는 和로 되어 있다.

㉣ 修敎: 참전계경본에는 修德으로 되어 있다.

261 溫至

溫溫和也 至臨也 夫仁人㉠ 和人語溫 和事氣溫 和財義溫 若春日之溫臨而人不離溫也.

262 勿疑

勿疑者 勿我疑人 勿人疑我也 我以中和 接人 人亦以中和 遇我 此誠彼信 彼誠此信 和氣凝而不散.

263 省事

省事者 事之劇 自去也 小人曲路多岐㉡ 險路多石 雖窮術 不能省事 惟君子㉢ 執事 如太陽臨殘雪 不見其消而自消.

264 鎭怒

鎭怒者 嗔怪不及於己也 有不善不信 人必責己 或無不善不信 錯怒有至 有和德則無不善不信 人且信之 錯怒亦不至.

265 自就

自就者 自然就成也 人有所慾 必奔忙 人有所求 必哀憐 奔忙而不得不如無慾 哀憐而不得 不如無求 有和德則如烘爐在室 不爨而自薰.

266 不謀

不謀者 不謀而和於人也 瑞雲在霄 自舒自合 無滯無碍者 仁人之處己也㉣ 於人 無不和 故不謀和.

㉠ 仁人: 참전계경본에는 哲人으로 되어 있다.
㉡ 小人: 참전계경본에는 衆人으로 되어 있다.
㉢ 君子: 참전계경본에는 哲人으로 되어 있다.
㉣ 仁人: 참전계경본에는 哲人으로 되어 있다.

福之寬㉠

267 栽培春花 迅于見花者 寬之理也 日在中天 四海通明者 寬之形也. 理形俱成 君子之道近焉.㉡

268 弘量

弘量者 性用之大度也 柔中有剛而不見剛 和中有毅而不見毅 測之柔不似柔 測之和 不似和 無際涯屈曲.

269 不吝

吝惜也 可與之短而與之長 可假之輕而假之重 能使洽存 見人乏 莫我贍 見人愁 莫我歡 能使逸免.

270 慰悲

慰悲者 慰人之可悲也 政愆必 失人 貨愆 當留人 反慰之後 愆輕於前愆 喜之 無愆 任之.

271 保窮

保窮者 不得意 能自保窮 得意 能保人窮 非寬 不能自保窮 又不能保人窮.

272 勇赴

寬仁者 豁如無所趦趄故 見善則勇赴而自得其偉飽 若風滿帳中.

273 正旋

正正理也 旋旋理也 下石靜定 上石環旋 不動不違者 以鎭鐵居中也 仁居中寬 環而旋之 無所不合規.

274 能忍

忍有三 一曰因忍㉢ 二曰强忍㉣ 三曰能忍㉤ 因忍 無主決 强忍 無主決

㉠ 福之寬: 참전계경본에는 寬으로 되어 있다.
㉡ 君子: 참전계경본에는 哲人으로 되어 있다.

而欲主決 獨能忍 定有主決 非寬不能.

275 藏呵

藏呵者 寬和而藏隱呵也 弱之寬 人不知警 柔之寬 人不知惠 猛之寬 人反伐之 惟藏呵之寬 人自敬服 仁者能之.

福之嚴㉠

276 和而整 肅而靜者 氣嚴也 不顧私 不私財者 義嚴也 主正直 主廉潔者 詞嚴也.

277 屛邪

屛邪者 去邪也 氣嚴則邪氣 不能生 義嚴則邪謀 不能聞 詞嚴則邪說 不容口.

278 特節

特節者 特特有高節也 其像也 雪裡靑松 其身也 海上峭巖.

279 明察

明察者 嚴而不明囂 嚴而不察散 是以仁人㉡ 無人之囂 無人之散.

280 剛柔

性剛者尙嚴 一家解體 性柔者尙嚴 六親離心 雖剛嚴 必恩 雖柔嚴 必和 有恩有和 無剛無柔.

㉢ 一: 참전계경본에는 누락되어 있다.

㉣ 二: 참전계경본에는 누락되어 있다.

㉤ 三: 참전계경본에는 누락되어 있다.

㉠ 福之嚴: 참전계경본에는 嚴으로 되어 있다.

㉡ 仁人: 참전계경본에는 哲人으로 되어 있다.

281 色莊

莊厲而潤也 氣嚴而不色莊 近於怒 義嚴而不色莊 近於托 詞嚴而不色莊 近於論 莊發之機也.

282 能訓

傅嚴則不訓而門徒 能自訓 父兄嚴則不訓而子弟 能自訓 長嚴則不訓而隣里 能自訓.

283 急祛

性不嚴則無勇 嚴則有勇 勇者 見不善急祛 見不信急祛 見不義急祛 嚴勇之源也.

(284 報)㉠

聖靈在上 收山川精 均土穀司 分鬼神護 勅日月 戒風雨 啓禎祥 除妖孼 降諸福 報善人.

報之積㉡

285 積者 多數之謂也 修德行善 積之纍之 人久感之 神已感之 天亦感之 可領上福.

286 世久

世久者 累世行善也 一年之木 受一年之露 十年之木 受十年之露 重露結實 可領次福.

287 無斷

無斷者 行善之心 無間斷也 一夜三篇 千書可讀 一日千步 萬里可達

㉠ 報: 참전계경본에 의거해서 보충했다.

㉡ 報之積: 참전계경본에는 積으로 되어 있다.

善亦如之 可領其福.

288 益增

益增者 日益善而月增德也 鍊之又鍊 終成寶劍 磨之又磨 終爲美玉 善如劍光 德如玉潤 可領其福.

289 庭授

庭授者 繼父善也 父善而子惡者有 父愚而子賢者有 父善而子善者鮮能繼父善 謂之聯燭 可領其福.

290 天心

天心者 無所學而只有天心之向善也 云善行從 云善事作 云善心施 雖不蹈仁 不善不爲 可領其福.

291 自然

自然者 自然爲善也 抱持文學 縻絆位處 雖欲爲不善不得 修德行善 無瑕無疵 可領其福.

福之重㉠

292 重一擧而爲大善也 行人之不行 善之勇也 及人之不及 善之誠也 有善勇 有善誠 可領其福.

293 早年㉡

早年者 幼年爲善也㉢ 人之幼也 志未定 學未決 慧竇開閉 局量晦明 能爲善事 可領其福.

㉠ 福之重: 참전계경본에는 重으로 되어 있다.

㉡ 早年: 참전계경본에는 有年으로 되어 있다.

㉢ 早年者 幼年爲善也: 참전계경본에는 "有早者 有早年爲善也"로 되어 있다.

294 恐失

恐失者 恐失其善也 認善如寶 認惡如盜 恒恐失寶於盜 抱寶自保 一心鎭盜 不近寶室 可領其福.

295 勉勵

勉勵者 勉善而勵善也 勉善而不振 勵善 勵善而振 更勉善 善哉善哉可領其福.

296 株守

株守者 守善不遷也 性柔 善而不能彰善 性俠 善而不能統善 性弱 善而不能立善 自守善 如株守根 天機自在 可領其福.

297 斥謗

斥謗者 斥害善之謗也 性僻 見一善百謗 斥之 聞一善而百謗㉠ 斥之甚則益於善而亦不從 天性之固也 可領其福.

298 廣佈

廣佈者 廣佈善也 擧善事聞人 說善言揚人 不知善人之從己 惡人之戱己 天性之純也 可領其福.

福之刱㉡

299 刱刱善 蒸而去染者 蒸刱也 浣而去汚者 浣刱也 悔而去惡者 善刱也 脫身混涵㉢ 洗心清流 可領其福.

㉠ 聞一善: 참전계경본에는 聞一善而'으로 되어 있다.
㉡ 福之刱: 참전계경본에는 刱으로 되어 있다.
㉢ 混涵: 참전계경본에는 混涿으로 되어 있다.

300 有歲㉠

有歲者㉡ 去惡就善 足有歲久也 性惡傷人 心惡陷人 慾惡殘人 能去三惡而就善 就又有歲㉢ 不回舊頭 難于穉善㉣ 可領其福.

301 有隣

有隣者 同隣于善也 羊不群犬 鴻不集燕 理也 善者隣善 隣不善則去之 恐損善德 可領其福.

302 其然

其然者 然善 不然惡也 風蒲無定 葉不飄岸 人之性 善也 性或浪 欲善欲惡 然善而不然惡 返眞也 可領其福.

303 自修

自修者 自修己善也 著人善 曰不能 勸人善 亦曰不能 徒自修善 聞人大善而輒愧之 良性也 可領其福.

304 不倦

不倦者 不倦爲善也 勤匠 造器 窮美而止 勤醫 診疴 盡藥而止 勤善亦如之 尋善淘善 合善而止 勤性也 可領其福.

305 欲及

欲及者 欲及於善也 性昏知昧 雖欲爲善 不知善之所善 惟知惡之不可眞性也 可領其福.

聖靈在上 命雷師電神 勅眞君天吳 令日直揭諦 降諸禍 報惡人.㉤

㉠ 有歲: 참전계경본에는 有久로 되어 있다.

㉡ 有歲: 참전계경본에는 有久로 되어 있다.

㉢ 就又有歲: 참전계경본에는 '就又有歲久'로 되어 있다.

㉣ 穉善: 참전계경본에는 '穉時善'으로 되어 있다.

㉤ 聖靈在上 命雷師電神 勅眞君天吳 令日直揭諦 降諸禍 報惡人: 참전계경본에는 이 구절

報之盈㉠

306 盈十數也 窮惡 盈九 惡於當世 極惡 盈十 亦惡於前世也 惡盈無餘 可領上禍.

307 襲犯

襲犯者 承父惡也 前家火起 後家又火 不滅者 未有 父已犯惡 子又襲惡 不折不止 可領次禍.

308 連續

連續者 做惡連續也 賊人聽父 犭凶人教子 聽父惡乎 教子惡乎 聽父惡而行之 教子惡而鞭之 連續轉惡也 可領大禍.

30 有加

有加者 加惡也 鰐不呑細泳 狼不嗜殘走 惡輕則止 惡重則行 加惡也 可領其禍.

310 傳惡

傳惡者 傳惡於人也 己惡 不知改 人惡 不勸改 反誘弄愚良 黨助己惡 護惡登辨 推委愚良 眞惡陷假惡 可領其禍.

報之大㉡

311 大一爲而做大惡也 做小惡者 愚也 處否似 或難自覺 做大惡者 智也 一時行事 罪貫神人 可領其禍.

이 누락되어 있다.

㉠ 報之盈: 참전계경본에는 盈으로 되어 있다.

㉡ 報之大: 참전계경본에는 大로 되어 있다.

312 勘尙

勘尙者 懲勘而不改也 一惡經懲 再惡經勘 猶不知改 終身做惡 狂惡也 可領其禍.

313 無憚

無憚者 做惡而無忌憚也 說惡而怕人道破 處惡而畏人知覺 自謂隱惡旣裨惡 無眞心畏怯 將營惡 眞心忌憚 頑惡也 可領其禍.

314 驟峻

驟峻者 平居 善良 驟爲峻惡也 良而做惡者無 善而做惡者亦無 其原心不良 原性不善 輒行峻惡 藏惡也 可領其禍.

315 外善

外善者 外善而內惡也 言正而行不合 行合而事不孚 雪下陷穽 惡胎產滿 盲惡也 可領其禍.

報之小㉠

316 小小惡也 過愆 過曰惡 大愆大過 出自昧智 小惡 亦所做 可領其禍.

317 背性

背性者 捨本性也 使挾便濶 使拙便豪 試惡成利 認作良方 奔身買惡 跳惡也 可領其禍.

318 斷連

斷連者 欲斷惡而復連惡也 密惡旣露 懷懼欲斷 人言稍定 復謀其惡 妖惡也 可領其禍.

㉠ 報之小: 참전계경본에는 小로 되어 있다.

319 不改

不改者 知惡人 當改而不忍改也 知其當改 不忍改者 爲欲利也㉠ 浮於昧惡 可領其禍.

320 勸隣

勸隣者 恐己惡孤立 勸良順從己 良順不從 反謀良順 己惡乃漲 餓惡也 可領其禍.

聖靈在上 視諸善人 均應福報㉡

(321 應)㉢

(322 積)㉣

323 福積之極尊㉤

賦大德㉥ 處大位 司天地祀 布人族化.

324 巨有

巨有者 賦厚德 居素位 廣有土地 貯有寶貨 絶憂愁 塞悲慘.

325 上壽

上壽者㉦ 仙骨化爲身 挹日華 飮露液 筋健氣俏 揮煖裳 享甘旨 鶴髮童顔 延年益壽.

㉠ 也: 참전계경본에는 누락되어 있다.

㉡ 聖靈在上 視諸善人 均應福報: 참전계경본에는 이 구절이 누락되어 있다.

㉢ 應: 참전계경본에 의거해서 보충했다.

㉣ 積: 참전계경본에 의거해서 보충했다. 참전계경본에는 이 아래에 "誠者는 人事之本 應者 天理之市 禍福 皆因所積而來也 降大禍 報惡人 降諸福 譜善人"의 구절이 덧붙여 있다.

㉤ 福積之極尊: 참전계경본에는 極尊으로 되어 있다.

㉥ 賦大德: 참전계경본에는 '哲人賦大德'으로 되어 있다.

㉦ 上壽者: 참전계경본에는 "上壽者 養生有度"로 되어 있다.

326 諸孫

一家化十家 十家化百家 慈孝羽列 睦和林立 裕食足食 書聲徹日夜.

327 康寧

康寧者 生於吉門 英姿罕儔 長於錦欒 身體淸健 老於安樂 甘苦不入聞.

328 仙安

仙安者 得淸眞學㉠ 主名山勝地 寓志雲水㉡ 傲睨功利㉢ 爐煎金丹㉣ 夢有三靑.㉤

329 世襲

世襲者 爲嗣尊貴㉥ 懷文武之才 受將相之任 功盖一世 名振千秋.

330 血祀

血祀者 道高德重 代天立敎 化人成規 爲萬世師.

(331 重)㉦

福重之大榮㉧

332 世有爵祿㉨ 富貴不絶 英俊相承 門戶煥爀.

333 玉帛

居華堂麗室 藏金銀玉帛 商旅盈門 交易日繁 一世安樂 無是無非.㉩

㉠ 得淸眞學: 참전계경본에는 '參佺成道'로 되어 있다.

㉡ 寓志雲水: 참전계경본에는 '尙志高大'로 되어 있다.

㉢ 傲睨功利: 참전계경본에는 '徵實務白'으로 되어 있다.

㉣ 爐煎金丹: 참전계경본에는 '養生衍年'으로 되어 있다.

㉤ 夢有三靑: 참전계경본에는 '飛昇大空'으로 되어 있다.

㉥ 貴: 참전계경본에는 統으로 되어 있다.

㉦ 重: 참전계경본에 의거해서 보충했다. 참전계경본에는 이 아래에 "倧之所重者 國躰也 佺之所重者 民敎也 治亂皆因所本而興也 哲人之氣 醞釀山川 倧興至治 天河先登 佺行敎化 白岳先靈"의 구절이 덧붙여 있다.

㉧ 福重之大榮: 참전계경본에는 福重으로 되어 있다.

㉨ 世有爵祿: 참전계경본에는 "福重則大榮 世有爵祿"으로 되어 있다.

334 節化

著名學士 人皆師事 生有清德 死有令節.

335 賢子㉠

賢子誕降㉡ 復興寒門 貴以顯名 富以著世 六親和樂 族戚感恩.

336 健旺

運健時旺 所禱皆中 隣和里頌 所言皆從 植木耕田 家道豊隆.

337. 吉慶

凶事去 吉事生 不求不挽 慶事時至 子女滿堂 終身喜悅.

338 世章

世修學業 翰墨相接 淸閒得祿 儒雅自居 不與塵聒 物外逍遙.

(339 淡)㉢

福粉之淡體㉣

340 一生無是非 一生無疾病 老受子孫享 良朋送歲月.

341 裕庫

管裕人之庫 五穀充滿 誠信爲事 伊羅伊羅 自手權柄 無厄.

㉫ 無是無非: 참전계경본에는 '是非息訟'으로 되어 있다.

㉠ 賢子: 참전계경본에는 賢裔로 되어 있다.

㉡ 賢子: 참전계경본에는 賢裔로 되어 있다.

㉢ 淡: 참전계경본에 의거해서 보충했다. 참전계경본에는 이 아래에 "淡躰則福應 全人成德 天下無一人失性 百姓無一事違法 明徵國躰 切合人情 周護物力 樂取與衆 同爲準式"의 구절이 덧붙여 있다.

㉣ 福粉之淡體: 참전계경본에는 應福으로 되어 있다.

342 無厄

患難已消故 無患難 困辱已空故 無困辱 厄會已盡故 無厄會.

343 利隨

妨害退散 利益隨至 利益之輕 利益之重 勤之小 勤之大.

344 河淸㉠

殃消灾退 如黃河之復淸㉡

諸善人妻 和夫同福 無夫善女 和子孫同福.

聖靈在上 視諸惡人 遍受禍報㉢

(345 盈)㉣

346 之盈之雷震五章㉤

天地溟漠㉥ 疾風暴雨 天雷大發 霹靂響處 全身燒燼.

347 鬼喝

惡鬼隨身 營事幾完 沮之 求利將成 破之 言必被謗 動必遭怒 焦心爛舌 終身乃止.

348 滅家

產業風揚飛塵 子孫霜打殘葉 夫妻孤且孑 白髮長呼哭.

㉠ 河淸: 참전계경본에는 天捲으로 되어 있다.

㉡ 如黃河之復淸: 참전계경본에는 '如靑天之捲雲'으로 되어 있다.

㉢ 聖靈在上 視諸惡人 遍受禍報: 참전계경본에는 이 구절이 누락되어 있다.

㉣ 盈: 참전계경본에 의거해서 보충했다. 참전계경본에는 이 아래에 "戒盈者哲 否者爲衆 去惡莫怠 守善不遷 是爲戒盈 絜矩以安"의 구절이 덧붙여 있다.

㉤ 之盈之雷震五章: 참전계경본에는 雷震으로 되어 있다.

㉥ 天地溟漠: 참전계경본에는 "禍盈則敗 天地溟漠"으로 되어 있다.

349 絶祀

世産 保其口 存其産 終其年 但無一個子女 絶其祀.

350 失屍

遠方爲客 積年未歸 死于荒丘 無人見者.

(351 大)㉠

352 之大之刃兵㉡

老者 自一至九 少者 一做至九 并受兵刃之害.

353 水火

漂水失家 漏火失家 落水逃命 焚火傷身.

354 盜賊

險地 遇盜賊 失業金 屋裡 遇盜賊 失殘産.

355 獸害

絶嶺深林 被猛獸之害.

356 刑役

多少年囹圄 受刑役之害.

357 天羅

每値天候不利 臨難脫不得身 赵事 達不得終.

358 地網

吉地自遠 凶地自近 臨難 脫不得身 赵事 達不得成.

359 及身

衆人同危 危獨及於一人 十人同居 殃獨及於自己.

㉠ 大: 참전계경본에 의거해서 보충했다. 참전계경본에는 이 아래에 "感於惡大 其應也 亦大 形多愧影 禍不旋踵 百鬼侵陵 名譽身滅"의 구절이 덧붙여 있다.

㉡ 之大之刃兵: 참전계경본에는 刃兵으로 되어 있다.

(360 小)㉠

之小之貧窮㉡

361 貧不自保 窮不自存 欲免終身不得.

362 疾病

生多疾病㉢ 四時失序 萎靡不振.

363 敗亡

事事敗亡 無一成就.

364 靡室

無妻無子 孤孑一身 東飄西零.

365 道丐

無依無捿 道路乞丐 無人救濟.

366 及子

子受父禍 諸惡人妻 和夫同禍 無夫惡女 和子孫同禍.㉣

㉠ 小: 참전계경본에 의거해서 보충했다. 참전계경본에는 이 아래에 "雖善 以其小不爲 雖惡 以不大爲之 此亦應之小者 可不戒哉"의 구절이 덧붙여 있다.

㉡ 之小之貧窮: 참전계경본에는 貧窮으로 되어 있다.

㉢ 生: 참전계경본에는 一生으로 되어 있다.

㉣ 和子孫同禍: 참전계경본에는 이 아래에 이유립의 總論이 덧붙여 있다.

2장

역사

『揆園史話』

(『규원사화』 古필사본, 1675, 국립중앙도서관소장)

揆園史話 序

北崖子旣應擧而不第, 乃喟然投筆, 放浪於江湖,㉠ 凡數三歲, 足跡殆遍於鯷域, 而深有蹈海之悲. 時經兩亂之後, 州里蕭然, 國論沸鬱, 朝士旰食, 野氓懷慍. 於是北崖子, 南自金州·月城, 歷泗沘·熊川, 復自漢山入峽而踏濊貊舊都之地; 北登金剛之毘盧峰, 俯看萬二千峯簇擁峭列. 乃望東海出日而泣下, 眺萬丈瀉瀑而心悲, 慨然有出塵之想. 更西遊至九月山, 低徊於唐莊坪, 感淚於三聖祠. 及自平壤到龍灣, 登統軍亭, 北望遼野, 遼樹薊雲, 點綴徘徊於指顧之間, 若越一葦鴨江之水, 則已更非我土矣. 噫! 我先祖舊疆, 入于敵國者已千年, 而今害毒日甚, 乃懷古悲今, 咨嗟不已.㉡ 後還至平壤, 適自朝家有建乙支文德祠之擧, 卽高句麗大臣, 殲隋軍百餘萬於薩水者也. 經月餘, 至松京, 始聞荊妻之訃, 急遽還歸居家, 益復寂寞. 於是, 搆揆園書屋於舊居之南·負兒岳之陽, 聚諸家書, 廣采其說, 意欲以此終餘生焉.

夫以力服人者, 力窮而人叛; 以財用人者, 財竭而人去. 力與財, 余旣不能有焉, 而亦不曾冀求. 觀乎! 荒凉北邙坂下, 曾何力與財之有乎! 且名者實之賓也,㉢ 余將慕名而爲賓乎! 名亦不足願. 昔者勿稽子有言, 曰: 「天識人心, 地知人行, 日月照人意, 神鬼鑑人爲.」 夫人之善惡正

㉠ 於: 손진태필사본에는 누락되어 있다.
㉡ 嗟: 손진태필사본에는 差로 되어 있다.
㉢ 實: 손진태필사본에는 寀로 되어 있다.

邪, 必爲天地神鬼之所照臨監識, 則斯已矣. 寧向髑髏人世, 汲汲然競寸銖之名利哉! 余決不爲. 惟存性養志, 修道立功, 以遺效於來世後孫, 則雖終世無知者, 亦可無慍, 或萬世之後而一遇知其解者, 是旦暮遇之也. 觀夫閃忽千年往事, 曾復何向髑髏人世, 爭寵辱於石火光中耶!

余嘗論之, 朝鮮之患, 莫大於無國史. 夫春秋作而名分正, 綱目成而正閏別,㉠春秋·綱目者, 漢士之賴以立者也. 我邦經史, 屢經兵火, 散亡殆盡. 後世孤陋者, 流溺於漢籍, 徒以事大尊周爲義, 而不知先立其本, 以光我國, 是猶藤葛之性, 不謀其直而便求纏絡也, 豈不鄙哉! 自勝朝, 以降貢使北行累百年而不爲之恨, 猝以滿洲之讎爲不俱戴天, 則獨何故耶. 噫! 雖然若天加선寧廟十年之壽, 則卽可陳兵於遼.瀋, 馳艦於登.萊, 縱敗衄旋至而亦不失爲近世之快事也. 乃天不假만聖壽而終無其事, 幸耶? 不幸耶? 余則悽切而已矣.

余嘗有志於述史, 而固無其材, 且名山石室, 渺無珍藏, 以余淸貧匹夫亦竟奈何哉! 然何幸, 峽中得淸平所著震域遺記中有三國以前故史, 雖約而不詳, 比於巷間所傳區區之說, 尙可吐氣萬丈, 於是復采漢史諸傳之文, 以爲史話, 頗有食肉忘味之槪矣. 雖然凡今之人, 孰能有志於斯而同其感者哉!經曰:「朝聞道, 夕死可矣.」亦惟此而已矣. 若天假我以長壽, 則卽可完成一史, 此不過爲其先驅而已也. 噫! 後世若有, 執此書而歌哭者, 是乃余幽魂無限之喜也.

上之二年乙卯三月上澣, 北崖老人, 序于揆園草堂.

㉠ 目: 손진태필사본에는 耳로 되어 있다.

揆園史話卷之㉠

肇判記

太古陰陽未分, 洪濛久閉, 天地混沌, 神鬼愁慘, 日月星辰堆雜無倫, 壤海渾瀜, 羣生無跡, 宇宙只是黑暗大塊, 水火相盪不留刹那; 如是者已數百萬年矣. 上界却有一大主神, 曰桓因有統治全世界之無量智能, 而不現其形體, 坐於最上之天, 其所居數萬里, 恒時大放光明, 麾下更有無數小神. 桓者卽光明也, 象其體也; 因者本源也, 萬物之藉以生者也.

爾時一大主神, 乃拱手默想曰:「如今宇宙大塊, 冥閉已久, 混元之氣, 包蘊停稸, 正要啓生化育. 若不儘時開判, 何以成無量功德乎!」乃召桓雄天王, 授命行剖判之業. 天王奉命辭出, 乃督諸神, 令各自大顯神通, 只看風雲晦冥黝深·電光閃焂馳繞·雷霆砰訇震擊謊得, 玉女失色, 百鬼遁竄. 於是洪濛肇判, 天地始分, 虛曠浩茫, 不可端倪. 乃命日月, 輪流相轉, 光麗於天, 照臨於地, 日行爲晝, 月行爲夜, 又命星辰周匝蒼穹, 以定四時, 以紀年日.

雖然天地旣分, 日月輪轉, 而地界, 水火未定, 壤海混淪, 停稸之氣, 未卽啓發化成矣. 一大主神, 再命桓雄天王大顯法力, 只看大地, 水滙陸現而壤海始定,㉡ 火藏水動而萬物滋生. 於是草木托柢, 昆蟲·鱗介·飛禽·走獸之屬, 振振生育·繁衍充牣於地上三界. 盖自天地始分以來, 又十萬年矣.

一大主神, 更聚衆神曰:「今乘宇宙自然之運會, 已煩汝等出力, 剖判

㉠ 卷之: 손진태필사본에는 卷之(上)으로 되어 있다.
㉡ 滙: 손진태필사본에는 涯로 되어 있다.

天地，化生萬物，功德自固無量．但天地之間，宜置萬物之長，其名曰人，可與天地叅爲三才，而作萬物之主．元來天地停稸之氣，散爲萬物，而靈秀之性·貞明之氣，則尙鍾毓而不發；今可啓導靈秀，發放貞明，而別作人衆，俾於羣生之中，自作主宰．但此事須先有備，不可造次.」乃三命桓雄天王．天王奉令，依計頒行．於是桓雄天王大召滿天星宿,㉠ 令分管上天諸事，却令主神麾下無數小神，一幷降落下界，主治山岳·河川·洋海·沼澤·丘陵·原野·里社之基，務要謹嚴平正，不可有誤．然後，采天地靈秀之性·貞明之氣，造成無數人生.

一大主神，乃四命桓雄天王曰：「如今人物業已造完矣．君可勿惜厥勞，率衆人，躬自降落下界，繼天立教，爲萬世後生之範.」乃授之以天符三印曰：「可持此數化於天下.」桓雄天王，欣然領命，持天符三印，率風伯·雨師·雲師等三千之徒，下降太白之山·檀木之下．太白山者卽白頭山也．衆徒推爲君長，是爲神市氏．自草木托柢·禽獸滋生以來，又十萬年也.

太始紀

神市氏旣爲君長，以神設教，存其彛性，周護飽養，聽其繁衍，天下民物，於是漸盛．但此時開闢不遠，隨處草木荒茂·鳥獸雜處，人民艱困殊甚，且猛獸·毒蟲不時衝動，人民被害不少．神市氏卽命蚩尤氏治之．蚩尤氏實爲萬古强勇之祖,㉡ 有旋乾轉坤之力，驅使風·雷·雲·霧之能，又造刀·戟·大弩·巨斧·長槍，以之而治草木·禽獸·蟲魚之屬．於是草木開除，禽

㉠ 星: 손진태필사본에는 皇으로 되어 있다.

㉡ 祖: 손진태필사본에는 租로 되어 있다.

獸蟲魚, 僻處深山大澤, 不復爲民生之害矣. 是以蚩尤氏世掌兵戎制作之職, 時常鎭國討敵, 未嘗少懈.

神市氏見人居已完·蠢物各得其所, 乃使高矢氏專掌餽養之務, 是爲主穀. 而時稼穡之道不備, 又無火種, 民皆就食草蔬木實, 啜鮮血, 茹生肉, 殆不堪其苦. 高矢乃氏,㉠ 漸教稼穡之方, 猶以無火爲憂. 一日偶入深山, 只看喬林荒落, 但遺骨骸老幹枯枝, 交織亂叉. 立住多時, 沈吟無語, 忽然大風吹林, 萬竅怒號, 老幹相逼, 擦起火光,㉡ 閃閃爍爍, 乍起旋消乃猛然, 省悟曰: 「是哉是哉! 是乃取火之法也.」 歸取老槐枝, 擦而爲火,㉢ 功猶不完. 明日, 復至喬林處, 徘徊尋思, 忽然一個條紋大虎, 咆哮躍來, 高矢氏大叱一聲, 飛石猛打, 誤中巖角, 炳然生火. 乃大喜而歸, 復擊石取火. 從此民得火食, 鑄冶之術始興, 而制作之功, 亦漸進矣.

又使神誌氏作書契. 盖神誌氏世掌主命之職, 專管出納獻替之務, 而只憑唯舌, 曾無文字記存之法. 一日, 出行狩獵, 忽驚起一隻牝鹿, 彎弓欲射, 旋失其踪.㉣ 乃四處搜探, 遍過山野, 至平沙處, 始見足印亂鑽, 向方自明, 乃俯首沈吟, 旋復猛省曰: 「記存之法, 惟如斯而已夫! 如斯而已夫!」 是日, 罷獵卽歸, 反復審思, 廣察萬象, 不多日, 悟得刱成文字, 是爲太古文字之始矣. 但後世年代邈遠, 而太古文字泯沒不存, 抑亦其組成也, 猶有不完而然歟. 嘗聞六鎭之地及先春以外岩石之間, 時或發見雕刻文字, 非梵非篆, 人莫能曉, 豈神誌氏所作古字歟?

高矢氏亦世掌主穀之職, 而後世蚩尤·高矢·神誌之苗裔, 繁衍最盛. 蚩

㉠ 高矢乃氏: 손진태필사본에는 '高矢氏乃'로 되어 있다.
㉡ 擦: 손진태필사본에는 撰로 되어 있다.
㉢ 擦: 손진태필사본에는 撰로 되어 있다.
㉣ 踪: 손진태필사본에는 跡으로 되어 있다.

尤氏之族, 則占居西南之地; 神誌氏之族, 則繁殖於北東之地; 獨高矢氏後裔, 廣處東南, 轉流爲辰弁諸族, 後之所謂三韓者皆其孫也. 三氏苗裔, 又細分九派, 卽畎夷·嵎夷·方夷·黃夷·白夷·赤夷·玄夷·風夷·暘夷之屬, 皆異支同祖, 不甚相遠. 夷之爲言, 大弓之稱也. 盖自蚩尤氏作刀·戟·大弩以後, 狩獵征戰, 賴以爲武, 中土諸族, 甚畏大弓之用, 聞風膽寒者久矣. 故謂我族曰夷.說文所謂: 「夷从大从弓,㉠ 東方之人」者是也. 乃至仲尼春秋之作, 而夷之名, 遂與戎狄幷爲腥臊之稱, 憤哉! 後世畎夷·風夷, 分遷西南, 恒與中土諸族, 互相頡頏, 風夷則卽蚩尤之一族也.㉡

先是, 蚩尤氏雖然驅除鳥獸虫魚之屬, 而人民猶在土穴之中, 下濕之氣逼人成疾. 且禽獸一經窘逐, 漸自退避藏匿, 不便於屠食. 神市氏乃使蚩尤氏, 營造人居; 高矢氏,㉢ 生致牛·馬·狗·豚·雕·虎之獸而牧畜; 又得朱因氏使定男女婚娶之法焉. 盖今之人謂匠師曰智爲者蚩尤氏之訛也; 耕農樵牧者臨飯而祝高矢者高矢氏之稱也; 婚娶之主媒者曰朱因者亦朱因氏之遺稱也.

此時神市氏之降世, 已數千載, 而民物益衆, 地域愈博. 於是復置主刑·主病·主善惡及監董人民之職, 以獸畜名官, 有虎加·牛加·馬加·鷹加·鷺加之稱. 盖牛·馬·狗·豚之屬, 皆當時民衆養生之料, 而賴以爲業者也; 虎與鷹·鷺者境內棲息之鳥獸, 而以表官職之性也. 後世夫餘國, 猶傳此俗, 亦以獸畜名官, 此不可殫述焉.

神市氏旣立敎御民, 民皆協洽. 乃登太白之巓, 臨大荒之野, 觀天地

㉠ 夷从大从弓: 손진태필사본에는 夷从弓으로 되어 있다.
㉡ 蚩尤之: 손진태필사본에는 '蚩尤氏之'로 되어 있다.
㉢ 氏: 손진태필사본에는 누락되어 있다.

寂然而氣機無息, 日月奔馳而貞明不易, 春秋代序而萬物循回, 乃推天地玄妙之理, 倚數觀變而創成人民依從之則是乃易理之原也. 當是之時, 遼瀋.幽燕之地, 已爲我族耕農游牧之所. 伏犧氏適以是時, 生於風族之間, 熟知倚數觀變之道, 乃西進中土, 代燧人之世而爲帝, 又得史皇之輔·河圖之瑞, 畵成八卦, 爲中土易理之元祖. 盖陰陽消長之理, 發源於我而卒爲彼國之用, 近世禹倬, 以傳易之故, 反爲偉功, 造翁難測之意, 盖亦怪哉! 伏犧氏自能馴伏犧牲, 威降豺豹, 伏犧之名, 因於是也, 生於風族, 以風爲故姓也. 以龍紀官者亦原於虎加·馬加之類也.

神市氏御世愈遠, 而蚩尤·高矢·神誌·朱因諸氏, 并治人間三百六十六事, 男女·父子·君臣·衣服·飮食·宮室·編髮·盖首之制, 次第成俗, 普天之下, 悉化其沾. 制治漸敷, 而政教禮儀逐漸稍備, 初之于于睢睢草衣木食者, 始入人道之倫矣. 嗚呼偉哉!㉠

夫六合之外, 聖人存而不論, 六合之內, 聖人論而不議;春秋·經世, 先王之志, 聖人議而不辯. 鴻濛肇判而萬物滋生, 則余聞諸耆老, 神人降世而民物漸繁, 制治漸敷政而敎始成,㉡ 則余徵諸斷簡破編. 夫六合之外, 洪荒之世, 聖人曾不詳辨區區, 後生安得以窺其一斑哉! 至如唐虞三代·秦·漢·隋·唐者, 中國歷代之謂也; 獫狁·獯鬻·荊蠻·越裳之屬, 則上古戎狄之稱也. 漢武之世, 始通西域, 月氏·安息·奄蔡·焉嗜·于闐·罽賓諸國, 始現於載籍中; 多民, 隨畜牧, 逐水草往來者, 及被髮裸身之類. 及若大秦之國, 遠在西海之西, 地方數千里, 領四百餘城, 小國役屬者數十, 以石爲城郭, 列置郵亭, 人皆髡頸而衣紋繡,㉢ 乘輜軿出入所居, 城邑周圜

㉠ 손진태필사본에는 '官職之' 이후 '性也. 後世夫餘國, 猶傳此俗~始入人道之倫矣. 嗚呼偉哉!'의 총 358字가 누락되어 있다.

㉡ 政而: 손진태필사본에는 而政으로 되어 있다.

百餘里,㉠ 宮室皆以水精爲柱, 以至殊俗珍風·奇寶異貨之産, 不可殫述, 盖想見其殷富盛彊之風矣.㉡ 漢.章和中, 班超遣甘英, 由條支欲通大秦而不果, 及至桓帝.延熹中, 其主安敦遣使始通. 降至唐代, 又有党項·吐蕃·波斯·大食之國, 或交侵　洛, 或航通商船, 而赤髮綠睛·巨幹長軀之徒, 罕至出入宮庭. 宋代, 有提擧市舶司之職, 專管西域買遷之業. 近代, 明.萬曆中, 有利瑪竇者, 自廣東轉入北京, 有數理曆法之書, 使行之從燕還者, 或傳其說. 盖其國, 與古之大秦同在西域之西, 與古來諸國逈殊云. 噫天下廣矣, 生民之來久矣. 未知, 後世果有巨人一目之國, 復自東南來, 通於此世否.

盖異風殊道之國, 星羅碁布於普天之下, 時移物換而逐漸交通. 想於神市氏之世, 坐而論之, 則安知世間有奄蔡·安息·天竺·大秦之國耶. 然則高辛氏之世, 所謂「執中而遍天下, 日月所照, 風雨所至, 莫不服從」者,㉢ 盖亦自好之言也.㉣ 余窃嗤之可惜,㉤ 近世學者拘於漢籍, 溺於儒術, 惛惛然以外夷自甘, 動稱華夷之說.

余於盛筵, 賓朋齊會, 皆雄談峻論之輩, 余因醉揚臂而呼曰:「君等皆云華夷, 焉知我非華而中原之爲夷耶! 且夷者從大從弓, 東人之稱, 太古我朝鮮, 以武强鳴於世, 故中原之士, 聞風懼之, 夷豈是戎狄之賤名耶! 國自上古, 人皆强勇質直, 雅好禮讓, 中土有'東方君子之國'之稱焉, 我國豈本戎狄之類哉! 鴨水以外, 縱橫萬里之地, 是乃我往聖先民,

㉢ 紋: 손진태필사본에는 文으로 되어 있다.
㉠ 圜: 손진태필사본에는 圍로 되어 있다.
㉡ 彊: 손진태필사본에는 疆으로 되어 있다.
㉢ 服: 손진태필사본에는 누락되어 있다.
㉣ 言: 손진태필사본에는 說로 되어 있다.
㉤ 嗤: 손진태필사본에는 蚩로 되어 있다.

艱苦經營之地也, 豈本是漢家物耶! 孔子之世, 周室旣衰, 外族交侵, 厲王敗死於犬戎, 其他北狄·荊蠻·山戎無終之屬, 侵偪不已, 我族亦以是時威振中土. 故孔子慨王政之不敷, 恨列國之交侵, 有志而作春秋, 尊華攘夷之說, 於是乎始立. 若使孔子生於我邦, 則寧不指中土而謂戎狄之地乎!」滿座冷笑或驚怪, 不小縱有然之者, 竟不快應, 余蹴床而起, 人皆謂淸狂殊甚, 可歎.㉠ 前者滿洲之有釁, 廟議紛紜斥和者, 亦以尊周爲重, 余不知其可矣. 若余復出此言於儕輩, 則渠等應必, 大驚小怪, 殆將不齒, 豈怪彼輩言. 箕子之化則信, 漢武之討滅則信, 唐高之平定則信, 而殊不知, 我先民却有赫赫武勳之有足誇耀者耶! 余悲, 世俗不察其變漫, 以仲尼尊攘之意, 自誤焉.

夫神市肇降之世, 山無蹊隧, 澤無舟梁, 禽獸成羣, 草木遂長. 民與禽獸居, 族與萬物幷, 禽獸可係覊而游,㉡ 鳥鵲之巢可攀援而闚. 飢食渴飮, 時用其血肉, 織衣耕食, 隨便自在, 是謂至德之世也. 民居不知所爲, 行不知所之, 其行塡塡, 其視顚顚, 含哺而熙, 鼓腹而游,㉢ 日出而起, 日入而息, 盖天澤洽化, 而不知窘乏者也. 降至後世, 民物益繁, 素樸漸離, 蹩躠踶跂, 勞勞孜孜, 始以生計爲慮. 於是焉, 耕者爭畝, 漁者爭區, 非爭而得之, 則將不免窘乏矣. 如是而後, 弓弩作而鳥獸遁, 網罟設而魚鰕藏,㉣ 乃至刀·戟·甲·兵, 爾我相攻, 磨牙流血, 肝腦塗地, 此亦天意之固然而不可怨者也. 余嘗觀夫小兒纔出胎門, 便叫救我救我者, 盖求其哺也; 纔至行走,㉤ 便會厮打厮打者, 欲其求强也. 余於是乎知,

㉠ 歎: 손진태필사본에는 難으로 되어 있다.
㉡ 游: 손진태필사본에는 遊로 되어 있다.
㉢ 游: 손진태필사본에는 遊로 되어 있다.
㉣ 網: 손진태필사본에는 綱으로 되어 있다.
㉤ 손진태필사본에는 "出胎門 便叫救我救我者 盖求其哺也 纔"의 16字가 누락되어 있다.

爭戰之不可免也.

夫月氏·大秦之屬, 余不知其詳, 至若中國與倭, 接隣之國也, 翼在左右而我國介處其間, 從古交爭最繁, 是亦必然之勢也. 神市氏御世之已遠,㉠ 而民物之生愈往愈博. 民物之生愈博而, 所以彼服·飮食·奉生·送死之具, 愈見其耗. 是以始之熙熙者,㉡ 漸至忙忙, 夫忙忙求索者, 豈非爭亂之階歟.㉢ 及夫有巢·燧人者, 西方之君也, 神市·蚩尤者, 東方之君臣也. 御世之初, 各據一方, 地域逈殊, 人烟不通, 民知有我而不識有他, 故狩獵採伐之外, 曾無險役.

降至數千載之後, 而世局已變, 且中國者天下之寶庫也, 沃野千里, 風氣恢暢, 我族之分遷西南者, 垂涎而轉進, 中土之民, 亦湊集而萃會. 於是焉, 黨同讎異而干戈胥動, 此實萬古爭戰之始也. 初炎帝之世, 中土之漸民至盛阜, 穀·麻·藥·石之術, 亦已稍備. 及累傳至於楡罔之世, 而爲政束急, 諸侯携貳, 民心離散, 世道多艱. 我蚩尤氏與其民衆, 虎踞河朔, 內養兵勇, 外觀時變, 及觀楡罔之衰政, 乃興兵出征. 選兄弟宗黨可將者八十一人, 部領諸軍, 發葛盧山名之金, 大制劒·鎧·矛·戟·大弓·楛矢, 一幷齊整, 乃發涿鹿而登九渾, 連戰連捷, 勢若風雨, 慴伏萬民,㉣ 威振天下. 一歲之中, 凡拔九諸侯之地. 更就雍狐之山, 發水金而制芮·戈及雍狐之戟, 再整兵而出洋水, 殺至空桑. 空桑者今之陳留,㉤ 楡罔所都也. 一歲之中, 更兼十二諸侯之國, 殺得伏尸滿野,㉥ 中土之民, 莫不喪

㉠ 御世之: 손진태필사본에는 '之御世'로 되어 있다.
㉡ 熙熙: 손진태필사본에는 熙로 되어 있다.
㉢ 階: 손진태필사본에는 偕로 되어 있다.
㉣ 伏: 손진태필사본에는 伏으로 되어 있다.
㉤ 發水金而制芮·戈及雍狐之戟, 再整兵而出洋水, 殺至空桑. 空桑者今之陳留: 손진태필사본에는 "發水金而制芮·戈及雍狐之 陳留"로 되어 있다.

膽奔竄. 時楡罔使少顥拒戰, 蚩尤氏揮雍狐之戟, 大戰少顥, 又作大霧, 使敵兵昏迷自亂, 少顥大敗, 落荒而走入空桑, 與楡罔出奔反入涿鹿. 蚩尤氏乃於空桑卽帝位, 回兵圍攻於涿鹿之野, 又大破之.管子所謂「天下之君, 頓戟一怒, 伏尸滿野」者,㉠ 是也.

時有軒轅者, 聞知楡罔敗走而蚩尤氏爲帝, 欲代以爲君, 乃大興兵, 與蚩尤氏拒戰. 蚩尤氏大戰軒轅於涿鹿, 縱兵四蹙, 斬殺無算, 復作大霧, 令敵軍心慌手亂, 奔竄逃生. 於是淮岱·冀兗之地, 盡爲所據, 乃城於涿鹿, 宅於淮岱,㉡ 盖是時中土之人, 徒憑矢石之力, 不解鎧甲之用又値, 蚩尤氏法力高强, 心驚膽寒, 每戰輒敗,雲笈軒轅記之所謂「蚩尤始作鎧甲·兜鍪, 時人不知, 以爲銅頭鐵額」者, 亦可想見, 其狼狽之甚矣. 蚩尤氏益整軍容, 四面進擊, 十年之間, 與軒轅戰七十餘回, 將無疲色, 兵不退. 後軒轅, 旣屢敗, 乃復大興士馬, 效蚩尤氏而廣造兵甲, 又制指南之車, 期日會戰. 時蚩尤氏仰觀乾象,㉢ 俯察人心, 深知中土旺氣漸盛, 且炎帝之民, 所在固結, 不可勝誅, 况各事其主, 不可漫殺無辜.㉣ 乃決意退還, 使兄弟宗黨, 務要大戰而立威, 使敵不敢生意追襲, 復與軒轅大戰, 混殺一陣,㉤ 然後方退. 此時部將, 不幸, 有急功陣沒者,史記所謂「遂禽殺蚩尤」者, 盖謂是也. 蚩尤氏乃東據淮岱之地, 以當軒轅東進之路, 及至其沒, 漸至退嬰矣. 今據漢·地理誌, 其墓在東平郡.壽張縣.闞鄕城中, 高五丈. 秦.漢之際, 住民猶常以十月祭之, 必有赤氣, 出如

㉥ 伏: 손진태필사본에는 仗으로 되어 있다.
㉠ 伏: 손진태필사본에는 仗으로 되어 있다.
㉡ 宅於淮岱: 손진태필사본에는 "宅於淮岱 遷徙往來, 號令天下"로 되어 있다.
㉢ 乾: 손진태필사본에는 天으로 되어 있다.
㉣ 辜: 손진태필사본에는 事로 되어 있다.
㉤ 陣: 손진태필사본에는 陳으로 되어 있다.

疋絳, 民名謂蚩尤旗,㉠ 豈其英魂雄魄, 自與凡人逈異, 歷千歲而猶不泯者歟.

蚩尤氏雖然退歸, 中土以是蕭然, 楡罔亦不得復位, 炎帝之業, 以是永墜矣. 自是, 軒轅代爲中土之主, 是爲黃帝. 而蚩尤氏兄弟諸人, 乃永據幽靑, 聲威自是不減, 黃帝氏亦不得自安, 終其世, 未嘗安枕高臥. 史記所謂「披山通道,㉡ 未嘗寧居, 邑于涿鹿之河, 遷徙往來無常處,㉢ 以師兵爲營衛」者, 盖其戰競之意, 歷歷可觀. 而尙書·呂刑亦云「若古有訓, 蚩尤惟始作亂」彼之畏威, 而世傳其訓, 亦甚明矣.

其後三百餘年無事, 只與少昊氏戰破之, 以至檀君元年前後, 凡闕千歲. 闕者萬之稱也, 今之稱久遠者, 必曰闕千歲. 闕千歲者, 盖神市氏之御世, 至萬千歲, 寔爲我國最長年代, 故也. 或曰神市氏之後, 高矢氏與蚩尤氏, 相繼爲君, 前後合算, 爲闕百歲, 而檀君復立云, 此說亦近理. 大抵太古之事, 鴻荒闊遠,㉣ 不可得而詳矣.

檀君紀

神市氏, 寔爲東方人類之祖, 鴻荒之世, 開刱之業, 賴以成焉, 盖檀君以前, 首出之聖人也. 古有淸平山人.李茗高者麗時人,㉤ 有震域遺紀三卷, 引朝代記, 備載我國故史, 比於一然之書, 甚相逕庭中, 多仙家語. 余以爲, 我國以神設敎, 從古爲俗, 沈漸於人心者久矣. 故說史者不可

㉠ 蚩尤旗: 손진태필사본에는 '蚩尤氏旗'로 되어 있다.
㉡ 謂: 손진태필사본에는 云으로 되어 있다.
㉢ 徙: 손진태필사본에는 徒로 되어 있다.
㉣ 闊: 손진태필사본에는 濶으로 되어 있다.
㉤ 高者: 손진태필사본에는 者高로 되어 있다.

只擬班.馬之筆而踞蹐焉. 夫漢自是漢, 我自是我也, 豈堂堂震域, 必擬漢制, 以後乃足乎! 況國史蕩失於屢經兵火之餘, 今僅存者, 只是道家及緇流之所記傳, 而僥倖得, 保於岩穴者也. 道家旣承, 檀儉神人所創之源流, 而又得文獻之殘脈, 則其論東史者, 大有愈於緇流所記, 多出於牽强傅會·臆爲之說者也. 余寧取淸平之說, 而欲無疑云.

桓雄天王御世, 凡闕千歲, 是卽神市氏. 蓬亭柳闕而居, 陶髮跨牛而治,㉠ 處無爲之事, 敷自然之化, 開創成業, 源流萬世. 及其暮年, 見功業已完, 民物樂生, 登太白山, 乃置天符三印於池邊石上·檀木之下, 因化仙乘雲而朝天. 是以名其池曰朝天. 高矢氏諸人, 奉天符三印, 共推其子桓儉神人, 爲君長, 是爲壬儉. 壬儉者君長之意也, 新羅所謂尼師今者, 亦此類也. 以今追計, 約算四千餘歲, 正與唐堯同時世俗所謂與堯幷立者, 是也. 因稱檀君, 檀君者朴達壬儉之譯也. 盖神市氏, 已降於檀木之下, 而桓儉神人, 復踐阼於檀樹下, 故因以檀爲國名, 則檀君者檀國之君也. 而東語謂檀曰朴達, 或曰白達, 謂君曰壬儉. 當時無漢字, 故只稱白達壬儉, 而後世之述史者, 譯以檀君, 復傳至後世, 則只記檀君字, 而不知檀君之爲白達壬儉之譯, 此漢字之功罪相半也. 今若以諺書幷用, 則必無是弊, 而草野愚夫亦可易曉, 文化之啓發, 更可速矣. 此未遑長述.

於是相地於諸州, 乃建都于太白山西南·牛首河之原, 曰壬儉城. 今滿洲.吉林之地, 有蘇密城, 在於涑沫江之南, 此卽其地也. 涑沫江, 亦稱蘇密河, 乃古之粟末水也. 新羅時有粟末靺鞨者, 占居粟水之地, 及大氏之興, 爲其先驅. 盖靺鞨者, 古肅愼之後, 而亦檀帝遺族也. 後屬淩

㉠ 『청학집』에는 환웅이 아니라 단군으로, 陶髮이 아니라 綯髮로 되어 있다. 檀君繼業 化行十年 九夷共尊之 立爲天王 蓬亭柳闕而 綯髮跨牛而治. 참조.

夷, 盡擲先祖舊疆於他人之手,㉠ 而區區鞣鞨一支, 猶能捿息於枌楡之地;㉡ 大氏一號, 影從者數十萬, 天門大捷, 國基賴定, 夫豈偶然也哉! 盖蘇密·涑沫·粟末, 皆與牛首之意相近, 歷世傳訛, 猶不失其意, 豈聖人所宅, 神化洽被, 經萬載而其韻不絶者耶! 今春川.清平山南十餘里, 昭陽.新淵兩江合襟之處, 有牛頭大村, 山中展濶而江流抱回, 是爲貊國故都. 貊國亦出於檀氏之世, 則建都襲名, 必有之理也.

淸平云: 「粟末水之陽, 有渤海.中京.顯德府地, 此乃檀君始都處, 故壬儉城卽平壤也. 北去上京.忽汗城六百里」云, 又曰: 「高王夢有神人, 授以金符曰『天命在爾, 統我震域』故, 國號曰震, 建元曰天統, 恒敬祀于天, 及至子孫, 驕逸而漸廢, 亦并事儒.佛, 國遂衰」云. 今內外載籍, 幷無是語. 盖忽汗之敗, 遼虜凶殘, 室宮庫藏, 焚燒略盡, 復豈有載籍之得存者耶. 雖然渤海王子大光顯以下, 來投於高麗者甚衆, 中多公侯卿相及慷慨泣血之士, 淸平所記, 盖有據於渤海人之所秘藏者也.

可怪金富軾爲仁宗修三國史, 而二千載往聖之遺烈, 闕而無述, 只以「海東三國, 歷年長久, 古記, 文字蕪拙, 事迹闕亡, 前言往事幽昧」如彼等語, 謀逃其責. 至於東川遷都之年, 而僅有「平壤者本神人王儉之宅也.」 或云「王之都王險」等.㉢ 自.㉣ 當時較今猶近古五百年, 而古記之散亡無徵, 曾若是其甚耶! 且朝代記之名, 與朝鮮秘記㉤·誌公記·三聖密記等書,㉥ 現於世祖求書之諭, 而金氏之世, 獨無此書耶!

㉠ 疆: 손진태필사본에는 彊으로 되어 있다.
㉡ 捿: 손진태필사본에는 栖으로 되어 있다.
㉢ 險: 손진태필사본에는 儉으로 되어 있다.
㉣ 自: 손진태필사본에는 字로 되어 있다.
㉤ 朝鮮秘記: 손진태필사본에는 '古朝鮮秘記'로 되어 있다.
㉥ 密: 손진태필사본에는 蜜로 되어 있다.

蓋三國鼎立，互事呑噬，新羅終致聯唐兵而覆麗.濟，厥後渤海雖興，只與新羅南北相對，不惟秦.越而已. 是以弓裔襲據漢北之地，則恨平壤之茂草，聲言爲高句麗報讎，而浿西諸鎭，望風歸服，立國建元，威壓列州；甄萱叛據完山，則憤百濟之衰亡，以雪義慈宿憤爲言，而西南州縣，所至響應，建都設職，喜得人心. 高麗旣承羅後，而疆土不出鴨水以外一步之地，自與北方無涉. 且遼.金之勢，威壓境上，區區鴨水以南數千里地，更非雄邦巨國之比，則民氣之衰微，自有甚於古者矣. 是以金氏撰史之時，已無過問，鴨北之事者.㉠ 況平壤之地，荒廢頗久，舊基雖存而荊棘滋茂，蕃人游獵,㉡ 侵掠邊邑者，麗太祖初年所記也. 然則高句麗亡後三百年，而平壤不免荊棘，渤海人之遊獵其間者，則輒稱之以蕃人侵掠邊邑，則只恨其大害. 然則忽汗敗而大氏之來奔高麗者，亦家敗而睦族之類而已.

及夫妙淸之造亂，奉命剿討者，又是金富軾也. 金氏旣無信文，又惡妙淸之妖·西京之破，幷不深採其說，下筆寫過，只留「本神人王儉之宅」數句，亦何足深責！而渤海史，幷不過問，金氏於此終不免其咎矣. 蓋金氏旣醉於漢籍，又乏雄圖，則雖有甚歎於吾邦之事，却茫然不知其始末之處，而亦無能而已矣. 我邦經史之禍，其來久矣. 今浩歎無益，亦復奈何.

按遼史地理志，有「顯州奉先軍，上節度. 本渤海顯德府地. 天顯三年，遷東丹民居之，升爲南京城. 天顯十三年，改南京爲東京府曰遼陽」等句. 今遼陽在蘇密以南六百餘里，與淸平之說，甚相逕庭. 且遼陽旣爲

㉠ 自有甚於古者矣 是以金氏撰史之時 已無過問 鴨北之事者: 손진태필사본에는 '矣 是以'이하 18자가 누락되어 있다.

㉡ 游: 손진태필사본에는 遊로 되어 있다.

中京, 則西京當擬於遼西.臨潢等地, 以渤海舊疆考之, 決無是理. 況淸平諸說, 已有所據, 而遼史則乃元.至正中, 丞相脫脫等所撰也; 經金.宋交爭以後數三百年, 文獻自多不備, 傳說亦多失正鵠. 而渤海亡後, 其世族舊臣, 隨處擧兵, 殆將百年不息, 遼人多遷其民, 與漢民雜處, 遼西之地, 以至城邑, 冒稱渤海, 本名者不下數十, 元人修史者只憑古傳名字, 輒自斷之, 不亦踈乎. 壬儉城者卽古語京城之意也. 平壤之意, 雖未詳, 亦必都城之義, 如新羅之徐羅伐·百濟之慰禮也. 括地志云, 高麗治平壤城, 本王險城.史記·漢書 通及 典,㉠ 皆有王險城字, 此又儉字之誤也. 此可續述焉.

檀君旣建都於壬儉城,㉡ 乃築城郭, 建宮室, 置主命·主穀·主兵·主刑·主病·主善惡及主忽諸官, 以其子夫婁爲虎加, 總諸加者也. 神誌氏卽古神誌氏之後,下皆倣此爲馬加, 曰主命; 高矢氏爲牛加, 曰主穀; 蚩尤氏爲熊加, 曰主兵; 二子夫蘇爲鷹加, 曰主刑; 三子夫虞爲鷺加, 曰主病; 周因氏爲鶴加,㉢ 是主善惡; 余守己爲狗加, 是分管諸州也. 稱爲檀君八加, 乃殺白牛, 以祭天于太白之麓.

舊禮, 凡祭天, 必先定吉日, 擇白牛而護養之, 及期宰殺以頭薦之於嶽瀆. 白頭牛首之名, 頗亦有因於此也. 盖祭天報本之禮, 始於檀君, 後世歷代諸國, 莫不祭天. 夫餘·㉣濊貊㉤·馬韓·新羅·高句麗諸國以十月, 百濟以四仲月, 各有禱天·舞天·祭天·郊天·迎鼓·東盟之稱. 夫餘則又有, 祭天殺牛, 以蹏占吉凶之俗, 盖其源流久遠而沈漸成俗, 亦可知矣. 夫尊

㉠ 通及: 손진태필사본에는 及通으로 되어 있다.
㉡ 壬: 손진태필사본에는 王으로 되어 있다.
㉢ 周: 손진태필사본에는 朱로 되어 있다.
㉣ 夫: 손진태필사본에는 扶로 되어 있다.
㉤ 貊: 손진태필사본에는 涸으로 되어 있다.

卑之禮, 必自敬鬼神而興, 上下尊卑之序定而先王經世之道行焉. 而敬神之禮, 莫大於祭天, 通萬古, 迄四方, 未有人而不知畏天者. 是以易曰: 「大哉乾元. 萬物資始, 乃統天.」 又曰: 「首出庶物, 萬邦咸寧.」 盖言其聖人, 軆天而率民也.

洪範八政, 三曰祀, 祀者所以通神明而報其本也. 是以陸有祭獸之豺, 水有祭魚之獺. 夫豺獺者禽獸也, 猶知報本之意, 況人而不知報本之禮乎!㉠ 又況神市, 肇宅人界, 其降自天, 桓儉繼志述事, 未嘗少弛, 此桓儉所以, 纔定厥鼎而便祭上天也. 且太白山者神市陟降之靈地也, 檀君踐阼,㉡ 亦肇于厥地, 此又始行之, 于太白也. 是爲東方萬世之國典, 故古代國君, 必先敬事上帝卽一大主神也㉢及檀君三神, 因以爲道.

至於官職, 又有大仙㉣·國仙·皀衣之稱, 至若東明聖王, 有朝天之石, 明臨荅夫曾帶皀衣之職. 泉蓋蘇文, 入鳳凰山, 修鍊十年, 遂爲萬古奇傑; 金庾信亦入中嶽石窟,㉤ 十年修道, 終爲名將, 助太宗致盛强. 渤海時有報本壇, 高麗時有聖帝祠, 遼有木葉山三神廟, 金有開天弘聖帝之廟. 我世宗, 設檀君廟於平壤, 世祖元年, 改位版曰「朝鮮始祖檀君之廟」. 盖神市氏之事, 聽者多疑其迂怪. 至今惟知崇檀君, 而不知其前實有神市氏之開創矣. 世俗不知原由, 只憑漢籍曰: 「仙教是黃老餘流.」 殊不知, 以神設教, 實自我神市之世也.

君旣祭天而立教率民, 而致道化行數年, 率土之民, 皆洽其化, 陶鈞

㉠ 報本: 손진태필사본에는 '其報本'으로 되어 있다.

㉡ 阼: 손진태필사본에는 祚로 되어 있다.

㉢ 也: 손진태필사본에는 누락되어 있다.

㉣ 大: 손진태필사본에는 太로 되어 있다.

㉤ 十年 遂爲萬古奇傑 金庾信 亦入中嶽石窟: 손진태필사본에는 "十年修道 終爲名將 助太宗致盛强 渤海屈"로 되어 있다.

停毒, 無爲而治, 此檀君神德之所致也, 乃立國之本也. 後可續述焉.

居牛首河畔十年, 乃遷都於白山之南·浿水之北, 曰平壤, 卽第二壬儉城也.㉠ 盖今涑沫之地, 風氣凄冷, 土味勁寒, 雖野勢通豁, 而耕農之利不如南土. 且涑沫之水, 北流入混同江, 南地交通, 自多不便, 此必其由也. 淸平云:「檀氏之世, 四遷其鼎, 第二奠都於浿水之北. 卽渤海.西京.鴨淥府地, 神州是也. 高句麗.國內·桓都古城之址, 在其境內焉.」則浿水之非獨爲今之大同江, 明矣.

按新唐書·渤海傳曰:「高麗故地爲西京,㉡ 曰鴨淥府,㉢ 領神·豊·桓·正四州.」遼史·地理志曰:「淥州, 鴨淥軍, 節度, 本高麗故國,㉣ 渤海號西京.鴨淥府, 都督神·桓·豊·正四州事. 故縣三, 神鹿·神化·劒門, 皆廢.」又曰:「桓州, 高麗.中都城, 古縣三, 桓都·神鄕·淇水, 皆廢.」夫渤海承高句麗後統,㉤ 高句麗復出於夫餘, 則渤海之世, 猶有古史之傳者, 想不少矣. 或曰:「平壤之敗李勣, 盡燒宮室庫藏, 復虜其公侯世族, 則史籍亦不免灰燼矣, 渤海, 安得傳其史乎?」余以爲不然.㉥ 渤海.高王, 乃高句麗舊將也. 高句麗之亡, 徙居營州, 及看盡榮之亂, 與乞四比羽, 領衆東還, 麗.鞨之衆, 響應而起. 盖其舊國宿將, 如百濟之黑齒常之明矣, 其麾下, 想多舊國遺臣, 能博通古今者. 且自高句麗亡後,㉦ 距高王之興, 僅二十七八年事也, 古史能無得傳乎? 且以文勢言之, 則神州當爲渤海.

㉠ 壬: 손진태필사본에는 王으로 되어 있다.
㉡ 故: 손진태필사본에는 古로 되어 있다.
㉢ 淥: 손진태필사본에는 綠으로 되어 있다.
㉣ 故: 손진태필사본에는 古로 되어 있다.
㉤ 高句麗後: 손진태필사본에는 '高句麗之後'로 되어 있다.
㉥ 爲: 손진태필사본에는 謂로 되어 있다.
㉦ 且: 손진태필사본에는 耳로 되어 있다.

西京所在鴨淥府地, 而神州·桓州之名, 又有近於神市·桓儉等字. 況神市·桓儉, 人每認爲一人, 至今擧世殆然. 而神州屬縣, 有神化·神鹿等地; 桓州屬縣, 又有桓都·神鄕·淇水之名. 桓都者盖高句麗之丸都也. 丸都之名, 旣出於魏志·北史等書, 則桓.丸之誤, 固不可知, 而渤海旣以桓州·桓都定名, 則其或原於慕遠之意. 神鄕則有寓神市之鄕之義也. 神化則言神人之化也. 神鹿之稱, 尤益可奇㉠. 況古來稱桓儉曰神人, 則神·桓等名, 決非偶然. 且淇水,元.一統志作浿水, 又與前述浿水之北之說, 暗合. 按漢籍, 說浿水及平壤者頗多, 今不可便述. 而神州·桓州·神化·神鹿·桓都·神鄕·浿水之名, 旣與檀君古事多合, 則檀君第二之平壤, 當在於鴨水之北.

且三國史記, 高句麗.琉璃王二十一年, 薛支見王曰:「臣逐豖至慰那岩, 見其山水深險, 地宜五穀, 又多麋鹿魚鱉之産, 王若移都, 則不惟民利之無窮, 又可免兵革之患」云云. 故明年冬十月, 王遷都國內, 則其地, 非但山水險阻, 原野開濶, 亦可知, 適於耕農矣. 夫古者建都, 必取險固殷富及交通之便. 今平壤·松京·漢陽之地, 莫不皆然, 長安·洛陽, 恒爲漢土建都之地, 亦此故也. 然則檀君之世, 民物漸繁, 交通愈緊, 且耕農之業, 逐漸而興, 則其捨粟末之地, 而南遷於浿水之濱, 以圖後日之隆運, 盖可想見矣.

又按唐書地理志曰:「自鴨淥江口, 舟行百餘里, 乃小舫泝流, 東北三十里, 至泊汋口, 得渤海之境; 又泝流二百里, 至丸都縣城, 故高麗王都; 又東北, 泝流二百里, 至神州; 又陸行四百里, 至顯州, 天寶中, 王所都; 又正東如北六百里, 至渤海王城」云. 今自鴨綠江口, 約行四百餘

㉠ 尤: 손진태필사본에는 丸으로 되어 있다.

里, 乃得婆豬江合流處, 又行二百里, 至江界.滿浦鎭隔江處, 田野開豁, 山河固密. 盖檀君南遷四百餘里, 定都于古鹽難水之東, 浿水之北, 渤海.神州·神化等地, 殆無疑, 而渤海之時, 猶傳其蹟也.

乃復祭天而薦新居, 築城郭, 建宮室, 浚溝洫, 開田陌, 勸農桑, 治漁獵, 使諸民進用餘之物, 以補國用, 民皆熙熙而樂之. 時有蒼鹿遊郊外, 青龍見朝天池. 檀君乃出巡, 至南海, 登甲比古次之山, 設壇祭天. 還至海上, 赤龍呈祥, 神女奉榼, 有一童子衣緋衣, 從榼中出謁, 檀君愛之, 因姓曰緋, 名曰天生, 遂爲南海上長. 及還至平壤, 有三異人, 自東方渡浿水而至, 首曰仙羅, 次曰道羅, 又其次曰東武. 於是因二龍之祥, 改虎加曰龍加, 使仙羅主之, 道羅爲鶴加, 東武爲狗加. 又因蒼鹿之瑞, 改鷺加曰鹿加, 依前, 使夫虞主之, 制治比前更完矣.

當是之時, 檀君之化, 洽被四土, 北暨大荒, 西率猰貐, 南至海岱, 東窮蒼海, 聲教之漸, 偉乎廣矣. 乃區劃天下之地, 以封勳戚. 蚩尤氏之後, 封于南西之地, 巨野浩豁, 海天靚碧, 曰藍國, 宅奄慮忽. 神誌氏之後, 封于北東之地, 河嶽麤莊,㉠ 風氣勁雄, 曰僂侲國, 亦稱肅愼, 方言豪莊之稱也, 治肅愼忽. 高矢氏之後, 封于南東之地, 山河秀麗, 草木暢茂, 曰青丘國, 宅樂浪忽. 封周因氏之後,㉡ 於蓋馬國. 余守己爲濊君.㉢ 夫蘇·夫虞及少子夫餘, 皆封于國西之地, 句麗·眞番·夫餘諸國, 是也. 其後, 夫婁又封東來三人於各地, 後世之沃沮·卒本·沸流之稱, 皆起於其所封國名也. 通檀氏之世, 凡大國九, 小國十二, 分治天下諸州, 今不可詳矣.

㉠ 麤莊: 손진태필사본에는 鹿並으로 되어 있다.
㉡ 周: 손진태필사본에도 周로 되어 있다.
㉢ 濊: 손진태필사본에는 穢로 되어 있다.

蚩尤氏既受封於藍國, 乃紹先祖之志, 撫民安業, 講習戎事, 恒爲西南藩蔽. 且其民, 數遷徙海岱之地,㉠ 以致後世, 恒與漢土諸國, 互相角逐. 神誌氏受封於僂侲國, 地旣勁寒, 不宜五穀, 土廣人稀, 牧畜頗適, 乃使民帶弓佩劒, 弁事遊獵. 後世, 其民漸徙黑水之地, 遂以漁獵爲生, 艱險儉嗇, 麤健勁悍. 雖强勇遠出於諸國, 漸至不習文事. 後世, 漢曰挹婁, 元魏曰勿吉, 隋.唐曰靺鞨, 稍與窮北蠻人相混, 漸失其俗, 頗有陵夷之歎. 近古, 金·女眞等, 皆其後身, 同族異稱也. 高矢氏就青丘國, 觀山川, 相土地, 開田野, 興農桑. 風氣溫美, 五穀豊肥. 民皆衣輕煖而食肥美,㉡ 頗有冠帶衣履天下之槪, 文武亦得以幷興. 夫食足貨通然後, 國實民富而敎化成. 故管子曰:「倉廩實而知禮節, 衣食足而知榮辱.」若使民, 終歲睊睊以絲粟爲慮, 則復奚暇言禮義哉! 雖然天覆地載, 區隅各殊, 於是氣有寒溫, 土有肥瘠, 其如天澤地利之不齊, 何是! 三家者之守國敎民之道, 所以各異, 而其果應亦自不同者也.

檀君既封諸侯, 天下淸靜. 居十年, 有南夷之患, 卽甲比古次以南夷人也, 乃遣夫餘, 率兵定之. 後益遣夫蘇·夫虞, 築城於甲比古次, 以備南巡, 今江華.三郎城, 是也. 摩利山又有塹城壇, 此卽檀君設壇祭天之頭嶽也. 盖水行藉舟, 陸行藉車, 泥行乘橇, 山行則梮, 此乃上古交通之具. 而陸行不如水行之易, 是以上古建都, 必擇臨水之地. 凡人居之稱美者, 必曰阻山帶水, 或依山傍水·背山臨流者,㉢ 其所從來尙矣. 故檀君之世, 必使依山臨水而結居, 耕農漁獵, 隨便可行.山海經所謂:「北

㉠ 徙: 손진태필사본에는 徒로 되어 있다.

㉡ 煖: 손진태필사본에는 暖으로 되어 있다.

㉢ 而陸行不如水行之易 是以上古建都 必擇臨水之地 凡人居之稱美者 必曰阻山帶水 或依山傍水·背山臨流者: 손진태 필사본에는 "而陸行臨水之地 凡人居之稱美者 必曰阻山帶水 或依山傍水·背山不如水行之易 是以上古建都 必擇臨流者"로 되어 있다.

海有國, 名曰朝鮮, 天毒育也其人, 水居偎.愛也㉠人」者, 非但, 其聲敎之澤, 洽被四鄰, 亦可窺見, 其結居之風矣. 夫檀君祭天, 非但頭嶽也. 北狩則祭太白, 南巡則祭頭嶽也. 而甲比古次傍在海濱, 通航容易, 則南巡之際, 必致祭於壇所也. 況其地孤絶靜謐, 山岳淨潔, 海天收霽, 則靚深晶瑩之氣, 使人自感, 神明之陟降者耶. 余嘗游觀其地,㉡ 祭壇疊石, 爲之上圓下方, 而太多頹圮, 仁祖十七年改築云. 噫平壤故城, 壬儉舊闕,㉢ 今不留敗石殘礎, 獨一壘天壇, 得保其形骸, 豈僻處海隈, 人跡稀到故耶! 余實不勝, 追遠之悲矣.

御國三十餘年, 正値洪水, 浩波滔天, 懷襄遼滿之野,㉣ 浿水漲溢平壤沈潛. 乃遣四子遍相土地之宜, 占居阿斯達下唐莊之野, 今文化.九月山下, 有莊莊坪, 卽其地也. 余嘗觀其地, 方數百里無大河, 而水勢東走, 原土高燥, 可避西來之水矣. 乃結廬阿斯達下, 使夫婁, 盡濟平壤之民, 復治平水土屢年後功完,㉤ 唐莊之民, 亦已安土而樂居矣. 今俗士或云: 「檀君遭洪水, 使彭吳治山川, 奠民居」云云, 而漢書·食貨志明書: 「武帝卽位數年, 彭吳穿濊貊㉥·朝鮮」等句, 則是乃, 東西有兩個彭吳, 相前後而同掌朝鮮水土之役也, 史上豈有, 如此奇巧事耶. 蓋夫婁與弗虞同音,㉦ 且漢音.虞·吳相通,㉧ 而彭·弗兩字之初聲, 皆與夫音相近, 則後人忘夫婁字而只記其音, 又訛而只記彭吳也. 今人家有夫婁壇地者, 籬落

㉠ 愛: 손진태필사본에는 受로 되어 있다.
㉡ 游: 손진태필사본에는 遊로 되어 있다.
㉢ 壬: 손진태필사본에는 王으로 되어 있다.
㉣ 野: 손진태필사본에는 時로 되어 있다.
㉤ 而: 손진태필사본에는 以로 되어 있다.
㉥ 貊: 손진태필사본에는 洦으로 되어 있다.
㉦ 與: 손진태필사본에는 누락되어 있다.
㉧ 通: 손진태필사본에는 同으로 되어 있다.

淨潔處, 築土爲壇, 土器盛禾穀, 置於壇上, 編茸藁艸掩之,㉠ 每十月必薦之以新穀, 或稱業主嘉利, 卽報賽夫婁氏治水奠居之義, 賴爲鎭護之神也.㉡

夫婁旣平水土仍舊而奠民居, 萬民咸懷其德. 及至粗定宅宇而, 濕汚之氣蒸成癘疫, 罹病死者甚多, 夫虞幷醫藥而治之. 又値猛獸毒虫乘間滋殖, 殆將橫行民間, 夫蘇乃演高矢舊法, 以乾艾爲料, 金石相擊, 因此廣造火種, 燻燒山澤, 於是獸虫遠遁而其害漸除. 今人多携取火之物, 有金·石·艾三種, 必冠之以夫蘇之名, 如夫蘇鐵·夫蘇石·夫蘇羽者, 皆原於夫蘇氏之完其功也. 夫婁又使民帶劒戟而行, 及至關嶺陘阨, 必積石爲堆, 行逢猛獸則用以爲備, 後世所謂石子軍者, 謂東國用武之一目,㉢ 而實原於此也. 今遺俗尙存而, 野叟村氓, 以此謂石城隍, 頗懷畏敬之意. 何後俗之陵夷, 如此其甚耶!

初神市之末, 蚩尤氏兄弟, 雖自涿鹿退歸, 而東人之占居淮岱者甚多, 與漢土之人雜處, 農蚕織牧, 資以爲業. 且南鄙海島之民, 皆以蠙珠魚貝, 相交易於漢土, 稍稍住息於濱海之地. 至是海岱.江淮之地, 遂爲其州里, 與漢土之民, 交游而錯居.㉣尙書所稱, 嵎夷·萊夷·淮夷·島夷者, 皆是也.

夫餘之平南夷也, 洌水以南, 完服王化, 以故靑丘之民, 得漸遷居, 及洪水旣平, 南渡者益多. 於是南夷之人, 幷沾於神化, 遂變其俗, 後之辰·弁諸族, 皆是也.

㉠ 茸: 손진태필사본에는 緝으로 되어 있다.
㉡ 神也: 손진태필사본에는 神으로 되어 있다.
㉢ 謂: 손진태필사본에는 爲로 되어 있다.
㉣ 游: 손진태필사본에는 遊로 되어 있다.

御國四十餘載, 而有猰貐之亂. 猰貐者獫狁之屬也, 洪水之際, 僥倖得免, 及看水土纔定而州里蕭然, 乃乘釁東侵, 其勢頗猛, 卽使夫餘會集中外之兵, 討平之. 乃益封夫餘, 北方之地, 使宅牛首忽卽先平壤, 使夫婁居壬儉城,㉠ 令夫蘇修樂浪忽, 夫虞監唐莊京, 更封高矢氏於南方之地.

於是檀君西至壬儉城,㉡ 按撫庶民, 大會諸侯, 令復申天下農桑之政. 乃北巡而祭天于太白之麓, 封天下山嶽河川之神,㉢ 凡三千餘. 歷牛首忽, 而至肅愼忽, 會北東諸侯, 令祭神誌氏之靈, 遂立廟于夙沙達. 西轉而至奄慮忽, 會南西諸侯, 令祭蚩尤氏之靈, 遂立廟于奄慮達. 復南巡而至甲比古次, 祭天于頭嶽之顚. 遂至樂浪忽, 會南東諸侯, 令祭高矢氏之靈, 遂立廟于蘇婁達. 乃還至平壤, 八加及衆諸侯畢集.

檀君乃使諸加及國內人民, 各獻祭于日月·陰陽·四時之神, 及山岳·河川·里社之主. 祭畢, 大誥于有衆, 若曰:

惟皇, 一神在最上一位. 創天地, 主全世界, 造無量物, 蕩蕩洋洋, 無物弗包,㉣ 昭昭靈靈, 纖塵弗漏.

惟皇, 一神在最上一位. 用御天宮, 啓萬善, 原萬德, 群靈護侍, 大吉祥, 大光明, 處曰神鄕.

惟皇, 天帝降自天宮, 率三千團部, 爲我皇祖, 乃至功完而朝天, 歸神鄕.

咨爾有衆, 惟則天範, 扶萬善, 滅萬惡, 性通功完, 乃朝天.

天範惟一, 弗貳厥門, 爾惟純誠一爾心, 乃朝天.

㉠ 壬: 손진태필사본에는 王으로 되어 있다.

㉡ 壬: 손진태필사본에는 王으로 되어 있다.

㉢ 令復申天下農桑之政. 乃北巡而祭天于太白之麓, 封天下山嶽河川之神: 손진태필사본에는 "農桑之政 乃北巡而祭天于太白之麓 封天下"의 18자가 누락되어 있다.

㉣ 弗: 손진태필사본에는 不로 되어 있다.

天範惟一，人心惟同，惟秉己心，以及于人心，人心惟化，亦合天範，乃用御于萬邦.

曰：爾生由親，親降自天，惟敬爾親，乃克敬天；以及于邦國，是乃忠孝，爾克體，是道. 天有崩，必克脫免.

飛禽有雙，弊履有對；爾男女，㉠ 以和毋怨·毋妬·毋淫.

爾嚼十指，痛無大小；爾相愛毋胥，讒互佑毋相殘，家國以興.

爾觀于牛馬，猶分厥芻；爾互讓毋胥奪，共作毋相盜，家國以殷.

爾觀于虎，强暴不靈，乃作孽；爾毋桀驁以戕物，毋傷人，恒遵爾天範，㉡ 克愛物. 爾如有越厥，則永不得神佑，身家以殞.

爾如衝火于華田，㉢ 華將殄滅，㉣ 神人以怒；爾扶傾，毋凌弱，濟恤，毋侮卑.

爾雖，厚包厥香，㉤ 必漏；爾敬持彛性，毋懷慝，毋隱惡，毋藏禍. 心克，敬于天，親于民，爾乃福祿無窮. 咨爾有衆，其欽哉!

檀儉旣大誥于有衆，於是神德大彰，如此數十年，天下復熙熙焉，忘其災矣. 或曰此卽檀君八條之敎令，可以此分八目，或說是也. 後世駕洛國.房登王時，有嵒始仙人者，自七點山而來，見王於招賢臺曰：「君以自然爲治，則民自以然成俗.㉥ 爲治之道，古有其法，君何不體之.」饋以大牢， 辭不受而去. 此道破先聖之訣也. 又崔孤雲.鸞郎碑序曰：「國有玄妙之道，實乃包含三敎，接化羣生. 且如入則孝於親，出則忠於

㉠ 女：손진태필사본에는 누락되어 있다.
㉡ 遵：손진태필사본에는 導로 되어 있다.
㉢ 華：손진태필사본에는 化로 되어 있다.
㉣ 華：손진태필사본에는 化로 되어 있다.
㉤ 香：손진태필사본에는 杳로 되어 있다.
㉥ 自以：손진태필사본에는 以自로 되어 있다.

君，魯司寇之旨也；處無爲之事，行不言之教，周柱史之宗也；諸惡莫作，諸善奉行，竺乾太子之化也.」孤雲精敏文學，卓越諸人，博通古今文名飄動，其言可謂善採先聖垂訓之精華矣. 此外散見於載籍者，及道家文集，如四聞錄·三韓拾遺記等諸書者，不可殫記矣.

從此時常出巡，以孟冬月祭天，遂爲萬世之遺俗，此乃東方特有之盛典，而非外邦之可比也. 太白一山，足壓崑崙之名而有餘矣. 古之三神山者，卽太白山也. 三神，又云三聖，今文化.九月山有三聖祠，卽敬祀桓因·桓雄·桓儉者也. 今檀君之敎，雖不得健行，而神化靈訓猶傳於後世. 擧國男女，猶崇信於潛黙之中，卽人生生死，必曰三神所主，小兒十歲以內,㉠ 身命安危及智愚庸俊，多托於三神帝釋. 三神者卽創天地·造治民物之三神也. 帝釋等語，雖出於佛家之法華經，亦天帝之意. 此則只因古史譯出於緇流之手也，不可妄以爲非. 昔司馬相如謂漢.武帝曰:「陛下謙讓而弗發，契絶也三神之歡.」註云:「三神，上帝.」三神之說，當時亦通于漢土矣.

盖東方諸山，以太白名者頗多. 俗士卒以寧邊.妙香山當之，實由於一然三國遺事之說，而彼等眼孔如豆，安足以與論哉！今白頭山上有大池，周八十里，鴨綠㉡·混同諸江發源於此,㉢ 曰天池，卽上述神市氏乘雲朝天處也.㉣ 妙香曾無一小湾，其不爲桓雄肇降之太白，不足辨也. 盖白頭巨岳，盤據大荒之南，橫千里，高出二百里，雄偉山層峻蜿蜒磅礴，爲東方諸國之鎭山. 神人陟降，實始於此豈區區妙香一山，只係狼林西走之

㉠ 小兒: 손진태필사본에는 兒小로 되어 있다.
㉡ 綠: 손진태필사본에는 淥으로 되어 있다.
㉢ 江: 손진태필사본에는 누락되어 있다.
㉣ 天: 손진태필사본에는 누락되어 있다.

一脈, 而得叅如許聖事耶! 世俗旣以妙香爲太白, 則其見, 只局於鴨水以南一隅之地, 便唱山之祖宗崑崙, 欣欣然以小中華自甘宜; 其貢使北行屢百年而不爲之恨, 僅以南漢下城之羞, 囂然㉠自歎者也.

余嘗歷觀載籍, 白頭山之異名, 頗多. 山海經曰: 「大荒之中, 有山, 名不咸, 有肅愼氏之國」. 後漢書曰: 「東沃沮, 在高句麗.蓋馬太山之東, 東濱大海, 北與挹婁接.」註云: 「在平壤城西.」此漢士眩學之妄語也.㉡ 挹婁, 乃肅愼後身, 東沃沮, 又在今咸鏡之地, 則蓋馬之爲太白,㉢ 可知. 且麗史列傳曰: 「女眞, 本高句麗之部落, 聚居于蓋馬山東」云, 當時女眞, 明在白頭山之東北, 蓋馬之爲白頭明矣.魏書·勿吉傳曰: 「國有徒太山, 魏言太白, 有虎豹熊狼不害人, 人不得上山溲溺」云云.北史勿吉傳曰亦㉣: 「國有徒太山, 華言.太白, 俗甚畏敬之.」唐書曰: 「粟末部居最南, 抵太白山, 亦曰徒太山, 與高麗接.」括地志曰: 「靺鞨, 故肅愼也,㉤ 其南有白山, 鳥獸艸木皆白.」金史·高麗傳述高句麗以來靺鞨之事曰: 「黑水末曷, 居故肅愼地, 有山曰白山, 蓋長白山, 金國之所起焉.」葉隆禮遼志曰: 「長白山在冷山東南千餘里, 盖白衣觀音所居, 其山內禽獸皆白, 人不敢入, 恐穢其間」云云, 又曰: 「黑水發源于此.」明一統志曰: 「長白山在三萬衛東北千餘里, 故會寧府南六十里, 橫亙千里, 高二百里, 其巓有潭, 周八十里, 淵深莫測, 南流爲鴨綠江, 北流爲混同江, 東流爲阿也苦河」云. 然則不咸·蓋馬·太白·徒太白·長白等名, 皆爲同山異名, 而歷代方言之異也. 又高麗史光宗十年: 「逐鴨綠江外女眞, 於白頭

㉠ 囂: 손진태필사본에는 囂囂으로 되어 있다.
㉡ 妄: 손진태필사본에는 忘으로 되어 있다.
㉢ 爲: 손진태필사본에는 謂로 되어 있다.
㉣ 曰亦: 손진태필사본에는 亦曰로 되어 있다.
㉤ 故: 손진태필사본에는 古로 되어 있다.

山外居之」云, 則白頭之名, 始見於此. 而蓋字之音, 近白於字之意㉠; 東語「馬」·「頭」亦同訓, 蓋馬白頭之異字同意亦可明辨, 而白頭之名, 其來亦尙矣.

東方諸山, 有馬耳·摩尼等山, 俗人幷以「摩利」呼之, 曾不相別. 蓋馬耳·摩尼, 幷出於頭字之意也. 今廣州有修理山, 此必「鷲山」之意也; 積城有紺岳山, 則乃「玄山」之意也; 忠州有達川, 則是「月川」之意也; 而馬耳·摩利之爲頭嶽或頭山之訛, 尤可辨矣. 太白之一名曰白頭, 甲比古次之祭天處曰頭岳, 此非檀君祭天, 必隨「頭」名之山也, 乃檀君祭天處, 必成「頭」名之山也. 盖「頭」者最上或元首之稱也. 白頭爲東方諸山之宗, 而又是東人始降之地, 兼復元首檀君, 恒行祭天禮于其山, 當時之人, 名之曰頭山也必矣. 而甲比古次之頭嶽, 亦不出於此外也. 獨不知牛首河之名, 亦只出於沈牛首之俗耶? 此不可斷矣. 然則神市氏之降, 旣在白頭於山,㉡ 乃漸徙西南,㉢ 復沿浿水而南來, 三氏之族, 又各四遷也. 且太白旣爲東方靈地,㉣ 祭天大儀必始於其山, 則自古東民之崇敬是山也, 不尋常. 且古昔㉤禽獸悉沾神化, 安捿於其山而未曾傷人, 人亦不敢上山溲溺而瀆神, 恒爲萬代敬護之表矣. 夫我先民, 皆出於神市所率三千團部之裔. 後世雖有諸氏之別, 實不外於檀祖同仁之神孫. 因·雄·儉.三神之, 開創肇定之功德, 常傳誦而不忘, 則古民指其靈山曰三神山者, 亦必矣.

盖神市以降, 神化之漸, 逐歲益深, 立國經世之本, 自與人國逈異. 其

㉠ 近白於: 손진태필사본에는 '近於白'으로 되어 있다.
㉡ 白頭於山: 손진태필사본에는 '於白頭山'으로 되어 있다.
㉢ 徙: 손진태필사본에는 徒로 되어 있다.
㉣ 且: 손진태필사본에는 耳로 되어 있다.
㉤ 且古昔: 손진태필사본에는 '耳古者昔'으로 되어 있다.

神風聖俗, 遠播於漢土, 漢土之人, 有慕於神化者, 必推崇三神, 至有東北. 神明之舍之称焉. 及其末流之弊, 則漸陷於荒誕不經, 愈出愈奇, 怪誕之說, 迭出於所謂燕.齊海上怪異之方士. 盖其地, 與我震邦相接, 民物之教特盛,㉠ 自能聞風驚奇. 又推演傅會曰: 「三神山, 是蓬萊·方丈·瀛洲, 在渤海中」云云. 且患其無驗, 則曰: 「望之如雲, 終莫能至」云云, 以惑其世主.神仙傳又以「海中」字, 推以斷之曰: 「海上有三神山, 曰蓬萊·方丈·瀛洲山, 謂之三島」云云. 而於是「海上」·「六鰲」, 荒怪之說, 繼出於閒人之筆,㉡ 乃我國之士, 則更效嚬於此曰: 「金剛蓬萊也, 智異方丈也, 漢拏瀛洲也.」 則此又返咀漢士之餘唾也. 史記封禪書曰: 「三神山者, 其傳在渤海中. 盖嘗有至者, 諸僊人及不死之藥皆在焉, 其物禽獸盡白, 而黃金銀爲宮闕」云云. 又仙家書類或曰: 「三神山有還魂·不老等艸, 一名震檀」云.

今白頭山, 自古有白鹿·白雉或白鷹之屬; 括地志所云: 「其南有白山, 鳥獸草木皆白」者, 是也; 方士之說, 亦頗有所據也. 又白頭山一帶, 時産山蔘, 世人擬之以不老草. 山氓欲採取, 則必沐浴致齋祭山以後, 敢發, 其還魂·不老之名, 想亦原於此也. 古烏斯帝北巡而得靈草, 則此尤驗矣. 且白頭山産紫檀樹, 從古所稱檀木者是也. 而古記所傳, 九変震檀之說, 想必有因於此而「不老震檀」云云者, 盖亦聽者之錯誤也. 然則燕齊方士, 扼腕而言「海中三山」者, 亦並遊於夢中, 欺其主而又自欺也. 今我國有「願得三山不老草, 拜獻高堂白髮親」之句, 殆爲養老者, 春祝之定文, 究其原則亦可噴飯. 何不卽往白頭山, 拜檀帝之靈, 而祈其萬壽耶?

㉠ 教: 손진태필사본에는 交로 되어 있다.
㉡ 閒: 손진태필사본에는 閑으로 되어 있다. 筆: 손진태필사본에는 革으로 되어 있다.

漢.淮陽之地, 古陳國地, 本太昊之墟, 婦人崇好祭祀用史巫, 故其俗崇巫鬼.陳詩曰: 「坎其擊鼓, 宛丘之下. 亡冬亡夏, 値其鷺羽.」 又曰: 「東門之枌, 宛丘之栩. 子仲之子婆娑其下.」 吳札, 聞其歌則曰: 「國亡主, 其能久乎?」云. 此 又伏犧所傳, 倚數觀變之餘弊也.孟子舜曰: 「生諸馮,㉠ 東夷之人也.」尙書曰: 「舜肆類于上帝, 禋于六宗, 望秩于山川, 偏于羣神.」 虞舜以前, 曾無是事, 此或原於上古東邦祭天報本之禮, 及山嶽·河川·洋海·沼澤, 皆有奉命主治之神者也. 漢土, 自古以雍州積高爲神明之隩, 故立畤郊上帝, 諸神祠皆聚云, 則此又與檀祖祭太白, 同其類也. 齊俗有八神之祭, 八神者曰天主·地主·兵主·陰主·陽主·月主·日主及四時主也. 天好陰, 故祠之必於高山之下·小山之上, 此祭天太白之麓之類也. 地貴陽, 祭之必於澤中圜丘, 此祭天頭嶽之類也. 兵主, 祠蚩尤, 蚩尤氏爲萬代强勇之祖, 作大霧, 驅水火, 又爲萬代道術之宗. 是以太初之世, 恒爲東方戎事之主, 海岱一帶, 曾爲其族虎據之地. 藍侯之民, 再進而建奄·徐諸國於淮岱之地, 則八神之說, 萌於是時也.

漢.高起兵於豊沛, 則祠蚩尤, 釁鼓旗, 遂以十月至灞上, 與諸侯平咸陽, 而立爲漢王, 則因以十月爲年首. 此雖襲於秦之正朔, 而亦有因於敬蚩尤也. 後四歲, 天下已定, 則令祝官, 立蚩尤之祠於長安, 其敬蚩尤之篤如此.晋書·天文志「蚩尤旗類彗而後曲象旗, 主所見之方下, 有兵」云, 則是乃蚩尤氏, 上爲列宿也.通志·氏族略「蚩氏, 蚩尤之後也」云, 則是蚩尤氏之後而永居於漢土者也. 蚩尤氏之英風雄烈·播傳異域之深, 推此可知, 而今世人, 殆無過問者, 則此又國史散滅之故也, 而後代學者, 竟不免疎迂之譏矣.

㉠ 孟子舜曰 生諸馮: 손진태필사본에는 "孟子曰 舜生諸馮"으로 되어 있다.

盖燕.齊之士, 沈惑於神異之說, 亦尙矣. 自齊威宣·燕昭之時, 遣使求三神山. 秦漢之際, 宋無忌·正伯·僑克·尙羨·門子高之徒, 則皆燕人也; 文成·五利·公孫卿·申公之屬, 皆齊人人也.㉠ 昔太公治齊, 修道術, 後世其地, 多好經術者. 則此又太公爲之助俗也, 燕.齊之士, 安得以不好怪異之說哉!

余幼而嫌梳頭, 老婢諭曰: 「不梳頭者, 蚤虱鑽穴, 將至耳腦相通, 寧不懼乎?」 余曰: 「寧有是事乎?」 曰: 「東部山郈之兒, 正如是矣.」 及後到山村, 無有是事. 嘗與客坐談, 客曰: 「木之最大者, 有徑數間者.」㉡ 曰: 「寧有是事乎?」 曰: 「嶺東之地, 多斯木, 斫而橫之, 則行旅可連枕而宿其上, 一面至十數人.」㉢ 其後, 余隨舍叔父, 至嶺東, 曾無是木. 及讀莊子曰: 「北溟有魚, 其名爲鯤, 化而爲鳥, 其名爲鵬, 其長數千里, 其翼若垂天之雲.」 余問於師曰: 「可信有此事否?」 曰: 「窮髮之北, 安知, 其必無耶?」 雖然其後歷觀載籍, 且無是語. 今大荒數萬里, 未聞有數千里巨湖,㉣ 且寒威酷烈, 絶冠天下, 安容如許大物, 能逍遙於寒熱兩極之間耶? 其云「摶扶搖而上者㉤九萬里」者, 欲杜世人之辨也. 又看神異經曰: 「崑崙之西, 有大蛇繞山, 長三萬里」云云. 長三萬里大蛇, 盤據於崑崙之西, 則西域諸國, 應遊牧於鱗角之下, 世間寧有是事耶? 盖喜作迂怪之說者, 必藉於聽者之所不知. 此漢土迂怪之士, 只憑東方三神之說, 而囂囂然, 胥出浮言, 以惑其聽者也.

高麗仁宗九年, 因妖僧妙淸之說, 置八聖堂于西京.林原宮中. 淸平爲

㉠ 齊人人: 손진태필사본에는 齊人으로 되어 있다.
㉡ 徑: 손진태필사본에는 經으로 되어 있다.
㉢ 十數人: 손진태필사본에는 '數十人'으로 되어 있다.
㉣ 里: 손진태필사본에는 누락되어 있다.
㉤ 者: 손진태필사본에는 有로 되어 있다.

之說曰:「第一曰護國白頭嶽太白仙人, 有大慧大德,㉠ 助主神, 造大界, 卽桓雄天王之謂也. 第二曰龍圍嶽六通尊者, 有变化萬理之能, 掌人間禍福. 第三曰月城嶽天仙, 掌風雨之神. 第四曰駒麗平壤仙人, 掌光明之神. 第五曰句麗木覔仙人, 掌人間壽命之神. 第六曰松嶽震主, 有大勇大力, 掌神兵, 恒鎭守國都, 以驅外敵, 卽古蚩尤氏之神. 第七曰甑城嶽神人, 掌四時穀蔬草木之事, 卽古高矢氏之神. 第八曰頭嶽天女, 掌地上善惡, 卽神市氏之后·桓儉神人之母. 皆在主神調度之下, 掌治天下諸事之神」云云. 盖仁宗之於妙淸, 信惑太甚, 卒致西京之變, 使金富軾討平. 妙淸, 發身於沙門, 蠱惑其世主, 寵傾宗戚, 權壓內外, 漸致驕傲, 敢謀不軌, 其罪固不可誅. 然而, 當時猶有, 恨國力之不振, 憤外侮之荐至, 採古來之神明於殘散傳說之中, 欲以激當時之人心, 其行雖乖, 其志則猶有可采者矣. 古之說史者, 只以妖僧荒誕之說, 唾棄而不采, 則猶有一分迂踈之責. 八聖矣之名,㉡ 必表以佛家名字, 僧侶之筆, 安不得如斯耶? 此不可深怪也.

噫神市立極, 檀帝垂訓, 聖化神澤, 皇皇亮亮, 足爲萬代之天範. 而後孫不肖, 乃致聖謨鴻猷, 潛消黙失於冥冥之中, 使堂堂皇謨, 盡付於空山臥睡之人, 所傳者, 只遺怪亂之說, 不亦悲乎. 今崇三神帝釋之風頗盛, 每人家正寢壁上, 以檀木爲釘, 紙囊盛純白米而掛之, 名曰三神囊或帝釋囊. 每十月, 新穀肇成, 則主婦必淨手, 換新甑, 蒸爲餅, 以賽其神而祝景福. 此旣出於檀朝之遺制, 而俗民競以巫覡相尙, 或至禍福壽夭, 專托巫祝而云爲之, 此乃古俗末流之弊也. 能向燕.齊之士, 而嗤其迂怪也哉! 悲夫!

㉠ 慧: 손진태필사본에는 彗로 되어 있다.

㉡ 責 八聖矣之名: 손진태필사본에는 "責矣 八聖之名"으로 되어 있다.

先是, 夫婁既平水土, 而夏禹適治唐堯九季之水.㉠ 宇內諸國, 悉會於塗山. 明鳳陽府. 夫婁亦奉命往會, 又使神誌㉡齋寶玉·弓矢以從焉. 自蚩尤.軒轅大戰以後, 兩國始以玉·帛相見, 可稱東方會盟之始矣.

在位九十餘載, 天下皞皞然, 忘其樂焉. 乃命夫婁攝位曰: 「天道昭昭, 降在爾心, 惟秉爾心, 以親萬民, 其惟純誠乎!」 乃南至唐莊, 入居阿斯達, 以孟冬月, 化神朝天. 在世凡二百十年, 在君位九十三年. 於是夫婁率諸加及諸侯, 獻祭於朝天處, 以辛丑歲卽位于平壤, 是二世檀君也. 後有文朴氏, 居阿斯達, 韶顔方瞳, 頗得檀儉之道. 其後, 如向彌山之永郎及馬韓之神女寶德諸人, 只得其一斑, 淸淨無爲, 適遙塵外, 又非檀祖用化萬民之大義也.

辛丑歲, 壬儉夫婁元年.㉢ 夫婁既卽位, 繼父志而治天下, 凡三年, 出巡國中, 祭天如禮, 復使諸侯, 致祭如古. 居數年, 有盎肅者無道, 使仙羅往撫之. 其後, 盎肅再叛, 乃使仙羅會僂侲·蓋馬之兵, 討平之, 逐其徒於窮北. 益修德政, 廣采賢能, 乃擧息達爲龍加, 今勿爲馬加, 增置主財之職曰鳳加, 使阿密主之. 於是浚渠洫, 開道路, 興農桑, 勸牧畜, 啓學而廣敎, 民生益殷, 聲聞大彰. 令天下, 以孟冬西成之後, 居民相聚, 薦穀而祭天, 幷祀檀儉在天之神, 民人咸悅, 推戴欽慕, 無異存日.

初夫婁踐位之際, 虞舜以藍國隣接之地爲營州, 凡數十年, 夫婁使諸加征其地, 盡逐其衆. 是時天下諸侯, 來朝者數十. 於是作於阿之樂以諧人神. 於阿者喜悅之詞也. 時有神獸出於靑丘, 白毛九尾, 銜書作瑞, 乃賞高矢氏, 令國中奏樂而致歡, 又作朝天之舞. 封仙羅於盎肅之地,

㉠ 季: 손진태필사본에는 年으로 되어 있다.

㉡ 神誌: 손진태필사본에는 '神誌氏'로 되어 있다.

㉢ 壬: 손진태필사본에는 王으로 되어 있다.

後數年, 又封道羅·東武, 以表其功, 卽後之沃沮·沸流·卒本諸國也.㉠ 在位三十四歲崩, 壽一百四十六歲. 子嘉勒立.

乙亥歲王儉嘉勒元年.㉡ 亦有聖德, 能繼父祖之道. 又擧九室氏爲龍加, 益致其隆盛焉. 時夏王失德, 其臣有簒逆者, 乃使息達率藍·眞番之民以征之, 於是國威益彰. 乃行祭天禮, 遍及于諸神. 在位五十一歲, 威德流被于四表, 國人咸慕其化. 以乙丑歲崩, 壽八十四. 子烏斯立.

丙寅歲, 壬儉烏斯元年.㉢ 北巡而得靈草. 分天下爲二十一州. 征夏王后相, 不克, 後和, 遣使相通. 在位四十九歲崩, 子丘乙立.

乙卯歲, 壬儉丘乙元年.㉣ 時夏民有慕化而至者, 使處於奄慮忽. 後少康復興夏道, 久相和好. 封太白之山, 使凡民不得恣意侵犯. 在位三十五歲崩. 子達門立.

庚寅歲, 儉達門元年.㉤ 生而有異, 及長有聖德. 又得東海人黎老爲龍加. 德聞益彰, 國人不知惡·不知煩懊, 聲敎之漸, 可謂盛矣. 乃西撫猰貐, 北安盎肅, 南攘夏, 東至于蒼海, 而波息十年. 在位三十二歲崩. 子翰栗立.

壬戌歲, 儉翰栗元年.㉥ 有阿叱者, 作亂害民, 儉曰㉦: 「惟罪歸于作犯, 惟道成于謹修.」 乃益修德政, 使黎老征之, 三年而後始禽. 且當時夏政方殷, 使藍侯勤修戎事, 而終世以和. 在位二十五歲崩. 子于西

㉠ 諸國: 손진태필사본에는 '朝諸國'으로 되어 있다.
㉡ 壬: 손진태필사본에는 王으로 되어 있다.
㉢ 壬: 손진태필사본에는 王으로 되어 있다.
㉣ 壬: 손진태필사본에는 王으로 되어 있다.
㉤ 壬: 손진태필사본에는 王으로 되어 있다.
㉥ 壬: 손진태필사본에는 王으로 되어 있다.
㉦ 壬: 손진태필사본에는 王으로 되어 있다.

翰立.

丁亥歲, 壬儉于西翰元年.㉠ 或曰烏斯含. 使民九十稅一, 廣通有無, 以補不足. 在位五十七歲崩. 子阿述立.

甲申歲, 壬儉阿述元年.㉡ 有仁德. 時民有犯禁者, 壬儉曰㉢:「糞地雖汚, 乃有降露之時.」 置而不治, 犯禁者, 乃化其德. 在位二十八歲崩. 子魯乙立.

壬子歲, 壬儉魯乙元年.㉣ 始作囿, 養畜外之獸. 在位二十三歲崩. 子道奚立.

乙亥歲, 壬儉道奚元年.㉤ 夫餘侯有猰貐之難, 熊加與句麗·眞番侯, 助平之. 在位三十六歲崩. 子阿漢立.

辛亥歲, 壬儉阿漢元年.㉥ 在位二十七歲崩. 子屹達立.

戊寅歲, 壬儉屹達元年.㉦ 有武勇, 國人畏愛之. 得奚門爲龍加. 夏人來至, 壬儉優禮之.㉧ 時夏德旣衰, 使人往觀其政, 又送舞樂而試之. 及後使奚門與藍侯率諸兵, 進征奄至邠岐之間. 後與夏王和. 在位四十三歲崩. 子古弗立.

辛酉歲, 壬儉古弗元年.㉨ 繼父志而修戎事, 然而終世無事. 僂伛侯獻赤玉之瑞. 在位二十九歲崩. 子伐音立.

㉠ 壬: 손진태필사본에는 王으로 되어 있다.
㉡ 壬: 손진태필사본에는 王으로 되어 있다.
㉢ 壬: 손진태필사본에는 王으로 되어 있다.
㉣ 壬: 손진태필사본에는 王으로 되어 있다.
㉤ 壬: 손진태필사본에는 王으로 되어 있다.
㉥ 壬: 손진태필사본에는 王으로 되어 있다.
㉦ 壬: 손진태필사본에는 王으로 되어 있다.
㉧ 壬: 손진태필사본에는 王으로 되어 있다.
㉨ 壬: 손진태필사본에는 王으로 되어 있다.

庚寅歲, 壬儉伐音元年.㉠ 種薰華於階下, 以爲亭. 使末良爲龍加. 曰: 「孩提, 亦歸于寵者. 保民之道, 不可暫弛.」 遂廣施德政, 於是兆民久懷. 時夏王遣使請援, 乃使末良興兵進救.㉡ 後, 夏王復請兵, 壬儉以其無道,㉢ 却而不許. 及湯王.商大修仁政, 壬儉曰㉣: 「有德之君也, 不可相侵.」 乃戢其兵, 後和. 使民八十稅一. 在位三十三歲崩. 子尉那立.

癸亥歲, 壬儉尉那元年.㉤ 國內靜謐. 在位十八歲崩. 子余乙立.

辛巳歲, 壬儉余乙元年. 有異獸出于太白之陽, 九尾白毛, 似狼而不害物. 是年, 大諸會侯,㉥ 賞眞番侯. 在位六十三歲崩. 子冬奄立.

甲申歲, 壬儉冬奄元年.㉦ 僂侲侯獻巨獸, 其大如屋. 時諸侯有相攻者, 牛首州復有盎骨者, 與其弟長骨作亂, 西鄙之民, 皆被其虐. 夫餘侯不能安戢, 乃使熊加充達率師西征, 濊侯及僂侲侯, 亦以兵來助, 盎骨悖惡無倫, 戕害庶民, 凡五年而始定. 充達曰: 「豈有飮全海之水, 而始覺其鹹者耶? 皇祖肇基, 今垂七百歲, 而盎骨之衆, 恣意橫暴, 貽毒于黎民, 此聖道之攸衰也. 君其修德乎!」 冬奄, 乃大修先君之德, 使充達往撫西鄙之民, 居數年, 民有, 擢髮捆屨以報其德者. 在位二十歲崩. 子緱牟蘇立.

甲辰歲, 壬儉緱牟蘇元年.㉧ 南巡至樂浪忽, 修城郭. 孟冬月, 靑丘民羣聚舞天, 散而爲獵, 有人至山陂, 爲大蛇所卷, 靑丘侯使緱强搜捕曰:

㉠ 壬: 손진태필사본에는 王으로 되어 있다.
㉡ 使: 손진태필사본에는 누락되어 있다.
㉢ 壬: 손진태필사본에는 王으로 되어 있다.
㉣ 壬: 손진태필사본에는 王으로 되어 있다.
㉤ 壬: 손진태필사본에는 王으로 되어 있다.
㉥ 諸會侯: 손진태필사본에는 '會諸侯'로 되어 있다.
㉦ 壬: 손진태필사본에는 王으로 되어 있다.
㉧ 壬: 손진태필사본에는 王으로 되어 있다.

「蛇大如何?」 緱强曰: 「穴中藏蛇, 安知其修短耶? 今孟冬而蛇出卷人, 爲灾非常, 只可搜斬, 以除民害.」 乃使猛士, 毁陂而求之, 蛇大如樑, 以巨斧破其頭殺之, 蛇害遂絶, 重賞緱强. 在位二十五歲崩. 子固忽立.

己巳歲, 壬儉固忽元年.㉠ 僂侲侯獻貂裘, 使藏之而待有功者. 在位十一歲而崩.㉡ 子蘇台立.

庚辰歲, 壬儉蘇台元年.㉢ 西巡諸地, 觀藍侯之政, 尋陳兵于商地. 在位三十三歲崩. 子索弗婁立.

癸丑歲, 壬儉索弗婁元年.㉣ 與商戰破之, 尋和. 後, 復大戰破之, 進入其境, 遂屯海上, 庶民復漸遷徙. 在位十七歲崩. 子阿勿立.

庚午歲, 壬儉阿勿元年,㉤ 令弟固弗加治樂浪忽. 遣熊加乙孫, 觀南征之兵, 立邑商地. 後, 商人互爭不和, 乃進兵攻之, 尋罷. 蓋馬侯獻九尾獸. 在位十九歲崩. 子延那立.

己丑歲, 壬儉延那元年.㉥ 叔父固弗加攝政. 翌年, 商人攻我, 師至南界, 藍侯率諸軍, 戰克. 後, 互相戰和. 國內, 增設壇所, 使諸侯, 承命禱天, 凡國中大事及風雨災異 有求, 則祈于主神, 以遍于諸神也. 有大蛇現僂侲之地, 青質黃頭, 能呑大鹿, 民有趨拜者, 乃使巨屈支斷戮之. 在位十三歲崩. 弟率那立.

壬寅歲, 壬儉率那元年.㉦ 出巡北鄙, 見小民艱苦爲生, 歎曰: 「蝸牛

㉠ 壬: 손진태필사본에는 王으로 되어 있다.
㉡ 而: 손진태필사본에는 누락되어 있다.
㉢ 壬: 손진태필사본에는 王으로 되어 있다.
㉣ 壬: 손진태필사본에는 王으로 되어 있다.
㉤ 壬: 손진태필사본에는 王으로 되어 있다.
㉥ 壬: 손진태필사본에는 王으로 되어 있다.
㉦ 壬: 손진태필사본에는 王으로 되어 있다.

有室, 蜂蠆有餌, 安使我民有或流離耶?」 乃勸民貿遷, 以廣其用. 於是南北之民, 舟車相通. 在位十六歲崩. 子鄒盧立.

戊午歲, 壬儉鄒盧元年.㉠ 在位九歲崩. 子豆密立.

丁卯歲, 壬儉豆密元年.㉡ 使人記桓儉以來列聖之詞, 掛於宮門內側, 使出入朝覲者閱之. 遣兵伐商. 僂侲侯.多忽遣兵入東海伐鬼洲, 平其地. 在位四十五歲崩. 子奚牟立.

壬子歲, 壬儉奚牟元年.㉢ 使藍侯與沸流侯·青丘侯, 共聚疏泥水. 壬儉有疾,㉣ 使人白衣禱天, 尋愈. 卒本侯獻靈草, 能除人萬病. 在位二十二歲崩. 子摩休立.

甲戌歲, 壬儉摩休元年.㉤ 商人來朝. 青丘侯報, 南夷海中出泥山, 火出水中, 泥合爲石. 在位九歲崩. 弟奈休立.

癸未歲, 壬儉奈休元年,㉥ 句麗侯.于它入爲龍加. 壬儉南巡而觀青丘之政,㉦ 至阿斯達. 復西巡而至奄慮忽,㉧ 大會諸侯, 尋還. 與殷人和. 在位五十三歲崩. 子登屼立.

丙子歲, 壬儉登屼元年.㉨ 在位六歲崩. 子鄒密立.㉩

壬午歲, 壬儉鄒密元年. 濊侯.知莫婁入爲龍加. 壬儉出巡,㉪ 至牛首

㉠ 壬: 손진태필사본에는 王으로 되어 있다.
㉡ 壬: 손진태필사본에는 王으로 되어 있다.
㉢ 壬: 손진태필사본에는 王으로 되어 있다.
㉣ 壬: 손진태필사본에는 王으로 되어 있다.
㉤ 壬: 손진태필사본에는 王으로 되어 있다.
㉥ 壬: 손진태필사본에는 王으로 되어 있다.
㉦ 壬: 손진태필사본에는 王으로 되어 있다.
㉧ 慮: 손진태필사본에는 盧로 되어 있다.
㉨ 壬: 손진태필사본에는 王으로 되어 있다.
㉩ 立: 손진태필사본에는 五로 되어 있다.
㉪ 壬: 손진태필사본에는 王으로 되어 있다.

忽, 諸會侯.㉠ 遂崩于其地, 在位八歲. 子甘勿立.

庚寅歲, 壬儉甘勿元年.㉡ 在位九歲崩. 子奧婁門立.

乙亥歲, 壬儉奧婁門元年.㉢ 遷都樂浪忽, 使眞番侯監舊都. 民有取人物者, 鷹加治之曰: 「小蛇能濁全海之水. 今不敎斯人, 世德以衰, 國其亂乎!」 壬儉聞之曰㉣: 「民之行, 如水就于決, 且源淸而下流自淸, 此吾凉德所致也.㉤ 吾皇祖肇基, 已千載, 國無大難, 民無大慜, 今有此犯, 吾恐, 先祖之業, 因我而廢.」 乃大修先君之德. 於是犯者以化, 民無染惡者. 在位二十歲崩. 子沙伐立.

己未歲, 壬儉沙伐元年.㉥ 在位十一歲崩. 子買勒立.

庚午歲, 壬儉買勒元年.㉦ 在位十八歲崩. 子痲勿立.

戊子歲, 壬儉痲勿元年.㉧ 眞番侯鄒咄入爲龍加. 南巡至唐莊京, 遂崩于阿斯達, 在位八歲. 眞番侯立, 壬儉弟多勿.㉨

丙申歲, 壬儉多勿元年.㉩ 猰貐復侵西鄙, 眞番侯與濊侯·夫餘侯擊却之, 進入其境而還. 在位十九歲崩. 子豆忽立.

乙卯歲, 壬儉豆忽元年.㉪ 沸流侯獻大鼈, 長丈餘. 僂侲侯爲龍加. 初屹達之世, 東人之進據邠岐者甚衆. 及商.湯之興而遂漸撤退, 然細民以

㉠ 諸會侯: 손진태필사본에는 '會諸侯'로 되어 있다.
㉡ 壬: 손진태필사본에는 王으로 되어 있다.
㉢ 壬: 손진태필사본에는 王으로 되어 있다.
㉣ 壬: 손진태필사본에는 王으로 되어 있다.
㉤ 所: 손진태필사본에는 耶로 되어 있다.
㉥ 壬: 손진태필사본에는 王으로 되어 있다.
㉦ 壬: 손진태필사본에는 王으로 되어 있다.
㉧ 壬: 손진태필사본에는 王으로 되어 있다.
㉨ 壬: 손진태필사본에는 王으로 되어 있다.
㉩ 壬: 손진태필사본에는 王으로 되어 있다.
㉪ 壬: 손진태필사본에는 王으로 되어 있다.

耕桑爲業者, 猶散處其地, 久不失其俗. 至是藍侯頗强, 稍役率諸侯, 逐孤竹君, 南遷其都, 居奄瀆忽, 與殷逼近, 使黎巴達將兵, 進至邠.岐之間, 與其遺民相結, 立國曰黎, 治黎忽, 遂與殷家諸侯及西戎之人相雜處. 於是藍氏之威漸盛而,㉠ 壬儉之命亦及乎恒山以南之地矣.㉡ 在位二十八歲崩. 子達音立.

癸未歲, 壬儉達音元年.㉢ 娶青丘侯之女阿施氏爲后, 賢而有德, 國人慕之. 蓋馬侯獻靈艸. 昔夫餘民有遁居于猰貐之地, 遂與其民雜處, 頗習其俗, 殆無恒業, 以狩獵爲生, 獸皮爲服, 人謂之貊. 復漸遷徙,㉣ 處於奄慮北西之地, 遂爲藍氏之民. 在位十四歲崩. 子音次立.

丁酉歲, 壬儉音次元年.㉤ 先是王室頗微, 諸侯漸强, 及音次卽位, 有仁德, 國人咸慕. 於是王道復興, 而諸侯相率來朝. 在位十九歲崩. 子乙于支立.

丙辰歲, 壬儉乙于支元年.㉥ 在位九歲崩. 子勿理立.

乙丑歲, 壬儉勿理元年.㉦ 仁而好勇. 時諸侯已强而猶尊壬儉,㉧ 時常朝覲. 藍侯儉達, 與青丘侯·句麗侯·僂侲侯, 率兵伐殷, 遂深入其地, 淮岱之間, 莫不響應. 諸侯乃定淮岱之地, 乃立薄姑氏於青州之地曰奄國, 盈古氏於淮北.徐州之地曰徐國, 互相聯盟而援結, 殷人莫敢當者. 盖海岱江淮之地, 爲東人占居者已久, 及至殷道之衰, 而藍侯與諸侯進攻.

㉠ 氏: 손진태필사본에는 侯로 되어 있다.
㉡ 壬: 손진태필사본에는 王으로 되어 있다.
㉢ 壬: 손진태필사본에는 王으로 되어 있다.
㉣ 復: 손진태필사본에는 後로 되어 있다.
㉤ 壬: 손진태필사본에는 王으로 되어 있다.
㉥ 壬: 손진태필사본에는 王으로 되어 있다.
㉦ 壬: 손진태필사본에는 王으로 되어 있다.
㉧ 壬: 손진태필사본에는 王으로 되어 있다.

於是濱海之民, 皆以其州欣迎其師也. 自蚩尤氏撤退以後, 復見斯時之盛矣. 雖然諸侯亦稍輕王室, 雖外修其職, 不甚崇戴焉. 在位十五歲崩. 子丘忽立.

庚辰歲, 壬儉丘忽元年.㉠ 蓋馬侯買屼入爲龍加. 在位七歲崩. 子余婁立.

丁亥歲, 壬儉余婁元年.㉡ 僂佤侯移治達婁忽. 藍侯立鮮牟國於殷.淮南之地. 在位五歲崩. 子普乙立.

壬辰歲, 壬儉普乙元年.㉢ 藍侯遂總帥諸侯,㉣ 朝覲者, 遂稀. 在位十一歲崩. 子古列加立.

癸卯歲, 壬儉古列加元年.㉤ 壬儉初立而國用不敷,㉥ 鳳加收畿內之貢, 僅得充用, 民亦有, 輸穀助用者. 壬儉與諸加謀曰㉦: 「昔我皇祖肇基立業, 爲萬世後孫之範. 今王室衰微, 諸家浸彊,㉧ 方外諸侯, 殆無奉命者. 雖圻內之民, 懷列聖之化, 猶表忠虔, 惟予凉德, 不可以致化立威, 欲讓於有德, 則遍觀聖裔, 又無其人. 予欲, 避居於唐莊京, 入阿斯達, 以安奉先聖之神靈.」 諸加悽愴而從之. 壬儉乃奉祭器,㉨ 遜居于唐莊京, 遂宅于阿斯達. 圻內民, 從來者甚衆, 皆宅于唐莊京. 於是國遂除, 在位三十歲.

自檀儉神人開創鴻業, 歷四十七世, 一千一百九十五年. 檀君旣徙居

㉠ 壬: 손진태필사본에는 王으로 되어 있다.
㉡ 壬: 손진태필사본에는 王으로 되어 있다.
㉢ 壬: 손진태필사본에는 王으로 되어 있다.
㉣ 帥: 손진태필사본에는 師로 되어 있다.
㉤ 壬: 손진태필사본에는 王으로 되어 있다.
㉥ 壬: 손진태필사본에는 王으로 되어 있다.
㉦ 壬: 손진태필사본에는 王으로 되어 있다.
㉧ 彊: 손진태필사본에는 疆으로 되어 있다.
㉨ 壬: 손진태필사본에는 王으로 되어 있다.

阿斯達而國人猶推尊之，諸侯亦無敢逼者．或曰朴氏·白氏，皆其後裔，而赫居世亦出於檀君之後云，今文獻無徵，未知其確矣．自後，諸侯頗以武力相競，獨藍侯者出諸家之右，時常役率羣后，以行國政，是爲列國焉．

漫說

天其運乎，地其處乎，日月其爭於所乎？孰主張是，孰維綱是？孰居天地之內，恒推以行是？意者，其有機氣之不得已耶？其運轉而不能自止耶？觀夫大界列宿，迢迢燦爛明朗，其光自何，其大幾何？觀乎千仞之岡而行人如豆，望乎百里之海歸帆似葉，㉠ 仰乎九萬里之遙而星辰如燭，其大幾何，其光何幾？況地天之隔，非但九萬者里耶！人行于市而肩尻摩，車轉于通衢則其轂摶．星辰麗于穹蒼，則昭昭耿耿，齊齊整整，井然有序，罔或有侵．孰引是，孰主張是？日遠於星，月近於星耶？抑亦星居乎最遠耶？日月之大，較於列宿，何如？洪爐之火，隔丈而燎之，則不過微溫；滿車之氷，距尋而當之，則只感微凉．日月之氣，來自九萬里而凉熱逼人，其熱幾何，其寒凡幾？

且夫山岳之莊雄，河海之汪洋，萬象森列，兆物備載，岳頂一拳之石，㉡ 谷底一莖之草，自得其所，互誇厥美；糞堆蠢蠕之蟲，長渚飄泊之藻，各安其所，互弄厥質．孰撑是而不崩，孰護是而不決？孰守是，孰掩庇是？意者，宇宙之內·蒼茫之外，別有眞神之主宰歟？東人則曰桓因主神，漢土之人則曰上帝，西域之人則曰佛陁，大秦之人則曰天主，皆以

㉠ 歸: 손진태필사본에는 而歸로 되어 있다.
㉡ 拳: 손진태필사본에는 卷으로 되어 있다.

主宇宙·統萬象爲言. 其造物者之爲性也, 隨民而各異耶? 同體而異用耶? 抑同一而異觀耶? 同一之元首而, 我曰壬儉,㉠ 漢曰帝王, 倭曰命或尊. 諸民之名造翁也, 亦若是而已耶? 飛螢有光, 朽木放氣, 栜梨之木, 能接枝而致盛, 梟鷄之屬, 能抱卵而孳育. 是軆質之外, 別有精力耶? 物物之精力, 能相交而致生耶? 宇宙之內·蒼茫之外, 別有精靈, 貫流周包, 推運其體質耶? 漢人之說, 盤古.三皇之開闢創始者, 實耶? 東人之言, 三神之肇判開創者, 眞耶? 余不敢校其善否, 宇宙之內·蒼茫之外, 別有一大精靈, 維綱是, 主張是, 能推運而經營之, 則信矣.

人生則軆溫而動, 靈能慧明; 人事則軀殼厥冷,㉡ 骨肉梗固, 腐爛而散滅, 不數年而膚肉不留, 不百年而骨骸莫存. 天地之氣, 聚而爲物·爲質, 散則復爲空·爲氣歟? 靈性發於氣質, 氣質散亡則靈性亦隨而滅歟?㉢ 抑天地靈秀之性, 鍾而爲靈, 貞明之氣, 聚而爲體, 軆沒而靈自不滅耶? 靈旣不滅則返朝于天耶,㉣ 悠悠然, 縱遊乎六合耶, 抑如佛氏之說, 時墮輪回之苦, 重疊而爲人耶? 觀夫蟲蠶卵者, 能知其爲母蛾所産耶? 卵化爲虫, 蠕蠕然索餌而走動, 能知其從爲卵而出者耶?㉤ 虫旣成長, 造繭脫毛而爲蛹, 暗眠於其中, 使人觀之, 蘧蘧然樂矣. 雖然渠能知其方夢而覺夏虫之爲蛹耶? 蛹旣腄滿, 則脫殼爲蛾, 穿繭而出, 翩翩然飛舞於林樾,㉥ 渠能知其自蛹而變化者耶? 使人高脫乎其外, 歷觀變化之迹,

㉠ 壬: 손진태필사본에는 王으로 되어 있다.

㉡ 事: 손진태필사본에는 死로 되어 있다. 軀: 손진태필사본에는 驅로 되어 있다. 冷: 손진태필사본에는 今으로 되어 있다.

㉢ 氣質: 손진태필사본에는 누락되어 있다.

㉣ 滅: 손진태필사본에는 沒로 되어 있다.

㉤ 從爲: 손진태필사본에는 爲從으로 되어 있다.

㉥ 飛: 손진태필사본에는 飛飛로 되어 있다.

則其序瞭然，曾無毫末之疑．使蛾自量，則是個未知從來底一生涯也，寧知其四變之序耶？使造翁超脫乎塵外，達觀乎人生變化之迹，則是亦若是而已耶？

范縝有言曰：「形者神之質，神者形之用也．神之於形，猶利之於刀．未聞刀沒而利尙存．豈容形亡而神在哉!」是說眞耶？儒曰「魂升而魄降」，佛曰「靈魂不滅」，而涅槃·地獄·輪回·解脫之說，最繁．乃檀儉則曰：「功完而朝天，歸神鄕.」又曰：「扶萬善，滅萬惡，性通功完乃朝天.」㉠ 佛說可耶，儒說不踈耶，桓儉之訓眞耶？㉡ 抑范縝神滅之論，乃發前人所未發者耶？人何由生，㉢ 人何由死？人生自何，人死歸何？生是寄也而死乃歸耶？㉣ 生乃起也而死則落耶？㉤ 生也有涯而死則無涯耶？抑亦死而後始有，無限眞善之境耶？摩利之塹城壇，則經四千載而健存，漠南之長城，歷二千餘歲而猶崇墉屹屹，慶州之瞻星臺，過千數百年而尙巍巍然特立．然則，㉥ 人之所肩擔手磨，規矩繩墨之者，能閱累千載而不滅，獨，肩擔手磨，規矩而繩墨之之人生，則與腐血朽肉，盡消永滅於黃沙腐土之中，不曾精靈之有留耶？

宇宙之內·蒼茫之外，旣有一大精靈，瀰滿而推運之．則人之生也，非但血肉骨骸之，從氣質中受者也，更有精神魂魄之，自精靈而稟者也．余於儒.佛及檀儉之說，雖不遑其辨證，而人生自有不滅之靈，扶善滅

㉠ 「功完而朝天, 歸神鄕.」又曰:「扶萬善, 滅萬惡, 性通功完乃朝天.」: 손진태필사본에는 "歸神鄕 又曰 扶萬善 滅萬惡 性通功完乃朝天"의 18자가 누락되어 있다.

㉡ 桓: 손진태필사본에는 檀으로 되어 있다.

㉢ 人何由生: 손진태필사본에는 누락되어 있다.

㉣ 而: 손진태필사본에는 누락되어 있다.

㉤ 而: 손진태필사본에는 누락되어 있다.

㉥ 然則: 손진태필사본에는 '然特立然則'으로 되어 있다.

惡, 通性完功, 則身固有死, 而英靈不泯, 能朝天而入神鄕, 則可信矣.

昔者永郎, 恨人生之無幾, 慕先聖之化神, 乃棄其率, 入向彌山中, 修道行, 年九十有嬰兒之色, 鷺羽之冠, 鐵竹之杖, 逍遙于湖山. 神女寶德, 歎蜉蝣之殘命, 惜朝露之易消, 乃求師學道, 抱琴以歌, 音若靈霄之玉簫, 貌若秋水之芙蓉. 是固仙之達者也. 若夫齊景公泣牛山之落日; 秦皇嘆東南之雲氣; 漢武有悔於汾水之秋風; 阮籍, 乃哭於窮道, 落日蒼蒼者, 是人生之悲處耶? 秦皇而無死, 則東南之雲氣, 竟得無驗耶? 漢武而遇仙, 則建章柏樑,㉠ 終免黃塵耶? 阮籍而寄生於虞舜之世, 則擊石拊石, 率百獸以舞耶? 人之說生者, 是惑耶? 惡死者, 是弱喪而不知歸者耶?㉡ 方其夢而不知夢者耶? 余與人, 皆夢耶? 人之死者, 信可悔, 其始之蘄生耶? 此世則苦海也而,㉢ 人之生也是墜落於苦海者耶? 兒出胎門則便哭, 眞有愁於人世而然耶?

觀夫市朝, 宏樓層疊, 士女繁鬧, 肥馬大道, 長嘶花朝. 觀夫北邙, 古墳衰敗, 髑髏荒落, 寒鴉古木, 悲鳴秋風. 前何是熱, 後何是冷耶? 人之生也, 竟若是而已耶? 雲捲而山空, 潮落而海虛, 日月落, 星辰蔽而天地居然冥閉,㉣ 人之死也, 竟若是而已耶? 觀乎窮蔀飢男餒女, 屋漏而牕裂, 潦浸竈, 雪打戶, 破衣襤褸, 頭蓬面垢, 何樂之樂, 何生之生! 人生而難得公侯豪傑之勢, 高人烈士之趣, 寒叫衣, 飢呼食, 眴眴役役而終一生, 寧投海而死者可耶? 觀乎蜂蟻! 將者·卒者·守者·戰者·役者·産者, 雄雄雍雍,㉤ 來來去去, 運花搬蜜,㉥ 探腐拾死, 勞勞役役, 勤勤孜孜.

㉠ 樑: 손진태필사본에는 粱으로 되어 있다.
㉡ 喪: 손진태필사본에는 衰로 되어 있다.
㉢ 而: 손진태필사본에는 누락되어 있다.
㉣ 冥: 손진태필사본에는 瞑으로 되어 있다.
㉤ 雍雍: 손진태필사본에는 竊竊로 되어 있다.

意者，微物亦有，久遠之大計耶？抑旣有生則必求其存而不能自止者耶？人之於生也，亦若是而已耶？世如苦海，夭者爲福而壽者爲禍，夭而無寃易，壽而作善難，人可赴海而死，以短其壽者善耶?㉠ 抑亦忍痛耐苦，長其生而積其善，以入于涅槃者,㉡ 爲最善耶?

余于人之生死，不敢妄斷而，宇宙之內·蒼茫之外，儼存者主宰，欲扶眞養善，滅惡消凶，以率萬物而生人也，則信矣．人之於生也，樂道安分，忍辛耐苦，勤孜而毋敢怨，則善矣；存性養志，行善而不怠，使得俯仰而無愧，則雖死而無餘,㉢ 亦足矣．余於是乎，歎聖訓之無踈，而知震域之壽祿，能致其久遠也．

莊子曰：「天道運而無所積，故萬物成．帝道運而無所積，故天下歸．聖道運而無所積，故海內服.」此三者，皆藉物之性而無所牽滯也．夫帝王之德，以天地爲宗，以道德爲主，以率萬民·順萬事爲用．昔者神市氏旣開創萬始，垂範萬類，體天道而導物性．及夫檀儉之世，而復建都立國,㉣ 分邦設牧，純誠抱一，以則天範，秉天心以及于人心，扶萬善，滅萬惡．於是萬民以化，天下以靖，及其功完，則竟朝天而入神鄕．昭格陟降，子懷我民，聖澤神律，洽被萬世，猗歟盛哉！夫婁承統，益修德政，廣采賢能，啓學而廣敎，聲聞大彰．嘉勒續位，能繼父祖之道，西鄰失德，仗善征惡，威被天下，兆民慕化．於是振振神孫，繩繩繼位，歷千二百載而，國無弑逆簒奪之變，民無魚肉塡充之禍．定南夷，平猰貐，討夏征殷，建侯于禹域；逐盎肅，平阿叱，縱有盎骨之肆毒，乃竟服乎帝德，

㉥ 蜜：손진태필사본에는 密로 되어 있다.
㉠ 短：손진태필사본에는 端으로 되어 있다.
㉡ 槃：손진태필사본에는 盤으로 되어 있다.
㉢ 餘：손진태필사본에는 感으로 되어 있다.
㉣ 復：손진태필사본에는 後로 되어 있다.

細民有犯, 卒化於神韻, 震域萬年之鴻基, 旣原於此也.

方外之人, 名之以君子國, 言其俗則曰「衣冠帶劒, 好讓不爭.」郭璞贊之則曰:「有東方氣仁國, 有君子·薰華, 雅好禮讓, 禮委論理.」胥餘避周, 則慕化歸依, 安棲一枝,㉠ 綿延千年, 遺裔尙繁.王制則記曰:「仁而好生, 萬物柢地而出.」仲尼歎其道之不行, 則欲乘桴浮海而居九夷, 以君子所居爲說. 許愼作說文則曰:「唯東夷人人大, 大人也. 夷俗仁, 仁者壽, 有君子·不死之國.」以孔子之乘桴欲去, 謂有以. 東方朔著神異經,㉡ 則以「恭坐而不相犯, 相譽而不相毁, 見人有患, 投死救之.」名曰「善人」. 此則言, 能仁而復能勇, 能恭而復能烈, 敬美而不妄言. 具眞人之美德, 兼剛柔之良能也. 余於是乎, 誇爲東夷之人也.

尙書堯典曰:「分命羲仲, 宅嵎夷, 曰暘谷.」禹貢曰:「海岱惟靑州,㉢ 嵎夷旣畧.」則是東人之占據於海岱之間也.㉣ 冀州有皮服之島夷, 則是東人自渤海西北諸島, 遷居冀州近海之地也. 揚州有卉服之島夷, 則是東人自揚州以東諸島, 徙居乎江淮之間也. 更有作牧之萊夷, 商蠙珠·纖縞之淮夷 則是又東人之相地審勢, 應便營生之一端也. 上古人心素樸, 雖異族隣處, 非非常之際, 則必各守其業, 不甚相侵而互觀其勢, 若强弱懸殊而治亂相反, 則必生征戰之端. 此屹達遣兵邠.岐,㉤ 勿理建侯殷地也. 余於是乎, 歎上古我先民之武勇也.

幸無偏, 技不專, 故天下之物, 無獨享其安而專擅其威者也. 何以知其然耶? 夫瓜·牙者, 虎·豹之幸也, 而牛·鹿之不幸也, 頭角者, 牛·鹿之幸

㉠ 棲: 손진태필사본에는 捿로 되어 있다.
㉡ 經: 손진태필사본에는 徑으로 되어 있다.
㉢ 岱: 손진태필사본에는 垈로 되어 있다.
㉣ 據: 손진태필사본에는 居로 되어 있다. 岱: 손진태필사본에는 垈로 되어 있다.
㉤ 屹: 손진태필사본에는 누락되어 있다.

也, 而虎·豹之禍也. 貓·鼬之捷, 一技也,㉠ 而鼠·雀之迅, 亦一技也.㉡ 鷹·隼之擊, 固所難避, 而密林深竇, 可藏鳥·鼠. 鴻鴈㉢·鳧鴨, 既無銳瓜利嘴, 則或高飛遠翔以避讎敵, 或迅飛淵潛, 圖脫刑禍. 鸛·鶴之嘴, 恃長誇銳,㉣ 則蛇藏穴, 鰌沒泥, 蟹入孔, 蛤掩甲. 此乃鷹·隼·鸛·鶴之屬, 各有一技㉤一幸,㉥ 而鳥·鼠·鴈·鴨·蛇·鰌·蟹·蛤之類, 亦各有一技一幸也.㉦ 且夫蛇鈍於回轉, 則蛙·鼠之幸也, 豺·狼無攀木之能, 則猿猴之幸也. 斷而能生, 則蚯蛭之幸也, 全身毒毛, 則夏蟲之幸也.㉧ 及若蜂蠍之有螯, 蟾蜍之吐液, 龜鼈之縮首, 蜇蝪之脆尾, 皆於探餌防敵, 禦侮逃命, 莫不爲一技一幸也.㉨ 於是焉, 以虎豹之强而, 不免轉逐之勞·飢渴之苦, 牛鹿之柔而, 亦得保殖之幸·眠齕之樂. 其他貓㉩·鼬·鷹·隼·鸛·鶴之屬之爲强, 鼠·雀·鴻·鴈㉪·鳧·鴨之屬之爲弱, 罔或不然. 天下豈有, 不勞之功·無難之安耶?

嘗聞天竺有獅子者, 爲四足獸中獨步, 一切生類, 聞其吼則震驚, 魚沒深淵, 獸藏窟穴, 飛禽墜落, 莫不逃竄, 盖百獸之王也. 若使師子,㉫ 添翼付鰭, 大小如意, 則必飛食鳥·走食獸·水吞魚·穴吞鼠雀, 跨水陸·通

㉠ 技: 손진태필사본에는 枝로 되어 있다.
㉡ 技: 손진태필사본에는 枝로 되어 있다.
㉢ 鴈: 손진태필사본에는 雁으로 되어 있다.
㉣ 恃: 손진태필사본에는 特으로 되어 있다.
㉤ 技: 손진태필사본에는 枝로 되어 있다.
㉥ 一幸: 손진태필사본에는 一幸也로 되어 있다.
㉦ 技: 손진태필사본에는 枝로 되어 있다. 一幸也: 손진태필사본에는 一幸으로 되어 있다.
㉧ 蟲: 손진태필사본에는 虫으로 되어 있다.
㉨ 技: 손진태필사본에는 枝로 되어 있다.
㉩ 貓: 손진태필사본에는 猫로 되어 있다.
㉪ 鴈: 손진태필사본에는 雁으로 되어 있다.
㉫ 若使: 손진태필사본에는 若으로 되어 있다. 師: 손진태필사본에는 獅로 되어 있다.

上下而不遺蠢物，天下復有，保生之類耶？雖然造翁之意，自無偏辟，寧有盡驅一世之生類，獨充貪獅，堅欲之惡理耶？是以海容寸銖之魚，山有指小之雀，樹息飲露之蟬，泥藏無目之蚯，蠕蠕微虫，亦同浴皇天之洪恩.㉠ 然則世間豈有，榷權專富之家，獨覇專强之國耶？故諺曰「未有不亡之國，曾無不敗之家.」余於是乎，知民物之不可無危難，而覺家國之興亡不得免翻覆無常也. 然則安可以眠前榮枯，二三其心也哉!

天人之際，覆育之化大矣，未遑長說. 地人之際，載安之德矣，其陶冶感薰之功，甚巨. 是以國相都·民擇里，未嘗敢忽. 夫相都擇里者，欲其選地理風氣之適善也. 盖定都占居，固不可忽也. 至如闔國全族之於地理風氣，其休戚之係甚重，此不敢少忽也.

夫天之於物，不能無厚薄，卽其地而觀之，則兆物莫不同浴仁天之恩. 分其地而言，則之兆物之得地之,㉡ 肥瘠寒煖，高下濶陋，莫不有差.㉢ 是以物異南北，人殊東西，其盛衰榮枯，茂殘繁沒之勢，不可以人力而左右之也. 何以知其然耶？夫耽羅之橘，北渡則爲枳；于山之桃，越海則實矮；湖南之竹·嶺南之柹，植之北關,㉣ 于而不成；咸興之梨·咸從之栗，移之于漢山而味变. 且夫城上之蕨，葉掩屋簷；架上之鼠，體高於牛背；蓬生麻中而不扶自直，葛出松田而直聳千尋. 至如渡淮之橘，周原之菫荼,㉤ 莫不如是. 此皆物之因於得地之肥瘠·寒煖·高下·濶陋之適與不適·幸與不幸，而其稟得也各殊也.

昔者僂侲之地，勁寒而不宜五穀，民皆帶劒佩弓，并事遊獵，其民之

㉠ 浴: 손진태필사본에는 누락되어 있다.
㉡ 而言 則之兆物: 손진태필사본에는 "而言之 則兆物"로 되어 있다.
㉢ 差: 손진태필사본에는 若으로 되어 있다.
㉣ 北關: 손진태필사본에는 關北으로 되어 있다.
㉤ 荼: 손진태필사본에는 茶로 되어 있다.

生也, 艱險儉嗇, 麤健勁悍, 長於武風而不閒文事.㉠ 藍侯之地, 廣濶平蕪,㉡ 幷施耕牧, 兼習戎事, 其民兼剛柔, 幷文武, 恒爲東國進攻之前驅. 靑丘之地, 風氣溫美, 五穀豊登, 民皆衣輕暖而食肥美, 有冠帶衣履,㉢ 天下之概, 而卒溺於華靡之弊. 且夫雍州之地, 土厚水深, 山岳麤莊, 襟抱固密, 風氣勁厲. 則秦人居之, 其俗悍然, 有招八州而朝同列之氣. 迫近戎狄, 修習戰備, 競事射獵, 高上氣力,㉣ 於是猛將悍卒, 輩出乎其間.㉤ 乃延敵列國, 追亡逐北, 因利乘便,㉥ 宰割天下. 終至始皇之世, 振長策而馭宇內, 呑二周而亡諸侯, 制六合而鞭笞天下. 南郡百越, 北逐匈奴, 胡人不敢南下而牧, 馬士不敢彎弓而報怨.㉦

班固歎常爲天下之劇, 晦庵推富强之業, 易輿以江南之地, 原野底平, 江.漢分瀉, 風氣散漫, 天産豊饒. 於是民資川澤山林之饒, 食魚稻果蓏蠃蛤之味, 食物常足, 不憂凍餓, 民生無艱, 優游自足.㉧ 則民皆呰窳媮生而亡積聚, 信巫鬼而重淫祠, 是以人皆㉨輕儇放散, 勇而不勁. 歷觀漢籍, 曾無一人, 民於南方而制天下者,㉩ 是皆地理風氣之, 所以能陶冶感薰,㉪ 而人之所不能如何者也. 夫南方之濕熱, 北方燥寒之,㉫ 太白.崑

㉠ 閒: 손진태필사본에는 閑으로 되어 있다.
㉡ 濶: 손진태필사본에는 活로 되어 있다.
㉢ 有: 손진태필사본에는 頗有로 되어 있다.
㉣ 上: 손진태필사본에는 尙으로 되어 있다.
㉤ 乎: 손진태필사본에는 누락되어 있다.
㉥ 便: 손진태필사본에는 使로 되어 있다.
㉦ 不敢: 손진태필사본에는 敢不로 되어 있다.
㉧ 游: 손진태필사본에는 遊로 되어 있다.
㉨ 皆: 손진태필사본에는 누락되어 있다.
㉩ 民: 손진태필사본에는 起로 되어 있다.
㉪ 能: 손진태필사본에는 누락되어 있다.
㉫ 燥寒之: 손진태필사본에는 '之寒燥'로 되어 있다.

崙之廣袤, 江.河湖澤之渟流, 誰安得以, 变易而遷徙之哉! 余於天人之際, 固不敢長說; 余於地人之際, 恨其執定而不能左右之.㉠ 夫天下不幸之, 莫大於失地利也.

天下之物, 莫不具表裹·本末之異, 天下之事, 莫不兼利害·得失之雜. 故觀物者, 不可絞於表末而棄其裹本,㉡ 創事者, 不可拘於利得而忘其害失也. 是以聖人明於天之道, 而察於民之. 故隨時觀変, 從便行宜, 而天下之事, 始全利得而絶害失. 愚者膠守古法, 而不知変通以致其牽滯, 而家國以喪. 拙者弊弊然捨長取短,㉢ 自以爲察而反致其殃, 此天下萬世之弊也. 夫應時順変, 明天道而藉物性者, 惟聖者能之, 天下豈有榷聖賢　萬世而無索者耶?

昔者太公始封, 周公問: 「何以治齊.」 太公曰: 「擧賢而尙功.」 周公曰: 「後世必有簒殺之臣.」 其後二十九世, 齊爲疆臣田和所滅.㉣ 周公始封, 太公問: 「何以治魯.」 周公曰: 「尊尊親親而.」㉤ 太公曰: 「後世寢弱矣.」 後魯, 自文公以後, 祿去公室, 政在大夫陵夷微弱, 遂爲楚所滅. 夫太公·周公者, 世之所稱聖者也, 立業垂憲, 未嘗有差, 末流而之弊猶然如此.㉥ 況地殊其方, 人各厥族, 而互相對峙, 　萬古爭雌雄而不知其極者, 株守陳古之法, 拘而不知変者, 安能向世間而求其勝也哉! 是故保其長而兼人之長者覇; 棄其長而用人之長者弱; 棄其長而用人之弊者亡. 何以知其然耶? 昔者秦.穆公問由余曰: 「中國以詩·書·法度爲

㉠ 恨: 손진태필사본에는 限으로 되어 있다.
㉡ 裹: 손진태필사본에는 裡로 되어 있다.
㉢ 弊弊然: 손진태필사본에는 弊然으로 되어 있다.
㉣ 疆: 손진태필사본에는 强으로 되어 있다.
㉤ 親親而: 손진태필사본에는 '而親親'으로 되어 있다.
㉥ 末流而: 손진태필사본에는 '而末流'로 되어 있다.

政, 然尙時亂, 今戎夷無此何以爲治.」 由余笑曰: 「此中國之所以亂也, 戎夷則不然. 上含淳德以遇其下, 下懷忠信以事其上, 一國之政猶一身之治, 不知所以治, 此眞聖人之治也.」 夫上淳德而崇簡樸者, 戎夷之所以爲强也. 用是而乘中國之繁縟, 則勝; 用是而復學中國之繁縟, 則勞; 若舍是而專學中國之繁縟, 則亡. 此固然之勢也.

何以知其然耶? 昔者匈奴, 人衆不能當漢之一郡, 而能不失其强者, 用其所長以撓其短也. 夫匈奴之地, 鉅野平沙, 風氣凄冷, 五穀不熟, 草茱平蕪. 民皆家氈帳, 跨鞍馬駈, 畜牧逐水草而遷徙之. 乘中國之有釁, 則一時蜂聚蟻合, 彎弓橫槊, 背寒向溫, 剽畧邊塞.㉠ 如勢頭不好, 則撤帳拔鍋, 携妻率子縱馬任適, 曾不顧戀. 此其　百世而爲中國之大蠹也. 及單于慕華羨而妻漢妃,㉡ 变胡俗而嗜漢物, 舍旃裘之堅善而得漢繒絮以馳草棘中, 舍重酪之便美而得漢食物, 棄其簡樸而襲漢之繁縟. 夫學于人者, 難得出藍之譽, 汲于流者, 只酌其餘波. 天下之舍己學人者, 不爲邯鄲學步者鮮矣, 匈奴其無敗亡乎? 雖然豈但匈奴而已哉! 昔者拓拔氏, 以胡羯之種, 入據幽燕, 承苻秦之後而稱覇於中原. 太武帝始制叛逆·殺人·姦盜之法, 號令明白, 政事淸簡.㉢ 於是南擊宋, 北逐柔然, 西定口厭噠·月氏·波斯諸國, 威名震乎當世.㉣ 晋氏.五胡之亂, 立國于中原者十六, 南北朝列國之興替不少, 而曾無若後魏之富强矣. 及于孝文帝之出而, 乃發平城, 都洛陽, 改姓易服, 禁北俗之語, 立明堂, 設辟雍, 定樂章而餙華靡, 立堯·舜·禹·周公·孔子之祠, 而其國卒至敗滅. 夫此數

㉠ 畧: 손진태필사본에는 掠으로 되어 있다.

㉡ 羨: 손진태필사본에는 靡로 되어 있다.

㉢ 淸簡: 손진태필사본에는 簡淸으로 되어 있다.

㉣ 震: 손진태필사본에는 振으로 되어 있다.

事者, 豈本亡國之事, 而終不可學者耶! 余未嘗以爲然, 此特已舍其長而無存, 求學于人而未就, 只得其末流之病弊矣.㉠ 於是舊俗已泯 而害毒方新, 夫奚暇救其敗沒渙散哉!㉡

女眞者, 肅愼之後也. 其古風泯滅, 雖不知書, 然猶有祭天地·敬親戚·尊耆老·接賓客·信朋友, 禮意款曲, 皆出於古聖帝之垂訓, 賢侯之立敎也. 方其奮興於黑水之地也, 以一枝之師, 席卷遼.滿, 越長城而屠汴京, 禽徽欽而北去, 叱孤主而南竄, 跨幽燕而鞭笞中原之士. 於是趙家君臣, 莫不輸誠納款, 稱臣呼侄, 苟乞殘喘. 秦檜·韓胄之徒, 咸匍匐而獻媚. 此誠千古之快事而東方諸族之誇也. 雖然其弊在於急一時之利, 踵久壞之法. 及其中葉, 鄙遼儉樸, 襲宋繁縟之文, 懲宋寬柔, 加遼操切之政. 是棄二國之所長, 而併用其所短也. 於是繁縟勝而財用竭, 操切勝而民人害. 夫國用匱, 民心離, 而金安得不亡乎!

噫天異候,㉢ 地殊勢, 國異俗, 人各技,㉣ 安有舍其能而不危者, 安有學乎人而易其性者耶?㉤ 余於是乎, 歎造翁之於物也, 不能無厚薄, 而君師之於政也, 不可不三思之也. 今夫愛親氏者, 赫圖阿羅之人也. 其先, 遠出於僂侲之後, 其民多承, 句麗·渤海之衆, 是爲舊檀氏之遺裔, 庶可斷焉. 而今夫人嚚嚚然以小華自耀, 肯認滿洲而爲親乎? 彼等之於女眞, 已以蠻胡斥之, 其於滿洲, 寧怪其罵斥耶! 且彼等之與朝鮮, 角立者已尙矣, 而與諸胡相混者久矣, 其勢安能復合而悔其久分耶? 此不必長說也.

㉠ 矣: 손진태필사본에는 故耳로 되어 있다.
㉡ 暇: 손진태필사본에는 누락되어 있다.
㉢ 候: 손진태필사본에는 侯로 되어 있다.
㉣ 人: 손진태필사본에는 民으로 되어 있다. 技: 손진태필사본에는 枝로 되어 있다.
㉤ 安有: 손진태필사본에는 누락되어 있다.

至如太祖.努爾哈赤, 蹶然奮興於建州之地, 率八旗之師而席卷滿洲, 創金汗國而虎視東西, 乘明朝之衰而奪遼東, 因流賊之亂而奄據幽燕. 於是下辮髮之令, 立國史之館, 禽永明而掃清海內, 服諸汗而併呑漠北. 其政令之所出, 八旗之所向, 更無堅城·强壁矣, 處處蜂起, 復明之志士, 曾不幾何而摧敗. 盖自有史以來, 塞外諸族, 入帝漢土者, 未有若此之强且盛者. 我國之士, 雖日夜以南漢之耻切齒,㉠ 以區區東援壬辰之誼, 欲向明而圖報. 然百年之內, 余保其必無是事矣. 夫區區鴨水以南, 數千里之地, 衆寡之數, 已自懸絶, 而又自却女眞以爲胡, 斥滿洲以爲虜, 東控于倭, 西戀于明, 民復奚暇能養其力哉! 然則清之勢威, 可謂猛矣, 然而其後孫, 若至於慕漢俗而棄其本, 操漢語而賦其詞, 后吳姬而嬪越女, 駈八旗之之兵而事田獵,㉡ 紹堯舜之道而演其說, 飫膏粱而飽華靡, 則嚶嚶漢土好說之士, 皆聒聒然以師傅自傲, 夷狄鄙之, 羣起而戮滿胡, 復孰能禦之哉! 不出數百年, 清必亡於善聒之士也.

若天假余以再生, 使置數百年之後, 則余可服東服而操清語, 跨駟馬而說清帝, 談同祖, 陳利害, 與朝鮮併據遼滿·幽營之地, 北誘野人而爲前驅, 東聯倭而使撓其南鄙夫! 然後朝鮮之强可復, 而漢之慢可挫矣. 不然者, 今朝鮮之勢, 滔滔日下, 只管虛弱而不思奮勵, 不出數百年, 朝鮮必復敗於强鄰矣, 頹然孰能支之乎!

余嘗論之, 强國之要, 有三; 一曰「地廣而物博」, 二曰「人衆而合」, 三曰「恒守其性而不失其長」. 此所謂地利·人和及保性也. 而朝鮮, 則得地利而不全, 失人和而亡其性,㉢ 此萬世之患也. 何謂得地利而不全. 夫朝

㉠ 日: 손진태필사본에는 曰로 되어 있다.

㉡ 之之: 손진태필사본에는 之로 되어 있다.

㉢ 此所謂地利·人和及保性也. 而朝鮮, 則得地利而不全, 失人和而亡其性,: 손진태필사본에는

鮮地,㉠ 北連大荒, 則凍天氷地, 斷我後退之路; 西接蒙古, 而萬里流沙, 斷我左展之臂; 西南隣漢土, 而無泰岳峻峙·長江大河之限, 則其勢易於進攻, 難於防守; 東南阻大海, 而無前進一步之土. 且漢人者, 盤據萬里金湯之地, 容百族以爲衆, 蓄布粟以爲富, 鍊百萬之師而以爲强, 則恒涉野跨海, 以侵西鄙. 時有倔强桀驁者, 蹶起於北方, 則爲後顧之慮, 必來刦攻. 倭海洋萬里, 各據島嶼, 有事則以易自保, 無事則順風駕帆, 任志來寇, 譬如床下蝨之恒致其苦. 若我常强而無衰, 則可抑漢士而郡其地, 斥倭寇而鎖其海, 可號令天下, 囊括宇內也. 若我勢一弱, 則敵騎長驅, 蹂躪闔國, 虜掠吏民, 焚燒閭里. 此所謂得地利而不全者也.

昔者蚩尤氏卽帝位於涿鹿, 屹達陳兵於邠.岐, 藍侯建四侯於殷地, 奄薄姑王誘三監而唆武庚, 幾撓周室, 徐偃王抑宗周而王潢池之東朝三十六國. 後世遼·金·淸者, 皆起於舊朝鮮地而有中原.㉡ 高句麗之方盛也, 强兵百萬, 南擊吳越, 北挑幽燕·齊魯, 恒虎威於漢方. 百濟則跨渤海而略遼西·晉平, 越草海而占越州. 新羅則鯨濤萬里,㉢ 陳雄兵於明石, 刑白馬而盟赤關. 此皆我强而易於攻彼, 是得地利也.

若夫檀氏之世, 有猰貐之寇; 列國之時, 箕氏蒙東胡之侵, 丸都焚蕩, 后妃被虜; 平壤敗沒, 而公侯世族及士民之被掠者二十八萬. 黃山將殞, 泗沘城陷,㉣ 白馬江頭, 胡馬爭嘶, 落花岩畔, 芳魂亂飄. 忽汗之滅, 而渤海之民放散四處, 雖謀復圖興, 數百餘年而終致其殘滅. 夫勝朝以後累百年間事, 誰肯赧顔而過問哉! 降至壬辰之役而八域魚肉, 丙子之禍

"及保性也 而朝鮮 則得地利而不全 失人和"의 17자가 누락되어 있다.

㉠ 地: 손진태필사본에는 之地로 되어 있다.

㉡ 地而: 손진태필사본에는 而로 되어 있다.

㉢ 則: 손진태필사본에는 누락되어 있다.

㉣ 泚: 손진태필사본에는 沘로 되어 있다.

而州里蕭然. 况今世之人, 溺於虛文, 閒於衰弱, 棄其道而咀宋儒之餘唾, 貶其君而比外邦之臣僕. 盖歷觀近世之往事, 傍察今代之趨勢, 舍大猷而謀小慾,㉠ 擲公戰而圖私益, 蠹公室以循其家,㉡ 漁細民以肥其腹, 而以區區零瑣之事, 懱懱然醉中談夢·蝸角爭勝. 滔滔之勢, 日下而不振, 已無我力而謀賴於人, 此勢已孤弱而併亡其本性也. 後世若有强鄰者, 代淸而興則必脅其主而誘其臣, 郡其地而隷其民矣. 今日之所以, 溺於安逸而茫然無爲者, 豈非後日, 呼飢叫寒之因耶? 余之所謂, 不出數百年而必爲强鄰所敗者, 豈矯激之語耶? 噫!

昔者檀儉之肇基立業也, 以無爲爲道, 以寧靜爲行, 扶善滅惡, 入孝出忠, 此誠萬世聖之聖訓也.㉢ 雖然後屬疎遠而益相分, 風土互殊而別其業. 且膠守陳法而不知應變, 遠事進攻以求攘拓, 而其功不得永固, 歷檀氏千數百年之隆運而已. 作列國分治之勢, 於是人和已失而地利亦去. 雖三國與渤海者, 得振古威以光我國, 而其後無足可聞者. 况金庾信與太宗王, 恨麗.濟之交攻, 憤國威之不揚, 乃誘唐兵而滅其同族, 奉封策而辱其祖宗, 實爲萬世之開醜. 夫羽翼折, 則鵬失扶搖之勢, 脣已亡, 則齒不免凍寒矣. 新羅旣引敵國而戕同族, 棄祖宗之土而不能復. 夫內讎其親, 外親讎敵, 而能無孤弱, 則天下之人, 亦可倒行·逆施而無所騐也, 割股充腸而無所餒也. 造翁豈有, 如斯非理耶!

宇宙之內·蒼茫之外, 果有一大精靈, 貫流周包而推運之者耶? 造翁之生人也, 欲其養善滅惡, 以率萬物者耶? 體質之外, 果有精靈, 能扶善滅惡, 通性完功, 則身固有死, 而靈可以朝天, 入神鄕耶? 人之於生也,

㉠ 慾: 손진태필사본에는 欲으로 되어 있다.
㉡ 室以: 손진태필사본에는 宣而로 되어 있다.
㉢ 萬世聖之: 손진태필사본에는 '萬歲之聖'으로 되어 있다.

只可安分樂道, 忍辛耐苦, 而無怨則足耶? 存性養志, 行善而不怠, 使得俯仰無愧, 則雖死而無餘亦足耶? 吁嘻噫! 此數者者, 豈可以易爲言哉!㉠ 余誇爲東夷之人, 可對天下而無愧乎! 余歎上古之武勇, 而今世之人, 皆可不勞戈戟, 東斥西攘, 使國復置於富强之域耶? 吁嘻噫! 此數事者, 今雖弊其舌而說之, 乃算死兒之齡而已也, 亦復何大益之有. 夫幸不偏, 技無專, 民物不可無危難, 而家國之興亡, 飜覆無常, 今朝鮮之不幸, 是亦將幸之端歟? 余觀夫人心之分裂, 民氣之銷沈, 而不能不投筆長歎也. 嗟桓因乎! 嗟桓因乎! 今片區震域, 一脈遺民, 其將奚爲! 其將奚爲!

㉠ 以易: 손진태필사본에는 易以로 되어 있다.

『檀奇古史』

(이관구·김두화, 『단기고사』, 1949)

渤海文豪 大野勃 原著

第一編　太古史

檀典㉠

檀君朝鮮

桓氏典에 云하되 東方에 夫餘族이 太白山附近에 山居할세 其中에 桓仁은 寬仁大度하여 家屋建築과 衣服制度를 始作하시고 아들桓雄을 生하니 英姿가 豪傑이라. 父命을 承하야 衆生을 弘濟할세 風伯과 雲師와 雨師와 雷公等을 率하시고 天坪(吉林東部)에 至하사 飮食節次와 婚姻規則을 創設하시고 天符經을 說敎하시니 四方人이 雲集하야 聽講하는 者가 市中과 如한지라. 桓雄이 아들 桓儉을 生하니 곧 檀君壬儉이라 長成하여 非西岬(洽濱爾) 河伯의 女를 娶하여 妃를 삼고 아들 扶婁(神仙)를 生하니 이가 夫餘族의 始祖가 되니라.

檀君의 建國

檀君壬儉은 第一世檀帝이시니 桓雄의 子요 桓因의 孫이이라. 神聖文明하시며 仁愛慈悲하시고 道가 天地에 通하시고 德이 四海에 被하

㉠ 檀典: 정해백본에는 '檀典 第三世檀帝'로 되어 있다.

시며 九夷族을 親하시며 群生을 接化하시고 大종교를㉠ 創立하실세 三一神誥를 天下에 布告하시며 三百六十六事의 神政으로 國民을 諄諄히 訓誨하시니 其德은 天地에 比하고 그 明은 日月과 同하더라. 그 化育을 받은 萬民들이 十月 三日에 總會하야 桓儉을 推戴하니 第一世檀帝시니라. 都를 扶餘吉林西部 平壤(서울)에 定하고 國號를 朝鮮이라 하다.㉡ 考公(桓雄)을 追尊하야 地一이라하고 王考公(桓仁)을 追尊하야 天一이라하고 長子 扶婁를 封하야 太子를 삼다. 때에 紫府先生이라는 道高한 이가 있으니 위로 天文을 通하며 아래로 地理를 察하며 道德이 高尙함으로 中華에 軒轅이㉢ 와서 修學한 後에 內皇文을 受하여 가지고 歸國하니라. 紫府先生을 封하야 桓夫帝(光明王)을 삼다. 帝께서 神佑를 命하사 百姓에게 五倫을 가라치며 寬厚와 博愛에 銘心하라하시고, 또 高矢에게 命하사 汝는 司農官이 되어 農民에게 稼穡을 敎하여 百穀을 播種秋收케 하되 其時를 失치 말라하시고, 또 神誌에게 命하사 汝는 司樂이 되어 百姓들에게 音樂을 가르쳐서 心神을 和暢히 가지라 하시고, 또 海月에게 命하사 汝는 司工官이 되어 百工에게 各技能을 따라 器具를 製造하야 日用厚生에 供給케 하라하시고 또 雲牧에게 命하사 汝는 監時官이 되어 春夏秋冬四時를 定하되 七十二候(二十四節)을 定하야 農業에 失時치 말라하시고 또 磨玉에게 命하사 汝는 美術官이 되어 美術發明品에 全力을 다하라하시고 또 彰吳에게 命하사 汝는 開拓官이 되어 治山治水에 全力하야 沈水와 不通하는 道路가 없이 百

㉠ 大종교: 정해백본에는 '종교(倧敎) 「古語에 한마루교 수두교 대무신교 花郞道大倧敎」'로 되어 있다.

㉡ 朝鮮: 정해백본에는 '조선(扶餘朝鮮)'으로 되어 있다.

㉢ 軒轅: 정해백본에는 '軒轅黃帝'로 되어 있다.

姓의 居住가 安全하도록 하라 하시고 또 元輔彭虞에게 命하사 汝는 敬神하는 일을 司하야 民을 敎하되 天 形體가 없고 上下四方도 없고 虛虛空空하며 無所不在하신 一位神이 大德大慧大力이 有하사 無數한 世界를 主 하시며 萬物을 創造하시니라. 宇宙는 無限한 大圈이요 天道는 無限한 正圈이요 人道는 無限한 正軸이요 物情은 有限한 橫軸이라. 正圈에서 正軸에 直射하는 者는 諸思想이요 正軸에서 正圈에 反射하는 것은 誠力이니라. 判斷하는 主體는 곧 我요 生覺하는 實在니 이것이 一身의 靈主라. 宇宙自然身으로 더불어 서로 融會하여 秘情을 交換하는 곳이 靈臺니 人으로 하여금 宗敎心을 此處에서 始發케 하느니라. 오직 精하고 오직 一이 되어 그 中樞를 執하야 그 正을 失치 아니 한다 하시니라.

帝이 天下를 治하신지 百有二十年에 國家는 泰平하고 人民은 安樂하며 雨順風調하며 無病長壽하며 山에 盜賊이 없고 家에 餘穀이 많으니 夜에 門을 閉치 아니하며 路에 遺를 拾치 않이하며 老人은 詠歌하고 兒童은 舞踊하더라. 人人이 忠君愛國의 心이 有하야 家家에 天壇을 設하고 淸晨마다 敬拜하니 이 때부터 大倧敎의 敬天하는 사상이 確固하더라.

百二十五年七月五日에 三子를㉠ 江華에 遣하야 三郞城을 傳燈山에 築하며 祭天壇을 摩尼山에 築하고 上帝께 祭祀하니 東方民族의 天祭하는 風俗은 始祖檀帝로 붙어 始作되니라.(天壇制度는 天一地二를 應

㉠ 三子: 정해백본에는 '三子扶宇'로 되어 있다.

하야 二石을 立하고 一石을 覆함)㉠

百五十年에 帝崩하시니 王位五十七年이오 帝位九十三年이라 百姓이 父母喪을 當한 듯이 四海가 다 音樂을 廢하고 家家에 始祖檀帝의 神位를 設하고 朝夕으로 敬拜하더라 太子扶婁 立 하니 이는 第二世檀帝시니라.

前檀朝第二世檀帝 (名은 扶婁 在位五十八年)

元年九月에 仲弟扶餘를 封하야 茫球王(遼西)을 封하고 三弟 扶字로써 東海王(東海邊)을 삼으니㉡ 三韓은 東海王의 後裔이다.

二年春正月에 大連으로써 攝司職을 삼고 小連으로써 司徒를 삼다.(震檀紀에 大連의 地方은 半島라 하다) 大連과 小連은 檀朝의 重臣이다. 忠과 孝가 兼全하더니 親喪을 當하매 三月을 懶怠치 아니하며 三年을 悲哀하니 이는 東洋倫理의 元祖이다.(孔子記事에도 出함)

高叟(漢記瞽瞍 重臣 高矢의 親兄이라 其子 舜이 檀朝에 仕치않이하고 隣邦唐堯朝에 仕함으로 父子意見이 相左하야 마침내 不睦된지라 그런고로 高叟는 小子 象을㉢ 愛하고 舜을 殺코지하거늘 舜이 父의 志를 知하고 孝誠으로 奉事하며 끝까지 順服하니 唐堯가 信任하고 帝位

㉠ 天壇制度는 天一地二를 應 하야 二石을 立하고 一石을 覆함: 정해백본에는 "천단제도는 天一地二를 應하야 二石을 立하고 한돌을 덮나니라"로 되어 있다.

㉡ 茫球王(遼西)을 封하고: 정해백본에는 "茫球王을 遼西에 封하고 三弟 扶宇로써 東海王을 東海邊에 봉하니"로 되어 있다.

㉢ 小子 象: 정해백본에는 '차자 象'으로 되어 있다.

를 禪讓하니라. 舜이 이에 中華의 天子가 되어 文明한 施政을 할 세 士農工商에 各其職業을 授하고 禹의 父를 羽山에서 誅하며 奸凶을 逐出하니 이로써 漢族에게 見忌러니 및 禹의 德望이 日高하야는㉠ 舜이 在位六十一載에㉡ 蒼梧野에 巡狩하다가 漢族의 害한 바 되여 崩하니㉢ 舜妻(娥皇女英이 含怨하여 瀟湘江에 溺死하고 其子商均은 다시 故國에㉣ 歸하야 檀朝에서 仕하여 官職이 司徒에 至하니라.㉤

先時에 治尤(蚩尤라)는 그 額이 銅鐵처럼 剛하고 能히 大霧를 作하더니 그 時에 紫府先生에게 同門受學하는 中華의 黃帝가 無故히 炎帝의 位를 奪取함을 보고 義憤을 不勝하여 黃帝로 더불어 涿鹿野에서 接戰할세 後援이 不至함으로 黃帝에게 擒한 바 되었으나 그러나 其孫 特明이 또한 大勇이있어 檀朝에 仕하야 官이 司徒에 至하여 尙均으로 더불어 檀朝를 協贊하니 政治의 文明程度가 中華의 禹朝보다 優勝하더라.

帝이 太子되였을 때에 中華伯禹로㉥ 더불어 親善하더니 帝이 卽位함에 禹도 舜의 位를 代하여 帝가 된지라. 그 時에 九年洪水가 天下에 汎濫하거늘 中華는 禹가 治水하는데 困하고 朝鮮은 彭吳로 하여금 善히

㉠ 日高하야는: 정해백본에는 '날로 넓더니'로 되어 있다.

㉡ 在位六十一載: 정해백본에는 '재위 오십일년'으로 되어 있다.

㉢ 崩하니: 정해백본에는 '非命에 崩하니'로 되어 있다.

㉣ 故國에: 정해백본에는 '고국 부여에'로 되어 있다.

㉤ 정해백본에는 "註曰孟子에 舜은 生於諸馮 卒於鳴條하시니 東夷之人이라 하였다. 鳴條는 蒼梧野라"가 덧붙여 있다.

㉥ 中華伯禹: 정해백본에는 '伯禹氏夏禹氏'가 덧붙여 있다.

治水하다. 治水가 完了되매 禹가 塗山會議를 各國에 請하거늘 帝이 彭吳로서 特命大使를 삼아 塗山에 出席하야 治水하는 方法을 說明하니라.

三年九月에 下詔하야 國民으로 하여금 髮을 辨하며 靑衣로 服하며 律度와 量衡을 同一히하며 禮義를 崇尙하며 仁으로 行政하다.

十年四月에 井田法을 開하니 民이 私田이 없더라.

十八年六月에 下詔하야 忠義烈士와 孝子烈婦와 賢者의 行을 褒賞하다.㉠ 子 十六人이 有한데 長子 嘉勒으로써 太子를 삼고 그 次 十五子中에㉡ 封建의 國을 得한 者 八이요 其餘는 다 親王이 되니라. 이 때에 國家는 太平하고 人民은 衆多하니 國境은 東은 滄海요 西는 遼西요 南은 南海이요 北은 西非路(西伯利亞)에 至하니 大民族이 九部요 小民族이 十四部라. 모두 檀朝의 德化를 被하야 人倫이 上에 明하고 敎化가 下에 行하니 風俗의 善美함이 天下第一이더라.

二十六年에 石子丈이 奏하되 始祖의 天符經을 參考하여 보면 天이 萬物을 生하매 形形色色하나 各各 그 始作이 有함은 그 中에 一種의 靈을 包含함이니 이것이 一始無始인데, 一이 無始에서 始作하였다 함이라. 太初에 無始로부터 처음으로 먼저 理數가 有하야 一陽이 初生하고 二陰이 從起하야 一陽과 二陰이㉢ 이에 道가 되니 이는 物質의 道

㉠ 褒賞: 정해백본에는 償表로 되어 있다.
㉡ 次 十五子中에: 정해백본에는 '차자 십오인중에'로 되어 있다.

이요 太極以上을 言하면 이는 道는 理와 氣를 超越한 故로 그 神이 妙함을 證明키 難하도다. 이럼으로써 萬物이 다 道에서 出하고 또 道에 入하니 道의 大原은 天에서 出하고 人의 大原은 神祖에서 出하니, 天과 神祖는 其間이 密接하여 天이 곧 神祖라. 請컨대 神社神殿을㉠ 立하야 國民으로 하여금 敬慕케 하며 信仰케 하여㉡ 萬古에 本을㉢ 不忘하는 道를 삼으소서. 帝이 可타 하시고 天下에 下詔하야 이에 三神殿을 立하고 桓因桓雄檀君의 三神位를 奉安하여 國民으로 하여금 敬拜케 하다.

三十八年에 邏闍蓮이 上奏하되 臣이 去年에 南閻地에 渡하야 梵經賓을 만나 말을 들으니㉣ 此岸은 苦海요 彼岸은 極樂인데 苦海에서 極樂을 向코져하면 반드시 먼저 業惑界를 解脫한 後에 可히 至할지라. 이런 道를 知치 못하면 忽然히 惑念과 妄想이 起하나니 대개 諸法이 空空하야 不生不滅하는 故로 受想行識도 無하고 貪과 瞋과 痴도 無하고 色과 聲과 香과 味와 觸과 感의 六慾도 無하고 生과 老와 病과 死의 四苦를 解脫하면 이것이 無上하며 無等한 正覺이라 하더이다.㉤ 臣이

㉢ 二陰이 從起하야 一陽과 二陰이: 정해백본에는 "一陰이 좇아 일어나서 일양과 이음이"로 되어 있다.

㉠ 神社神殿: 정해백본에는 '神社神殿'으로 되어 있다.

㉡ 信仰케 하여: 정해백본에는 이 구절이 빠져 있다.

㉢ 本을: 정해백본에는 基本으로 되어 있다.

㉣ 梵經賓: 정해백본에는 "범경빈(梵經賓)(파라문교도)(文教徒)을 만난 일을 사뢰며"로 되어 있다.

㉤ 정해백본에는 "此岸은 苦海요 彼岸은 極樂인데 苦海에서 極樂을 向코져하면 반드시 먼저 業惑界를 解脫한 後에 可히 至할지라. 이런 道를 知치 못하면 忽然히 惑念과 妄想이 起하나니 대개 諸法이 空空하야 不生不滅하는 故로 受想行識도 無하고 貪과 瞋과 痴도 無하고 色과 聲과 香과 味와 觸과 感의 六慾도 無하고 生과 老와 病과 死의 四苦를 解

가만히 反復하여 생각하오니 이는 眞實한 工夫라. 心猿으로 하여금 橫走치 말게 함이니 近理한 것이 多하나이다. 南閻地의 聖人이 있어 此言을 作한 듯 하오니 願컨대 基下는㉠ 使者를 南閻地에 遣하여 그 道德과 政治를 視察하고 와서 短은 棄하고 長은 取하여 國民에게 施行하면 이는 文明進步의 良道가 될까 하나이다. 帝 가라사되 人道上 眞理는 一이요 兩點間 直線은 一이라. 그 國體와 民族은 相異하나 그 治國平天下하는 正道는㉡ 오직 一이니라. 朕이 일찍이 先帝에게 聞하니 惟精하고 唯一하야 그 中樞를 執함은 그 正을 失치 아니함이라 하시니 何必 他國의 道德과 政治를 보아 加減하랴. 鳥獸는 陸에 居하고 魚鮮은㉢ 水에 生하나니 水生으로 하여금 陸地에 換居케 하면 其勢가 長久치 못할지니 自國으로 하여금 他國을 效코져하면 또한 반듯이 長久치 못하리라 하시니 群臣이 敢히 復言치 못하더라.

五十八年에 帝崩하시니 百姓이 痛곡하며 是日에 日蝕이 있었고 黃霧가 四塞하며 山獸의 隊가 山上에 亂叫하니 可히 天人萬物이 共悲한다 하겠더라. 太子 立하니 이는 第三世檀帝시니라.

第三世檀帝 (名嘉勒 在位四十五年)

元年에 長子 烏斯丘로써 太子를 삼고 弟 嘉祿을 封하야 斯達(阿斯

脫하면 이것이 無上하며 無等한 正覺이라 하더이다"의 구절이 누락되어 있다.

㉠ 基下: 정해백본에는 '基下(지금 폐하)'로 되어 있다.

㉡ 正道: 정해백본에는 '중도'로 되어 있다. 정도의 오자로 보인다.

㉢ 魚鮮: 정해백본에는 '어린'으로 되어 있다.

達)王을 삼고 都를 九月山 唐藏京에 定하다.

二年 春에 乙普勒을 命하야 國文正音을㉠ 精選하다. (白岳馬韓村에 古碑文이 있다.)㉡

三年 秋에 太修官 高契을 命하야 國史를 編選하고 删修加臨多(方言)라 하니라. 이는 東洋史學의 元祖인데 神誡聖訓과㉢ 勅敎諭書와 道德政治法律風俗等이 全히 此書에 備載하니라. (野勃이 滿文으로도 刊行하다.)

六年에 太學太士 高辛이 父母三年喪을 請하니 帝이 可라 하시다. 愛苗씨가 無道하거늘 帝이 悉段에서 討伐하다. 遼東太守 索靖의 治積이 不善함으로 帝이 震怒하사 索靖을 弱水(黑水)로 流配하였더니 匈奴族이 되니라.

七年初에 帝이 下詔하사대 天下의 大本은 心이 中正에 在함이라. 人이 中正을 失하면 事에 成就가 없고 物이 中正을 失하면 體가 傾覆하나리라. 人心은 危險하고 道心은 微妙하니 惟精하고 唯一하야 진실로 그 中樞를 執하야 그 正中을㉣ 勿失하라. 中正이 된 然後에야 萬事를 可히 반듯시 하나니라. 中正의 道는 다만 父는 마땅히 慈하며 子은 마땅히 孝하며 君은 마땅히 愛하며 臣은 마땅히 忠하며 夫婦는 마땅히 相敬하며 少年은 마땅히 長者를 敬하며 朋友는 마땅히 信이 有하며 恭儉

㉠ 國文正音: 정해백본에는 '國文正音(고대국문법)'으로 되어 있다.

㉡ 白岳馬韓村에 古碑文이 있다: 정해백본에는 "지금 백악마한촌(白岳馬韓村)에 고대국문으로 새긴 국경 비문이 있다"로 되어 있다.

㉢ 神誡聖訓: 정해백본에는 '神聖神訓'으로 되어 있다.

㉣ 正中: 정해백본에는 '중중'으로 되어 있다. 정중의 오자로 보인다.

으로 己를 持하며 博愛로써 衆을 接하며 學을 修하며 業을 鍊하야 智能을 啓發하며 德器을 鑄成하야 公益을 廣하며 世務를 開하고 항상 國是를 尊하여 國法을 遵하고 各各 其職을 守하야 增産에 勤勉하다가 一朝에 國家에 危急한 事가 有하면 私를 忘하고 公을 念하며 冒險勇進하야 國家의 大運을 扶할지니 이것이 나와 너의 臣民이 다 拳拳服膺하야 一心으로 나아가면 一體로 至極한 뜻을 實踐하리라.

八年에 康居가 叛하거늘 帝이 支伯特에서 討平하다.

十三年 春에 帝이 詔하사대 시방 春節이 和暢할 때에 草木과 群生의 物이 다 自樂이 있거늘 내 百姓中에 鰥寡孤獨과 困窮한 人은 恒常 悲哀와 憂愁로써 눈섭을 펴고 웃어 볼 날이 없으니 어찌 可憐치 아니 하리오 하시고, 사람으로 하여금 調查하여 救恤하니 中華人이 그 風聲을 듣고 國民되기를 願하는 자가 不少하더라.

是歲夏에 帝이 太白山에 登하사 民家를 望見하시니 炊烟이 少起함으로 租稅의 半을 減하시고 그 翌年에 다시 登山하사 炊烟이 多起함을 望見하시고 帝이 이에 欣悅하시더라.

二十年에 帝 東으로 巡狩하사 滄海에 至하여 山川을 望見하시고 가라사대 美하고 美하다 山下의 秀麗함이여. 朕이 장차 東方에 遷都라리라 하시더라. 天下를 治한지 四十五年에 天下太平하고 民生이 安樂하니 이는 三世檀帝의 治平時代니라.

四十五年 九月에 帝 崩하시고 太子 立하니 이는 第四世檀帝시니라.

『符都誌』

(박금, 부도지 원고본)㉠

第一章

麻姑城은 地上最高大城이니 奉守天符하야 繼承先天이라, 成中四方에 有四位天人이 堤管調音하니 長曰 黃穹氏오 次曰 白巢氏오 三曰 靑穹氏오 四曰 黑巢氏也라. 兩穹氏之母曰穹姬오 兩巢氏之母曰巢姬니 二姬는 皆麻姑之女也라. 麻姑이 生於朕世하야 無喜怒之情하니 先天爲男하고 後天爲女하야 無配而生二姬하고 二姬이 亦受其精하야 無配而生二天人二天女하니 合四天人四天女也라.

第二章

先天之時에 大成이 在於貴達之上하야 與虛達之城으로 並列하니 火日暖照하고 無有具象하야 唯有八呂之音이 自天聞來하니 貴達與虛達이 皆出於此音之中하고 大城與麻姑이 亦生於斯하니 是爲朕世라. 朕世以前則律呂幾復하야 星辰已現이러라. 朕世幾終에 麻姑이 生二姬하야 使執五音七調之節하다. 城中에 地乳始出하니 二姬又生四天人四天女하야 以資其養하고 四天女로 執呂하고 四天人으로 執律이러라.

㉠ 아래의 부도지 원문은 영해박씨 대종회 장서고(경기도 성남 소재)에 있는 박금의 원고본과 김은수 번역본(『부도지』,. 가나출판사, 1986)을 참고하여 만들었다.

第三章

後天運開에 律呂再復하야 乃成響象하니 聲與音錯이라. 麻姑이 引貴達大城하야 降於天水之上하니 大城之氣이 上昇하야 布幕於 水雲之上하고 貴達之体이 平開하야 闢地於凝水之中하니 陸海並列하고 山川이 廣圻이라. 於是에 水域이 變成地界而雙重하야㉠ 替動上下而斡旋하니 曆數始焉이라. 以故로 氣火水土이 相得混和하야 光分晝夜四時하고 潤生草木禽獸하니 全地多事라.於是에 四天人이 分管萬物之本音하니 管土者爲黃하고 管水者爲靑하야 各作穹而守職하고 管氣者爲白하고 管火者爲黑하야 各作巢而守職하니 因稱其氏라. 自此로 氣火共推하야 天無時冷하고 水土感應하야 地無凶戾하니 此는 音象이 在上하야 常時反照하고 響象이 在下하야 均布聽聞故也라.

第四章

是時에 管攝本音者이 雖有八人이나 未有修證響象者故로 萬物이 閃生閃滅하야 不得調節이라. 麻姑이 乃命四天人四天女하야 辟脇生產하니 於是에 四天人이 交娶四天女하야 各生三男三女하니 是爲地界初生之人祖也라. 其男女이 又復交娶하야 數代之間에 族屬이 各增三天人이라. 自此로 十二人祖는 各守城門하고 其餘子孫은 分管響象而修證하니 曆數始得調節이라. 城中諸人이 稟性純精하야 能知造化하고 飮啜地乳하야 血氣淸明이라. 耳有烏金하야 具聞天音하고 行能跳步하야 來

㉠ 重: 김은수 번역본에 의거하여 보충하였다.

往自在라. 任務已終則遷化金塵而保其性體하야 隨發魂識而潛聲能言하고 時動魄體而潛形能行하야 在住於地氣之中하야 其壽無量이러라

第五章

白巢氏之族 支巢氏이 與諸人으로 往飮乳泉할새 人多泉少어늘 讓於諸人하고 自不得飮而如是者五次라. 乃歸而登巢하야 遂發飢惑而眩倒하니 耳鳴迷聲하야 呑嘗五味하니 卽巢欄之蔓籬萄實이라. 起而偸躍하니 此被其毒力故也라. 乃降巢闊步而歌曰浩蕩兮天地여 我氣兮凌駕로다. 是何道兮요 萄實之力이로다. 衆皆疑之하니 支巢氏曰眞佳라하거늘 諸人이 奇而食之하니果若其言이라. 於是에 諸族之食萄實者多러라.

第六章

白巢氏之諸人이 聞而大驚하야 乃禁止守察하니 此又破不禁自禁之自在律者也라. 此時에 食實之習과 禁察之法이 始하니 厤姑閉門撤冪이러라.㉠ 已矣오 食實成慣者이 皆生齒하야 唾如蛇毒하니 此는 强呑他生故也오 設禁守察者이 皆眼明하야 視似梟目하니 此는 私瞧公律故也라. 以故로 諸人之血肉이 醅化하고 心氣이 酷變하야 遂失凡天之性이라. 耳之烏金이 化作兎沙하야 終爲天聲하고 足重地固하야 步不能跳하며 胎精不純하야 多生獸相이라. 命期早熟하야㉡ 其終이 不能遷化而腐하니 此는 生命之數이 縒惑厤(痲)縮故也라.㉢

㉠ 撤: 김은수 번역본에 의거해 보충했다.
㉡ 熟: 김은수 번역본에 의거해 보충했다.

第七章

於時에 人世이 怨咎하니 支巢氏이 大耻顔赤하야 率眷出城하야 遠去而隱이라.㉠ 且其慣食萄實者와 設禁守察者이 亦皆出城하야 散去各地하니 黃穹氏이 哀憫彼等之情狀하야 乃告別曰 諸人之惑量이 甚大하야 性相變異故로 不得同居於城中이라. 然이나 自勉修證하야 淸濟惑量而無餘則自然復本하리니 勉之勉之하라. 是時에 氣土相値하야 時節之光이 偏生冷暗하고 水火失調하야 血氣之類이 皆懷猜忌하니 此는 冪光이 卷撤하야 不爲反照하고 城門이 閉隔하야 不得聽聞故也라.

第八章

已矣오. 出城諸人中悔悟前非者이 還到城外하야 直求復本하니 此未知有復本之時所故也라. 乃欲得乳泉하야 掘鑿城廓하니 城址破損하야 泉源이 流出四方이라. 然이나 卽化固土하야 不能飮啜이라. 以故로 城內에 遂乳渴하니 諸人이 動搖하야 爭取草果하니 混濁至極하야 難保淸淨이라. 黃穹氏이 爲諸人之長故로 乃束身白茅하고 謝於麻故之前하야 自負五味之責하여 立誓復本之約이러라. 退而告諸族曰五味之禍이 反潮逆來하니 此出城諸人이 不知理道하고 徒增惑量故也라. 淸淨已破하고 大城將危하니 此將奈何오. 是時에 諸天人이 意決分居하야 欲保大城於完全하니 黃穹氏이 乃分給天符爲信하고 敎授採葛爲量하야 命分居四方이라. 於時에 靑穹氏이 率眷出東間之門하야 去雲海洲하고 白

㉢ 麻: 원문은 痲로 되어 있다. 김은수, 『부도지』 31쪽 참조.

㉠ 去: 김은수 번역본에는 出로 되어 있다.

巢氏이 率眷出西間之門하야 去月息洲하고 黑巢氏이 率眷出南間之門하야 去星生洲하고 黃穹氏이 率眷出北間之門하야 去天山洲하니 天山洲는 大寒大險之地라. 此는 黃穹氏이 自進就 難하야 忍苦復本之盟誓러라.

第九章

分居諸族이 繞到各洲하니㉠ 於焉千年이라. 昔世出城諸人之裔이 雜居各地하야 其勢甚盛이라. 然이나 殆忘根本하고 性化猛獰하야 見新來分居之族則作群追跡而害之러라. 諸族이 已定住하니 海阻山隔하야 來往이 殆絶이라. 於時에 麻故與二姬로 修補大城하고 注入天水하야 淸掃城內하고 移大城於虛達之上이러라. 是時에 淸掃之水이 大漲於東西하야 大破雲海之地하고 多滅月息之人이라. 自此로 世界之重이 變化하야 曆數生差하니 始有朔昄之象이라.

第十章

黃穹氏이 到天山洲하야 誓解惑復本之約하고 告衆勸勉修證之業이라. 乃命長子有因氏하야 使明人世之事하고 使次子三子로 巡行諸洲러라. 黃穹氏乃入天山而化石하야 長鳴調音하야 以圖人世惑量之除盡無餘하고 期必大城恢復之誓約成就러라. 於是에 有因氏이 繼受天符三印하니 此卽天地本音之象而使知其眞一根本者也라. 有因氏이 哀憫諸人

㉠ 到: 김은수 번역본에는 倒로 되어 있다.

之寒冷夜暗하야 鑽燧發火하야 照明溫軀하고 又敎火食하니 諸人이 大悅이라. 有因氏千年에 傳天符於子桓因氏하고 乃入山하야 專修稧祓不出이라. 桓因氏이 繼受天符三印하야 大明人世證理之事하니 於是에 日光均照하고 氣侯順常하야 血氣之類이 庶得安堵하고 人相之怪이 稍得本態하니 此는 三世修證三千年에 其功力이 庶幾資於不咸者也라.

第十一章

桓因氏之子桓雄氏이 生而有大志하야 繼承天符三印하고 修稧除祓하고 立天雄之道하야 使人知其所由러라. 於焉人世이 偏重於衣食之業하니 桓雄氏이 制無餘律法四條하야 使鰥夫로 調節하니 一曰人之行蹟은 時時淸濟하야 勿使暗結生鬼하며 煩滯化魔하야 使人世로 通明無餘一障하라. 二曰人之聚積은 死後堤功하야 勿使陳垢生鬼하며 濫費化魔하야 使人世로 普洽無餘一憾하라. 三曰頑着邪惑者는 謫居於曠野하야 時時被其行하야 使邪氣로 無餘於世上하라. 四曰大犯罪過者는 流居於暹島하야 死後焚其尸하야 使罪集으로 無餘於地上하라. 又作宮室舟車하야 敎人居旅러라. 於是에 桓雄氏이 始乘舟浮海하야 巡訪四海할새 照證天符修信하고 疏通諸族之消息하며 訴言根本之不忘하고 敎宮室舟車火食之法이러라. 桓雄氏이 歸而修八音二文하고 定曆修醫藥하며 述天文地理하니 弘益人世라. 此는 世遠法弛하야 諸人之暗揣摸揀이㉠ 漸增詐端故로 欲保根本之道於日 用事物之間而使昭然也라. 自是로 始興修學之風하니 人性昏昧하야 不學則不知故也라.

㉠ 김은수 번역본에는 揀로 되어 있다.

第十二章

桓雄氏生壬儉氏하니 時에 四海諸族이 不講天符之理하고 自沒於迷惑之中하야 人世困苦라. 壬儉氏懷大憂於天下하고 修天雄之道하며 行稧祓之儀하야 繼受天符三印이라. 教耕稼蠶葛陶　窯之法하고 布交易稼娶譜錄之制러라. 壬儉氏이 啖根吸露하고 身生毛毿하야 遍踏四海하야 歷訪諸族하니 百年之間에 無所不往이라. 照證天符修信하고 盟解惑復本之誓하며 定符都建設之約하니 此는 地遠信絶하야 諸族之言語風俗이 漸變相異故로 俗講天符地理於會同協和之而使明之也라. 是爲後日會講之緖하니 人事煩忙하야 不講則忘失故也라.

第十三章

壬儉氏이 歸而擇符都建設之地하니 卽東北之磁方也라. 此는 二六交感懷核之域이오 四八相生結果之地라. 明山麗水이 連亘萬里하고 海陸通涉이 派達十方하니 卽九一終始不咸之基也라. 三根靈草와 五葉瑞實과 七色寶玉이 托根於金剛之臟하야 遍滿於全域하니 此一三五七磁朔之精이 會方成物而順吉者也라. 乃築天符壇於太白明地之頭하고 設堡壇於四方이라. 堡壇之間에 各通三條道溝하니 其間이 千里也오 道溝左右에 各設守關하니 此取法於麻故之本城이라. 劃都坊於下部之休하고 圖涵澤於三海之周하니 四律四浦이 連隔千里하야 環列於東西라. 津浦之間에 又設六部하니 此爲諸族之率居也라. 符都既成하니 雄麗光明하여 足爲四海之總和요 諸族之生脉이라.

第十四章

於是에 移黃穹氏之裔六萬守之하고 乃割木作桴八萬하야 刻信符流放於天池之水하야 招四海諸族하니 諸族이 得見信桴하고 次第來集하야 大開神市於朴達之林하고 修禊淨心 察于天象하야 修麻姑之譜하야 明其族屬하고 準天符之音하야 整其語文하야 又奠定北辰七耀之位하야 燔贖於盤石之上하고 會歌而奏天雄之樂이러라. 諸族이 採七寶之玉於方丈方壺之堀하야 刻天符而 謂之方丈海印하야 辟除七難而歸라. 自此로 每十歲必開神市하니 於是에 語文同軌하야 一準天下하니 人世太和러라. 仍而築城隍於海隅하야 奉尊天符하고 使駐留諸族으로 館而居之하야 爾來千年之間에 城隍이 遍滿於全域이라.

第十五章

又設朝市於遭陽交地之腹하고 設海市於八澤하야 每歲十月에 行朝祭하니 四海諸族이 皆以方物供進이라. 山岳諸族은 供之以鹿羊하고 海洋諸族이 供之以魚蚧하야 乃頌曰 "朝祭供進魚羊犧牲五味血鮮休咎蒼生하라" 此謂之朝鮮祭러라. 是時에 山海諸族이 多食魚肉하니 交易之物이 擧槪包貝皮革之類故 乃行犧牲之祭하야 使人反省報功也라. 揷指于血하야 省察生命하고 注血于地하야 環報育功하니 此代物而償五味之過하야 願其休咎하니 卽肉身苦衷之告白也라. 每歲祭時에 物貨輻湊하니 廣開海市於津浦하고 除祓潔身하야 鑑于地理하고 行交易之法하야 定其値量하며 辨物性之本하야 明其利用이러라. 又象鑿符都八澤之形하야 報賽於曲水之間하고 會燕而行濟物之儀러라. 諸族이 取五瑞

之實於蓬萊圓嶠之峰하니 卽栢子也라. 謂之蓬萊海松하야 惠得五幸而歸라. 自此로 四海興産하야 交易殷盛하니 天下裕足이러라.

第十六章

來市者이 又取三靈之根於瀛州岱與之谷하니 卽人蔘也라. 謂之瀛州海蔘하야 能保三德而歸라. 盖人蔘이 具其數格하야 生於磁朔之方者이 必長生하니 以四十歲謂爲一期休眠 以一三期爲一朔而蓄精하고 經四朔而結子乃化하니 如是者 非符都之域則不得也라. 故로 曰方朔草하니 世謂之不死藥이 是也라. 其或小根이라도 産於符都之域者는 皆有靈效故로 來市者이 泌求之也러라. 大抵三根靈草之人蔘과 五葉瑞實之栢子와 七色寶玉之符印은 眞是不咸三域之特産이어 四海諸族之天惠라.

第十七章

是時에 陶堯이 起於天山之南하니 一次出城族之裔也라. 曾來往於祭市之會하고 聞道於西堡之干이라. 然이나 素不勤數하야 自誤九數五中之理하고 以爲中五外八者은 以一御八하며 以內制外之理라하야 自作五行之法하고 主唱帝王之道하고 巢夫許由等이 甚責以絶之라. 堯乃出關聚徒하야 驅逐苗裔하니 苗裔者는 黃穹氏之遺裔오 其地는 有因氏之鄕也라. 後代壬儉氏 率諸人出於符都而不在故로 堯乘其虛而襲之하니 苗裔이 遂散去東西北之三方이라. 堯乃劃地九州而稱國하고 自居五中而稱帝하야 建唐都하야 對立符都라. 時見龜背之負文과 蓂莢之開落하고 以爲神啓

라하야 因之以作暦하고 廢天符之理하며 棄符都之暦나니 此는人世二次之大變이라.

第十八章

於是에 壬儉氏이 甚憂之하야 使有因氏之孫有戶氏父子로 率鯀夫權士等百餘人하고 往而曉之하니 堯迎之而服命恭順하야 使居於河濱有戶氏 黙觀其狀하고 自爲教人하야 數移其居러라. 先時有戶氏在於符都에 採葛而不食五味하야 身長十尺이어 眼生火光이라. 年長於壬儉氏百餘歲오 承父祖之業하야 助壬儉氏而行道教人이러니 至是爲使하야 濟度頑迷之世하니 其行이 艱難이러라. 時에 堯見有戶氏之子有舜之爲人하고 心中異圖하야 任事以示協하여 以其二女로 誘之하니 舜乃迷惑이라. 有舜이 曾爲符都執法之鯀夫하야 過不及而無節이러니 至是爲堯之所迷하야 密娶其二女하고 暗附協助러라.

第十九章

是時에 有戶氏이 隨警隨戒하니 舜이 唯唯而不改라가 終受堯囑하야 追戮賢者하며 仍又伐苗어늘 有戶氏이 遂不能忍耐하야 論責討之하고 舜은 呼天哭泣하고 堯置身無地하야 遂讓位於舜而自閉하니 有戶氏曰 五味之災未濟에 又作五行之禍하야 罪滿於地罡蔽於天하니 數事多乖하야 人世困苦라. 此不可不正之오 且不知而犯者는 容或誨之로되 知而犯者는 雖至親이라도 不可得恕라하고 乃命次子有象하야 率權士聚衆하야 鳴罪而攻之하니 戰及數年遂革其都라. 堯死於幽閉之中하고 舜

逃於蒼梧之野하야 徒黨이 四散이라. 堯之徒禹이 與舜有殺父之怨이러니 至是하야 追擊殺之라. 舜之二妻이 亦投江自決 禹이 乃言正命立功하고 慰衆師而歸之어늘 有戶氏이 退而黙觀禹之所行이러니 於是에 禹이 移都聚群하야 增修干戈而拒有戶氏하고 自稱夏王이러라.

第二十章

禹遂背反符都하고 設壇於塗山하야 伐西南諸族而謂之諸侯하야 驅聚於塗山而受朝貢하니 此効符都祭市之制而暴戾者也.㉠ 於是에 天下騷然하야 走符都者多하니 禹乃遮斷水陸之路하야 孤隔符都而使不得來往이라. 然이나 不敢攻符都러니 是時에 有戶氏居於西方而收拾苗裔하야 通於巢許之鄕하고 連結西南諸族하니 其勢甚盛하야 自成一邑이라. 有戶氏乃送權士論禹曰

堯誤天數하야 割地爲自專天地하고 制時爲獨壇利機하고 驅人爲私牧犬羊하야 自稱帝王而獨斷하니 人世黙黙爲土石草木하야 天理逆沒於虛妄이라. 此는 假竊天權하야 恣行私慾之暴也라. 帝王者이 若代行天權則亦能開閉日月하여 造作萬物乎아 帝王者는 數諦 非人之所假以稱之者니 假稱則徒爲詐虛之惡戱而已라. 人之事는 證理也오 人世之事는 明其證理之人事也니 此外에 復有何哉리오. 故로 符都之法은 明證天數之理하야 使人遂其本務而受其本福而已라. 故로 言者聞者는 雖有先後나 無有高卑하며 與者受者는 雖有熟疏나 無有牽驅故로 四海平等하야 諸族이 自行이라. 唯其報贖五味之責과 恢復大城之業은 常在於

㉠ 戾: 김은수본 번역본에는 突로 되어 있다.

一人犧牲之主管이오 非人人之所能爲者故로 此事는 自古不離於人世之事하니 黃穹氏有因氏之例, 是也라.

第二十一章

且其所謂五行者는 天數之理에 未有是法也라. 方位五中者는 交叉之意오 非變行之謂也라. 變者는 自一至九故로 五者不得常在於中而九者輪回하야 律呂相調然後에 萬物이 生焉하나니 此는 基數之謂也요 至其五七大衍之環則其位不限於五而亦有四七也라. 且其順逆生滅之輪冪은 四也오 非五也니 卽原數之九이 不變故也라. 又輪冪一終之間은 二八之七也오 非五也라. 又其配性之物은 金木水火土五者之中에 金土를 如何別立乎아. 以其小異로 亦將別之則氣風草石之類는 豈不共擧耶아. 故로 皆擧則無數也오 嚴擧則金木水火或土木水火之四也오 不得爲五也라. 尤其物性은 由何而配於數性乎아. 數性之物은 其原이 九也오 非五也라. 故로 五行之說은 眞是荒唐無稽之言이니라. 以此로 誣惑證理之人世하야 乃作天禍하니 豈不可恐哉아.

第二十二章

且其曆制는 不察乎天數之根本하고 取本於龜莢之微物하니 堯且何心哉오. 天地之物이 皆出於數하야 各有數徵하니 何必龜莢而已哉리요. 故로 於物於事에 各有其曆하니 曆者는 歷史也라. 故로 堯之曆制는 則龜莢之曆이오 非人世之曆이나 其不合於人世者이 固當然也라. 以故로 飜覆三正하야 將欲苟合而不得하야 遂致天禍也로다. 大抵曆者는 人生

證理之其本故로 其數無不在躬이라. 是故로 曆正則天理人事이 證合而爲福하고 曆不正則乖離於天數而爲禍하니 此는 福在於理存하고 理存於正證故也라. 故로 曆之正與不正은 人世禍福之端이니 可不愼哉아. 昔世五味之禍이 於一人之迷惑하야 及於萬代之生靈이러니 今且曆禍는 將欲及於千世之眞理하니 懼矣哉라.

第二十三章

天道回回하야 自有終始하고 終始且回하야 疊進四段而更有終始也라. 一終始之間을 謂之小曆이오 終始之終始를 謂之中曆이오 四疊之終始를 謂之大曆也라. 小曆之一回曰祀니 祀有十三期하고 一期有二十八日而更分爲四曜라. 一曜有七日하고 曜終曰服故로 一祀有五二曜服하니 卽三百六十四日이라. 此는 一四七之性數也오 每祀之始에 有大祀之旦하니 旦者與一日同故로 合爲三百六十五日하고 三祀有半에 有大朔之昄하니 昄者는 祀之二分節이라. 此는 二五八之法數也오 昄之長이 與一日同故로 第四之祀는 爲三百六十六日이라. 十祀有半에 有大晦之晷하니 晷者는 時之根이라. 三百晷爲一眇하니 眇者는 晷之感眼者也라. 如是經九六三三之眇刻分時爲一日하니 此는 三六九之體數也라. 如是終始하야 次及於中大之曆而理數乃成也라. 大抵堯之此三誤者는 出於虛爲之欲이니 豈可比言於符都實爲之道哉아. 虛爲則理不實於內하야 竟至滅亡하고 實爲則理常足於我하야 配得自存이니라.

第二十四章

有戶氏이 如是叮嚀告戒하야 勸廢諸法而復歸於符都하니 禹頑强不聽하고 反爲威侮하야 乃率衆攻有戶氏라가 數次未勝하고 竟死於茅山之陣하니 於是에 夏衆이 悲憤하야 願死者數萬이라. 此盖與禹治水之徒也라. 禹之子啓이 率此大軍하고 進擊有戶氏之邑하니 有戶氏之軍은 不過數千이라 然이나 夏軍이 戰則必敗하야 一無擧績하니 啓이 遂懼而退陣하야 不復再擧하니 其衆이 激昻이러라. 於是에 有戶氏이 見 衆之爲瞽盲하고 以爲不可速移라하야 將欲敎西南諸族하야 率其徒而去하니 其邑이 自廢라.

第二十五章

自是로 天山之南太原之域이 紛紛然嚚嚚然若無主人하야 所謂王者는 爲瞽하고 所謂民者는 爲盲하야 暗黑重疊而强者爲上하고 弱者爲下하야 王侯封國之風과 制壓生民之弊이 蔓延成痼하야 遂至於自相侵奪하니 徒殺生靈하고 一無世益이라. 以故로 夏殷이 皆亡於其法而終不知其所以然하니 此는自絶符都하야 未聞眞理之道故也라. 於焉에 有戶氏이 率其徒하고 入於月息星生之地하니 卽白巢氏黑巢氏之鄕也라. 兩巢氏之裔이 猶不失作巢之風하야 多作高塔層臺러라. 然이나 亡失天符之本音하고 未覺作塔之由來하야 訛轉道異하고 互相猜疑하야 爭伐爲事라. 麻姑之事는 殆化奇怪하야 泯滅於虛妄하니 有戶氏周行諸域하야 說麻姑之道와 天符之理하니 衆皆訝而不受러라. 然이나 唯其典古者이 悚然起來而迎之하니 於是에 有戶氏이 述本理而傳之라.

第二十六章

壬儉氏이 聞有戶氏之行하고 壯其途하야 使有戶氏之族으로 就於敎部而居之러라. 是時에 壬儉氏이 甚憂夏土之形勢하야 遂入山專修解惑復本之道러라. 壬儉氏之子夫婁氏 繼受天符三印하고 證天地之爲一理하야 人生之爲一族하야 大興父祖之道하고 普行天雄之法하야 專念人世證理之事러라. 尙緊密雲海之族하야 欲試夏土之歸一이러니 異道漸盛未得遂意 夫婁氏傳符於子邑婁氏入山 邑婁氏生而有大悲之願 繼受天符三印 哀憫夏族之陷於塗炭之中 悲痛眞理之墜於詐端之域 遂封鎖天符於明地之壇 乃入山 專修復本之大願 百年不出 遺衆大哭 壬儉氏生於後天末世之初 豫察四海之將來 示範符都之建設千年之間 其功業大矣至矣 至是符傳廢絶 麻姑分居以來 黃·因·桓·雄·儉·夫·婁 七世符傳七千年.

『환단고기』

(이유립, 『환단고기』, 배달의숙, 1983.㉠)

《 桓檀古記 》

編著 雲樵 桂延壽

內容目次

凡例

一 古記引用 始自一然氏之遺事 而今其古記 不可得見 乃以 三聖紀 檀君世紀北夫餘紀太白逸史 合爲一書㉢ 名曰桓檀古記.

一 三聖紀㉣ 有二種 而似非完編. 安含老氏所撰 余家舊傳 今爲三聖

㉠ 판권지에는 1979년 발행으로 되어 있으나, 실은 1983년도에 출간한 것이다.

㉡ 迦葉原夫餘紀 休崖居士 撰: 조병윤본에는 누락되어 있다.

㉢ 紀: 조병윤본에는 記로 되어 있다.

記全上篇 元董仲氏所撰 得於泰川白進士寬默氏 今爲三聖紀全下篇㉠ 總爲之三聖記全.

一 檀君世紀 紅杏村叟所編 乃杏村先生文貞公所傳也. 此書 亦得於白進士 進士文藻古家也. 素多藏書 而今兩種史書 俱出其家 奚啻譬諸百朋之賜? 可謂祖國之萬丈光彩也.

一 北夫餘紀上下 休崖居士 范樟所撰也. 舊有以檀君世紀 合編者 得於朔州梨洞李進士亨栻家 檀君世紀 與白進士所藏 無一字異同 今又有別本而行於世者 此本內容 自與前書 頗有所殊 故更不及之也.

一 太白逸史 一十堂主人李陌氏所編 乃海鶴李沂先生所藏也. 蓋桓檀以來相傳之敎學經文 悉備 取材典據 可一見燎然者也. 且其天符經三一神誥 兩書全文 俱在篇中 實爲郎家之大學中庸也. 嗚呼! 桓檀相傳之三一心法 眞在是書 果太白眞敎重興之基歟? 手自舞足自蹈 興欲哄喜欲狂也.

一 桓檀古記 悉經海鶴李先生之監修 而且余精勤繕寫 又因洪範圖吳東振兩友之出金 付諸剞劂 一爲自我人間之發見主性而大賀也. 一爲世界人類之對合共存而大賀也.

神市開天 五千八百八年 卽光武十五年 歲次辛亥 五月廣開節 太白

㉣ 紀: 조병윤본에는 記로 되어 있다.
㉠ 紀: 조병윤본에는 記로 되어 있다.

遺徒宣川桂延壽仁卿 書于妙香山之檀窟庵.

『三聖紀全』上篇 安含老 撰

吾桓建國 最古 有一神 在斯 白力之天 爲獨化之神 光明 照宇宙 權化生萬物 長生久視 恒得決樂 乘遊至氣 妙契自然 無形而見 無爲而作 無言而行. 日降童女童男八百於黑水白山之地 於是 桓因 亦以監群 居于天界 掊石發火 始敎熱食 謂之桓國 是謂天帝桓因氏 亦稱安巴堅也. 傳七世 年代不可考也.

後 桓雄氏 繼興 奉天神之詔 降于白山黑水之間 鑿子井女井於天坪 劃井地於青丘 持天符印 主五事 在世理化 弘益人間 立都神市 國稱培達. 擇三七日 祭天神 忌愼外物 閉門自修 呪願有功 服藥成仙 劃卦知來 執象運神. 命群靈諸哲 爲輔 納熊氏女 爲后 定婚嫁之禮 以獸皮 爲幣 耕種有畜 置市交易 九域貢賦 鳥獸率舞. 後人 奉之爲地上最高之神 世祀不絶.

神市之季 有蚩尤㉠天王 恢拓青邱 傳十八世 歷一千五百六十五年.

後 神人王儉降 到于不咸之山檀木之墟 其至神之德 兼聖之仁 乃能承詔繼天而建極 巍蕩惟烈 九桓之民 咸悅誠服 推爲天帝化身而帝之 是爲檀君王儉. 復神市舊規 設都阿斯達 開國號朝鮮.

檀君 端拱無爲 坐定世界 玄妙得道 接化群生 命彭虞 闢土地 成造 起宮室 高矢 主種稼 臣智 造書 契奇省 設醫藥 那乙 管版 籍羲 典卦筮 尤作兵馬 納非西岬河伯女 爲后 治蠶 淳厖之治 熙洽四表.

㉠ 尤 : 원본에는 尤로 되어 있으나 '尤'로 통일한다.

丙辰周考時 改國號 爲大夫餘 自白岳 又徙於藏唐京 仍設八條 讀書習射 爲課 祭天 爲教 田蠶是務 山澤無禁 罪不及孥 與民共議 協力成治 男有常職 女有好逑 家皆蓄積 山無盜賊 野不見飢 絃歌溢域.

檀君王儉 自戊辰統國 傳四十七世 歷 二千九十六年.

壬戌 秦始時 神人大解慕漱 起於熊心山

丁未漢惠時 燕酋衛滿 竊居西鄙一隅 番韓準 爲戰不敵 入海而亡 自此 三韓所率之衆 殆遷民於漢水之南 一時群雄 競兵於遼海之東 至癸酉漢武時 漢移兵 滅右渠 西鴨綠人高豆莫汗 倡義興兵 赤稱檀君

乙未漢昭時 進據夫餘故都 稱國東明 是乃新羅故壤也. 至癸亥春正月 高鄒牟 亦以天帝之子 繼北夫餘而興 復檀君舊章 詞解慕漱 爲太祖始建元 爲多勿 是爲高句麗始祖也.

『三聖紀全』下篇　元董仲 撰

人類之祖 曰那般初 與阿曼 相遇之 處曰阿耳斯它. 夢得天神之教 而自成婚禮 則九桓之族 皆其後也.

昔有桓國 衆富且庶焉. 初桓仁 居于天山 得道長生 擧身無病 代天宣化 使人無兵 人皆作力 自無飢寒 傳赫胥桓仁古是利桓仁朱于襄桓仁釋提壬桓仁邸乙利桓仁 至智爲利桓仁 或曰檀仁.

古記云 波奈留之山下 有桓仁氏之國 天海以東之地 亦稱波奈留之國 其地廣 南北五萬里 東西二萬餘里 摠言桓國 分言則卑離國養雲國寇莫汗國句茶川國一羣國虞婁國(一云畢那國)客賢汗國句牟額國賣句餘國(一云稷臼多國)斯納阿國鮮稗國(一稱豕韋國或云通古斯國)須密爾國 合十二國也. 天海 今曰北海. 傳七世 歷年 共三千三百一年 或云六萬

三千一百八十二年 未知孰是.

桓國之末 安巴堅 下視三危太白 皆可以弘益人間 誰可使之 五加僉曰庶子 有桓雄 勇兼仁智 嘗有意於易世以弘益人間 可遣太白而理之 乃授天符印三種 仍勅曰如今 人物業已造完矣. 君勿惜厥勞 率衆三千而往 開天立教 在世理化 爲萬世子孫之洪範也.

時 有盤固者 好奇術 欲分道而往 請乃許之 遂積財寶 率十干十二支之神將 與共工有巢有苗有燧 偕至三危山拉林洞窟 而立爲君 謂之諸畎是謂盤固可汗也.

於是 桓雄率衆三千 降于太白山頂神壇樹下 謂之神市 是謂桓雄天王也. 將風伯雨師雲師 而主穀主命主刑主病主善惡 凡主人間三百六十餘事 在世理化弘益人間.

時 有一熊一虎 同隣而居 嘗祈于神壇樹 願化爲神戒之氓. 雄聞之 曰可教也 乃以呪術 換骨移神 先以神遺 靜解靈 其艾一炷 蒜二十枚. 戒之曰爾輩食之 不見日光百日 便得人形. 熊虎二族 皆得而食之 忌三七日 熊能耐飢寒 遵戒而得儀容, 虎則放慢不能忌 而不得善業 是二性之不相若也. 熊女者無與爲歸 故每於壇樹下 呪願有孕 乃假化爲桓而使與之爲婚 懷孕生子有帳.

桓雄天王 肇自開天 生民施化 演天經 講神誥 大訓于衆. 自是以後蚩尤天王 闢土地 採銅鐵 鍊兵興産 時 九桓 皆以三神 爲一源之祖 主蘇塗 主管境 主責禍 與衆議一歸 爲和白 竝智生雙修 爲居佺 自是 九桓 悉統于三韓管境之天帝子 乃號曰檀君王儉.

密記云 桓國之末 有難治之强族 患之 桓雄 乃以三神設教 以佺戒爲業 而聚衆作誓 有勸懲善惡之法 自是 密有剪除之志.

時族號不一 俗尙漸岐 原住者爲虎 新移者㉠ 爲熊. 虎性 嗜貪殘忍

專事掠奪, 熊性 愚愎 自恃 不肯和調 雖居同穴 久益疎遠 未嘗假貸 不通婚嫁 事每多不服 咸未有一其途也. 至是 熊女君 聞桓雄有神德 乃率衆往見 曰願賜一穴廛 一爲神戒之盟 雄乃許之 使之奠接 生子有産 虎終不能悛 放之四海 桓族之興 始此焉.

後 有葛古桓雄 與炎農之國 劃定彊界 又數傳而有慈烏支桓雄 神勇冠絶 以銅頭鐵額 能作大霧 造九冶 而採鑛鑄鐵作兵 天下大畏之 世號爲蚩尤天王 蚩尤俗言雷雨大作 山河改換之義也.

蚩尤天王 見炎農之衰 遂抱雄圖 屢起天兵於西 又自索度 進兵 據有淮岱之間 及軒侯之立也 直赴涿鹿之野 擒軒轅而臣之 後 遣吳將軍 西擊高辛有功.

時 天下鼎峙 涿之北 有大撓 東有倉頡 西有軒轅 自相以兵 欲專其勝而未也. 初軒轅 稍後起於蚩尤 每戰不利. 欲依大撓而未得 又依倉頡而不得 二國皆蚩尤之徒也. 大撓嘗學干支之術 倉頡受符圖之文 當時諸侯 罔不臣事者 亦以此也.

司馬遷史記 曰諸侯咸來賓從 而蚩尤最爲暴 天下莫能伐 軒轅攝政 蚩尤有兄弟八十一 人竝獸身人語 銅頭鐵額 食沙 造五丘杖 刀戟太弩 威振天下 蚩尤古天子之號也.

神市歷代記

倍達 桓雄定有天下之號也. 其所都曰神市 後 徙青邱國. 傳十八世 歷年㉠一千五百六十五年.

一世曰桓雄天皇 一云居發桓 在位九十四年 壽一百二十歲.

㉠ 移: 조병윤본에는 住로 되어 있다.
㉠ 年: 조병윤본에는 누락되어 있다.

二世曰居佛理桓雄 在位八十六年 壽一百二歲.

三世曰右耶古桓雄 在位九十九年 壽一百三十五歲.

四世曰慕士羅桓雄 在位一百七年 壽一百二十九歲.

五世曰太虞儀桓雄 在位九十三年 壽一百一十五歲.

六世曰多儀發桓雄 在位九十八年 壽一百十歲.

七世曰居連桓雄在 位八十一年 壽一百四十歲.

八世曰安夫連桓雄 在位七十三年 壽九十四歲.

九世曰養雲桓雄 在位九十六年 壽一百三十九歲.

十世曰葛古桓雄 一云葛台天王㉠ 又曰瀆盧韓. 在位一百年 壽一百二十五歲.

十一世曰居耶發桓雄 在位九十二年 壽一百四十九歲.

十二世曰州武愼桓雄 在位一百五年 壽一百二十三歲.

十三世曰斯瓦羅桓雄 在位六十七年 壽一百歲.

十四世曰慈烏支桓雄 世稱蚩尤天王 徙都青邱國. 在位一百九年 壽一百五十一歲.

十五世曰蚩額特桓雄 在位八十九年 壽一百一十八歲.

十六世曰祝多利桓雄 在位五十六年 壽九十九歲.

十七世曰赫多世桓雄 在位七十二年 壽九十七歲.

十八世曰居弗檀桓雄 或云檀雄. 在位四十八年 壽八十二歲.

㉠ 一云葛台天王: 조병윤본에는 누락되어 있다.

『檀君世紀』

檀君世紀序

爲國之道 莫先於士氣 莫先於史學 何也? 史學不明 則士氣不振 士氣不振 則國本搖矣 政法歧矣. 蓋史學之法 可貶者貶 可褒者褒 衡量人物論診時像 莫非標準萬世者也. 斯民之生厥惟久矣. 創世條序 亦加訂證 國與史 竝存 人與政 俱擧 皆自我所先所重者也. 嗚呼! 政猶器人猶道 器可離道而存乎 國猶形 史猶魂 形可失魂而保乎? 竝修道器者我也 俱衍形魂者亦我也. 故天下萬事 先在知我也. 然則其欲知我 自何而始乎? 夫三神一體之道 在大圓一之義 造化之神 降爲我性 敎化之神降爲我命 治化之神 降爲我情 故惟人 爲最貴最尊於萬物者也. 夫性者神之根也. 神本於性 而性未是神也 氣之炯炯 不昧者 乃眞性也. 是以神不離氣 氣不離神 吾身之神 與氣合 而後 吾身之性與命 可見矣. 性不離命 命不離性 吾身之性 與命合而後 吾身未始神之性 未始氣之命可見矣. 故其性之靈覺也 與天神 同其源 其命之現生也 與山川 同其氣 其情之永續也 與蒼生 同其業也. 乃執一而含三 會三而歸一者是也. 故定心不變謂之眞我 神通萬變謂之一神 眞我 一神攸居之宮也. 知此眞源 依法修行 吉祥自臻 光明恒照 此乃天人相與之際 緣執三神戒盟而始能歸于一者也. 故性命情之無機 三神一體之上帝也 與宇宙萬物混然同體 與心氣身 無跡而長存 感息觸之無機 桓因主祖也 與世界萬邦 一施而同樂 與天地人 無爲而自化也. 是故其欲立敎者 須先立自我革形者 須先革無形 此乃知我求獨之一道也. 嗚呼痛矣! 夫餘 無夫餘之道 然後 漢人入夫餘也 高麗 無高麗之道然後 蒙古入高麗也. 若其時之制先 以夫餘有夫餘之道㉠ 則漢人歸其漢也 高麗有高麗之道 則蒙

古歸其蒙古也. 嗚呼痛矣! 向年潛清輩之邪論 陰與百鬼夜行 以男生發岐之逆心 相應而合勢 爲國者抑何自安於道器兩喪形魂全滅之時乎? 今外人干涉之政 去益滋甚 讓位重祚 任渠弄擅 如我大臣者徒束手而無策 何也? 國無史而形失魂之故也. 一大臣之能 姑無可求之爲言 而乃擧國之人 皆救國自期 而求其所以爲有益於救國然後 方可得以言救國也. 然則救國何在哉? 向所謂國有史而形有魂也. 神市開天 自有其統 國因統而立民 因統而興 史學 豈不重歟? 書此 樂爲檀君世紀序.

上之十二年(3696)癸卯 十月三日 紅杏村叟 書于江都之海雲堂.

檀君世紀

古記云 王儉父檀雄 母熊氏王女. 辛卯(紀元前37年)五月二日寅時生于檀樹下 有神人之德 遠近畏服. 年十四甲辰(紀元前24年) 熊氏王聞其神聖 擧爲裨王 攝行大邑國事 戊辰(元年)唐堯時 來自檀國 至阿斯達檀木之墟 國人推爲天帝子 混一九桓 神化遠曁 是謂檀君王儉. 在裨王位 二十四年 在帝位九十三年 壽一百三十歲.

戊辰元年 大始神市之世 四來之民 遍居山谷 草衣跣足 至開天一千五百六十五年上月三日 有神人王儉者 五加之魁. 率徒八百 來御于檀木之墟 與衆奉祭于三神 其至神之德 兼聖之仁 乃能奉詔繼天 巍湯惟烈㉠ 九桓之民 咸悅誠服 推爲天帝化身而帝之 是爲檀君王儉 復神市舊規 立都阿斯達 建邦 號朝鮮(위 단락은 삼성기전 상편 앞 구절과 약간 차이가 있고 거의 동일)

㉠ 以: 조병윤본에는 而로 되어 있다.
㉠ 湯: 조병윤본에는 蕩으로 되어 있다.

詔曰 天範 惟一 弗二厥門 爾惟純誠 一爾心 乃朝天. 天範 恒一 人心 惟同 推己秉心 以及人心. 人心 惟化 亦合天範 乃用御于萬邦.

爾生由親㉠ 親降自天 惟敬爾親 乃克敬天 以及于邦國 是乃忠孝. 爾克體是道 天有崩 必先脫免.

禽獸有雙 弊履有對 爾男女 以和 無怨 無妬 無淫

爾嚼十指 痛無大小 爾相愛 無胥讒 互佑 無相殘 家國以興.

爾觀牛馬. 猶分厥芻 爾互讓 無胥奪 共作 無相盜 國家以殷.㉡

爾觀于虎. 彊暴不靈 乃作孽 爾無桀驁 以戕性 無傷人 恒遵天範 克愛物. 爾扶傾 無陵弱 濟恤 無侮卑. 爾有越厥則 永不得神佑 身家以殞.

爾如有衝火于禾田 禾稼將殄滅 神人以怒 爾雖厚包 厥香必漏. 爾敬持彝性 無懷慝 無隱惡 無藏禍心. 克敬于天 親于民 爾乃福祿無窮 爾五加衆 其欽哉.

於是 命彭虞 闢土地 成造 起宮室 臣智 造書契 奇省 設醫藥 那乙 管版籍 羲典卦筮 尤掌兵馬 納斐西岬河伯女 爲后治蠶 淳厖之治 熙洽四表.

丁巳五十年. 洪水汎濫 民不得息 帝命風伯彭虞 治水 定高山大川 以便民居 牛首州 有碑.

戊午五十一年. 帝命雲師倍達臣 設三郎城于穴口 築祭天壇於摩璃山 今塹城壇 是也.

甲戌六十七年. 帝遣太子扶婁 與虞司空 會于塗山 太子傳五行治水之法 勘定國界 幽營二州 屬我 定淮岱諸侯 置分朝以理之 使虞舜 監

㉠ 由: 조병윤본에는 惟로 되어 있다.

㉡ 家國以興. 爾觀牛馬. 猶分厥芻 爾互讓 無胥奪 共作 無相盜 國家以殷: 조병윤본에는 "興 爾觀牛馬 猶分厥芻 爾互讓 無胥奪 共作 無相盜 國家以殷"의 24字가 누락되어 있다.

其事.

庚子九十三年. 帝在柳闕 土階自成 草茆不除 檀木茂陰 與熊虎遊 觀牛羊茁. 浚溝洫 開田陌 勸田蠶 治漁獵 民有餘物 俾補國用 國中大會上月祭天 民皆熙皞自樂. 自此 皇化 洽被九域 遠曁耽浪 德教 漸得偉廣.

先是區劃天下之地 分統三韓 三韓 皆五加六十四族. 是歲三月十五日 帝崩于蓬亭 葬于郊外十里之地 萬姓 如喪考妣 奉檀旂 晨夕 合坐敬拜 常念不忘于懷. 太子扶婁立.

二世檀君扶婁　　在位五十八年

辛丑元年. 帝賢而多福 居財大富 與民共治產業 無一民飢寒 每當春秋 巡省國中 祭天如禮 察諸汗善惡 克愼賞罰 浚渠洫勸農桑 設寮興學 文化大進 聲聞日彰.

初 虞舜 置幽營二州於藍國之隣 帝遣兵征之 盡逐其君 封東武道羅等 以表其功.

神市以來 每當祭天 國中大會 齊唱讚德諧和 於阿爲樂 感謝爲本 神人以和 四方爲式 是爲參佺戒. 其詞曰

於阿於阿 我等大祖神 大恩德 倍達國我等 皆百百千千年勿忘.㉠

於阿於阿 善心 大弓成 惡心 矢的成. 我等百百千千人 皆大弓絃同善心直矢一心同.

於阿於阿 我等百百千千人 皆大弓一 衆多矢的貫破 沸湯同善心中一塊雪 惡心.

㉠ 年: 조병윤본에는 누락되어 있다.

於阿於阿 我等百百千千人 皆大弓堅勁同心 倍達國光榮. 百百千千年 大恩德 我等大祖神. 我等大祖神.

壬寅二年 帝召少連大連 問治道. 先是 少連大連 善居喪 三日不怠 三月不懈 朞年悲哀 三年憂 自是擧俗 停喪五月 以久爲榮 此非天下之大聖 其能德化之流行 如是傳郵之速者乎? 二連以孝聞 亦見稱於孔子 夫孝者 愛人益世之本 放諸四海而準焉.

癸卯三年 九月下詔 使民編髮蓋首 服靑衣 斗衡諸器 悉準於官 布苧市價 無處有二 民不自欺 遠近便之.

庚戌十年. 四月劃邱井 爲田結 使民 自無私利.

壬子十二年. 神誌貴己 製獻七回曆 邱井圖.

戊戌五十八年. 帝崩 是日 日蝕山 獸作隊亂 叫山上 萬姓慟之甚 後國人設祭家內 擇地設壇 而土器 盛禾穀 置壇上 稱爲扶婁壇地 是爲業神 又稱佺戒 以全人受戒 爲業主嘉利 人與業 俱全之義也. 太子嘉勒立.

三世檀君嘉勒 在位四十五年

己亥元年. 五月 帝召三郞乙普勒 問神王倧佺之道 普勒 交拇加右手 行三六大禮 而進言曰神者 能引出萬物 各全其性 神之所妙 民皆依恃也 王者能德義理世 各安其命 王之所宣 民皆承服也 倧者國之所選也 佺者民之所擧也 皆七日爲回 就三神執盟 三忽爲佺 九桓爲倧 蓋其道也 欲爲父者 斯父矣 欲爲君者 斯君矣 欲爲師者 斯師矣 爲子爲臣爲徒者 亦斯子斯臣斯徒矣. 故神市開天之道 亦以神施敎 知我求獨 空我存物 能爲福於人世而已. 代天神而王天下 弘道益衆 無一人失性 代萬王而主人間 去病解怨 無一物害命 使國中之人 知改妄卽眞 而三七計

日 會全人執戒 自是 朝有倧訓 野有佺戒 宇宙精氣 粹鍾日域 三光五精 凝結腦海 玄妙自得 光明共濟. 是爲居發桓也 施之九桓 九桓之民 咸率歸一于化.

庚子二年. 時俗尙不一 方言相殊 雖有象形表意之眞書 十家之邑 語多不通 百里之國 字難相解. 於是 命三郎乙普勒 譔正音三十八字 是爲加臨土. 其文曰

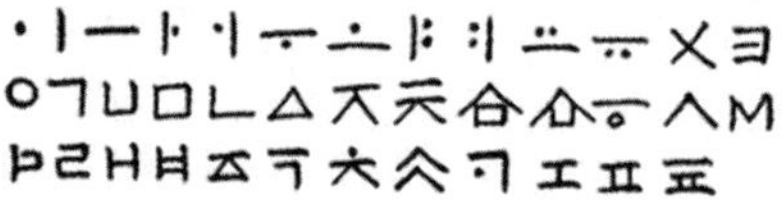

辛丑三年. 命神誌高契 編修倍達留記.

甲辰六年. 命列陽褥薩索靖 遷于弱水 終身棘置 後赦之 仍封其地 是爲凶奴之祖.

丙午八年. 康居叛 帝討之於支伯特. 夏四月 帝登不咸之山 望民家炊煙少起 命減租稅 有差.

戊申十年. 豆只州濊邑叛 命余守己 斬其酋素尸毛犁. 自是 稱其地曰素尸毛犁 今轉音 爲牛首國也 其後孫 有陜野奴者 逃於海上 據三島 僭稱天王.

癸未四十五年. 九月帝崩 太子烏斯丘立.

四世檀君烏斯丘　　在位三十八年

甲申元年. 封皇弟烏斯達 爲蒙古里汗 或曰今蒙古族 爲基後云. 冬十月 北巡 而回到太白山 祭三神 得靈草 是謂人蔘 又稱仙藥. 自後神仙不死之說 與採蔘保精 密有關聯 間有採得家所傳 神異顯靈 頗多奇驗云.

戊子五年.㉠ 鑄圓孔貝錢 秋八月 夏人 來獻方物 求神書而去. 十月 朝野記別㉡ 書于石 以公于民.

庚寅七年. 設造船于薩水之上.

壬寅十九年. 夏主相 失德 帝命息達 率藍眞弁三部之兵 往征之 天下聞之 乃服.

辛酉三十八年. 六月 帝崩 鷄加丘乙立.㉢

五世檀君丘乙　　在位十六年

壬戌元年 命築壇于太白山 遣使致祭.

癸亥二年 五月 蝗虫 大作 遍滿田野 帝親巡田野 呑蝗而告三神 使滅之 數日盡滅.

乙丑四年 始用甲子 作曆.

己巳八年 身毒人 流漂 到東海濱.

丁丑十六年 親幸藏唐京 封築三神壇 多植桓花. 七月 帝南巡 歷風流江 到松壤得 疾尋崩 葬于大博山 牛加達門 被選於衆 入承大統.

六世檀君達門　　在位三十六年

戊寅元年.

壬子三十五年. 會諸汗于常春 祭三神于九月山 使神誌發理 作誓效詞 其詞曰

朝光先受地 三神赫世臨. 桓因出象先 樹德宏且深. 諸神議遣雄 承詔

㉠ 子: 조병윤본에는 午로 되어 있다.

㉡ 朝野記別: 조병윤본에는 '朝野別記'로 되어 있다.

㉢ 鷄: 조병윤본에는 누락되어 있다.

始開天. 蚩尤起青邱 萬古振武聲. 淮岱皆歸王 天下莫能侵. 王儉受大命 懽聲動九桓. 魚水民其蘇 草風德化新. 怨者先解怨 病者先去病. 一心存仁孝 四海盡光明. 眞韓鎭國中 治道咸維新. 慕韓保其左 番韓控其南. 巉岩圍四壁 聖主幸新京. 如秤錘極器 極器白牙岡. 秤榦蘇密郎 錘者安德鄕. 首尾均平位 賴德護神精. 興邦保太平 朝降七十國. 永保三韓義 王業有興隆興. 廢莫爲說. 誠在事天神.

乃與諸汗 立約束 曰凡我同約之人 以桓國五訓 神市五事 爲永久遵守之案 祭天之儀 以人爲本 爲邦之道 以食爲先 農者 萬事之本 祭者五敎之源 宜與國人 共治爲產 先講重族 次宥俘囚 竝除死刑 責禍保境和白爲公 專以一施共和之心 謙卑自養 以爲仁政之始也 時 執盟貢幣者 大國 二 小國 二十 墟落 三千六百二十四.

癸丑三十六年. 帝崩 鷄加翰栗立.㉠

七世檀君翰栗 在位五十四年

甲寅元年.

丁未五十四年. 帝崩 于西翰立.

八世檀君于西翰(或曰烏斯含) 在位八年

戊申元年. 定二十稅一之法 廣通有無 以補不足.

己酉二年. 是歲 豊登 有一莖八穗.

辛亥四年. 帝以微服 潛出國境 視察夏情而還 大改官制.

甲寅七年. 三足烏 飛入苑中 其翼廣三尺.

㉠ 鷄: 조병윤본에는 羊으로 되어 있다.

乙卯八年.㉠ 帝崩 太子阿術立.

九世檀君阿述　在位三十五年

丙辰元年. 帝有仁德 民有犯禁者 必曰糞地雖汚 降雨露有時 置而不論 犯禁者 乃化其德 淳厖之化 大行. 是日 兩日 竝出 觀者如堵.

丁巳二年. 青海褥薩于捉 擧兵 犯闕 帝避于常春 創新宮于九月山南麓 命遣于支于栗等 討誅之 後三年 還都.

庚寅三十五年. 帝崩 牛加魯乙立.

十世檀君魯乙　在位五十九年

辛卯元年. 始作大囿 養畜外之獸.

壬辰二年. 親臨墟落 存問 駕停野外 賢者多歸之.

乙未五年. 宮門外 設伸寃木 以聽民情 中外大悅.

丙午十六年. 東門外十里 陸地生蓮 不咸 臥石自起 天河 神龜負圖而現 圖如柶板 渤海沿岸 金塊露出 數量 十有三石.

乙丑三十五年. 始置監星.

己丑五十九年. 帝崩 太子道奚立.

十一世檀君道奚　在位五十七年

庚寅元年. 帝命五加 擇十二名山之最勝處 設國仙蘇塗 多環植檀樹 擇最大樹 封爲桓雄像而祭之 名雄常. 國子師傅有爲子 獻策曰 惟我神市 實自桓雄 開天納衆 以佺設戒而化之 天經神誥 詔述於上 衣冠帶釼

㉠ 乙卯: 조병윤본에는 己卯로 되어 있다.

樂效於下 民無犯而同治 野無盜而自安 擧世之人 無疾而自壽 無歉而自裕 登山而歌 迎月而舞 無遠不至 無處不興 德敎加於萬民 頌聲 溢於四海 有是請.

冬十月 命建大始殿 極壯麗. 奉天帝桓雄遺象而安之 頭上 光彩閃閃如大日有圓光 照耀宇宙 坐於檀樹之下 桓花之上 如一眞神 有圓心 持天符印 標揭大圓一之圖旗於樓殿㉠ 立號居發桓. 三日而戒 七日而講風動四海. 其念標之文曰

天以玄黙爲大 其道也 普圓 其事也 眞一.

地以蓄藏爲大 其道也 效圓 其事也 勤一.

人以知能爲大 其道也 擇圓 其事也 協一. 故一神降衷 性通光明 在世理化 弘益人間 仍刻之于石.

丁巳二十八年 設所而聚方物 以閱珍奇 天下之民 爭獻 陳設如山.

丁卯三十八年. 徵民丁 皆爲兵 送選士二十人于夏都 始傳國訓 以示威聲.

乙亥四十六年 設作廳于松花江岸 舟楫器物 大行于世. 三月 祭三神于山南 供酒備膳 致詞而醮之 是夜 特賜宣醞 與國人環飮 觀百戱而罷㉡ 仍登樓殿 論經演誥 顧謂五加曰自今以後 禁殺放生 釋獄飯丐 竝除死刑 內外聞之大悅.

丙戌五十七年. 帝崩 萬姓慟之 如考妣喪 三年憂 四海 停聲樂. 牛加阿漢立.

㉠ 旗: 조병윤본에는 누락되어 있다.
㉡ 而: 조병윤본에는 누락되어 있다.

十二世檀君阿漢　在位五十二年

丁亥元年.

戊子二年. 夏四月 一角獸 見於松花江北邊 秋八月 帝巡國中 至遼河之左 立巡狩管境碑 刻歷代帝王名號而傳之 是金石之最也. 後滄海力士黎洪星 過此 題一詩曰

村郊稱弁韓 別有殊常石
臺荒躑躅紅 字沒苺苔碧
生於剖判初 立了興亡夕
文獻俱無徵 此非檀氏跡

乙卯二十九年. 命菁莪褥薩丕信 西沃沮褥薩高士琛 貊城褥薩突盖 封爲列汗.

戊寅五十二年. 帝崩 牛加屹達立.

十三世檀君屹達(一云代音達)　在位六十一年

己卯元年.

甲午十六年. 定州縣 立分職之制 官無兼權 政無越則 民無離鄉 自安所事 絃歌溢域 是歲冬 殷人伐夏 其主桀 請援 帝以邑借末良 率九桓之師 以助戰事. 湯遣使謝罪 乃命引還 桀違之 遣兵遮路 欲敗禁盟 遂與殷人 伐桀密遣臣智于亮 率畎軍 合與樂浪 進據關中邠岐之地而居之 設官制.

戊戌二十年. 多設蘇塗 植天指花 使未婚子弟 讀書習射 號爲國子郎. 國子郎 出行 頭揷天指花 故時人 稱爲天指花郎.

戊辰五十年. 五星 聚婁 黃鶴 來棲苑松.

己卯六十一年. 帝崩 萬姓絶 食而哭不絶. 仍命釋囚俘 禁殺放生 過

歲而葬之 牛加古弗立.

十四世檀君古弗　　在位六十年

庚辰元年.

乙酉六年. 是歲 大旱 帝親禱天祈雨 誓告于天曰天雖大 無民何施 雨雖膏 無穀何貴? 民所天者 穀 天所心者 人也 天人一體 天何棄民 乃雨滋穀 濟化以時 言訖 大雨 立降數千里.

辛酉四十二年. 九月 枯木生芽 五色大鷄 生於城東子村家 見者誤指爲鳳.

乙亥五十六年. 遣官四方 査計戶口 總一億八千萬口.

己卯六十年. 帝崩 代音立.

十五世檀君代音(一云後屹達)　在位五十一年

庚辰元年. 殷主小甲 遣使求和. 是歲 改八十稅一之制.

辛巳二年. 洪水大漲 民家 多被害 帝甚憐恤 移其栗於蒼海蛇水之地 均給于民. 冬十月 養雲須密爾二國人 來獻方物.

己丑十年. 帝西幸弱水 命臣智禹栗 採金鐵及膏油. 秋七月 虞婁人二十家 來投 命定着于鹽水近地.

丁未二十八年. 帝登太白山 立碑 刻列聖群汗之功.

己未四十年. 封皇弟代心 爲南鮮卑大人.

庚午五十一年. 帝崩 牛加尉那立.

十六世檀君尉那　　在位五十八年

辛未元年.

戊戌二十八年. 會九桓諸汗于寧古塔 祭三神上帝 配桓因桓雄蚩尤及檀君王儉而亨之 五日大宴 與衆 明燈守夜 唱經踏庭 一邊列炬 一邊環舞 濟唱愛桓歌 愛桓 卽古神歌之類也. 先人 指桓花而不名 直曰花愛桓之歌 有云 山有花 山有花 去年種萬樹 今年種萬樹 春來不咸花萬紅 有事天神樂太平.

戊辰五十八年. 帝崩 太子余乙立.

十七世檀君余乙 　　在位六十八年

己巳元年.

庚申五十二年. 帝與五加 歷巡國中 至蓋斯城之境 有青袍老人 獻賀曰

長生仙人之國 樂爲仙人之氓. 帝德無愆 王道無偏 民兮隣兮 不見愁苦. 責禍以信 管境以恩 城兮國兮 不見戰伐.

帝曰 嘉納嘉納. 朕之修德 日淺 恐無以報民之與望.

丙子六十八年. 帝崩 太子冬奄立.

十八世檀君冬奄 　　在位四十九年

丁丑元年.

丙申二十年. 支伯特人 來獻方物.

乙丑四十九年. 帝崩 太子緱牟蘇立.

十九世檀君緱牟蘇 　在位五十五年

丙寅元年.

己丑二十四年. 南裳人入 朝.

己未五十四年. 支離叔 作周天曆 八卦相重論.

庚申五十五年. 帝崩 牛加固忽立.

二十世檀君固忽 在位四十三年

辛酉元年.

辛未十一年. 秋 白日貫虹.

丙申三十六年. 修築寧古塔 作離宮.

庚子四十年. 共工工忽 製獻九桓地圖.

癸卯四十三年. 四海未寧 而帝崩 太子蘇台立.

二十一世檀君蘇台 在位五十二年

甲辰元年. 殷主小乙遣使入貢

庚寅四十七年. 殷主武丁 旣勝鬼方 又引大軍 侵攻索度令支等國 爲我大敗 請和入貢.

壬辰四十九年. 蓋斯原褥薩高登 潛師 襲鬼方滅之 一群養雲二國 遣使朝貢. 於是 高登 手握重兵 經略西北地 勢甚强盛. 遣人 請爲右賢王 帝憚之不允 屢請乃許 號爲豆莫婁.

乙未五十二年. 右賢王高登 薨 基孫索弗婁 襲爲右賢王. 帝巡狩國中 南至海城 大會父老 祭天歌舞 仍召五加 與之議傳位 自謂老倦于勤 欲委政於徐于餘. 環薩水百里 而封之 命爲攝主 號曰奇首. 右賢王 聞之 遣人 勸帝止之 帝綜不聽. 於是 右賢王 率左右及獵戶數千 遂卽位于夫餘新宮 帝不得已 傳玉册國寶 廢徐于餘 爲庶人 帝隱於阿斯達 以終. 是歲 伯夷叔齊 亦以孤竹君之子 遜國而逃 居東海濱 力田自給.

二十二世檀君索弗婁　在位四十八年

丙申元年. 帝命修築鹿山 改官制. 秋九月 親幸藏唐京 立廟祀高登王 十一月 親率九桓之師 屢戰破殷都 尋和 又復大戰 破之. 明年二月 追至河上 而受捷賀 遷弁民于淮岱之地 使之畜農 國威大振.

辛丑六年. 臣智陸右 奏曰阿斯達 千年帝業之地. 大運 已盡 寧古塔 王氣濃厚 以勝於白岳山 請築城移之 帝不許曰新都已宅 更何他往?

乙卯二十年. 至是 藍國頗强 與孤竹君 逐諸賊 南遷至俺瀆忽 居之 近於殷境. 使黎巴達 頒兵 追據邠岐 與其遺民 相結 立國稱黎 與西戎 雜處於殷家諸侯之間 藍氏威勢甚盛 皇化遠及恒山以南之地.

辛未三十六年. 邊將申督 因兵作亂 帝暫避于寧古塔 民多從之.

癸未四十八年. 帝崩 太子阿忽立.

二十三世檀君阿忽　在位七十六年

甲申元年 命皇弟固弗加㉠ 治樂浪忽 遣熊乫孫 與藍國君 觀南征之兵 置六邑於殷地 殷人 相爭不决 乃進兵攻破之. 秋七月 誅申督 還都 命釋囚浮.

乙酉二年. 藍國君今達 與靑邱君 句麗君 會于周愷 合蒙古里之兵 所到 破殷城柵 深入奧地 定淮岱之地 分封蒲古氏於淹 盈古氏於徐 邦古氏於淮 殷人 望風煌怯莫敢近之.

戊子五年. 召二韓及五加 議停寧古塔移都事.

己亥七十六年. 帝崩 太子延那立.

㉠ 弟: 조병윤본에는 叔으로 되어 있다.

二十四世檀君延那　　在位十一年

庚子元年. 命皇叔固弗加 爲攝政.

辛丑二年. 諸汗㉠ 奉詔 增設蘇塗 祭天 國家有大事異災 則輒禱之定民志于一.

庚戌十一年. 帝崩 太子率那立.

二十五世檀君率那　　在位八十八年

辛亥元年.

丁亥三十七年. 箕子 徙居西華 謝絶人事.

丁酉四十七年. 帝在上蘇塗 講古禮 因問佞臣直臣之分 三郎洪雲性進對曰執理不屈者 直臣也 畏威曲從者 佞臣也. 君源臣流 源旣濁矣流豈求淸㉡ 是爲不可 故君聖然後 臣直帝曰善哉.

己酉五十九年. 田穀 豊登 有一莖五穗之粟.

戊寅八十八年. 帝崩 太子鄒魯立.

二十六世檀君鄒魯　　在位六十五年

己卯元年. 秋七月 白岳山溪谷 白鹿二百 作隊而來遊.

癸未六十五年. 帝崩 太子豆密立.

二十七世檀君豆密　　在位二十六年

甲申元年. 天海水溢 斯阿蘭山崩. 是歲 須密爾國 養雲國 句茶川國皆遣使 獻方物.

㉠ 諸: 조병윤본에는 渚로 되어 있다.

㉡ 豈: 조병윤본에는 其로 되어 있다.

辛卯八年. 太旱之餘 大雨注下 民無收穫 帝命發倉周給.

己酉二十六年. 帝崩 奚牟立.

二十八世檀君奚牟　　在位二十八年

庚戌元年. 帝有疾 使白衣童子 禱天尋瘉.

庚申十一年. 夏四月 旋風大起 暴雨注下 陸上 魚類亂墜.

丁卯十八年. 氷海諸汗 遣使入貢.

丁丑二十八年. 帝崩 摩休立.

二十九世檀君摩休　　在位三十四年

戊寅元年. 周人 入貢.

乙酉八年. 夏 地震.

丙戌九年. 南海潮水 退三尺.

辛亥三十四年. 帝崩 太子奈休立.

三十世檀君奈休　　在位三十五年

壬子元年. 帝南巡 觀青邱之政 刻石蚩尤天王功德 西至奄瀆忽會分朝諸汗 閱兵祭天 與周人修好.

丙辰五年. 凶奴 入貢.

丙戌三十五年. 帝崩 太子登兀立.

三十一世檀君登兀　　在位二十五年

丁亥元年.

壬寅十六年. 鳳鳴白岳 麒麟 來遊上苑.

辛亥二十五年. 帝崩 子鄒密立.

三十二世檀君鄒密 在位三十年

壬子元年.

甲寅三年. 鮮卑山酋長們古 入貢.

癸亥十二年. 楚大夫李文起 入朝.

甲子十三年. 三月 日蝕.

丙寅十五年. 農作大饑.

辛巳三十年. 帝崩 太子甘勿立.

三十三世檀君甘勿 在位二十四年

壬午元年.

癸未二年. 周人 來獻虎象之皮.

戊子七年. 寧古塔西門外甘勿山之下 建三聖祠 親祭 有誓告文曰 三聖之尊 與神齊功 三神之德 因聖益大. 虛粗同體 個全一如. 智生雙修 形魂俱衍. 眞敎乃立 信久自明. 乘勢以尊 回光反躬. 巀彼白岳㉠ 萬古一蒼. 列聖繼作 文興禮樂. 規模斯大 道術淵宏. 執一含三 會三歸一. 大演天戒 永世爲法.

乙巳二十四年. 帝崩 太子奧婁門立.

三十四世檀君奧婁門 在位二十三年

丙午元年. 是歲 五穀豊熟 萬姓歡康 作兜里之歌 其歌曰 天有朝暾

㉠ 巀: 조병윤본에는 截로 되어 있다.

明光照耀. 國有聖人 德敎廣被. 大邑國我倍達聖朝 多多人 不見苛政 熙皞歌之長太平.

乙卯十年. 兩日竝出 仍黃霧四塞.

戊辰二十三年. 帝崩 太子沙伐立.

三十五世檀君沙伐　　在位六十八年

己巳元年.

甲戌六年. 是歲 有蝗蟲大水.

壬午十四年. 虎入宮殿.

壬辰二十四年. 有大水 山崩壞 谷充塡.

戊午五十年. 帝遣將彦波弗哈 平海上熊襲.

甲戌六十六年. 帝遣祖乙 直穿燕都 與齊兵 戰于臨淄之南郊 告捷.

丙子六十八年. 帝崩 太子買勒立.

三十六世檀君賣勒　　在位五十八年

丁丑元年.

甲辰二十八年. 有地震海溢.

戊申三十二年. 西村民家 牛生八足犢.

辛亥三十五年. 龍馬 出於天河 背有星文.

甲寅三十八年. 遣陜野侯裵幣命 往討海上 十二月 三道悉平.

戊辰五十二年. 帝遣兵 與須臾兵 伐燕 燕人 告急於齊. 齊人 大擧入孤竹 遇我伏兵 戰不利 乞和而去.

甲戌五十八年. 帝崩 太子麻勿立.

三十七世檀君麻勿　　在位五十六年

乙亥元年.

庚午五十六年. 帝南巡至淇水 崩 太子多勿立.

三十八世檀君多勿　　在位四十五年

辛未元年.

乙卯四十五年. 帝崩 太子豆忽立.

三十九世檀君豆忽　　在位三十六年

丙辰元年.

辛卯三十六年. 帝崩 太子達音立.

四十世檀君達音　　在位十八年

壬辰元年.

己酉十八年. 帝崩 太子音次立.

四十一世檀君音次　　在位二十年

庚戌元年.

己巳二十年. 帝崩 太子乙于支立.

四十二世檀君乙于支　在位十年

庚午元年.

己卯十年. 帝崩 太子勿理立.

四十三世檀君勿理　　在位三十六年

庚辰元年.

乙卯三十六年. 隆安獵戶于和沖 自稱將軍 聚衆數 萬陷西北三十六郡 帝遣兵不克 冬賊 圍都城急攻 帝與左右宮人 奉廟社 主浮舟而下之海頭 尋崩. 是歲 白民城褥薩丘勿 以命起兵 先據藏唐京 九地師從之 東西鴨綠十八城 皆遣兵來援.

四十四世檀君丘勿　　在位二十九年

丙辰元年. 三月 大水 浸都城 賊 大亂. 丘勿 率兵一萬 往討之 賊不戰自潰 遂斬于和沖. 於是 丘勿 爲諸將所推 乃於三月十六日 築壇祭天 遂卽位于藏唐京 改國號 爲大夫餘 改三韓爲三朝鮮. 自是 三朝鮮雖奉檀君 爲一尊臨理之制 而惟和戰之權 不在一尊也. 七月 命改築海城 爲平壤 作離宮.

丁巳二年. 禮官 請行三神迎鼓祭 乃三月十六日也. 帝親幸敬拜 初拜三叩 再拜六叩 三拜九叩禮也 從衆 特爲十叩 是爲三六大禮也.

壬申十七年. 遣監察官于州郡 糾察吏民 擧孝廉.

戊寅二十三年. 燕遣使賀正.

甲申二十九年.㉠ 帝崩 太子余婁立.

四十五世檀君余婁　　在位五十五年

乙酉元年. 築城長嶺狼山.

辛丑十七年. 燕人 侵邊郡. 守將苗長春. 擊敗之.

㉠ 甲申: 조병윤본에는 甲寅으로 되어 있다.

丙辰三十二年. 燕人 倍道入寇 陷遼西 逼雲障 番朝鮮 命上將于文言 禦之 眞莫二朝鮮 亦是派兵來救 設伏來攻 破燕齊之兵於五道河 遼西 諸城 悉復.

丁巳三十三年. 燕人敗 屯連雲島 造船 將來襲 于文言 追擊大破 射殺其將.

辛未四十七年. 北漠酋長厄尼車吉 來朝獻馬二百匹 請共伐燕 乃以 番朝鮮少將申不私 率兵一萬 合攻燕上谷 援之 置城邑.

戊寅五十四年. 自上谷役後 燕 連年來侵 至是遣使請和 許之 復以造 陽以西 爲界.

己卯五十五年. 夏 大旱 慮有冤獄 大赦 親幸祈雨. 九月 帝崩 太子普乙立.

四十六世 檀君普乙 在位四十六年

庚辰元年. 十二月 番朝鮮王解仁 爲燕所遣刺客所害 五加爭立.

戊戌十九年. 正月 邑借箕詡 以兵入宮 自以番朝鮮王 遣人請允 帝許 之 使堅備燕.

丁巳三十八年. 都城 大火盡燒 帝避御于海城離宮.

癸亥四十四年. 北漠酋長尼舍 獻樂 乃受而厚賞.

乙丑四十六年. 韓介 率須臾兵 犯闕自立 上將高列加 起義 擊破之 帝還都 大赦. 自此 國勢甚微 國用不敷 尋帝崩. 無嗣 高列加 以檀君 勿理之玄孫 爲衆愛戴 且有功 遂卽位.

四十七世檀君古列加 在位五十八年

丙寅元年.

己卯十四年. 立檀君王儉廟于白岳山 令有司 四時祭之 帝 歲一親祭.

己酉四十四年. 燕遣使賀正.

癸丑四十八年. 十月朔 日蝕. 是歲 冬北漠酋長阿里當夫 請出師伐燕 帝不從 自是 怨不朝貢.

壬戌五十七年. 四月八日 解慕漱 降于熊心山 起兵 其先稾離國人也.

癸亥五十八年. 帝仁柔不斷 令多不行 諸將 恃勇 禍亂頻起 國用不敷 民氣益衰. 三月祭天之夕 乃與五加 議曰昔我列聖 肇極垂統 種德宏遠 永世爲法 今 王道衰微 諸汗爭强 惟朕涼德 懦不能理 無策招撫 百姓離散 惟爾五加 擇賢以薦 大開獄門 放還死囚以下諸俘虜. 翌日 遂棄位入山 修道登仙 於是 五加共治國事六年.

先是 宗室大解慕漱 密與須臾 約 襲據故都白岳山 稱爲天王郞 四境之內 皆爲聽命. 於是 封諸將 陞須臾侯箕丕 爲番朝鮮王 往守上下雲障 蓋北夫餘之興 始此 而高句麗 乃解慕漱之生鄕也. 故亦稱高句麗也.

自檀君紀元元年戊辰 至

今上踐祚後十二年癸卯 凡三千六百十六年也. 是歲十月三日 紅杏村叟 書于江都之海雲堂.

『北夫餘紀』

『北夫餘紀』上 休崖居士 范樟 撰

始祖檀君 解慕漱 在位四十五年

壬戌元年. 帝天姿英勇 神光射人 望之若天王郞. 年二十三 從天而降 是檀君高列加五十七年壬戌四月八日也. 依熊心山而起 策室蘭濱 戴烏

羽冠 佩龍光釼 乘五龍車 與從者五百人 朝則廳事 暮則登天 至是郎位.

癸亥二年. 是歲三月十六日 祭天 設烟戶法 分置五加之兵 屯田自給 以備不虞.

己巳八年. 帝率衆 往諭故都 五加遂撤共和之政. 於是 國人推檀君 是爲北夫餘始組也. 冬十月 立公養胎母之法 敎人 必自胎訓始.

壬申十一年. 北漢酋長山只喀隆 襲寧州 殺巡使穆遠登 大掠而去.

庚辰十九年. 丕薨 子準 襲父封 爲番朝鮮王 遣官監兵 尤致力於備燕. 先時㉠ 燕遣將秦介 侵我西鄙 至滿番汗 爲界.

辛巳二十年. 命祭天于白岳山阿斯達 七月 起新闕三百六十六間.㉡

癸未二十二年. 滄海力士黎洪星 與韓人張良 狙擊秦王政于博浪沙中 誤中副車.

壬辰三十一年. 陳勝起兵 秦人大亂 燕齊趙民 亡歸番朝鮮者 數萬口. 分置於上下雲障 遣將監之.

己亥三十八年. 燕盧綰 復修遼東故塞 東限浿水 浿水 今潮河也.㉢

丙午四十五年. 燕盧綰 叛漢 入凶奴 其黨衛滿 求亡於我 帝不許. 然帝以病 不能自斷 番朝鮮王箕準 多失機 遂拜衛滿爲博士 劃上下雲障而封之. 是歲冬 帝崩 葬于熊心山東麓 太子慕漱離立.

二世檀君慕漱離 在位二十五年

丁未元年. 番朝鮮王箕準 久居須臾 嘗多樹恩 民皆富饒. 後爲流賊所敗 亡入于海而不還. 諸加之衆 奉上將卓大擧登程 直到月支 立國 月

㉠ 先時: 조병윤본에는 누락되어 있다.

㉡ 起新闕三百六十六間: 조병윤본에는 "起新闕三百六十六間 名爲天安宮로 되어 있다.

㉢ 潮: 조병윤본에는 灤으로 되어 있다.

支 卓之生鄕也 是謂中馬韓. 於是 弁辰二韓 赤各以其衆 受封百里 立都自號 皆廳用馬韓政令 世世不叛.

戊申二年. 帝遣上將延佗勃 設城柵於平壤 以備賊滿 滿赤厭苦 不復侵擾.

己酉三年. 以海城 屬平壤道 使皇弟高辰 守之 中夫餘一域 悉從糧餉. 冬十月.立京鄕分守之法 .京則天王.親總衛戌 鄕則四出分鎭 恰如柶戱觀戰 龍圖知變也.

辛未二十五年. 帝崩 太子高奚斯立.

三世檀君高奚斯　　　　　在位四十九年

壬申元年. 正月 樂浪王崔崇 納穀三百石于海城. 先是 崔崇 自樂浪山 載

積珍寶而渡海 至馬韓 都王儉城 是檀君解慕漱丙午冬也.

癸丑四十二年. 帝躬率步騎一萬 破衛賊於南閭城 置吏.

庚申四十九年. 一群國 遣使 獻方物. 是歲九月 帝崩 太子高于婁立.

四世檀君高于婁(一云解于婁)　　在位三十四年

辛酉元年. 遣將 討右渠不利. 擢高辰 守西鴨綠 增强兵力 多設城柵 能備右渠 有功 陞爲高句麗侯.

癸亥三年. 右渠賊 大擧入寇我 軍大敗 海城以北五十里之地盡爲虜有.

甲子四年. 帝遣將 攻海城三月而不克.

丙寅六年. 帝親率精銳五千 襲破海城 追至薩水 九黎河以東 悉降.

丁卯七年. 設木柵於坐原 置軍於南閭 以備不虞.

癸酉十三年. 漢劉徹 寇平那 滅右渠 仍欲易置四郡㉠ 盛以兵 四侵. 於是 高豆莫汗 倡義起兵 所至 連破漢寇 遺民四應 以助戰 軍報大振.

甲午三十四年. 十月 東明國高豆莫汗㉡ 使人來告曰我是天帝子. 裝欲都之 王其避之 帝難之 是月 帝憂患成疾而崩 皇弟解夫婁立.㉢ 東明王 以兵脅之不已㉣ 君臣 頗難之 國相阿蘭弗 奏曰通河之濱迦葉之原有地 土壤膏腴 宜五穀 可都 遂勸王 移都 是謂迦葉原夫餘 或云東夫餘.

『北夫餘紀』下　休崖居士 范樟 撰

五世檀君高豆莫(一云豆莫婁) 在位二十二年 在帝位二十七年

癸酉元年. 是爲檀君高于婁十三年.

帝 爲人豪俊 善用兵 嘗見北夫餘衰 漢寇熾盛 慨然有濟世之志 至是 卽位於卒本 自號東明 或云高列加之後也.

乙亥三年. 帝自將傳檄 所至無敵 不旬月 衆至五千. 每與戰 漢寇 望風而潰 遂引兵 渡九黎河 追至遼東西安平 乃古稾離國之地.

甲午二十二年. 是爲檀君高于婁三十四年. 帝遣將 破裵川之漢寇 與遺民幷力 所向 連破漢寇 擒其守將 拒以有備.

乙未二十三年. 北夫餘 奉城邑降 屢哀欲保 帝聽之 降封解夫婁 爲候

㉠ 易: 조병윤본에는 누락되어 있다.

㉡ 國: 조병윤본에는 王으로 되어 있다.

㉢ 皇弟解夫婁立: 조병윤본에는 "皇弟解夫婁立之"로 되어 있다.

㉣ 脅: 조병윤본에는 贇으로 되어 있다.

遷之岔陵. 帝前導鼓吹 率衆數萬而入都城 仍稱北夫餘. 秋八月 與漢寇屢戰于西鴨綠可之上 大捷.

壬寅三十年. 五月五日 高朱蒙 誕降于岔陵.

辛酉四十九年. 帝崩 以遺命 葬于卒本川 太子高無胥立.

六世檀君高無胥 在位二年

壬戌元年, 帝卽位于卒本川 與父老 會于白岳山 立約祭天 頒行事例 內外大悅.

帝生而有神德 能以呪術 呼風喚雨 善賑大得民心 有小解慕漱之稱. 時漢寇騷亂 遍于遼左 屢戰得捷.

癸亥二年. 帝巡到寧古塔 得白獐. 冬十月.帝崩 高朱蒙 以遺命 入承大統.

先是 帝無子 見高朱蒙 爲非常人 以女妻之. 至是卽位 時年二十三. 時 下夫餘人 將欲殺之 奉母命 與烏伊摩離陜父等三人 爲德友 行至岔陵水 欲渡無梁. 恐爲追兵所迫 告水曰我是天帝子 河伯外孫. 今日逃走 追兵垂及㉠ 奈何? 於是魚鼈浮出成橋 始得渡 魚鼈乃解.

『迦葉原夫餘紀』 休崖居士 范樟 撰

始祖解夫婁 在位三十九年

乙未元年. 王爲北夫餘所制 徙居迦葉原 亦稱岔陵. 宜五穀 尤多麥 又多虎豹熊狼 便於獵.

㉠ 兵: 조병윤본에는 者로 되어 있다.

丁酉三年. 命國相阿蘭弗 設賑 招撫遠近流民 使及時飽暖 又給田耕作 不數年 國富民殷. 時有時雨滋岔陵 民歌王正春之謠.

壬寅八年. 先是 河伯女柳花出遊 爲夫餘皇孫高慕漱之所誘 强至鴨綠邊室中而私之 仍升天不歸 . 父母責其無媒而從之 遂謫居邊室. 高慕漱 本名弗離支 或曰高辰之孫. 王異柳花同乘 還宮而幽之 是歲五月五日 柳花夫人 生一卵 有一男子 破殼而出 是謂高朱蒙. 骨表英偉 年甫七歲 自作弓矢 百發百中 夫餘語 善射爲朱蒙 故以名云.

甲辰十年. 王老無子 一日 祭山川求嗣 所乘馬 至鯤淵 見大石 相對俠淚.㉠ 王怪之 使人轉其石 有小兒 金色蛙形. 王喜曰此乃天 賚我令胤乎. 乃收而養之 名曰金蛙. 及其長 立爲太子.

壬戌二十八年. 國人以高朱蒙爲不利於國 欲殺之 高朱蒙奉母柳花夫人命 東南走 渡淹利大水 到卒本川. 明年開新國 是爲高句麗始組也.

癸酉三十九年. 王薨 太子金蛙立.

二世金蛙 在位四十一年

甲戌元年. 王遣使高句麗 獻方物.

丁酉二十四年. 柳花夫人薨 高句麗以衛兵數萬 返葬于卒本 命以皇太后禮 遷就山陵 建廟祠于其側.

甲寅四十一年. 王薨 太子帶素立.

三世帶素 在位二十八年

乙酉元年. 春正月 王遣使高句麗 請交質子 高句麗烈帝 以太子都切

㉠ 俠: 조병윤본에는 浹으로 되어 있다.

爲質 都切不行 王恚之 冬十月 以兵五萬 往侵卒本城 大雪多 凍死 乃退.

癸酉十九年. 王侵攻高句麗 至鶴盤嶺下 遇伏兵 大敗.

壬午二十八年. 二月 高句麗擧國來侵 王自率衆出戰遇 泥淖 王御馬陷 不得出. 高句麗上將怪由 直前殺之 我軍猶不屈 圍數重 適大霧七日 高句麗烈帝 潛師夜脫 從間道而遁去. 夏四月 王弟與從者數百人 奔至鴨綠谷 見海頭王出獵 遂殺之 而取其民 走東曷思水濱 立國稱王 是爲曷思. 至太祖武烈帝隆武十六年八月 都頭王見高句麗日强 遂擧國自降 凡三世歷四十七年而國絶 命都頭爲于台 賜第宅 以琿春爲食邑 仍封爲東夫餘候.

秋七月 王從弟謂國人曰 先王身弑國亡 人民無所依 曷思偏安 不能自國 吾亦才智魯下 無望與復 寧降以圖存 以故都人民萬餘口 投高句麗 高句麗封爲王 安置椽那部 以其背有絡文 賜姓絡氏. 後稍自立 自開原西北 徙到白狼谷 又近燕之地 至文咨烈帝明治甲戌 以其國 折入于高句麗 椽那部絡氏 遂不祀.

『太白逸史』㉠ 一十堂主人 李陌 編撰

三神五帝本紀第一

表訓天詞 云大始 上下四方 曾未見暗黑 古往今來 只一光明矣. 自上界 却有三神 卽一上帝 主體則爲一神 非各有神也 作用則三神也. 三

㉠ 조병윤본에는 이 위에 "太白逸史目錄 三神五帝本紀第一 桓國本紀第二 神市本紀第三 三韓管境本紀第四 蘇塗經典本訓第五 高句麗國本紀第六 大震國本紀第七 高麗國本紀第八"이 덧붙여 있다.

神有引出萬物 統治全世界之無量智能 不見其形體 而坐於最上上之天所居千萬億土. 恒時大放光明.大發神玅.㉠大降吉祥 呵氣於包萬有射熱以滋物種 行神以理世務 未有氣而始生水 使太水 居北方司命尙黑 未有機而始生火 使太火 居南方司命尙赤 未有質而始生木 使太木 居東方司命尙青 未有形而始生金 使太金 居西方司命尙白 未有體而始生土 使太土 居中方司命尙黃 於是 遍在天下者 主五帝司命 是爲天下大將軍也 遍在地下者 主五靈成効 是爲地下女將軍也.

稽夫三神 曰天一 日地一 日太一 天一主造化 地一主敎化 太一主治化.

稽夫五帝 曰黑帝 曰赤帝 曰青帝 曰白帝 曰黃帝. 黑帝主肅殺 赤帝主光熱 青帝主生養 白帝主成熱 黃帝主和調.

稽夫五靈 曰太水 曰太火 曰太木 曰太金 曰太土. 太水主榮潤 太火主鎔煎 太木主營築 太金主裁斷 太土主稼種. 於是 三神乃督五帝 命各顯厥弘通 五靈啓 成厥化育 日行爲晝 月行爲夜 候測星曆㉡ 寒署紀年. 漁區出船 以守海 農區出乘 以守陸.

大矣哉! 三神一體之爲庶物原理 而庶物原理之爲德爲慧爲力也. 巍湯乎充塞于世㉢ 玄妙乎不可思議之爲運行也. 然庶物各有數 而數未必盡厥庶物也 庶物各有理 而理未必盡厥庶物也 庶物各有力 而力未必盡厥庶物也 庶物各有無窮 而無窮未必盡厥庶物也. 住世爲生 歸天爲死 死也者 永久生命之根本也. 故有死 必有生 有生必有 名有名必有言 有言必有行也 譬諸生木 有根必有苗 有苗必有花 有花必有實 有實必有用也 譬諸日行 有暗必有明 有明必有觀 有觀必有作 有作必有功也

㉠ 玅: 조병윤본에는 妙로 되어 있다.
㉡ 候: 조병윤본에는 侯로 되어 있다.
㉢ 湯: 조병윤본에는 蕩으로 되어 있다.

則凡天下一切物 有若開闢而存 有若進化而在 有若循環而有 惟元之氣至妙之神 自有執一含三之充實光輝者 處之則存 感之則應 其來也未有始焉者也 其往也未有終焉者也 通於一而未形 成於萬而未有.

大辯經 曰惟天一神 冥冥在上 乃以三大三圓三一之爲靈符者 大降降于萬萬世之萬萬民 一切惟三神所造心氣身 必須相信 未必永劫相守 靈智意三識 卽爲靈覺 生三魂 亦因其素以能衍 形年魂嘗與境 有所感息觸者 而眞妄相引 三途乃岐. 故曰有眞而生 有妄而滅 於是 人物之生均是一其眞源. 性命精 爲三關 關爲守神之要會 性不離命 命不離性精在其中.

心氣身 爲三房 房爲成化之根源㉠ 氣不離心 心不離氣 身在其中.

感息觸 爲三門 門爲行途之常法 感不離息 息不離感 觸在其中.

性爲眞理之元關 心爲眞神之玄房 感爲眞應之玅門 究理自性 眞機大發 存神求心 眞身大現 化應相感 眞業大成所驗有時 所境有空 人在其間. 庶物之有虛粗同體者 惟一氣而已 惟三神而已. 有不可窮之數 有不可避之理 有不可抗之力 有或善不善 報諸永劫 有或善不善 報諸自然有或善 不善報諸子孫.

經云 人物同受三眞 惟衆迷地 三妄着根 眞妄對作三途. 父道法天 眞一无僞 師道法地 勸一无怠 君道法人 協一无違.

高麗八觀記 三神說云 上界主神 其號曰天一 主造化 有絶對至高之權能 無形而形 使萬物各通其性 是爲淸眞大之體也.

下界主神 其號曰地一 主敎化 有至善惟一之法力 無爲而作 使萬物各知其命 是爲善聖大之體也.

㉠ 成化: 조병윤본에는 化成로 되어 있다.

中界主神 其號曰太一 主治化 有最高無上之德量 無言而化 使萬物各保其精 是爲美能大之體也.然主體則爲一上帝 非各有神也 作用則三神也.㉠ 故桓仁氏 承一變爲七 二變爲六之運 專用父道 而注天下 天下化之. 神市氏 承天一生水地二生火之位 專用師道 而率天下 天下效之. 王儉氏 承徑一周三 徑一匝四之機 專用王道 而治天下 天下從之.

五帝說云 北方司命曰太水 其帝曰黑 其號曰玄妙眞元 其佐曰桓仁 在蘇留天 是爲大吉祥也.

東方司命曰太木 其帝曰青 其號曰同仁好生 其佐曰大雄 在太平天 是爲大光明也. 南方司命曰太火 其帝曰赤 其號曰盛光普明 其佐曰庖犧 在元精天 是爲大安定也. 西方司命曰太金 其帝曰白 其號曰淸淨堅虛 其佐曰治尤 在鉤和天 是爲大嘉利也. 中方司命曰太土 其帝曰黃 其號曰中常悠久 其佐曰王儉 在安德天 是爲大豫樂也.

五帝注曰 五方各有司命 在天曰帝 在地曰大將軍 督察五方者 爲天下大將軍 督察地下者 爲地下女將軍也. 龍王玄龜 主善惡 朱鵲赤熛 主命 青龍靈山 主穀 白虎兵神 主刑 黃熊女神 主病.

三神山 爲天下之根山 以三神名者 蓋自上世以來 咸信三神 降遊於此 化宣三界三百六十萬之大周天 其體不生不滅 其用無窮無限 其檢理有時有境 神之至微至顯 神之如意自在 終不可得以知也. 其迎也 僾然而如有見 其獻也 愾然而如有聞 其讚也 欣然而如有賜 其誓也 肅然而如有得 其送也 恍然而如有慊 是爲萬世人民之所以認識追仰於順和信悅之域者也.

三神惑說 有以三爲新 新爲白 神爲高 高爲頭 故亦稱白頭山. 又云蓋馬

㉠ 然主體則爲一上帝 非各有神也 作用則三神也: 조병윤본에는 이 구절이 누락되어 있다.

奚摩離之轉音 古語謂白爲奚㉠ 謂頭爲摩離也 白頭山之名 亦起於是矣.

人類之祖曰那般 初與阿曼 相偶之處 曰阿耳斯它 亦稱斯庀麗阿也.㉡ 日夢得神啓而自成昏禮 明水告天而環飮 山南 朱鵲來喜 水北 神龜呈瑞 谷西 白虎守嵎 溪東 蒼龍升空 中有黃熊居之. 天海金岳 三危太白本屬九桓 而蓋九皇六十四民 皆其後也. 然一山一水 各爲一國 群女群男 亦相分境 從境而殊 國別積久 創世條序 後無得究也 久而後 有帝桓仁者出 爲國人所愛戴 曰安巴堅 亦稱居發桓也. 蓋所謂安巴也堅 乃繼天立父之名也 所謂居發桓 天地人定一之號也. 自是桓仁兄弟九人分國而治 是爲九皇六十四民也. 竊想 三神生天造物 桓仁敎人立義 自是 子孫相傳 玄玅得道 光明理世 旣有天地人三極 大圓一之爲庶物原義 則天下九桓之禮樂 豈不在於三神古祭之俗乎? 傳曰三神之後 稱爲桓國. 桓國天帝所居之邦 又曰三神 在桓國之先 那般死爲三神 夫三神者 永久生命之根本也. 故曰人物同出於三神 以三神爲一源之祖也. 桓仁亦代三神 爲桓國天帝 後稱那般 爲大先天 桓仁爲大中天 桓仁與桓雄治尤爲三皇 桓雄稱大雄天 治尤爲智偉天 乃黃帝中經之所由作也. 三光五氣 皆在視聽感覺而世級日進 攢火焉 發語焉 造字焉 優勝劣敗之相競 始乎起耳. 熊族之中 有檀國最盛. 王儉亦自天而降 來御于不咸之山 國人共立爲檀君 是謂檀君王儉也. 生而至神 兼聖圓滿 統合九桓三韓管境 復神市舊規 天下大治 擧世視同天神 自是 崇報之禮 永世不替者也.

蓋九桓之族 分爲五種 以皮膚色貌爲別也. 皆其俗 就實究理 策事而求其是則同也 夫餘爲俗 水旱兵疾 國王有責 忠邪存亡 匹夫同歸 是其一證也.

㉠ 語: 조병윤본에는 누락되어 있다.

㉡ 庀: 조병윤본에는 它로 되어 있다.

色族 如黃部之人 皮膚稍黃 鼻不隆 頰高髮黎 眼平睛黑㉠ 白部之人 皮膚晳 頰高鼻隆 髮如灰 赤部之人 皮膚銹銅色 鼻低而端廣 顙後傾 髮捲縮㉡ 貌類黃部之人㉢ 藍部之人 一云風族 又棕色種 其皮膚 暗褐色貌 猶黃部之人也.

三韓古俗 皆十月上日國中大會㉣ 築圓壇而祭天 祭地則方丘 祭先則角木 山像雄常 皆其遺法也. 祭天 韓必自祭 其禮甚盛 可知也. 是日 遠近男女 皆以所產薦供 鼓吹百戲 是俱. 衆小諸國 皆來獻 方物珍寶 環積邱山 蓋爲民祈禳 乃所以繁殖管境 而蘇塗祭天 乃九黎敎化之源也. 自是 責禍善隣 有無相資 文明成治 開化平等 四海之內 莫不崇飾祀典者也.

祝兒之生曰三神 祝禾之熱曰業. 山爲群生通力之所 業爲生產作業之神. 故亦稱業主嘉利 發願岱土曰土主大監 發願家宅曰成造大君 亦歲成嘉福之神也. 墓園漁獵戰陣出行 皆有祭 祭必擇齋以利成也.

蘇塗之立 皆有戒 忠孝信勇仁五常之道也. 蘇塗之側 必立扃堂 使未婚子弟 講習事物 蓋讀書習射馳馬禮節歌樂拳搏 並釼術 六藝之類也.

諸邑落皆自設三老三老亦曰三師有賢德者有財施者有識事者 皆師事之是也 又有六正 乃賢佐忠臣良將勇卒 明師德友是也 又殺生有法 上自國王 下至庶民 須自擇時與物而行之 一不濫殺 自古夫餘 有馬不乘 禁殺放生者 亦其義也. 故不殺宿 不殺卵 是擇時也不殺幼 不殺盖 是擇物也 重物之義 可謂至矣.

㉠ 睛: 조병윤본에는 青으로 되어 있다.

㉡ 髮如灰 赤部之人 皮膚銹銅色 鼻低而端廣 顙後傾 髮捲縮: 조병윤본에는 "髮如灰 鼻低而廣 顙後傾 髮捲縮 赤部之人 皮膚銹銅色"으로 되어 있다.

㉢ 類: 조병윤본에는 顃로 되어 있다.

㉣ 日: 조병윤본에는 旬으로 되어 있다.

源花稱女郎 男曰花郎 又云天王郎. 自上 命賜烏羽冠 加冠有儀注 時封大樹 爲桓雄神像而拜之　神樹俗謂之雄常 常謂常在也.

河伯是天河人 那般之後也. 七月七日 卽那般渡河之日也 是日 天神命龍王 召河伯入龍宮 使之主四海諸神. 天河一云天海 今曰北海是也.

天河注 曰天道起於北極. 故天一生 水是謂北水. 蓋北極水 精子所居也.

桓國本紀第二

朝代記曰 昔有桓仁 降居天山 主祭天神 定命人民 攝治群務 野處而無蟲獸之害 群行而無怨逆之患 親疎無別 上下無等 男女平權 老少分役. 當此之世 雖無法規號令 自成和樂循理 去其病而解其冤 扶其傾而濟其弱 一無憾且佛異者.

時人皆自號爲桓 以監群爲仁 仁之爲言任也 弘益濟人 光明理世 使之任其必仁也. 故五加衆 交相選於大衆 以必求業 故愛憎有別 各以其所心 主辨之而自擇 其所求鵠 惟在九桓爲公 大同歸一焉者 則亦當自較得失 無一人異然後 從之 諸衆亦不敢遽下獨術以處之. 蓋處衆之法 無備有患　有備無患 必備豫自給 善群能治 萬里同聲 不言化行. 於是萬方之民 不期而來會者 數萬. 衆自相環舞 仍以推桓仁 坐於桓花之下積石之上 羅拜之 山呼聲溢 歸者如市. 是爲人間最初之頭祖也.

三聖密記云 波奈留山之下 有桓仁氏之國 天海以東之地 亦稱波奈留國也. 其地廣 南北五萬里 東西二萬餘里 摠言桓國 分言則卑離國 養雲國 寇莫汗國 勾茶川國 一群國 虞婁國一云卑那國 客賢汗國 勾牟額國 賣勾餘國 一云稷臼多國 斯納阿國 鮮卑爾國一云豕韋國 一云通古斯國 須密爾國 合十二國 是也 天海 今曰北海.

密記注曰 蓋馬國 一云熊心國 在北蓋馬大嶺之北 距勾茶 國二百里 勾茶國 舊稱濱盧國 在北蓋馬大嶺之西 月漬 國在其北五百里 稷臼多國 或稱賣句餘國 舊在五難河 後爲濱盧國所破 遂移于金山居之. 勾茶國 本艾蒜所產也 艾煎服以治冷㉠ 蒜燒食以治魔也.

朝代記曰 昔有桓國 衆富且庶焉. 初桓仁 居于天山 得道長生 治身無病 代天興化 使人無兵 人皆力作 以勤自無飢寒也 傳赫胥桓仁 古是利桓仁 朱于襄桓仁 釋提壬桓仁 邱乙利桓仁 至智爲利桓仁 或曰檀因 傳七世 歷三千三百一年 或曰六萬三千一百八十二年.

桓國有五訓 神市有五事 所謂五訓者 一曰誠信不僞 二曰敬勤不怠 三曰孝順不違 四曰廉義不淫 五曰謙和不鬪. 所謂五事者 牛加主穀 馬加主命 狗加主刑 猪加主病 羊加一作鷄加主善惡.

桓國注曰 桓者 全一也 光明也 全一爲三神之智能 光明爲三神之實德 乃宇宙萬物之所先也.

朝代記曰 古俗崇尚光明 以日爲神 以天爲祖 萬方之民 信之不相疑 朝夕敬拜 以爲恒式.

太階者 光明之所會 三神之攸居 人得光以作 而無爲自化 朝則齊登東山 拜日始生 夕則齊趨西川 拜月始生.

先是 桓仁生而自知 化育五物 敷演五訓 主治五事 五加衆皆勤苦 使至善修行 開心光明 作事吉祥 住世快樂. 桓仁高御上上天 惟意懇切 百途咸自和平 時稱天帝化身而無敢叛者 九桓之民 咸率歸于一.

㉠ 冷: 조병윤본에는 凉으로 되어 있다.

神市本紀第三

震域留記 神市紀云 桓雄天皇 見人居已完 萬物各得其所 乃使高矢禮 專掌餽養之務 是爲主穀 而時 稼穡之道不備 又無火種爲憂 一日偶入深山 只看喬木荒落 但遺骨骸 老幹枯枝 交織亂叉. 立住多時 沈吟無語. 忽然大風吹林 萬竅怒號 老幹相逼 擦起火光 閃閃爍爍 乍起旋消. 乃猛然惺悟曰是哉是哉. 是乃取火之法也 歸取老槐枝 擦而爲火 功猶不完 明日 復至喬林處 徘徊尋思 忽然一個條紋虎 咆哮躍來 高矢氏 大叱一聲 飛石猛打 誤中岩角㉠ 炳然生火. 乃大喜而歸 復擊石取火 從此 民得火食 鑄冶之術始興 而制作之功 亦漸進矣.

桓雄天皇 又復命神誌赫德 作書契 蓋神誌氏 世掌主命之職 專掌出納獻替之務 而只憑喉舌 曾無文字記存之法. 一日 出衆狩獵 忽見驚起一隻牝鹿 彎弓欲射 旋失其蹤㉡ 乃四處搜探 遍過山野 至平沙處 始見足印亂鎖 向方自明. 乃俯首沈吟 旋復猛惺曰記存之法 惟如斯而已夫! 惟如斯而已夫! 是日 罷獵而歸 反復審思 廣察萬象 不多日 悟得創成文字 是爲太古文字之始矣. 但後世 年代邈遠 而太古文字 沒泯不存抑亦其組成也 猶有不便而然歟! 亦嘗聞南海島郎河里之溪谷 及鏡珀湖先春嶺 與夫烏蘇里以外岩石之間 時或有發見彫刻 非梵非篆 人莫能曉此非神誌氏之所作古字歟! 於是 而更恨吾國之未振 吾族之不强也.

桓雄天皇 使風伯釋提羅 雖除鳥獸蟲魚之害 而人民猶在洞窟土穴之中 下濕外風之氣 逼人成疾 且禽獸蟲魚之屬 一經窘逐 漸自退避藏匿不便於屠殺供饋. 於是 使雨師王錦 營造人居 主致牛馬狗豚雕虎之

㉠ 岩: 조병윤본에는 石으로 되어 있다.
㉡ 蹤: 조병윤본에는 踪으로 되어 있다.

獸㉠ 而牧畜利用 使雲師陸若飛 定男女婚娶之法焉 而治尤則世掌兵馬盜賊之職焉.

自此 治尤高矢 神誌之苗裔 繁衍最盛 及至治尤天王登極 造九治 以採銅鐵 鍊鐵 以作刀戟大弩 以狩獵征戰㉡ 賴以爲神 遠外諸族 甚畏大弓之威 聞風膽寒者 久矣. 故彼謂我族爲夸 說文所謂夸 从大从弓 爲東方人者 是也. 乃至孔丘氏 春秋之作 而夸之名 遂與戎狄 幷爲腥臊之稱 惜哉!

三聖密記曰 桓國之末 有難治之强族 患之 桓雄爲邦 乃以三神設敎而聚衆作誓 密有剪除之志. 時族號不一 俗尙漸岐 原住者爲虎 新移者爲熊 然虎性 貪嗜殘忍㉢ 專事掠奪 熊性 愚愎自恃 不肯和調 雖居同穴久益疎遠 未嘗假貸 不通婚嫁 事每多不服 咸未有一其途也. 至是熊女君 聞桓雄有神德 乃率衆往見 曰願賜一穴壓 一爲神戒之氓 雄乃許之使之奠接 生子有産 虎終不能悛 放之四海 桓族之興 始此.

朝代記 曰時 人多産乏 憂其生道之無方也 庶子之部 有大人桓雄者探聽輿情 期欲天降㉣ 開一光明世界于地上 時安巴堅 遍視金岳三危太白 而太白 可以弘益人間 乃命雄曰如今 人物業已造完矣 君勿惜勞苦率衆人 躬自降往下界 開天施敎 主祭天神 以立父權 扶携平和歸一 以立師道 在世理化 爲子孫萬世之洪範也. 乃授天符印三個 遣往理之. 雄率徒三千 初降于太白山神壇樹下 謂之神市. 將風伯雨師雲師 而主穀主命主刑主病主善惡 凡主人間三百六十餘事 在世理化 弘益人間 是謂

㉠ 雕: 조병윤본에는 彫으로 되어 있다.

㉡ 以: 조병윤본에는 而로 되어 있다.

㉢ 貪嗜: 조병윤본에는 嗜貪으로 되어 있다.

㉣ 天降: 조병윤본에는 降天으로 되어 있다.

桓雄天王也.

時有一熊一虎 同隣而居 常祈于神壇樹 而又請於桓雄 願化爲天戒之氓 雄乃以神呪 換骨移神 又以神遺 得驗靈活 乃其艾一炷 蒜二十枚也. 仍戒之曰爾輩食之. 不見日光百日 自由成眞 平等濟物 便得化人踐形之大人者也. 熊與虎兩家 皆得而食之 忌三七日 務自修鍊 而熊耐飢寒痛苦 遵天戒 守雄約 而得健者之女容 虎則誣慢不能忌 違天戒而終不得與之贊天業 是二姓之不相若也. 熊氏諸女 自執愚强而無與之爲歸故每於壇樹下 群聚以呪願 有孕有帳 雄乃假化爲桓 得管境而使與之婚孕生子女 自是群女群男 漸得就倫 其後 有號曰檀君王儉 立都阿斯達今松花江也. 始稱國 爲朝鮮 三韓 高離 尸羅 高禮 南北沃沮 東北夫餘濊與貊 皆其管境也.

神市之世 有七回祭神之曆 一回日 祭天神 二回日 祭月神 三回日祭水神 四回日 祭火神 五回日 祭木神 六回日 祭金神 七回日 祭土神 盖造曆 始於此. 然舊用癸亥 而檀君邱乙 始用甲子 以十月爲上月 是謂歲首 六癸 自神市氏 命神誌所製 而以癸爲首. 癸啓也 亥核也 日出之根. 故癸爲蘇羅 甲爲淸且伊 乙爲赤剛 丙爲仲林 丁爲海弋 戊爲中黃 己爲烈好遂 庚爲林樹 辛爲强振 壬爲流不地 亥爲支于離 子爲曉陽丑爲加多 寅爲萬良 卯爲新特白 辰爲密多 巳爲飛頓 午爲隆飛 未爲順方 申爲鳴條 酉爲雲頭 戌爲皆福.

神市肇降之世 山無蹊逕 澤無舟梁 禽獸成群 草木遂長 處與禽獸群族與萬物幷 禽獸之隊 可依羈而遊 烏鵲之巢 可攀援而闚. 飢食渴飮時用其血肉 織衣耕食 隨便自在 是謂至德之世. 民居不知所爲 行不知所之 其行鎭鎭 其視顚顚 含哺而熙 鼓腹而遊 日出而起 日入而息 盖天澤洽化 而不知窘乏者也. 降及後世 民物益繁 素樸漸離 蹩躠踶跂

勞勞孜孜 始以生計爲慮. 於是 耕者爭畝 漁者爭區 非爭而得之則將不免窘乏矣. 如是以後 弓弩作而鳥獸遁 網罟設而魚鰕藏 乃至刀戟甲兵爾我相攻 磨牙流血 肝腦塗地 此亦天意固然 於是乎知戰爭之不可免也. 今夫究其源則盖一源之祖也. 然地旣分東西 各據一方 土境逈殊 人煙不通 民知有我而不識有他故 狩獵採伐之外 曾無險陂. 降至數千載之後 而世局已變 仲國者 西土之寶庫也. 沃野千里 風氣恢暢 我桓族之分遷該域者 垂涎而轉進 土着之民 亦湊集而萃會於是焉. 黨同讐異㉠ 干戈胥動 此實萬古爭戰之始也.

自桓雄天皇 五傳而有太虞儀桓雄 教人必使默念淸心 調息保精 是乃長生久視之術也. 有子十二人 長曰多儀發桓雄 季曰太皞 復號伏羲. 日夢三神 降靈于身 萬理洞徹 仍往三神山祭天 得卦圖於天河 其劃三絶三連 換位推理 妙合三極㉡ 變化無窮.

密記曰 伏羲 出自神市 世襲雨師之職 後經靑邱樂浪 遂徙于陳 幷與燧人有巢 立號於西土也 後裔分居于風山 亦姓風 後遂分爲佩觀任己庖理姒彭八氏也 今山西濟水 羲族舊居尙在 任宿須句須臾等國 皆環焉.

大辯經曰 伏羲出於神市 而作雨師 觀神龍之變而造卦圖 改神市癸亥而爲首甲子 女媧 承伏羲制度 朱襄 仍舊文字而始傳六書. 伏羲 陵今在山東魚臺縣鳧山之南神. 神農 起於列山 列山㉢ 列水所出也. 神農少典之子 少典與少皞 皆高矢氏之傍支也. 盖當世之民 定着爲業 漸至成阜 穀痲藥石之術 亦已稍備 日中爲市 交易以退也. 及至楡罔 爲政束急 諸邑携二 民多離散 世道多艱. 我蚩尤天王 承神市之餘烈 與民

㉠ 黨同讐異: 조병윤본에는 '黨同讐異而'로 되어 있다.
㉡ 合: 조병윤본에는 含으로 되어 있다.
㉢ 列山: 조병윤본에는 누락되어 있다.

更張 能得開天知生 開土理生 開人崇生 衆物原理 盡自檢察 德無不至 慧無不宜 力無不備. 乃與民分治 虎据河朔 內養兵勇 外觀時變 及楡罔衰政 乃興兵出征 選兄弟宗黨中可將者八十一人 部領諸軍 發葛盧山之金 大制釼鎧矛戟大弓楛矢. 一并齊整 拔涿鹿而登九渾 連戰而捷 勢若疾風 慴伏萬軍 威振天下. 一歲之中 凡拔九諸侯之地 更就雍狐之山 以九治發水金石金而制芮戈雍狐之戟 更整師躬率 而出陣洋水 殺至空桑 空桑者 今之陳留 楡罔所都也. 是歲之中 兼併十二諸侯之國 殺得伏尸滿野 西土之民 莫不喪膽奔竄. 時楡罔 使少昊拒戰 天王 揮芮戈雍狐之戟 與少昊大戰 又作大霧 使敵將兵 昏迷自亂 少昊大敗 落荒而走 入空桑 偕楡罔出奔. 蚩尤天王 乃卽祭天而誓告天下泰平 更復進兵 圍迫涿鹿 一擧而滅之 管子所謂天下之君頓戰 一怒 伏尸滿野者 是也.

時有公孫軒轅者 土着之魁. 始聞蚩尤天王 入城空桑 大布新政 而敢有自代爲天子之志 乃大興兵馬 來與欲戰. 天王先遣降將少昊 圍迫涿鹿而滅之 軒轅猶不自屈 敢出百戰 天王動令九軍 分出四道 自將步騎三千 直與軒轅 連戰于涿鹿有熊之野 縱兵四蹙 斬殺無算 又作大霧 咫尺難辨而督戰 賊軍乃心慌手亂 奔竄逃命 百里 兵馬不相見. 於是 冀兗淮岱之地 盡爲所據 乃城於涿鹿 宅於淮岱 軒轅之屬 皆稱臣入貢. 盖當時西土之人 徒憑矢石之力 不解鎧甲之用 又値蚩尤天王之法力高强 心驚膽寒 每戰輒敗. 雲笈軒轅記之所謂蚩尤始作鎧甲兜鍪 時人不知 以爲銅頭鐵額者 亦可想見其狼狽之甚矣.

蚩尤天王 益整軍容 四面進擊 十年之間 與軒轅 戰七十三回 將無疲色 軍不退後 軒轅旣屢戰敗 尤益大興士馬 效我神市 而廣造兵甲 又制指南之車 敢出百戰 天王赫然震怒 使兄弟宗黨 務要大戰而立威 使軒轅之軍 不敢生意於追襲 與之大戰 混殺一陣然後 方熄 是役也 我將蚩

尤飛者 不幸有急功 陣沒 史記所謂擒殺蚩尤者 盖謂此也. 天王赫怒動師 新造飛石迫擊之機 成陣聯進 賊陣終不能抗也. 於是 分遣精銳 西守芮涿之地 東取淮岱 爲城邑 而當軒轅東侵之路 及至崩逝數千載 而猶有萬丈光烈 能起感於後人者也. 今據漢書地理志 其陵 在山東東平郡壽張縣闞鄕城中 高七丈. 秦漢之際 住民猶常以十月祭之 必有赤氣出如疋絳 謂之蚩尤旗. 其英魂雄魄自與凡人逈異 歷數千歲而猶不泯者歟!㉠ 軒轅以是索然 楡罔亦從以永墜矣.

蚩尤天王之餘烈 世襲能振 盡有幽靑 聲威不墜 軒轅以來 世不自安 終其世而未嘗安枕而臥 史記所謂披山通路 未嘗寧居 邑于涿之河 遷徙往來 無常定處 以師兵爲營衛者 盖其戰兢之意 歷歷可觀 而尙書呂刑亦云若有古訓 惟蚩尤作亂 彼之畏威奪氣而世傳其訓 以爲後人戒者 亦甚矣. 其後三百年無事 只與顓頊一戰破之 蓋自神市開天 傳十八世 歷一千五百六十五年 而始有檀君王儉 以熊氏裨王 遂代神市 統一九域 分三韓以管境 是謂檀君朝鮮也.

三韓秘記曰 伏羲 旣受封於西鄙 位職盡誠 不用干戈 一域化服 遂代燧人 號令域外 後有葛古桓雄 與神農之國劃定疆界 空桑以東屬我. 又數傳 而至慈烏支桓雄 神勇冠絶 其頭額銅鐵 能作大霧 造九治 以採礦鑄鐵作兵 造飛石迫擊之機 天下大畏之 共尊爲天帝子蚩尤 夫蚩尤者 俗言雷雨大作 山河改換之義也.

蚩尤天王 見神農之衰 遂抱雄圖 屢起天兵於西 進據淮岱之間 及軒轅之立也 直赴涿鹿之野 擒軒轅而臣之 後遣吳將軍 西擊高辛有功.

大辯經曰神市氏以佺修戒敎人祭天所謂佺 從人之所自全 能通性以

㉠ 數: 조병윤본에는 누락되어 있다.

成眞也 青邱氏 以仙設法 教人管境 所謂仙 從人之所自山 山產也 能知命以廣善也 朝鮮氏 以倧建王 教人責禍 所謂倧 從人之所自宗 能保精以濟美也. 故佺者 虛焉而本乎天 仙者 明焉而本乎地 倧者 健焉而本乎人也.

注曰 桓仁亦曰天神. 天卽大也 一也 桓雄亦曰天王 王卽皇也 帝也 檀君亦曰天君 主祭之長也 王儉亦卽監群 管境之長也. 故自天光明 謂之桓也 自地光明 謂之檀也 所謂桓 卽九皇之謂也. 韓亦卽大也 三韓曰風伯雨師雲師 加卽家也 五加曰牛加主穀 馬加主命 狗加主刑 猪加主病 鷄加主善惡也㉠ 民有六十四 徒有三千. 遣往理世之謂開天 開天故能創造庶物 是虛之同體也 貪求人世之謂開人 開人故 能循環人事 是魂之俱衍也. 治山通路之謂開地 開地故 能開化時務 是智之雙修也.

三韓秘記曰 盖白頭巨岳 盤居大荒之中 橫亘千里 高出二百里 雄偉嶝峻 蜿蜒磅礴 爲培達天國之鎭山 神人陟降 實始於此 豈以區區妙香山 只係狼林西走之脉 而能得參於如許聖事耶. 世俗 旣以妙香山 爲太白則其見 只局於東鴨綠水以南 一隅之地 便唱山之祖宗崑崙 欣欣然以小中華自甘 宜其貢使北行 歷累百年 而不爲之恥 是乃廢書而長嘆者也. 然今東方諸山 以太白爲名者 頗多 世俗 率以寧邊妙香山當之 實由於一然氏三國遺事之說 而彼等眼孔 如豆如太 安足以與之論哉?

今白頭山上有大澤 周可八十里 鴨綠松花豆滿諸江 皆發源於此 曰天池 卽桓雄氏乘雲天降處也.

妙香山 曾無一小洿 且不爲桓雄天皇肇降之太白山 不足論也.

魏書勿吉傳曰 國南有徒太山 魏言太皇. 有虎豹熊狼 不害人 人不得

㉠ 鷄加: 조병윤본에는 羊加로 되어 있다.

上山溲溺 行逕者 皆以物盛去 蓋桓雄天皇之肇降 旣在此山 而又此山爲神州興王之靈地 則蘇塗祭天之古俗 必始於此山 而自古桓族之崇敬亦此山始 不啻尋常也. 且其禽獸 悉沾神化 安棲於此山 而未曾傷人人亦不敢上山溲溺而瀆神 恒爲萬世敬護之表矣. 盖我桓族 皆出於神市所率三千徒團之帳 後世以降 雖有諸氏之別 實不外於桓檀一源之裔孫也. 神市肇降之功悳 當必傳誦而不忘 則先王先民 指其三神古祭之聖地 曰三神山者 亦必矣. 盖神市以降 神理聖化之漸 逐歲而尤復益深 立國經世之大本

自與人國逈異 其神風聖俗 遠播於天下 天下萬邦之人 有慕於神理聖化者 必推崇三神 至有東北 神明舍之稱焉 及其末流之弊則漸陷於荒誕不經 愈出愈奇 恠誕無稽之說 迭出於所謂燕齊海上恠異之方士 盖其地與九桓神 市相接 民物之交特盛 自能風聞驚奇. 又復推演附會 曰三神山 是蓬萊方丈瀛洲在渤海中云云 以惑世主也. 然當時之人 東至海上一望無所際涯而渤海之中 更不知有他海故 輒曰三神山 亦在渤海中云云 實則非三神山 各在三島山也. 蓬萊 蓬勃萊徑之處 卽天王所降 方丈 四方一丈之閣 卽蘇塗所在 瀛洲 瀛環洲島之貌 卽天池所出 摠言爲三神山 而三神 卽一上帝也. 然尤其荒恠者 不知三神之源委 而乃金剛曰蓬萊 智異曰方丈 漢拏曰瀛洲 是也. 史記封禪書曰 其傳在渤海中盖嘗有至者 諸仙人及不死之藥 皆在焉 其物禽獸盡白 而黃金白銀 爲宮闕云云 又仙家書 曰三神山 有還魂不老等草 一名眞丹. 今白頭山自古 有白鹿白雉或白鷹之屬 括地志 所云有鳥獸草木皆白 是也. 又白頭山一帶 多産山蔘 世人擬之不老草. 山氓 欲採取 則必先沐浴潔齊而祭山然後敢發 其還魂不老之名 亦想源於此也. 世紀云 檀君烏斯丘元年 北巡 而得靈草云則此又驗也.

十月祭天 遂爲天下萬世之遺俗 此乃神州特有之盛典 而非外邦之可比也 太白山 獨壓崑崙之名 亦有餘矣. 古之三神山者 卽太白山也 亦今白頭山也. 盖上世神市之人文敎化 至于近世 雖不得健行 而天經神誥 猶有傳於後世 擧國男女 亦皆崇信於潛嘿之中 卽人間生死 必曰三神所主 小兒十歲以內 身命安危 智愚俊庸 悉托於三神 夫三神者 卽創宇宙造萬物之天一神也. 昔司馬相如 謂漢主劉徹曰陛下謙讓而弗發也 挈三神之驩 韋昭注 三神上帝 三神之說 早已傳播於彼境也 明矣.

震域留記曰 齊俗 有八神之祭 八神者 天主地主兵主陽主陰主月主日主四時主也. 天好陰故 祭之必於高山之下 小山之上 乃祭天太白山之麓之遺法也 地貴陽故 祭之必於澤中方丘 亦卽祭天塹城之壇之餘俗也. 天主 祠三神 兵主 祠蚩尤 三神 爲天地萬物之祖也 蚩尤 爲萬古武神勇强之祖 作大霧 驅水火 又爲萬世道術之宗 喚風雨 招萬神 是以 大始之世 恒爲天下戎事之主. 海岱之地旣爲奄藍陽介嵎萊徐淮八族之所宅 則八神之說 萌於八族 而盛行於當時也. 劉邦 雖非夷系 而起兵於豊沛 則豊沛之俗 祠蚩尤也. 故邦亦因俗以祠蚩尤 而釁鼓旗 遂以十月至灞昏上 與諸侯 平咸陽 而立 爲漢王 則因以十月爲歲首 此雖襲秦正朔 而亦因崇敬東皇太一 敬祠蚩尤也. 後四歲 秦域已定 則令祝官 立蚩尤之祠於長安 其敬蚩尤之篤 如此.

晉天文志 蚩尤旗 類慧而後曲 象旗 所見之方 下有兵云 則乃蚩尤天王 上爲列宿也. 通志氏族 略蚩氏 蚩尤之後 或曰蒼頡 與高辛 亦皆蚩尤氏之苗裔 生大棘城 而轉徙於山東淮北者也 盖蚩尤天王之英風雄烈 播傳遠域之深 推此可知也.

燕齊之士 沈惑於神異誣謾之說 亦尙矣. 自齊威燕昭之時 遣使求三神山 秦漢之際 宋無忌正伯僑 克尙羨門子高最後之徒 則燕人也 文成

俉利公孫卿申公之屬 皆齊人也. 昔呂尙 亦蚩尤氏之後. 故亦姓姜 盖蚩尤 居姜水而有子者 皆爲姜氏也. 姜太公治齊 先修道術 祭天於天齊池 而亦受封於齊 八神之俗 尤盛於此地 後世 其地多好道術者出 與神仙黃老 混會敷演 尤爲之潤飾 則此又姜太公 爲之助俗也. 嘗作陰符經注 祖述紫府三皇之義 則燕齊之士 安得以不好怪異浮誕之說哉! 且其五行治水之法 黃帝中經之書 又出於太子扶婁 而又傳之於虞司空 後復爲箕子之陳洪範於紂王者 亦卽黃帝中經 五行治水之說 則蓋其學 本神市邱井均田之遺法也.

密記云 古者 徙死無出鄕 合葬一處 表爲支石 後變爲壇 稱支石壇 亦祭夕壇. 在山頂而塹山爲城壇者 曰天壇 在山谷而植木爲土壇者 曰神壇 今僧徒 混以帝釋稱壇 則非古也. 護守三神 以理人命者 爲三侍郞 本三神侍從之郞 三郞 本倍達臣 亦世襲三神護守之官也.

高麗八觀雜記亦曰三郞 倍達臣也 主稼種財利者爲業 主敎化威福者爲郞 主聚衆願功者爲伯 卽古發神道也. 皆能降靈豫言 多神理屢中也. 今穴口 有三郞城 城者卽三郞宿衛之所也 郞者 卽三神護守之官也. 佛像始入也 建寺稱大雄 此僧徒之襲古仍稱 而本非僧家言也. 又云僧徒儒生 皆隷於郞家 以此可知也. 或云古者 人民散處溪谷 葬無定地 上自國王 皆遷置於隧穴 并配天神以祭 後或有平地而葬之 環植檀柳松柏以識之. 是以 神市之世 無陵墓之. 後至中古㉠ 國富族强 養生得贍 送死亦侈 祭之有禮 治墓頗隆或圓或方 克厥侈飾 高大廣狹 方正有規 內壁外墳 均整兼巧 至于高句麗 陵墓規制 冠於天下.

㉠ 後: 조병윤본에는 然後로 되어 있다.

三韓管境本紀第四

太白山北走 屹屹然立於斐西岬之境 有負水抱山而又回焉之處 乃大日王祭天之所也. 世傳桓雄天王 巡駐於此 佃獵以祭 風伯 天符刻鏡而進 雨師 迎鼓環舞 雲師 佰釼劍陛衛㉠ 盖天帝就山之儀仗 若是之盛嚴也. 山名曰不咸 今亦曰完達 音近也 後熊女君 爲天王所信 世襲爲斐西岬之王儉 王儉 俗言大監也. 管守土境 除暴扶民 以天王諭國人之意戒之曰父母 可敬也 妻子可保也 兄弟 可愛也 老長 可隆也 少弱 可惠也 庶衆 可信也 又制醫藥工匠養獸作農測候禮節文字之法 一境化之遠近之民 皆不相疑也. 熊氏之所分曰少典 安夫連桓雄之末 少典以命監兵于姜水 其子神農 嘗百草制藥 後徙列山㉡ 日中交易 人多便之. 少典之別派 曰公孫 以不善養獸 流于軒丘 軒轅之屬. 皆其後也. 斯瓦羅桓雄之初 熊女君之後曰黎 始得封於檀墟 爲王儉 樹德愛民 土境漸大諸土境王儉 來獻方物 以歸化者 千餘數. 後四百六十年 有神人王儉者大得民望 陞爲裨王 居攝二十四年 熊氏王 崩於戰 王儉 遂代其位 統九桓爲一 是爲檀君王儉也. 乃召國人 立約曰自今以後 聽民爲公法 是謂天符也. 夫天符者 萬世之綱典 至尊所在 不可犯也 遂與三韓 分土而治 辰韓 天王自爲也. 立都阿斯達 開國號朝鮮 是爲 一世檀君 阿斯達 三神所祭之地 後人 稱王儉城 以王儉舊宅尙存故也.

㉠ 釼: 조병윤본에는 劍으로 되어 있다.
㉡ 列: 조병윤본에는 烈로 되어 있다.

馬韓世家 上

熊虎交爭之世㉠ 桓雄天王 尙未君臨 苗桓 乃九皇之一也. 在昔 已爲我桓族 遊牧農耕之所 而及神市開天 以土爲治 一積而陰立 十鉅而陽作 无匱而衷生焉. 鳳鳥 聚捿於白牙岡㉡ 仙人來往於法首橋 法首 仙人名也. 人文 早已發達 五穀豊熟 適以是時 紫府先生 造七回祭神之曆 進三皇內文於天陛 天王嘉之 使建三淸宮而居之 共工軒轅倉頡大撓之徒 皆來學焉. 於是 作柶戱 以演桓易 盖神誌赫德所記天符之遺意也. 昔者 桓雄天王 思天下之大 非一人 所能理化 將風伯雨師 雲師 而主穀主命主刑主病主善惡 凡主人間三百六十餘事 作曆 以三百六十五日五時四十八分四十六秒 爲一年也 此乃三神一體上尊之遺法也. 故以三神立敎 乃作布念之標 其文曰 一神降衷 性通光明 在世理化 弘益人間 自是 蘇塗之立到處可見 山像雄常 山頂皆有 四來之民 環聚墟落 四家同井 二十稅一 時和年豊 露積邱山. 萬姓歡康之 作太白環舞之歌以傳.

繼有蚩尤氏 作造九冶以採鑛鑄鐵 作兵 又制飛石迫擊之機 天下莫敢讐之. 時軒丘不服 蚩尤躬率往征之 大戰於涿鹿 涿鹿 今山西大同府也. 將戰 作涿鹿檄 乃召八十一宗黨大人 先以頒示蚩尤形像 具命誓而告之 蚩尤天王 曰爾軒丘 明聽朕誥. 日之有子 惟朕一人 爲萬世爲公之義 作人間洗心之誓 爾軒丘 侮我三神一體之原理 怠棄三倫九誓之行 三神久厭其穢 命朕一人 行三神之討 爾早已洗心改行 自性求子 降在爾腦 若不順命 天人咸怒 其命之不常 爾無可懼乎哉! 於是 軒丘 乃平服 天

㉠ 熊: 조병윤본에는 雄으로 되어 있다.
㉡ 捿: 조병윤본에는 棲로 되어 있다.

下宗我焉.

時有爲子 隱於妙香山 其學 出於紫府先生也. 過見熊氏君 君請爲我陳道乎. 對曰道之大原 出乎三神也. 道旣無對無稱 有對非道 有稱亦非道也. 道無常道 而隨時乃道之所貴也 稱無常稱 而安民 乃稱之所實也. 其無外之大 無內之小 道乃無所不含也. 天之有機 見於吾心之機 地之有象 見於吾身之象 物之有宰 見於吾氣之宰也 乃執一而含三 會三而歸一也. 一神所降者 是物理也 乃天一生水之道也 性通光明者 是生理也 乃地二生火之道也 在世理化者 是心理也 乃人三生木之道也. 盖大始 三神造三界 水以象天 火以象地 木以象人 夫木者 柢地而出乎天 亦如人 立地而出 能代天也 君曰善哉 言乎.

檀君王儉 旣定天下 分三韓而管境 乃封熊伯多 爲馬韓 都於達支國 亦名曰白牙岡也. 登馬韓山 祭天 天王下詔曰 人視鏡則姸醜自形 民視君則治亂見政 視鏡 須先視形 視君須先視政. 馬韓 上箚 曰聖哉 言乎. 聖主 能從衆議故 道大 暗君 好用獨善故 道小 可無內省而不怠乎.

檀君王儉五十一年 天王 命雲師倍達臣 築三郞城于穴口 設祭天壇于摩璃山 發江南民丁八千人 以助役. 辛酉三月 天王 親幸摩璃山 祭天. 熊伯多薨 在位五十五年. 子盧德利立 盧德利薨 子弗如來立 是檀君扶婁十二年壬子. 秋十月 以命頒七回曆于民 明年春三月 始敎民種柳于白牙岡 作都亭. 丙辰 刻立三一神誥碑於南山 庚申 作稻田 己亥 立蘇塗 施三倫九誓之訓 治化大行.

檀君嘉勒三年 弗如來薨 子杜羅門立. 乙巳九月 天王勅曰天下大本在於吾心之中一也. 人失中一則事無成就 物失中一則體乃傾覆. 君心惟危 衆心惟微 全人統均 立中勿失然後 乃定于一也. 惟中惟一之道 爲父當慈 爲子當孝 爲君當義 爲臣當忠 爲夫婦當相敬 爲兄弟當相愛

老少當有序 朋友當有信. 飭身恭儉 修學鍊業 啓智發能 弘益相勉 成己自由 開物平等 以天下自任 當尊國統 嚴守憲法 各盡其職 奬勤保產 於其國家有事之時 捨身全義 冒險勇進 以扶萬世无疆之運祚也. 是朕 與爾國人 切切佩服而勿替者也. 庶幾一體完實之至意焉 其欽哉.

杜羅門薨 子乙弗利立. 乙弗利薨 子近于支立 乃檀君烏斯丘乙酉也. 庚寅 遣民丁三十人 造船舶于薩水 乃辰韓南海岸也. 壬子 韓以命 入常春 助祭三神于九月山 十月 起離宮於莪芿峰中麓 爲天王巡駐之所 每當三月 命馬韓 閱武佃獵 十六日 祭天麒麟窟 賜瑋衣加冠之禮 仍歌舞百戱而罷.

甲寅 近于支薨 子乙于支立. 乙于支薨 弟弓戶立. 弓戶薨 無嗣. 杜羅門之弟杜羅時 曾孫莫延 以命入承馬韓. 戊申 檀君于西翰 巡駐白牙岡 命劃田授土 四家作區 區出一乘 分守鄕衛. 檀君魯乙壬寅 莫延薨 弟阿火立. 時檀君道奚 方銳意開化 平等爲治 以命建大始殿于大聖山 作大橋于大同江 三忽爲佺 設局堂 定七回祭神之儀 講三倫九誓之訓 桓道文明之盛 聞于域外. 夏主廑 遣使獻方物. 丁巳阿火薨 子沙里立. 檀君阿漢乙卯 沙里薨 弟阿里立. 檀君古弗乙酉 阿里薨 子曷智立. 曷智薨 檀君代音戊申 子乙阿立. 己酉 耽牟羅人 獻馬三十匹.

乙阿薨 檀君余乙辛未 子豆莫亥立. 壬申三月十六日 親幸摩璃山 祭三神于塹城壇 殷主外壬㉠ 遣使助祭.

豆莫奚薨 戊寅 子慈烏漱立 薨㉡ 己丑 子瀆盧立 瀆盧薨 檀君固忽庚午 子阿婁立 阿婁薨 戊午 弟阿羅斯立. 是歲 高登 叛據開城 抗命天王馬韓 方擧兵討之 到紅石嶺界 聞天王 許高登 爲左賢王㉢ 乃止.

㉠ 殷: 조병윤본에는 夏로 되어 있다.
㉡ 薨 戊寅 子慈烏漱立 薨: 조병윤본에는 누락되어 있다.

乙未 天王 欲讓禪于海城褥薩徐于餘 馬韓 諫不可而不允 及索弗婁之立 而馬韓 整師躬率 往戰于海城 戰敗不還.

馬韓世家 下

檀君索弗婁 承祖父功 手握重兵 辰韓自潰 二韓 亦未一勝而敗滅. 前帝 使人傳玉册國寶以讓 新帝 相都於白岳山 諸褥薩執不可. 黎元興蓋天齡等 奉詔諭之 於是 諸褥薩畢服.

丙申元年正月 遂卽位于鹿山 是爲白岳山阿斯達也. 三月下詔曰 邇者 阿斯達 使人傳玉册國寶以讓 前帝 今雖襲號以尊 而其海內山川 旣歸名帳 祭天之禮 當在國典 不可濫也 必須徵古實 以達誠敬者. 今當祭迎 前往擇齋 審掃神域 潔備牲幣 用答三神. 於是 帝擇齋七日 授香祝于黎元興 至十六日 早朝 敬行祀事于三韓大白頭山天壇 帝親祭于白岳山阿斯達.

其白頭山誓告之文曰 朕小子檀君索弗婁 拜手稽首. 自天帝子之修我以及民 必自祭天以敬 皇上 受三神明命 普恩大德 旣與三韓五萬里之土境 共享弘益人間故 遣馬韓黎元興 致祭于三神一體上帝之壇. 神其昭昭 體物無遺 潔齊誠供 降歆黙佑 必能賁飾新帝之建極 世保三韓千萬年无疆之祚業 年穀豊熟 國富民殷 庶昭我聖帝空我存物之至念.

五月 改制三韓 爲三朝鮮 朝鮮 謂管境也. 眞朝鮮 天王自爲 而地則仍舊辰韓也. 政由天王 三韓 皆一統就令也. 命黎元興 爲馬韓 治莫朝鮮 徐于餘 爲番韓 治番朝鮮 總之名曰檀君管境 是則辰國 史稱檀君朝

㉢ 左: 조병윤본에는 右로 되어 있다.

鮮 是也.

元興 旣受大命 鎭守大同江 亦稱王儉城. 天王 亦以每年仲春 必巡駐馬韓 勤民以政 於是 藉供厚斂之弊 遂絶. 先是 有詔曰惟朕一人之養煩民以斂 是乃無政也 無政而君 何用哉 嚴命罷之.

戊子 馬韓 承命入京師 諫以寧古塔遷都 爲不可 從之. 元興薨 己丑子阿實立. 阿實薨 弟阿闍立 己卯殷滅 後三年辛巳 子胥餘 避居太行山西北地 莫朝鮮聞之 巡審諸州郡 閱兵而還.

阿闍薨 庚戌 子阿火只立. 阿火只薨 丙戌 弟阿斯智立. 阿斯智薨 檀君摩休丁亥 兄之子阿里遜立. 阿里遜薨 子所伊立. 所伊薨 丁亥 子斯虞立. 戊子 周主宜 臼遣使賀正. 斯虞薨 甲辰 子弓忽立. 甲寅 命陜野侯 率戰船五百艘 往討海島 定倭人之叛. 弓忽薨 子東杞立. 東杞薨 檀君多勿癸酉 子多都立, 多都薨 壬辰 子斯羅立. 斯羅薨 子迦葉羅立. 迦葉羅薨 甲寅㉠ 子加利立. 乙卯 隆安獵戶數萬叛 官兵 每戰不利. 賊遂迫都城甚急 加利亦出戰 中流矢而薨. 丙辰 上將丘勿 遂斬獵戶頭目宇和冲 移都藏唐京 先以加利之孫典奈 入承莫朝鮮 自是 國政益衰.

典奈薨 子進乙禮立. 進乙禮薨 乙卯 子孟男立. 戊戌 須臾人箕詡 兵入番韓以據 自稱番朝鮮王 燕遣使 與我共伐之 莫朝鮮不從.

癸亥 檀君高烈加 遂棄位 入阿斯達 眞朝鮮 與五加從政 終未復而終焉.

番韓世家 上

蚩尤天王 西征涿芮 南平淮岱 披山通道 地廣萬里. 至檀君王儉 與唐

㉠ 甲寅: 조병윤본에는 누락되어 있다.

堯幷世 堯德益衰 來與爭地不休. 天王 乃命虞舜 分土而治 遣兵而屯 約以共伐唐堯 堯乃力屈 依舜而保命 以國讓. 於是 舜之父子兄弟 復歸同家 盖爲國之道 孝悌爲先. 及九年洪水 害及萬民故 檀君王儉 遣太子扶婁 約與虞舜 招會于塗山 舜遣司空禹 受我五行治水之法 而功乃成也. 於是 置監虞於琅耶城 以決九黎分政之議 卽書所云東巡望秩肆覲東后者 此也. 辰國 天帝子所治故㉠ 五歲巡到琅耶者一也 舜諸侯故 朝覲辰韓者四也.㉡ 於是 檀君王儉 擇蚩尤後孫中 有智謀勇力者 爲番韓 立府險瀆 今亦稱王儉城也.

蚩頭男 蚩尤天王之後也. 以勇智 著聞於世 檀君乃召見而奇之 卽拜爲番韓 兼帶監虞之政. 庚子 築遼中十二城險瀆令支湯池桶道渠庸汗城蓋平帶方百濟長嶺碣山黎城㉢ 是也.

頭男薨 子琅邪立. 是歲庚寅三月 改築可汗城 以備不虞.

可汗城 一名琅邪城 以番韓琅邪 所築故 得名也.

甲戌 太子扶婁 以命往使塗山 路次琅邪 留居半月 聽聞民情㉣ 虞舜亦率四岳 報治水諸事. 番韓 以太子命 令境內 大興局堂 幷祭三神于泰山 自是 三神古俗 大行于淮泗之間也.

太子 至塗山 主理乃會 因番韓 告虞司空曰 予北極水精子也. 汝后請予 以欲導治水土 拯救百姓㉤ 三神上帝 悅于往助故㉥ 來也 遂以王土篆文 天符王印 示之曰 佩之則能歷險不危 逢凶無害 又有神針一枚 能

㉠ 子: 조병윤본에는 누락되어 있다.
㉡ 辰韓: 조병윤본에는 琅耶로 되어 있다.
㉢ 中: 조병윤본에는 東으로 되어 있다.
㉣ 聞: 조병윤본에는 問으로 되어 있다.
㉤ 拯: 조병윤본에는 極으로 되어 있다.
㉥ 于: 조병윤본에는 予로 되어 있다.

測水深淺 用變無窮. 又有皇矩倧寶 凡險要之水 鎭之永寧. 以此三寶授汝 無違天帝子之大訓 可成大功也. 於是 虞司空 三六九拜而進曰勤行天帝子之命 佐我虞舜開泰之政 以報三神允悅之至焉. 自太子扶婁 受金簡玉牒 盖五行治水之要訣也. 太子會九黎於塗山 命虞舜 卽報虞貢事例 今所謂禹貢 是也.

琅邪薨 癸卯 子勿吉立. 勿吉薨 甲午 子愛親立. 愛親薨 子道茂立. 道茂薨 癸亥 子虎甲立. 丁丑 天王 巡到松壤 得疾而崩 番韓 遣人治喪分兵戒嚴. 虎甲薨 檀君達門己丑 子烏羅立. 甲午㉠ 夏主少康 遣使賀正.

烏羅薨 丙戌 子伊朝立. 伊朝薨 檀君阿述丙寅 弟居世立.

居世薨 辛巳 子慈烏斯立. 慈烏斯薨 乙未 子散新立. 散新薨 戊子子季佺立. 庚申㉡ 以命設三神壇于湯池山 徙官家 湯池 古安德鄕也. 薨 丁巳 子伯佺立. 伯佺薨 乙未 仲弟仲佺立. 薨 辛卯 子少佺立. 甲午遣將蚩雲出 助湯伐桀 乙未 遣墨胎 賀湯卽位. 少佺薨 甲戌 子沙奄立. 薨 弟棲韓立. 薨 丁丑 子勿駕立. 薨 辛巳 子莫眞立. 薨 丁卯 子震丹立. 是歲 殷主太戊 來獻方物 薨 癸酉 子甘丁立. 薨 子蘇密立. 癸巳三年 以殷不貢 往討北亳 其主河亶甲 乃謝.

蘇密薨 子沙豆莫立. 薨 季父甲飛立. 薨 庚申 子烏立婁立. 薨 子徐市立. 薨 戊申 子安市立. 薨 己丑 子奚牟羅立. 薨 檀君蘇台五年 以雨師小丁 出補番韓 盖高登 每彈其智謀出衆 而勸帝出補. 時殷主武丁方欲興兵 高登聞之 遂與上將西余 共破之 追至索度 縱兵焚掠而還. 西余 襲破北亳 仍屯兵于湯池山 遣刺客 殺小丁 并載兵甲而去.

㉠ 甲午: 조병윤본에는 甲申으로 되어 있다.

㉡ 庚申: 조병윤본에는 庚寅으로 되어 있다.

番韓世家 下

檀君索弗婁 初幷三韓 大改國制 殷主武丁 遣使來約貢. 先是 廢徐于餘 爲庶人 徐于餘 潛歸坐原 與獵戶數千 謀起兵. 蓋天齡 聞卽往伐㉠ 敗沒于陣 帝親率三軍 往討之 乃先遣勸降 約封爲裨王 再諭以聽 至是 命徐于餘 爲番韓. 四年己亥 眞朝鮮 以天王勅文 傳曰 爾三韓 上奉天神 接化群生 自是教民 以禮義田蠶織作弓矢字書 爲民設禁八條 相殺以當時償殺 相傷 以穀償 相盜者 男沒爲其家奴 女爲婢 毁蘇塗者禁錮 失禮義者服軍 不勤勞者徵公 作邪淫者笞刑 行詐欺者訓放 欲自贖者 雖免爲公民 俗猶羞之 嫁娶 無所售. 是以 其民終不相盜 無門戶之閉 婦人貞信不淫 闢其田野都邑 飮食以籩豆 有仁讓之化.

辛丑 殷主武丁 因番韓 上書天王 獻方物.

丙申 徐于餘薨 丁酉 阿洛立. 薨 丁丑 率歸.立 薨 甲子 任那立. 辛未 以天王詔 築天壇于東郊 祭三神 衆環舞擊鼓以唱 曰精誠乙奴 天壇築爲古 三神主其祝壽爲世 皇運乙 祝壽爲未於 萬萬歲魯多 萬民乙 睹羅保美御 豊年乙 叱居越爲度多

任那薨 丙申 弟魯丹立. 北漠入寇 遣路日邵㉡ 討平之. 薨 己酉 子馬密立. 薨 丁卯 子牟弗立. 乙亥 置監星.

牟弗薨 丁亥 子乙那立. 甲午 周主瑕 遣使朝貢. 乙那薨 丁卯 子麻維脈立.㉢ 薨 己巳 弟登那立. 李克會 啓請建少連大連之廟 定行三年喪 從之. 薨 戊戌 子奚壽立. 壬寅 遣子勿韓 往九月山 助祭三聖廟 廟

㉠ 往: 조병윤본에는 欲으로 되어 있다.

㉡ 日: 조병윤본에는 月로 되어 있다.

㉢ 維: 조병윤본에는 누락되어 있다.

在常春朱家城子也. 奚壽薨 己未 子勿韓立. 薨㉠ 己卯 子奧門婁立. 薨 丁卯 子婁沙立. 戊寅 入覲天朝 與太子登屼 少子登里 閑居別宮 乃獻 歌太子兄弟 曰兄隱伴多是 弟乙 愛爲古 弟隱味當希 兄乙 恭敬爲乙支 尼羅 恒常毫毛之事魯西 骨肉之情乙 傷跛勿爲午 馬度五希閪 同槽奚 西 食爲古 雁度 亦一行乙 作爲那尼 內室穢西非緣 歡樂爲那 細言乙 良 愼聽勿爲午笑 婁沙薨 乙未 子伊伐立. 丙申 漢水人王文 作吏讀法 以獻天王嘉之命三韓如勅施行. 己未 遣上將高力合 與淮軍敗周. 伊伐 薨 辛酉 子阿勒立. 丙寅 周二公 遣使獻方物. 阿勒薨 己丑 子麻休一 云麻沐立. 薨 丙辰 子多斗立. 薨 己丑 子奈伊立. 薨 己未 子次音立. 薨 己巳㉡ 子不理. 薨 乙巳 子餘乙立. 薨 甲戌 奄婁立. 戊寅 匈奴 遣 使番韓 求見天王 稱臣貢物而去. 奄婁薨 子甘尉立. 薨 戊申 子述理立. 薨 戊午 子阿甲立. 庚午 天王 遣使高維先 頒桓雄蚩尤檀君王儉三祖 之像㉢ 以奉官家.

阿甲薨 癸酉 固台立. 薨 丁亥 子蘇台爾立. 薨 乙巳 子馬乾立. 薨 丙辰 天韓立. 薨 丙寅 子老勿立. 薨 辛巳 子道乙. 癸未 魯人孔丘 適 周 問禮於老子李耳. 耳父姓韓 名乾 其先 風人. 後 西出關 由內蒙古 而轉至阿踰佗 以化其民. 道乙薨 丙申 子述休立. 薨 庚午 子沙良立. 薨 戊子 子地韓立. 薨 癸卯 子人韓立. 薨 辛巳 子西蔚立. 薨 丙午 子哥 索立. 薨 庚辰 子解仁立. 一名山韓 是歲 爲刺客所害. 辛巳 子水韓立.

壬午 燕倍道入寇 攻安寸忽 又入險瀆 須臾人箕詡 以子弟五千人 來 助戰事 於是 軍勢稍振. 乃與眞番二韓之兵 夾擊大破之 又分遣偏師

㉠ 己未 子勿韓立 薨: 조병윤본에는 누락되어 있다.

㉡ 己巳: 조병윤본에는 乙巳로 되어 있다.

㉢ 王儉: 조병윤본에는 누락되어 있다.

將戰於薊城之南 燕懼 遣使乃謝 以公子爲質.

戊戌 水韓薨 無嗣. 於是 箕詡以命 代行軍令 燕遣使賀之. 是歲 燕稱王 將來侵 未果 箕詡 亦承命正號 爲番朝鮮王 始居番汗城 以備不虞.

箕詡薨 丙午 子箕煜立. 薨 辛未 子箕釋立. 是歲 命州郡 擧賢良 一時被選者 二百七十人. 己卯 番韓親耕于郊 乙酉 燕遣使納貢 箕釋薨 庚戌 子箕潤立. 薨 己巳 子箕丕立. 初箕丕 與宗室解慕漱 密有易璽之約 勤贊佐命 使解慕漱 能握大權者 惟箕丕其人也.

箕丕薨 庚辰 子箕準立. 丁未 爲流賊衛滿所誘敗 遂入海而不還.

蘇塗經典本訓第五

神市之世 有仙人發貴理 與大皞同門受學 而道旣通遊 觀乎方渚風山之間 頗得聲華. 及觀阿斯達祭天 禮畢而仍作頌 其文曰

大一其極 是名良氣. 無有而混 虛粗而妙. 三一其體 一三其用 混妙一環 體用無歧. 大虛有光 是神之像 大氣長存 是神之化. 眞命所源 萬法是生 日月之子 天神之衷 以照以線 圓覺而能

大降于世 有萬其衆. 故圓者一也 無極 方者二也 反極 角者三也 太極. 夫弘益人間者 天帝之所以授桓雄也 一神降衷 性通光明 在世理化 弘益人間者 神市之所以傳檀君朝鮮也. 桓易 出於雨師之官也 時伏羲爲雨師 以養六畜也. 於是 見神龍之逐日日十二變色 乃作桓易 桓卽與羲同義也 易卽古龍本字也.

紫府先生 發貴理之後也 生而神明 得道飛昇. 嘗測定日月之纏次 推考五行之數理 著爲七政運天圖 是爲七星曆之始也. 後蒼其蘇 又復演其法 以明五行治水之法 是亦神市黃部之中經也. 虞人姒禹 到會稽山

受敎于朝鮮 因紫虛仙人 求見蒼水使者扶婁 受黃帝中經 乃神市黃部之中經也. 禹取而用之 有功於治水.

桓易 體圓而用方 由無象以知實 是天之理也 羲易 體方而用圓 由有象以知變 是天之體也 今易 互體而互用 自圓而圓 自方而方 自角而角 是天之命也. 然天之源 自是一大虛無空而已 豈有體乎? 天自是本無體而二十八宿 乃假爲體也. 盖天下之物 有號名則皆有數焉 有數則皆有力焉. 旣言有數者則有有限無限之殊 又言有力者則有有形無形之別 故天下之物 以其有 言之則皆有之 以其無 言之則皆無之.

天符經 天帝桓國口傳之書也. 桓雄大聖尊 天降後 命神誌赫德 以鹿圖文 記之 崔孤雲致遠 亦嘗見神誌篆古碑 更復作帖 而傳於世者也. 然至本朝 專意儒書 更不與皀衣相聞而欲存者 其亦恨哉. 以故 特表而出之 以示後來.

天符經 八十一字

一始無始一 析三極 無盡本.

天一一 地一二 人一三 一積十鉅 无匱化三.

天二三 地二三 人二三 大三合六 生七八九 運三四 成環五七.

一玅衍 萬往萬來 用變不動本.

本心 本太陽 昂明 人中天地 一

一終 無終一.

三皇內文經 紫府先生 授軒轅 使之洗心歸義者也. 先生 嘗居三淸之宮 宮在靑邱國大風山之陽. 軒侯 親朝蚩尤 路經名華 有是承聞也. 經文 以神市鹿書 記之 分爲三篇 後人 推演加註 別爲神仙陰符之說 周秦以來 爲道家者流之所托㉠ 間有鍊丹服食 許多方術之說 紛秉雜出而多惑溺 至於徐福韓終 亦以淮泗之產 素有叛秦之志 至是 入海求仙

爲言 仍逃不歸 日本紀 伊有徐市題名之刻 伊國新宮 有徐市墓祠云. 徐福 一稱徐市 市福 音混也.

三一神誥 本出於神市開天之世 而其爲書也 盖以執一含三 會三歸一之義 爲本領 而分五章 詳論天神造化之源 世界人物之化 其一曰 虛空與一始無同始 一終無同終也 外虛內空 中有常也. 其二曰 一神 空往色來 似有主宰 三神爲大 帝實有功也. 其三曰 天宮 眞我所居 萬善自足 永有快樂也. 其四曰 世界 衆星屬日 有萬群黎 大德是生也. 其五曰 人物 同出三神 歸一之眞 是爲大我也. 世或以三一神誥爲道家醮靑之詞 則甚誤矣. 吾桓國 自桓雄開天 主祭天神 祖述神誥 恢拓山河 敎化人民.

嗚呼! 神市天皇之建號 今旣蒙三神上帝 啓無量洪祚 招撫熊虎 以安四海 上爲天神 揭弘益之義 下爲人世 解無告之怨. 於是 人自順天 世無僞妄 無爲自治 無言自化 俗重山川 不相侵涉 貴相屈服 投死救急 旣均衣食 又平權利 同歸三神 交歡誓願 和白爲公 責禍保信 通力易事 分業相資

男女皆有職分 老少同享福利 人與人 無相爭訟 國與國 無相侵奪 是謂神市太平之世也.

三一神誥 總 三百六十六字

第一章 虛空 三十六字

帝曰爾五加众 蒼蒼非天 玄玄非天. 天武旡形質 旡端倪 旡上下四方 虛虛空空 旡不在 旡不容.

第二章 一神 五十一字

㉠ 托: 조병윤본에는 託으로 되어 있다.

神在兂上一位 有大德大慧大力 生天 主無數世界㉠ 造兟兟物 纖塵兂漏 昭昭䨺䨺 不敢名量. 聲氣願禱 絶親見 自性求子 降在爾𦫳.

第三章 天宮 四十字

天神國. 有天宮 階萬善 門萬德 一神攸居 群䨺諸嚞護侍 大吉祥 大光明處 惟性通功完者 朝永得快樂.

第四章 世界 七十二字

爾觀森列星辰 數兂盡 大小明暗苦樂 不同.

一神 造群世界 神勅日世界使者 牽七百世界 爾地自大 一丸世界. 中火震盪 海幻陸遷 乃成見像. 神呵氣包底 煦日色熱 行翥化游栽物 繁殖.

第五章 人物 一百六十七字

人物 同受三眞 惟众迷地 三妄着根 眞妄對 作三途 .

曰性命精 人全之 物偏之. 眞性 善兂惡 上嚞通 眞命 淸无濁 中嚞知 眞精 厚兂薄 下嚞保 返眞一神.

曰心氣身 心依性 有善惡 善福惡禍 氣依命 有淸濁 淸壽濁夭 身依精 有厚薄 厚貴薄賤.

曰感息觸 轉成十八境 感. 喜懼哀怒貪厭 息芬爛寒熱震濕 觸聲色臭味淫抵. 众善惡淸濁厚薄相雜 從境途任走 墮生長肖病歿苦 嚞止感調息禁觸 一意化行 改妄卽眞 發大神機 性通功完 是.

神誌秘詞 檀君達門時人. 神誌發理 所作也 本三神古祭誓願之文也.

夫上古祭天之義 要在爲民祈福 祝神興邦也 今好事之人 將神誌秘詞與圖讖星占 相出入 推數敷演 言其震檀九變之圖 又作鑑訣豫言之先河

㉠ 無: 조병윤본에는 兂로 되어 있다.

亦謬矣哉.

其曰秤坎扶蘇樑者 是謂辰韓古都 亦卽檀君朝鮮所都 阿斯達 是也 亦卽今松花江哈爾濱也. 其曰錘者五德地者 是謂番韓古都 今開平府東北七十里所在 湯池堡 是也 其曰極器白牙岡者 是謂馬韓古都 今大同江也 乃馬韓熊伯多 祭天馬韓山 卽此. 竊以三韓地勢 譬諸衡石則扶蘇樑 如國之秤榦 五德地 如國之錘者 白牙岡 如國之極器 三者缺一 衡不稱物 國不保民也. 三神古祭之誓願 惟在三韓管境 允悅民衆之義也 神誌秘詞所傳 亦不外乎是焉 則爲國一念 幷奬忠義 祭以悅神 願以受福 神必降衷 福必興邦 眞實以行. 事不徵實 行不求是 則所徵所求者從何得功乎.

我國文字 自古有之 今南海縣郎河里岩壁 有神市古刻 夫餘人王文所書之法 類符擬篆 紫府先生之內文 太子扶婁之五行 皆出於桓檀之世而殷學漢文 盖王文遺範也. 留記云 神劃 曾在太白山靑岩之壁 其形如ㄱ 世稱神誌仙人所傳也. 或者以是 爲造字之始 則其劃直一曲二之形其義 有管制之象 其形其聲 又似出於計意然者也. 故以神人之德 愛求人世以準焉 則眞教之行也 .必人事皆正也. 賢能在位 老幼公養 壯者服義 多者勸化 姦詐息訟 干戈閉謀 是亦理化之一道也.

大辯說註曰 南海縣郎河里之溪谷岩上 有神市古刻 其文曰桓雄出獵致祭三神 又曰大始傳古 只憑口舌 久而後 乃形以爲畵 又復畵變而爲之字 蓋文字之源 莫非出於國俗之所尊信也. 自一氣而析三 氣卽極也極卽無也.

夫天之源 乃貫三極 爲虛而空 幷內外而然也. 天之宮 卽爲光明之會萬化所出 天之一神 能體其虛而乃其主宰也. 故曰 一氣卽天也 卽空也. 然自有中一之神而能爲三也 三神 乃天一地一太一之神也. 一氣之自能

動作 而爲造教治三化之神 神卽氣也 氣卽虛也 虛卽一也. 故地有三韓爲辰弁馬三京之韓 韓卽皇也 皇卽大也 大卽一也. 故人有三眞 爲性命精三受之眞 眞卽衷也 衷卽業也 業卽續也 續卽一也. 然一始一終 回復其眞也 卽一卽三 對合於善也 微粒積粒 一歸之美也. 乃性之所善也乃命之所淸也 乃精之所厚也 更復何有曰有曰無也哉. 眞之爲不染也其染者 爲妄也 善之爲不息也 其息者 爲惡也 淸之爲不散也 其散者爲濁也 厚之爲不縮也 其縮者 爲薄也

所以執一含三者 乃一其氣而三其神也 所以會三歸一者 是亦神爲三而氣爲一也. 夫爲生也者之體 是一氣也 一氣者 內有三神也 智之源亦在三神也 三神者 外包一氣也. 其外在也一 其乃容也一 其統制也一亦皆含會而不歧焉 其爲字之源 含會執歸之義 存焉也.

神市有算木 蚩尤有鬪佃目 夫餘有書算 其曰 算木

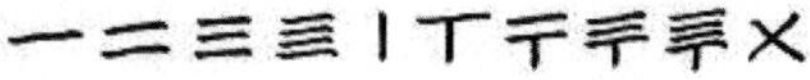也 其曰佃目

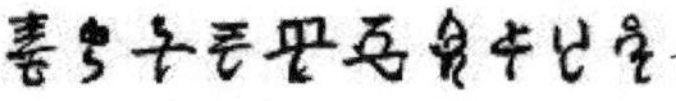也. 檀君世紀 檀君嘉勒二年 三郎乙普勒 譔正音三十八字 是謂加臨多. 其文曰

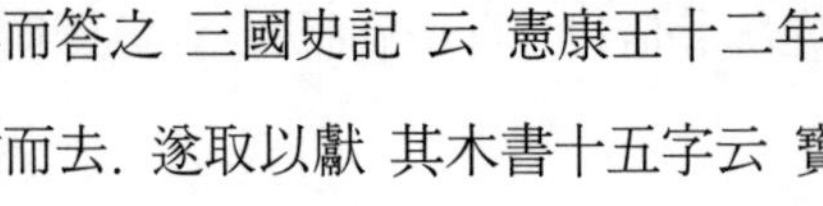

李太白全書玉塵叢談云 渤海國 有書於唐 擧朝無解之者. 李太白 能解而答之 三國史記 云 憲康王十二年春 北鎭奏 狄國人入鎭 以片木掛樹而去. 遂取以獻 其木書十五字云 寶露國 與黑水國人 共向新羅國和通㉠ 且高麗光宗時 張儒 接伴使 著聞. 初避亂 到吳越 越氏有好事者

㉠ 國: 조병윤본에는 누락되어 있다.

刻東國寒松亭曲於琴底 漂逆波 越不得解其辭. 適遇張儒 拜問其辭 張儒卽席 以漢詩解之曰 月白寒松夜 波晏鏡浦秋. 哀鳴來又去 有信一沙鷗㉠ 盖琴底所刻文 疑古加臨多之類也.

元董仲三聖紀注云 辰餘倭國㉡ 或橫書 或結繩 或鍥木 惟高麗摸寫穎法 想必桓檀上世 必有文字摸刻也. 崔致遠 嘗得神誌古碑所刻之天符經 更復作帖 以傳於世 卽與郎河里岩刻㉢ 的是皆實跡也. 世傳神市有鹿書 紫府有雨書 蚩尤有花書 鬪佃文束 卽其殘痕也. 伏羲有龍書 檀君有神篆 此等字書 遍用於白山黑水靑邱九黎之域. 夫餘人王文 始以篆爲煩 而稍省其劃 新作符隸而書之. 秦時 程邈奉使於肅愼 得王文隸法於漢水 又因其劃而小變之形 是今之八分也. 晉時 王次仲 又作楷書 次仲 王文之遠裔也. 今究其字之所源則皆神市之遺法 而今漢字 亦承其支流也 明矣.

三一神誥 舊本無分章 杏村先生 始分章 一曰虛空㉣ 二曰一神 三曰天宮 四曰世界 五曰人物. 夫虛空㉤ 爲天之質量 一神 爲天之主宰 天宮 爲天造化之所備也 世界 爲萬世人物之市也 人物 宇宙三界之元勳也. 盖太白眞教 源於天符而合於地轉 又切於人事者也. 是以 發政 莫先於和白 治德 莫善於責禍 在世理化之道 悉準於天符而不僞 取於地轉而不怠 合於人情而不違也 則天下之公論 有何一人異哉! 神誥五大之旨訣 亦本於天符 神誥之究竟 亦不外乎天符中一之理想也 始知字之源 久矣 字之義 大矣.

㉠ 鷗: 원본은 丘鳥 로 되어 있다.
㉡ 辰餘倭: 조병윤본에는 '倭辰餘'로 되어 있다.
㉢ 卽與: 조병윤본에는 與卽으로 되어 있다.
㉣ 虛: 조병윤본에는 虗로 되어 있다.
㉤ 虛: 조병윤본에는 虗로 되어 있다.

世傳. 牧隐李穡㉠ 休崖范世東 皆有天符經註解云 而今不見 今時俗雖一字之書 不合於程朱則衆矢蝟集 儒鋒方厲 其欲傳天經神誥之訓 豈容易得論哉?

神市之樂 曰貢壽 或云供授 又曰頭列 衆回列以唱 聲使三神大悅 代言國祚吉昌 民心允悅也. 白虎通疏義曰 朝離 通典樂志曰 侏離 三國史記曰 兜率 盖有祈神歡康 知足循理之義也. 檀君扶婁時 有於阿之樂盖神市古俗 祭迎三神之歌. 則其曰大祖神 謂三神 爲天之主宰者也. 故以太陽爲儀象 以光熱爲功能 以生化發展爲情志 以禍福報應爲正義 自是 俗尙 參佺有戒 皀衣有律 衣冠者 必帶弓矢 能射者 必得高位 善心爲修行之本 貫革爲假想之惡魁 祭祀必謹 使知報本 一心團結 自當接化群生 內修外攘 皆得時宜 則倍達國光榮 百百千千年所積高之大恩德豈可一刻忘諸?

古者祭天 有舞天之樂 如遼史禮志 所云繞天 是也. 夫祭者 必先象生欲致如常生之誠也 立主設床 以薦供者 乃欲表親見之儀也 追遠報本者其欲重今生而續有後之訓也.

大辯經云 檀君丘勿 改國號爲大夫餘 改都藏唐京 今爲開原 亦稱平壤. 朝鮮之稱 始於檀君索弗婁而未備 至是而備 三韓 有分朝管境之意三朝鮮 有分權管境之制也. 先是 大敎多端 人無能行者 自燕侵以來戰禍荐至 歲連不熟 又失治化 國力益衰. 日帝得天帝之夢敎 因欲改新大政 命天帝廟庭 立大木懸鼓 三七爲期 序齒相飮 勸化成冊 是爲九誓之會. 每以九誓之文

初拜而誓於衆 曰勉爾孝于家. 家有父母妻子 則誠心誠敬 推以友愛

㉠ 隐: 조병윤본에는 隱으로 되어 있다.

誠奉祭祀 以報一本 敬接賓客 以善鄕隣 勸敎子弟 以養英才. 皆人倫敎化之大者也 是孝慈順禮之敢不修行乎? 衆一齊應聲曰諾. 否者逐之.

再拜而誓曰勉爾友于兄弟. 兄弟者 父母之所分也 兄之所好 則弟之所好也 弟之所不好 則兄之所不好也. 物來之好不好 人我相同也 自身而及物 自親而及疎 以如是之道 推之鄕國則鄕國 可興也 推之天下則天下 可化也 是友睦仁恕之敢不修行乎? 衆應聲曰諾. 否者逐之.

三拜而誓曰勉爾信于師友. 師友者 道法之所立也 德義相磨 過失相警 學問樹立 事業成就者 皆師友之力也. 是信實誠勤之敢不修行乎? 衆應聲曰諾. 否者逐之.

四拜而誓曰勉爾忠于國. 國者 先王之所設也 今民之所食也 改新國政 增進國富 護守國土 恢張國權 以固國勢 以光歷史者 皆國之來也. 是忠義氣節之敢不修行乎? 衆應聲曰諾. 否者逐之.

五拜而誓勉爾遜于群一云卑下. 群者 皆天帝之民 與我同受三眞者也. 主性之所本也 國力之所係也 上不遜則下離 右不遜則左脫 前不遜則後退 下不遜則上厭 左不遜則右落 後不遜則前疎. 今遜讓相尊 合群通力 則外侮可止也 內治可修也 是遜讓恭謹之敢不修行乎? 衆應聲曰諾. 否者逐之.

六拜而誓曰勉爾明知于政事. 政事者 治亂之所關也 風伯之立約 雨師之施政 雲師之行刑 各有職權 不相侵越也. 今知見高邁 言路廣採 技藝鍊磨 經驗致積 則國務可均也 民事可舒也 是明知達見之敢不修行乎? 衆應聲曰諾. 否者逐之.

七拜而誓曰勉爾勇于戰陣. 戰陣者 存亡之所決也 國不存 則君父 貶爲木偶 主不立 則妻子 沒爲人奴也. 應事接物 皆莫非吾道也 售世傳敎 亦莫非吾事也 與其無國而生 無主而存 寧若有國而死 有主而終乎?

今劃然有空我犧牲之風 規制整肅 善群自治 而賞與罰 必須正平 人與我 亦信義相濟 則亭毒群倫 能福千萬人也. 是勇膽武俠之敢不修行乎? 衆應聲曰諾. 否者逐之.

八拜而誓曰勉爾廉于身. 行不廉 則良心自昧 能廉則神明自通 偏嗜私利 則必痿病 獨善自矜 則必腐敗. 蠢蠢自足 自害害人 因循相積 沈溺莫救者也. 是廉直潔淸之敢不修行乎? 衆應聲曰諾. 否者逐之.

九拜而誓曰勉爾義于職業. 人之作職就業 必有責任 一有不義而却失自盡 則必有侮謔而毁壞 若有正義而公信食力 則誰可淩侮而侵奪也哉? 義者 群力之所起也 正氣之所發也 捲之以藏于九竅 擴之以盈于天地者也. 是正義公理之敢不修行乎? 衆應聲曰諾. 否者逐之.

自是 俗尙淳厚 勇於公戰 勤於公利 敏於公事 明於公德 善業勸而過失規 自成禮義慈愛之俗 同歸于三神歸命之化也.

檀君世紀 曰交拇加右手 行三六大禮 交拇者 右拇點子 左拇點亥 而加右手 作太極形也. 古者 跪必先揖也 拜必先揖而跪也 乃禮之常也. 揖之爲言 聚也 聚心拱手而念天也 跪者順也 順氣合膝而謝地也 拜者獻也 獻身叩頭而報先也. 獻一作現也 頭至手曰拜手 頭至地曰叩頭 叩頭卽稽顙也.

參佺戒經 世傳乙巴素先生所傳也. 先生 嘗入白雲山禱天 得天書 是爲參佺戒經. 大始 哲人在上 主人間三百六十餘事 其綱領有八條. 曰誠曰信曰愛曰濟曰禍曰福曰報曰應 誠者 衷心之所發 血誠之所守 有六體四十七用 信者 天理之必合 人事之必成 有五團三十五部 愛者 慈心之自然 仁性之本質 有六範四十三圍 濟者 德之兼善 道之賴及 有四規三十二模 禍者 惡之所召 有六條四十二目 福者 善之餘慶 有六門四十五戶 報者 天神 報惡人以禍 報善人以福 有六階三十及 應者 惡受惡報

善受善報 有六果三十九形. 故天雖不言 陟降周護 知我者昌 求是則實 一以參佺 全人受戒.

乙巴素 籤之 曰神市理化之世 以八訓爲經 五事爲緯 敎化大行 弘益濟物 莫非參佺之所成也. 今人 因此佺戒 益加 勉修己則其安集百姓之功 何難之有哉?

3장

전통 역사서

『三國遺事』 一然(1206~1289)

古朝鮮 王儉朝鮮

『魏書』云 乃往二千載, 有壇君王儉, 立都阿斯達, 開國號朝鮮, 與堯同時『古記』云 昔有桓因, 庶子桓雄數意天下, 貪求人世. 父知子意, 下視三危.太伯, 可以弘益人間, 乃授天符印三箇, 遣往理之. 雄率徒三千, 降於太伯山頂, 神壇樹下, 謂之神市, 是謂桓雄天王也. 將風伯·雨師·雲師, 而主穀·主命·主病·主刑·主善惡, 凡主人間三百六十餘事, 在世理化. 時有一熊一虎, 同穴而居, 常祈于神雄, 願化爲人. 時神遺靈艾一炷, 蒜二十枚曰『爾輩食之, 不見日光百日, 便得人形.』熊虎得而食之, 忌三七日. 熊得女身, 虎不能忌, 而不得人身. 熊女者, 無與爲婚, 故每於壇樹下, 呪願有孕. 雄乃假化而婚之, 孕生子, 號曰壇君王儉. 以唐堯卽位五十年庚寅, 都平壤城, 始稱朝鮮. 又移都於白岳山.阿斯達, 又名弓忽山, 又今彌達, 御國一千五百年. 周.武王卽位己卯, 封箕子於朝鮮. 壇君乃移於藏唐京, 後還隱於阿斯達爲山神, 壽一千九百八歲.

『帝王韻紀』(1287) 李承休(1224~1300)

『帝王韻紀』 卷下 東國君王開國年代 并序 前朝鮮紀

初誰開國啓風雲 釋帝之孫名檀君(本紀曰 上帝桓因有庶子曰雄 云云 謂曰下至三危太白 弘益人間歟 故雄受天符印三箇 率鬼三千而降太白山頂神檀樹下 是謂檀雄天王也 云云 令孫女飮藥成人身 與檀樹神婚而生男 名檀君 據朝鮮之域爲王 故尸羅高禮南北沃沮東北扶餘穢與貊 皆檀君之壽也 理一千三十八年 入阿斯達山爲神 不死故也) 並與帝高興

戊辰 經虞歷夏居中宸 於殷虎丁八乙未 入阿斯達山爲神(今九月山也 一名弓忽 又名三危 祠堂猶在) 享國一千二十八 無奈變化傳桓因 却後 一百六十四 仁人聊復開君臣(一作 爾後一百六十四 雖有父子無君臣)

『高麗史』(1421) 金宗瑞(1390~1453)·鄭麟趾(1396~1478) 等

『高麗史』卷58 志12 地理3 西海道 豊州 儒州

儒州 本高句麗闕口 高麗初 改今名 顯宗九年 來屬 睿宗元年 置監務 高宗四十六年 以衛社功臣成均大司成柳璥內鄕 陞爲文化縣令官 別號始寧(成廟所定) 有九月山(世傳阿斯達山)·莊莊坪(世傳 檀君所都 卽唐莊京之訛)·三聖祠(有檀因·檀雄·檀君祠)

『高麗史』卷58 志12 地理3

西京留守官平壤府 本三朝鮮舊都 唐堯戊辰歲 神人降于檀木之下 國人立爲君 都平壤 號檀君 是爲前朝鮮 周武王克商 封箕子于朝鮮 是爲後朝鮮… 東明王墓[在府東南中和境龍山 俗號'眞珠墓' 又仁里坊有祠宇 高麗以時降御押行祭朔望亦令其官行祭 邑人至今有事輒禱 世傳東明聖帝祠].

『三國史節要』(1476) 盧思愼(1427~1498)·徐居正(1420~1488) 等

『三國史節要』「箋」

念我天作之邦 雄據日出之地 檀君並堯立 肇建千載之基 箕子受周封 丕闡八條之化 滿起亡命 而北據 準不圖存以南奔 四郡因之 瓜分三韓 遂焉鼎峙 顧年代之已邈 慨載籍之無聞

『三國史節要』「外紀」 檀君朝鮮

東方有畎夷·方夷·于夷·黃夷·白夷·赤夷·玄夷·風夷·陽夷等九種而初無君長 有神人降檀木下 國人立爲君 國號朝鮮 時唐堯戊辰歲也 初都平壤 後徙都白岳 是爲檀君 至商武丁八年乙未 檀君入阿斯達山爲神

『東國通鑑』(1484) 徐居正(1420~1488) 等

『東國通鑑』外紀 檀君朝鮮

東方初無君長 有神人降于檀木下 國人立爲君 是爲檀君 國號朝鮮 是唐堯戊辰歲也 初都平壤 後徙都白岳 至商武丁八年乙未 入阿斯達山爲神

臣等按 古紀云 檀君與堯並立於戊辰 歷虞夏至商武丁八年乙未 入阿斯達山爲神 享壽千四十八年 此說可疑 今按 堯之立在上元甲子甲辰之歲 而檀君之立在後二十五年戊辰 則曰與堯並立者非也 自唐虞至于夏商 世漸澆漓 人君享國久長者 不過五六十年 安有檀君獨壽千四十八年以享一國乎 知其說之誣也 前輩以謂 其曰千四十八年者 乃檀氏傳世歷年之數 非檀君之壽也 此說有理 近世權近 入覲天庭 太祖高皇帝 命近

賦詩 以檀君爲題 近詩曰 傳世不知幾 歷年曾過千 帝覽而可之 時論亦以近之言爲是 姑存之以備後考

『東國史略』 朴祥(1474~1530)

『東國史略』卷1 檀君朝鮮

東方初無君長(只有九種夷) 有神人降于太白山(在今寧邊府 卽妙香山)檀木下 國人立爲君(唐堯二十五年戊辰) 國號朝鮮(在東表日出之地 故曰朝鮮 索隱曰 以有山水故名) 都平壤 徙白岳 後入阿斯達山(今九月山)爲神 是爲檀君 (名王儉 古紀云 檀君與堯並立 至商武丁八年爲神 壽千四十八 然權近應製詩曰 傳世不知幾 歷年曾過千 盖傳世歷年之數 非檀君壽也)

『標題音註 東國史略』 柳希齡(1480~1552)

『標題音註 東國史略』卷1 前朝鮮

檀君 姓桓氏 名王儉 東方初無君長(上聲) 有神人桓因之子桓雄 率徒三千 降于太伯山(在平安道寧邊府 今妙香山) 神檀樹下 謂之神市 在世理化 生子號曰檀君 唐戊辰(帝堯二十五載)卽位 始稱朝鮮 都平壤(今平壤府) 移都白嶽(在文化縣) ○ 娶非西岬(音甲)河伯之女 生子曰扶婁 ○ 丁巳(夏禹元年) 禹南巡狩 會諸侯于塗山 遣扶婁朝焉 ○ 築塹城壇于海島中以祭天 又命三子築城(今俱在江華府) ○ 薨 葬于松壤(在江東縣) 後嗣避箕子來封 移都於藏唐京(在文化縣) 傳世凡一千五百年

史臣曰 古紀云 檀君與堯並立於戊辰 歷虞夏 至商武丁八年乙未 入阿斯達山爲神 享壽千四十八年 此說可疑 今按 堯之立 在上元甲子甲辰之歲 而檀君之立 在後二十五年戊辰 則曰與堯並立者非也 自唐虞至于夏商 世漸澆漓 人君享國久長者 不過五六十年 安有檀君 獨壽千四十八年以享一國乎 知其說之誣也 前輩以謂 其曰千四十八年者 乃檀氏傳世歷年之數 非檀君之壽也 此說有理 近世權近入覲天庭 太祖高皇帝 命近賦詩 以檀君爲題 詩曰 傳世不知幾 歷年曾過千 帝覽而可之 時論亦以近之言爲是 姑存之以備後考

『東史纂要』(1614) 吳澐(1540~1617)

『東史纂要』 卷1上 檀君朝鮮

檀君朝鮮(自唐堯甲辰 至則太祖戊申 三千七百二十五年 自檀君戊辰至我太祖壬申 三千七百二十五年) 東方有九種夷 初無君長 有神人降于太白山檀木下 國人立爲君 國號朝鮮 時 唐堯二十五年戊辰歲也 初都平壤 移徙白岳 是爲檀君 至商武丁八年乙未 入阿斯達山爲神(古紀享壽千四十八年 此說可疑 前輩謂千四十八年者 乃檀氏傳世歷年之數非檀君壽 此說有理 ㅇ 太白山卽妙香山 阿斯達山 文化縣九月山 白岳卽此山也)

『彙纂麗史』(1639) 洪汝河(1621~1678)

『彙纂麗史』 卷10 地理志 北界 西京留守官 平壤府

西京留守官 平壤府 本三朝鮮舊都 唐堯戊辰歲 神人降于檀木之下

國人立爲君 都平壤 號檀君 是爲前朝鮮

『東史補遺』(1646) 趙挺(1551~1629)

『東史補遺』 卷1 檀君朝鮮

東方初無君長 有神人降于太白山檀木下 國人立爲君 國號朝鮮 時唐堯二十五年戊辰歲也 都平壤 後徙白岳 是爲檀君 至商武丁八年 入阿斯達山爲神 古記云 昔有桓因(帝釋也) 庶子雄 貪求人世 父知子意 乃授天符印三個 往理之 雄率徒三千 降於太白山頂(卽妙香山)神檀樹下 是謂桓雄天王也 時有一熊一虎同穴而居 願化爲人 神遺艾一炷蒜二十枚曰 爾輩食之 不見日光百日 便得人形 熊虎食之 虎不能忌 熊忌三七日 得女身 每於檀樹下 祝願有孕 雄假化而爲婚 孕生子 號曰檀君(今卽桓雄 于九月山春秋致祭) 都王儉城(今平壤府) 始稱朝鮮 御國一千五百年 周武己卯 封箕子於朝鮮 檀君還 隱於阿斯達山(九月山也)爲神 壽一千九百八歲

『東國通鑑提綱』(1672) 洪汝河(1620~1674)

『東國通鑑提綱』 卷1 朝鮮紀上 殷太師

唐虞之際 東方諸國 有曰東長 曰東眞 曰肅愼 曰檀君眞長 皆不知所在 肅愼在今咸吉等州境 檀君所都在今平壤 皆朝鮮舊地也 檀君與堯並立 是爲檀君朝鮮 開國千餘歲 至殷武丁世 國絶無嗣(張晏曰 朝鮮有濕水洌水汕水三水合爲洌水 疑樂浪朝鮮取名於此也 朝音潮 眞驕反 鮮音仙 以有汕水 故名汕一音訕 按朝鮮者 取朝日出而萬物鮮然有生意之義

也 如高句麗者 日高而麗乎天也 句者夷之發聲 猶句吳於越之稱也 新羅者 日新出而萬象森羅也 國在海東 故皆取日出爲義 張晏謂取汕水名爲朝鮮者謬也 ○ 舊史云 東方初無君長 有神人降于太白山檀木下 國人立爲君 是爲檀君 國號朝鮮 乃唐堯二十五年戊辰歲也 初都平壤 後徙都白嶽 至商武丁八年乙未 入阿斯達山爲神 史氏論曰 自堯戊辰至商武丁乙未 治千四十八年 唐虞三代人君享國 久長者不過六七十年 豈有檀君獨能享千歲之壽 而復入爲神之理乎 知其說之誣也 或曰 所謂千四十八年者 乃檀氏傳世歷年之數 非檀君之壽也 此或近之 ○ 太白山一名妙香山在今寧邊白嶽在今漢陽 或曰熙川白山 乃古之蓋馬山也 峯嶽洞壑與楓嶽爭雄 爲國中名山第一阿斯達山 今海州九月山)

『東國歷代總目』(1705) 洪萬宗(1643~1725)

『東國歷代總目』凡例

一 檀君箕子 東國通鑑以外紀載之 盖緣世代事蹟不能詳也 然檀君乃首出之神君 箕子卽立敎之聖后 歷年始終 猶可考信 故尊而書之於東國統係之首

一 箕準雖爲衛滿所逐 失國徒都 尙繼箕子之祀 則猶虞昭烈之國於蜀而不失正統 今亦依朱子綱目例以正統書之

一 衛滿雖據朝鮮舊地 正統歸於箕準 則不可與準比 幷故低一字書之

『東國歷代總目』檀君朝鮮

檀君朝鮮 都平壤 後都白岳(白岳今文化九月山)

(史記評林註索隱曰 朝音潮 鮮音仙 以有汕水故名 又東史宝鑑曰 朝

鮮音潮仙 因水爲名 又云 鮮明也 地在東表日先明 故曰朝鮮)

檀君(名王儉 史記評林註 作王倹 ㅇ 東方 初無君長 有九種夷 草衣木食 夏巢冬穴 有神人 降于太白山檀木下 國人立爲君 國号朝鮮 按三國遺事曰 昔有天神 降于太白山頂神檀樹下 時有一熊 祈于天神 願化爲人 遂得女身 仍乞有孕 天神乃交之 而生子 号曰檀君 盖以其孕 生於神檀下故也 愚意三國遺事 乃東方始出之史 檀君之檀 似宜從土 而諸史皆從 木亦不敢任改 今姑兩存之 ㅇ 太白 今山寧邊妙香山)【戊辰】元年(唐堯二十五年) 教民編髮盖首(君臣男女飮食居處之制 亦自此始云) ㅇ 命彭吳治國內山川 以奠民居(本記通覽云 牛首州有彭吳碑金時習詩曰 壽春是貊國 通道自彭吳 牛首爲今春川 壽春以本爲別号) ㅇ【甲戌】(夏禹十八年) 遣子扶婁朝夏(時禹會諸侯於塗山 檀君遣扶婁朝焉) ㅇ【甲子】(尙武丁八年)入阿斯達山(今九月山)爲神 廟在平壤(九月山 亦有三聖祠 檀君居 其一 ㅇ 按東國通鑑 商武丁八年乙未檀君入阿斯達山 化爲神 又按輿地勝覽 周武王封箕子於朝鮮 檀君乃移於唐莊京 後隱阿斯達山 化爲神 兩說不同 今從通鑑 以商武丁八年爲正 而以皇極經世書推之 商武丁八年乃甲子 而非乙未 故以甲子爲正自元年戊辰至甲子計之 在位一千七十年 上世神聖之人年壽 與後世不同 廣成子年千二百歲 彭祖年八百歲 則檀君之享壽千餘歲 亦無甚怪而權近賦檀君詩曰 傳世不知幾 歷年曾過千 近之詩 意以一千十七年 攷之 於傳世歷年之數 頗爲近理 故東國史斷以近言爲是 然諸史 皆以商武丁八年爲檀君化神之歲 以後人臆見有難縣 斷其必不然 故今從舊史書之 若以商武丁甲子爲檀君末年 則自甲子至周武王己卯乃攷之 於檀君後孫 ㅇ 唐莊京在文化縣東 起檀君元年戊辰 止箕子受封己卯) 共一千二百十二年(按魏書 往在二千載 有檀君王倹 立都阿斯達 開國号

朝鮮 與唐堯同時 云 中國史所記與東史略同第 東史所爲降于檀木下 終化爲神 亦說似誕謾 然檀君首出 御世王東方 則乃洪荒之世也 邃古之事 固多異蹟 故今不敢妄論一 從史書)

『纂修東國史』(1708) 李弘基

『纂修東國史』 檀君朝鮮

東方有九種夷 初無君長 有神人降于太白山檀木下 國人立爲君 國號朝鮮 時唐堯二十五年戊辰歲也 初都平壤 後徙白岳 是爲檀君 至商武丁二十八年乙未 入阿達山爲神(古紀 檀君享壽一千四十八年 此說可疑 或云千四十八年者 乃檀君 傳世歷年之數 而非檀君壽 此說有理 太白山卽妙香山阿斯達山 卽文化縣九月山 白岳卽此山也)

『東史會綱』(1711) 林象德(1683~1719)

『東史會綱』 卷1 甲子

初 朝鮮遺民分居於東海濱山谷之間者 … ㅇ 謹按 東方之始起自朝鮮唐堯戊辰歲 有神人降于太白山(今平安道香山)檀木下 立爲君 號檀君國號朝鮮 初都平壤 後徙白岳 是爲初朝鮮 其傳世歷年 皆不可攷 或云千四十八年而

『同文廣考』(1754년 이후) 저자 미상

『同文廣考』 第1册 東夷考 檀君朝鮮

檀君者上古東方開闢之祖也 初有人降于太白山神檀樹下 是爲桓雄天主 與牝熊交生子 是爲檀君與唐堯同歲 立寔戊辰 國號朝鮮 都平壤後徙白岳 旣老入九月山爲仙 按太白山今熙川妙香山 九月山在海西 檀君之子解夫婁 夏禹之時 執玉塗山 是爲扶餘國祖 檀君後 一千二百十二年 己卯箕子東來

『同文廣考』 第1册 東夷考 東國歷代摠目

檀君起唐堯元年戊辰 都平壤 後徙九月山 歷一千二百十二年 箕子東來 箕子起周武王元年己卯 都平壤 歷九百二十九年 至武康王箕準爲衛滿所逐南迁金馬山 今益山郡

衛滿起漢帝 帝丙午逐箕氏 仍都平壤 至孫右渠 爲漢兵所滅 時 武帝辛酉三代 凡八十八年

『東史綱目』(1778) 安鼎福(1712~1791)

○ 東方初無君長 有神人降于太白山檀木下 國人立以爲君 是爲檀君或曰名王儉 國號朝鮮 卽唐堯二十五載戊辰歲也(按東方古記等書所言檀君事 皆荒誕不經 檀君首出 必其人有神聖之德 故人就以爲君耳 古者神聖之生 固有異於衆人者 豈有若是無理之甚乎 其所稱桓因帝釋出於法華經 其他所稱皆是僧談 羅麗之代 尊崇異教 故其弊至此矣 東方累經兵火 國史秘藏蕩然無存 而僧釋所記 得保於岩穴之中 以傳後世

作史者 悶其無事 可記至或編入正史 世愈久而言愈實 使一區仁賢之方歸於語恠之科 可勝嘆哉 若是不經之說 一切不取庶 欲洗刷襲謬之陋習爾 夫先王制禮祀典 最嚴 今文化縣九月山有三聖祠 自勝國至本朝 祭桓因桓雄檀君 檀君祭之固當矣 因桓亟去勿疑 非其鬼之祭 此類是也) 教民編髮盖首 君臣男女飮食居處之制 自此始焉 初冀州東北之地 東夷居焉 堯德廣被 率皆歸化 貢其皮服 舜攝政 置幽營二州 羈屬諸夷(按遼地 古初爲東夷之地 故禹迹所及至于右碣石 而曰島夷皮服 島夷指我東也 我國地形 三面阻海 其狀如島 故漢書朝鮮在海中越之衆是也 堯舜之際 德教漸敷 東夷歸化者益多 故以冀州東北之地 爲幽州 今遼河以西是也 以青州東北越海之地 爲營州 今遼河以東是也 聖人之治 務德不務廣地 此蓋如後世羈縻州要以係屬夷貊而已) 夏禹卽位 會諸侯於塗山 檀君遣子夫婁入朝 至商王武丁八年甲子 入阿斯達爲神 在位一千十七年 壽一千四十八云 崔氏傳曰 唐虞至夏商 世漸澆漓 人君享國久長 不過五六十年 安有檀君獨壽千四十八年 以享一國乎 知其說之誣也 前輩以爲傳世 歷年之數 此說近理 近世權近 入覲天庭 太祖命賦詩以檀君爲題 近詩曰 傳世不知幾 歷年曾過千 時以近言 爲是 ○ 檀君初都平壤 後徙白岳 檀君薨 後一百九十六年(此年數當係于檀君子孫)而箕子東封 ○ 初東方夷有九種 曰畎夷方夷干夷黃夷白夷赤夷玄夷風夷陽夷 率皆土着 天性柔順 喜飮酒歌舞 或冠弁衣錦 器用俎豆 夏后太康失國 夷人始叛 及后相卽位 征畎夷 明年又征黃夷 七歲干夷畎夷賓于夏 少康以後 夷人始服王化 方夷來賓 自是獻其樂舞 后槐三歲 九夷賓于夏 后泄卽位 命畎夷白夷赤夷玄夷風夷陽夷 始加爵命 后發元歲諸夷賓于王門入舞 桀之亂 畎夷入居邠岐之間 桀爲暴虐 諸夷多內侵殷湯革命 伐而定之 仲丁六祀 又有藍夷復叛 自是諸侯或服或叛 及武

乙 東夷寢盛 遂分遷淮岱 漸居中土 所謂徐夷是也 周初封商大師國於朝鮮 時管蔡叛周 招誘淮夷作亂 周公征定之 其後徐夷僭號 穆王命楚滅之 至楚靈王會申 亦來同盟 後越遷瑯琊 遂陵暴諸夏 侵滅諸小國 秦幷天下 其淮泗夷皆散爲人戶 於是 東夷之入居中國者 皆盡(按或問 東夷古初種落寔繁 地別號殊 未必皆在我疆 則子之編于此者何也 曰其種雖不一 而其地要不出遼瀋內外之地 檀氏亦安知非九夷之一乎 大抵東方木氣勝而多仁 故兩漢書皆云 東夷天性柔順 其言與我人資性相符 尤爲可信 且堯舜之際 幽營在其治內 檀君與堯幷立跨居鴨綠內外 去聖人之化不遠 是以其冠弁俎豆有中夏之風 而箕子東來 又施仁賢之化 夫子之浮海欲居 盖以是也 班范顔籍之言 豈欺我哉 後漢書及通典 東夷傳論九夷始末 故今附于此 以備掌故之資)

『東史綱目』附卷上 上 考異 檀君元年戊辰當唐堯二十五年

按魏書 往在二千載 有檀君王儉 立都阿斯達 開國號朝鮮 與堯同年云 中國史所記 與東史略同 但東史太涉誕妄 故人多不信而歸之慌惚存亡之間 則不可○ 又按麗僧無亟一然等 撰三國遺事 引古記云 檀君以唐堯五十年庚寅卽位自註云 堯元年戊辰 五十年爲丁巳 非庚寅也 此與經世書異 必別有一書也 東國通鑑及麗史地志皆云 唐堯戊辰 檀君都平壤 堯之立 在上元甲子甲辰之歲 則戊辰 卽其二十五年也 申翊聖經世書補編 亦以堯二十五年戊辰 爲檀君元年 故今從之

『東史綱目』附卷上 上 考異 檀君異稱

遺事以爲降於神壇樹下 故稱壇君 通鑑及麗志以爲降於檀木下 故稱檀君 今從通鑑及麗志

『東史綱目』附卷上 上 考異 王儉

古記及遺事所引魏書皆云 檀君名王儉云 而三國史 平壤者本 仙人王險宅也 不言爲檀君名 故通鑑不著其名 今雖取而惑之(更按三國史云 或云王之都王儉 按漢書衛滿擊破朝鮮稍役 屬眞蕃朝鮮諸夷及故燕齊亡命者王之都王儉 今截去上文 而只云 王之都王儉文理不成 金氏之疎略每多如此 今不可以不辨) 書作險 今從東史所記 作儉

『東史綱目』附卷上 上 考異 夫婁當有二人

三國遺事 引檀君記云 娶西河河伯女 產子夫婁 又其北扶餘篇云 解慕漱立國於北扶餘 生子名夫婁 當漢宣帝神爵三年 又引高句麗記云 解慕漱 私河伯女產朱蒙 夫婁與朱蒙 異母兄弟也 又其王曆篇云 朱蒙 檀君子 則此以解慕漱衛檀君也 此所稱檀君 或非謂始降之檀君 而以檀爲姓 則其子孫因以爲號 幷稱爲檀君 所謂慕漱者 亦始降檀君之後 又名其子夫婁者 若芊心之更稱懷王也 古來傳說荒誕 終無可信之文 今只從其近似者 夫婁則分爲二人而錄之

『東史綱目』附卷上 上 考異 檀君薨

古記 檀君與堯並立於戊辰 歷虞夏至商武丁八年乙未 入阿斯達山爲神 壽一千四十八 今考經世書及諸史 武丁八年爲甲子 而三十九年乙未自堯戊辰至武丁八年甲子爲一千十七年至乙未爲一千四十八年而如古記之說豈非享國則一千十七年 而壽至於千四十八歲耶 今依經世書武丁八祀甲子錄之 盖上世神聖之人 年壽或有與常人絶異 廣成子千二百歲 彭祖八百歲 雖出稗家雜說而中國人傳說已久 又見日本史 倭皇垂仁時 倭姬年五百餘歲 是當西漢元成之際 大臣武內年三百四十 當西晋之

末 以此觀之 則檀君享年千餘歲 亦無足恠 而權近應製詩 傳世不知幾歷年曾過千 其意以千四十八年 歸之傳世歷年之數 頗爲近理 故通鑑取其論 今收入

『東史綱目』附卷上 上 考異 入阿斯達山爲神

爲神之說 雖甚怪誕 後世多有人死 而尊以爲神祀之者 是或其類也 故從之(南秋江孝溫時 檀君生我青丘衆 教我彛倫浿水邊 採藥阿斯今萬世 至今人記戊辰年 前輩亦信其爲神之說)

『東史綱目』附卷上 上 考異 檀君塚

輿地勝覽江東縣古迹 縣西三里有大塚 周四百十尺 俗傳檀君塚 此出諺說 故不從

『東史綱目』附卷上 上 考異 檀君避箕子移藏唐京

遺事 檀君御國一千五百年 周武王己卯 封箕子於朝鮮 壇君乃移藏唐京 後隱阿斯達山爲神 壽一千九百八歲 今以經世書考之 自堯戊辰至武王己卯 一千二百十二年 御國千五百年之說 誕不足辨矣 且箕子仁聖豈有冒占人國之理其誣聖甚矣 盖彼已衰亡 故箕子之來 披草萊開創耳麗志文化縣庄庄坪 世傳檀君所都 卽唐莊京[遺事作藏唐京] 之誤 勝覽亦云基址尙存 此出於世俗之傳並不取

『東史綱目』附卷上 中 怪說辨證

古記云 昔有桓因帝釋庶子桓雄 下視三危太伯 可以弘益人間 乃授天符印三箇往理之 率徒三千 降於太伯山頂神檀樹下 謂之神市 是謂桓雄

天王也 將風伯雨師雲師 而主穀主命主病主刑主善惡 凡主人間三百六十餘事 在世理化 時有一熊一虎 同穴而居 祈雄願化爲人 雄遣艾 一炷蒜二十枚曰 食之不見日光百日 便得人形 熊虎得而食之 虎不能忌而能忌三七日 得女身 無與爲婚每於檀樹下 祝願有孕 乃假化而婚之 孕生子 號曰壇君(三國遺事亦同) ○ 按此說 誕妄不足辨 通鑑略之是矣 夫檀君 東國首出之君 必其人有神聖之德故人就以爲君矣 古之神聖之生固有異於衆人 亦豈有若是無理之甚者乎 盖遺事 是麗僧所撰 古記亦不知何人所撰 出於新羅俚俗之稱 而成於高麗 亦必僧釋之所編也 故荒誕之說 不猒煩而爲之 其人名地號 多出於佛經 此所云桓因帝釋 出於法華經 及他所稱阿蘭佛迦葉原多婆羅國阿踰陁國之類 皆是僧談 羅麗之代 尊崇釋敎 故其獘至此 作史者 悶其無事可記 至或編於正史 使一區仁賢之方 擧歸於語怪之科 可勝惜哉

○ 古記云 檀君娶非西岬河伯之女 生子曰夫婁 禹會塗山 遣夫婁朝焉 後爲北扶餘王 老無子 祈嗣至鯤淵 得小兒而養之 是爲金蛙 金蛙傳子帶素 而爲高句麗大武神王所滅 ○ 柳氏曰 檀君與堯並立 其號若存若亡 僅傳二子 後人何從而知其娶某氏乎 自檀君至三國麗祖 王者之興多矣 而不出於卵 則必出於金櫝 其王妃不是河伯之女 則必是龍女 其造詭之迹 亦拙矣 ○ 按檀君之壽 前儒謂其歷年之數 其說近矣 此云夫婁爲北扶餘之君 則此當西漢之末 夫婁之壽 亦幾二千餘歲矣 必無是理詳考異

『東史綱目』附卷下 地理考 太伯山考

三國遺事云 太伯山 今妙香山(在今寧邊府) 麗志及輿地勝覽 幷從其說 太伯之變爲妙香 未知在於何代 而我東諸山名號 多出於僧釋 妙香

之稱 亦僧家文字也 李牧隱妙香山記曰 山在鴨綠水南 與遼爲界 長白山之所分也 地多香木 然則妙香之稱 以其香木之多而然也 檀君降於太伯山檀木下 檀是香木 故後人遂稱其君曰檀君 名其山曰妙香耶 三國史崔致遠傳 上太師狀云 高句麗殘孽 北依太伯山下 國號渤海 此指今白頭山 而上所謂長白山是也 卽檀君所降地也(又按勝覽江東縣 有大朴山下 有大塚 世傳檀君墓 今土人以大朴爲太伯亦未可信)

『東史綱目』附卷下 地理考 白岳考(附阿斯達)

遺事檀君初都平壤 又移白岳山阿斯達 又云阿斯達 亦云白岳 在白州地(今白川) 或云在開城東 今白岳宮 是(今未詳)皆未定之辭也 麗史金謂磾傳 引神誌 仙人秘詞 有白牙岡之說 而以西京(卽平壤)當之 世傳神誌 檀君時人(出權擥應制詩註) 所謂白牙岡 卽白岳也 檀君之移都猶高句麗之自平壤移東黃城 新羅之自金城移月城耶 麗誌文化九月山世傳阿斯達山(庄庄坪 世傳檀君所都 卽唐莊京之訛 輿地勝覽在今文化縣東十五里 基址尙存 然則白岳當是此地也) 方言阿斯近九 達近月故也 古者東方地名 皆以方言呼之 則此亦然矣(或云 山有宮闕故址 故俗稱闕山 訛傳爲九月山云)

『紀年兒覽』(1778) 李萬運(1723~1797)

『紀年兒覽』 卷5 檀君朝鮮

檀君朝鮮(世稱前朝鮮 都平壤 後徙白岳) 傳世(未詳) 歷年一千二百十一年 檀君(諱王儉 唐堯二十五年戊辰 立爲王 國號朝鮮 都平壤 後都白岳 世號唐藏京 商武丁三十九年乙未 入阿斯達山爲神 在位一千四

十八年 壽同 ○ 或云 享國一千二百十一年 壽一千九百八歲) 派系(祖極因 俗號天神 ○ 父極雄 俗號神市) ○ 后妃(非西岬河伯女 生解夫婁) 陵墓(一在江東縣西 周四百十尺 一在縣北刀山) 故實(奠國內山川 ○ 編髮盖首 ○ 遣子夫婁朝塗山 ○ 後孫傳至商辛戊寅乃七 ○ 夫婁後爲北扶餘王 ○ 平壤有崇靈殿 文化有三聖祠) 攷異(史記云 在東表日出之地 故號朝鮮 索隱云 有汕水故名 ○ 唐藏京在文化 阿斯達山卽九月山 在文化 ○ 謹按古記云 東方初無君長 只有九種夷 有桓因命庶子雄 降于太白山神檀樹下 時有熊 食靈藥 化爲女神 與雄爲婚 生王儉 是爲檀君 太白山卽妙香山在寧邊 ○ 又按古史云 檀君商武丁八年乙未爲神壽一千四十八 武丁八年則當爲甲子 而非乙未 壽當爲一千十七 而非一千四十八 以乙未及一千四十八 各互考之 是可疑 而檀君曾孫 東扶餘王帶素 爲高句麗大武王所殺 大武王卽當漢光武之世 則自檀君子解夫婁至帶素 不過三世 自武丁至光武則歷殷周秦西漢 洽爲一千三百三十九年 恐無是理 洪武丙子 吉昌君權近 奉使朝京 ○ 太祖皇帝命題檀君詩 近應製曰 傳世不知幾歷年 曾過千世以爲實記云)

『紀年兒覽』卷5 附三朝鮮所統諸屬國 扶餘國

○ 檀君子解夫婁 避箕子 立國於扶餘 号北扶餘 後徙迦葉原 更号東扶餘 夫婁薨 子金蛙嗣 傳國至高句麗文咨王四年甲戌 殺于高句麗 自周武王己卯至此 凡一千六百十六年)

『朝野輯要』(1784년경) 저자 미상

『朝野輯要』 卷1 東國沿革總叙

我東天文尾箕分野 卽析木之次 中國稱東夷·西羌·南蠻·北狄 羌從羊 蠻從虫 狄從犬 夷從人 箕子入朝鮮 孔子欲居九夷 我東非外夷之國矣 與中國彷佛 故稱小中華 唐堯之時 而檀君並立 武王之世 而箕子爲君 炎漢之興 而衛滿都平壤 五季亂熄 而三韓統一 宋朝將興 而麗祖已起 大明御宇 而我太祖定鼎 檀君後堯二十五年 我太祖亦後明太祖二十五年 自唐堯元年甲辰 至明太祖元年戊申三千七百二十五年 自檀君元年戊辰 至我太祖元年壬申亦三千七百二十五年 此則氣數同也 燕代廷朔而豆滿隣靺鞨 閩浙通蠻而萊州接馬島 東有魚鹽之利 卽一青齊南橘稻魚之饒足 當吳會 此則地理符也 檀君名王儉 東方初無君長 有九種夷昔有天神桓因 率徒三千 降于太白山(今寧邊妙香山)頂神檀木樹下 謂之神師 時有一熊 祝于神 願作人身 神遺藥使食之 化爲女 神假化爲婚生子 是爲檀君 立國號曰朝鮮 卽唐堯二十五年戊辰也 至商武丁八年入阿斯達山(今九月山)爲神 壽一千九百八歲 陽村權近有詩曰 傳世不知 幾歷年曾過千 檀君娶非西岬河伯女 生子曰夫婁 禹會塗山時 遣子夫婁朝焉 三國史曰 北扶餘王解夫婁 遷都迦葉原(成川) 國號東扶餘其舊都有人 自稱天帝子解慕漱來都焉 又曰 夫婁老無子 祈嗣山川 所乘馬 至鯤淵見大石 相對流淚 王怪之 轉其石 有小兒 金色蛙形 王喜曰 天賜我胤 仍名曰金

蛙 王薨嗣立 又一說 漢宣帝時 天帝子降于訖骨城下 立都 國號北扶餘(寧邊) 自稱名解慕漱 生子夫婁 以解爲氏 又曰 夫婁薨 金蛙嗣位傳子帶素 至高麗無恤王國除 帶素之弟奔曷思水濱 立爲曷思王眉叟記

言曰 曷思至孫 都頭降句麗 東扶餘亡 檀君自陶唐至商丁 一千四十八年 夫婁後 曷思王之亡 在莽之世 亦千年 按扶餘王夫婁之鯤淵澡兒 在漢宣神雀三年 與檀君子夫婁朝 夏之歲 相距千五百矣 今記言 以東扶餘夫婁爲檀君子 未知何據.

『燃藜室記述』(1797) 李肯翊(1736~1806)

『燃藜室記述』 別集 卷19 歷代典故 檀君朝鮮

檀君諱王儉 舊史檀君記云 有神人降太白山(今寧邊妙香山)檀木下 國人立爲君 時唐堯戊辰歲也 至商武丁八年乙未 入阿斯達山 (今文化九月山 本各闕山以有宮闕遺址也 後緩聲呼之訛爲九月山一說 阿斯者方言九也 達者方言月也 阿斯達九月之方言)神利 (三韓古記)

元年 教民編髮盖首 (君臣男女 飮食居處之制 自此始云)

東史 檀君命彭虞治國內山川 以奠民居 本記通覽 牛首州(今春川)有彭虞碑

按漢書食貨志云 彭虞穿濊貊朝鮮 彭虞乃漢人 而非檀君之臣也

江華縣西摩利山頂 有塹星壇 世傳檀君祭天壇 傳燈山 有三郎城 世傳檀君命三子而築之 (高麗地理志)

是爲前朝鮮 始有國號 (輿地勝覽)

文化九月山 有三聖祠 祀桓因桓君檀君三人

舊史 檀君降太白山檀木下 今考三國遺事載古記之說云 昔有桓因帝釋庶子桓雄 受天符印三箇 率徒三千降太白山頂神檀樹下 謂之神市 是謂桓雄天王也 將風伯雨師雲師 在世理化 時有一熊 常祈于神雄 願化爲人 雄遺靈艾一炷蒜二十枚 熊食之三七日 得女身 每於檀樹下 呪願有孕

雄乃假化而婚之 生子曰檀君 以唐堯庚寅歲 都平壤 御國一千五百年 周武王己卯 封箕子於朝鮮 檀君乃移於唐藏京 後隱阿斯達山爲神 壽一千九百八歲 以此言之 降太白檀樹下者非檀君也 第其說妖誣鄙濫 初不足以誑閭衖之兒童 作史者 其可全信此言 且唐堯以後歷年之數 中國史書及邵氏經世書 可考而知也 自唐堯庚寅至武王己卯 僅一千二百二十年 然則所謂御國一千五百年壽一千九百八歲 其誣不亦甚乎

檀君墓在江東縣西三里 周四百十尺(一在縣北刀了山)

古記云 檀君與堯同日而立 歷虞夏至商武丁八年乙未 入阿斯達山爲神 享年一千四十有八 當時文籍不傳 其眞僞不得而考 至今傳襲以古記爲記 徐居正以爲 當堯之時 人文昭宣 至于夏商 世漸澆薄 人君享國久長者 不過四五十年 人壽上壽百年 安有檀君獨壽千百年以享一國乎 知其說之誣也 又云 檀君遣子扶婁 朝禹於塗山 其說無據 若檀君享國久長扶婁往會塗山 則雖我國文籍不備 中國之書 豈無一語及之乎 檀君相傳享國之數千四十八年者 無疑矣(筆苑雜記 ○ 歷代兒覽曰 武丁八年 當爲甲子 而非乙未 壽當爲一千十七 而非一千四十八 以乙未及 一千四十八 參互攷之 當作三十九年)洪武丙子 吉昌君權近 奉使朝京 太祖命題檀君詩 近應制曰 聞說鴻荒日檀君降樹邊 傳世不知幾 歷年曾過千 盖言其傳世歷年之久也

或曰 解夫婁母 非西岬河伯女也(楓岩輯話)

遺事云 檀君與河伯女要親生子 曰夫婁 其言妖異尤甚 其後解慕漱 又私河伯女生朱蒙 設令河伯女 果是神鬼而非人 又何以前嫁檀君 後私慕漱乎(上同)

檀君曾孫東扶餘王帶素 爲高句麗大武王所殺 大武王卽當漢光武之世 則自檀君子解夫婁至帶素 不過三世 自武丁至光武 恰爲一千三百三十

九年 恐無是理(歷代兒覽)

『燃藜室記述』別集 卷19 歷代典故 論氣化

檀君之降 今不可攷 然其降在唐堯世 則此時中國去洪荒未遠 東方想或未有人物 氣化之理 … 事雖非常 理或不恠 豈如赫居世卵降馬嘶之恠異無理耶 況當時解慕漱金蛙朱蒙松讓 皆言天帝之出 閼英脫解首露閼智 皆無父母而生 是何偏方小國 擾擾多天神之子孫耶 … 三韓舊傳檀君父桓雄 夫婁子金蛙 東明卵生 赫居世出於瓢 昔脫解金閼智首露王皆從天降 … 獨於東國有此奇恠之事何哉 東方文獻 出之最晩 故不經理外之言 無所不有 是所謂齊東野人之說 不可取準矣(同文廣考)

『海東繹史』(1814) 韓致奫(1765~1814)

『海東繹史』卷2 世紀2 檀君朝鮮

唐堯氏帝天下二十有九年戊辰 檀君氏立焉 始治都邑 邑于平壤 國號朝鮮 是爲檀君朝鮮 桓雄者天神桓因之子也 降于太白之山檀木之下 因假化合而生子以生檀樹下 是爲檀君 檀君名儉 生而神明 九夷君之 迄有殷氏武丁八年乙未 檀君入九月山爲神云 壽千四十有八歲(朝鮮世紀)

按東史所言檀君事 皆荒誕不經 檀君首出 必其人有神聖之德 古者神聖之生 固有異於衆人者 豈有若是之無理乎 其所稱桓因帝釋等語 出於法華經羅麗之代 尊尙異教 其弊至此 東方屢經兵燹 國史秘藏 蕩然無存 緇流所記 得保巖穴之間 以傳後世 作事者 悶其無事可記 時或編入正史 世愈久而言愈實 以至流傳中國 遂使一隅仁賢之邦 歸於語怪之科 可勝

歟哉

又按會紀 商武丁八年 非乙未 乃甲子 自唐堯戊辰 至武丁甲子 爲一千十七年 東史皆言檀君壽一千四十八年 其說誕謾無稽 權陽村近詩曰 傳世不知幾歷年曾過千 盖以一千十七年 爲傳世歷年之數 此說是也

『海東繹史』卷18 禮志1 祭禮 廟祭

檀君後入九月山不知所終 國人世立廟祀之者 以其初開國也 今廟在箕子祠東有木主題曰 朝鮮始祖檀君位(朝鮮賦注)

箕子祠在平壤西北三里 有參奉二人 世守祭祀 卽箕子裔(淸一統志)

高麗 有神廟二所 一曰夫餘神 刻木作婦人之象 一曰登高神云 是其始祖夫餘神之子 竝置官司 遣人守護 盖河伯女與朱蒙云

『叢史』 洪敬模(1774~1851)

『叢史』外編 東史辨疑 檀君

東國通鑑曰 有神人降于檀木下 立爲君 是爲檀君

東方之初首出御世者 曰檀君 其曰檀君 莫知其始 而盖云 已會三十運之第九世第五年 陶唐氏帝中國之二十有五載戊辰在中國 則陶唐氏之世文明已 極而東方 則始乃有檀君 東方僻在海隅 風氣之開最後於中國而然歟 然則檀君之出 如中國人皇氏之生於寅爲開物之初歟 古記云東方初無君 長國人立檀君爲君 盖於是時東土人物已多 繁滋散居方內而只是椎朴虫蠢禽獸與羣 見檀下之神人 咸推以君 則檀君亦非初頭出於混茫初分之時也 且檀君云者 果是何號 以降于檀木下 故謂之檀以爲君長 故謂之君 而是乃當時取稱歟 夫檀君後數千年 而曰有三國其君未

嘗有號　只以方言稱之如新羅之居西千次次雄　則檀君之號亦如是取稱歟 或後世傳記以是稱之歟 古記又云 檀君教民編髮盖首 命彭吳定山川此乃治國之故實 而開荒未冬殆如書契之前 則有誰知之記而傳後 况彭吳漢時 人而非檀君之臣乎 檀君之世遐哉夐乎 不可得而遡也 然檀君

盖有神聖之德　故後世子孫立國稱王至于千餘年世世不絶　夫餘濊貊等諸國是也

『叢史』外編 東史辨疑 檀君降生

朝鮮古記曰 天神桓因命庶子雄　降于太百山　以神設教有神熊之異生子於　檀樹下 號檀君

張子曰　天地之始　固未嘗先有人也　則人固有化而生者　盖上古之時世界洪濛 運氣渾厚 蠕動萬品一時生出 如蝌蚪水虫之自化於沮澤然 而亦能化生神聖之人 故槪神聖生育 率多荒唐 而不倫者事雖非常理 或毋恠 薛氏曰 神人之生 有以異於人者是也 通鑑曰 有神人降于檀木下 其云 神人者何如人而降者下也 謂之自天而下歟 詩曰 湯降不遲 注云 降猶生也 有神聖之人應期而生 故謂之神人 而曰降歟 古記云 神人桓雄有神熊之異生檀君 通鑑以神人謂之檀君 古記以桓雄子謂之檀君 同是記實之書而何如是各異歟　桓雄之事縱或有之　而通鑑以其怪誕而不載古記 擧以神之而錄之歟 然則神人之爲桓雄爲檀君 何說爲是 而於何從之可破千古之疑歟 至於入山爲神之說 尤爲吊詭其生旣異於人 故死亦異於人化而爲神乎 或人山而不知其取終 故謂之爲神乎 噫生者死之始也 人生而死理之常也 天下之理一而已 萬物之有生 未有不死者不死則出於常理之外　且自古神聖之人竟　皆殂落則檀君雖云生而神明亦人也 夫人也 而不死可乎 由是言之檀君之生 雖云桓雄之子 非有人道之

感 則殆近於化而生者 而生而有神人之稱 故死而有爲神之說乎 其生其死俱涉誕謾固難爲淺見寡聞道也 以疑傳信亦可矣

『叢史』外編 東史辨疑 檀君姓名

古記曰檀君姓桓名王儉

檀君氏之世 東方之上古也 開荒未久 人皆蒙蔀無文字 以相傳殆如因提禪蜚之時 當時事爲無得以知 則所謂古記何所聞 而記之而傳之若信史也 古記云 檀君姓桓名王儉 以其桓雄之子 而盖桓因桓雄之事 在於有無之間 況其姓名有誰知之 必是後人因其因雄之說 遂以傳會而稱其姓桓也 至於王儉之爲名偏載於東人之筆 然杜氏通典云 高句麗居平壤城 卽漢樂浪王險城 王險者樂浪郡之地名 而非儉卽險也 金侍中之撰史卽無本國信蹟 故徒襲杜氏之說 又以古記所云 檀君王儉之語至云 平壤者仙人王儉之宅 自此東人撰述 踵成荒謬 或曰檀君名儉 或曰名王儉平壤號王儉 平壤遂爲王儉 而 名 改險爲儉尤爲穿鑿 然則古記未可謂之信史也

『叢史』外編 東史辨疑 檀君系派

古記曰 神人桓雄有神熊之異 生子 是爲檀君 檀君娶河伯女 生子 是爲夫婁 檀君首出於東方 載籍無徵 僅傳檀君之號 則其父母妻子何以詳知記述而傳之乎 三國遺事載古記之說云 東方之初 有桓因帝釋庶子雄受天符三印 與其徒三千 降于太白山神檀樹下 謂之神市 天王以神設敎其神 有風伯雲師雨師 在世理化 時有一熊 嘗祈化人身於天王 天王遺以東海之艾 瓊邱之蒜二十枚 熊食之三七二十一 甲子化爲女 每於檀樹下 呪願有孕 天王乃假化野合 而生子 是爲檀君 然則檀君之父神市天

王 母太白山之熊也 又曰 檀君娶匪西岬河伯之女 生子夫婁至云 遣夫婁朝夏禹於塗山 苐其說何其誕謾也 如神市云云 初不足以誑三尺之童 作史者其可全信此說乎 且其桓因帝釋等語出於法華經 羅麗之時 屢經兵燹國史 野述蕩然 無存緇流所記得保巖穴之間 以傳後世而編入記述之書 世愈久而言愈實使一隅 仁賢之邦歸於語怪之科 可勝歎哉 遺事云 檀君與河伯女要親產子曰夫婁 其言尤甚妖誣 其後解慕漱 又私河伯女產子朱蒙 設令河伯女果是神鬼而非人 又何以前嫁檀君後私慕漱乎 至於朝夏之說明 是無稽傳曾眞 若往會塗山 雖東方載籍不備中國之書 豈無一語及之乎 雖然朱子曰 後世所謂祥瑞固多僞妄然 豈可因後世僞妄而幷眞實事爲無乎 此取以縉紳先生難言者也

『叢史』外編 東史辨疑 檀君國號

古記曰檀君立國國號朝鮮

檀君 君於東方 號其國曰朝鮮 盖以東表日 先出之地 故曰朝鮮云 按伏生書大傳曰 箕子走之朝鮮 武王因以封之 夫朝鮮之稱 已先於箕子之前 則箕子之前 卽檀君也 檀君之國果號以朝鮮歟 山海經曰 東海之內北海之隅 有國名曰朝鮮 山海經是虞夏時書也 其云朝鮮果指以檀君之國歟 檀君首出於東方統一方而君之于斯時也 天造草昧 人文未備 治邑定居 雖不知後世之建邦設都 然諸夷九種曰 畎曰嵎 各有其號則檀君有國之號 必有名稱 而旣無信書 朝鮮稱否未可的知 且箕子東來亦未嘗以朝鮮 仍爲國號 而後世以其封於朝鮮地稱之 曰箕子朝鮮 則檀君國號亦似後人之所稱 故麗史以立國先後稱檀君爲前朝鮮 箕子爲後朝鮮也 新羅立國在檀箕後千餘年 而自始祖王赫居世至二十二世智證王三年始稱王 而定國號曰新羅 炤智王以前二十一代之間 君未嘗稱王 國未嘗有

號 則況檀箕之時乎 以是觀之 檀君朝鮮之號 後世所以稱之者明矣 或曰檀是國號 故後世嗣君皆稱檀君 是或然矣乎

『叢史』外編 東史辨疑 檀君享國

古記曰 檀君在位一千四十八年 享壽同

自古神聖之君 莫如羲農軒堯壽考之極 亦莫如羲農軒堯而羲農軒堯之享國享壽 俱不過百有餘歲 至于夏商享國久長者 僅止五六十年 則檀君雖是神聖之君 豈能過於羲農軒堯獨壽一千四十八年 以享一國 亦豈爲享國享壽之年數 相同者乎 或曰檀君立一千五百年 箕子代莅東 夏或曰檀君以唐堯庚寅歲都平壤 御國一千五百二十年 或曰檀君年壽盖數十百歲 夫或者疑辭未定之謂而或者之說 又至於二三未知何說之爲長而總之爲不知 故所以言各不同自相矛盾也 檀君享國若至千餘年 則指其入山之時而斷之曰 享國幾年享壽幾歲歟 其曰檀君立千五百年 箕子代莅東夏箕子東來時 檀君之立爲一千一百九十九年 非千五百也 雖云一千百有餘年 豈以一人而享有千餘年之壽乎 古記 檀君立國在唐堯戊辰云 而今或者之說 以庚寅歲都平壤 而御國幾年戊辰 則或是降生之歲而乃於庚寅始立國歟 自庚寅至箕子東來之已卯 僅爲一千二百二十年 然則取謂於國一千五百年者 其誣不亦甚乎 且記云 商武丁八年乙未 入阿斯達山爲神 武丁八年 非乙未乃甲午也 自唐堯戊辰歷虞夏至商武丁甲子 爲一千十七年 而亦非一千四十八年 以乙未及一千四十八 叅互考之 武丁八年當爲三十九年也 噫年代香茫書契莫憑 則者之說俱是懸揣而言之 且檀君降生不知在何歲 而享年之幾何 何以爲言乎 大明洪武年間 權陽村近奉使入明 太祖

高皇帝命製檀君詩近詩曰 傳世不知幾 歷年曾過千 以一千十七年 總

爲傳世歷年之數 此爲實記也

『大東掌攷』 洪敬模(1774~1851)

『大東掌攷』卷1 歷代攷 朝鮮國

朝鮮國(史記云 在東表日出之地 故名朝鮮 索隱云 有汕水故名) 都平壤 後徙白岳(白岳今文化九月山) 疆域(東史云 檀君疆域無可考 而箕子代檀氏 其提封半是遼地 則檀君之世亦當然矣 ㅇ 按檀君地界無可考 而以今八道志 溯以推之 平安道及以西遼河以東地 咸鏡道及以北野人地 黃海道江原道京畿漢江以北 忠淸道之忠州槐山延豊鎭川陰城稷山堤川丹陽淸風等九邑 皆其管領)

檀君(唐虞夏商 ㅇ 諱王儉 唐堯二十五載戊辰 立爲王 國號朝鮮 都平壤 後徙白岳 世號唐藏京 商武丁三十九年乙未 入阿斯達山 在位一千四十八年 壽同或云 享國一千二百十一年 壽一千九百八歲) 派系(父桓雄 俗號神市 ㅇ 祖桓因 俗號天神) 后妃(非西岬河治女 生解夫婁) 陵墓(在江東縣 周四百十尺) 故實(奠國內山川 ㅇ 編髮盖首 ㅇ 遣子夫婁朝塗山 ㅇ 後孫傳至商辛戊寅亡 ㅇ 平壤有崇靈殿 文化有三聖祠) 傳世 未詳 歷年(一千二百十一年) 攷異(按古記云 東方初無君長 只有九種夷 有桓因 命庶子雄 降于太伯山神檀樹下 時有雄 食靈藥 化爲女神與雄爲婚 生檀君(太伯卽妙香山在寧邊 ㅇ 又按古史云 檀君商武丁八年乙未 爲神 壽一千四十八年 武丁八年 則當爲甲子 而非乙未 壽當爲一千十七 而非一千四十八 以乙未及 一千四十八 參互攷之當作三十九年)

(附)人物

彭吳(東史 檀君命彭吳 治國內山川 以奠民居 本記通覽云 牛首州(今春川)有彭吳碑) 攷異(按漢書食貨志云 彭吳穿濊貊朝鮮 彭吳乃漢人 而非檀君之臣也)

『大東遺事』(1829~?) 저자 미상

『大東遺事』 檀君朝鮮

東方初無君長 只有九種夷 草衣木食 夏巢冬穴 有神人降于太白(今妙香山)檀木下 人共立爲君 號曰檀君 國號朝鮮 初都平壤 後都白岳 ○ 古記云 昔有天神降于太白 時有一熊 祈于天神 發願爲人 遂食蒜二十枚 不見日光三七日 後乃化爲女身 天神交之 生子 名曰王儉 是爲檀君 ○ 檀君超於唐堯二十五年戊辰 教民編髮蓋頭 命彭吳治國內山川 以奠民居 今春川有彭吳碑 ○ 夏禹十年甲戌 檀君遣子扶婁 朝夏于塗山 至商武丁乙未 檀君入阿斯達(今文化九月山)爲神 壽一千四十八歲 ○ 商紂戊寅 檀君後孫避箕子 移都于藏唐京(亦文化地) 傳世凡一千二百十一年 ○ 天神 古記云 上帝桓因有庶子曰雄

『紀年東史約』(1849) 李源益(1792~1854?)

『紀年東史約』 卷1 檀君朝鮮紀 戊辰

唐堯二十五載 檀君立

東方 初無君長 有神人降于太白山今寧邊妙香山檀木下 國人立以爲君 是爲檀君 高麗僧無極一云三國遺事曰 古記撰人不傳云 降於神壇樹

下故稱壇君時 唐堯二十五載戊辰也 遺事云 檀君以唐堯五十年庚寅 卽位徐居正本朝人以爲檀君與克同日 而立竝未知何所據也 鄭獜趾本朝人高麗史 申翊聖 本朝人經世補編 以戊辰爲檀君元年 今從之 或曰檀君名王儉 非是按魏書曰 往在二千載有檀君王儉 古記及遺事皆因此 以王儉爲檀君名 而漢史以儉爲險註曰 王險地名 金富軾高麗人三國史曰 平壤古仙人王儉宅 魏書無乃誤耶 ㅇ 昔有桓因 麗史作檀因帝釋 庶子桓雄得天符印三箇 率徒降太白山頂神檀樹下 謂之神市 將風伯雨師 在世理化時有一熊願化爲人 雄遺艾蒜食之 三七日化女 每於檀樹下呪孕 雄乃與之交 生子曰檀君 ㅇ 按桓因帝釋出於法華佛書荒誕之說 不可信也

都平壤 今平壤

初都平壤 今平壤城有檀君祠 ㅇ 按魏書曰 檀君立都阿斯達 蓋自平壤徙都也 檀君疆域無可攷而箕子代檀君 其提封半是遼地 則檀君之世亦當然矣 北扶餘 在遼東北千餘里 蓋檀氏世衰子孫北遷 而舊疆因入箕封矣 今江華縣南摩尼山頂有塹星壇 諺傳 檀君祭天處 傳燈山有三郎城 亦云檀君命三子而築之

國號朝鮮

按魏書曰 檀君國號朝鮮 高麗史以檀君爲前朝鮮 索隱曰 朝鮮音潮仙因水爲名 又云 鮮明也 地在東表日光明 故名 山海經 朝鮮在列陽列水名 張晏曰 朝鮮有泉水洌水汕水合爲洌水 疑樂浪朝鮮取名於此也 ㅇ 或云 檀是國號 故其子孫皆稱檀君 按後漢書濊傳云 樂浪檀弓出其地 檀非弓材 則似以國名而稱之然 未可信也

教民編髮蓋首

此在洪萬宗本朝人 歷代総目 未知本於何書 而亦必有據矣

『紀年東史約』巻1 檀君朝鮮紀 丙子

夏禹元歳 夏于塗山 遣子夫婁朝塗山

按三國遺事曰 檀君生子扶婁 至禹會諸侯於塗山 檀君遣子扶婁朝焉 或曰 檀君娶河伯女 生子解扶婁非是 按安鼎福本朝人東史綱目曰 北扶餘編云 解慕漱立國於北扶餘 生子名扶婁 當漢宣帝時 又高句麗記云 解慕漱私河伯女產朱蒙 夫婁與朱蒙異母兄弟也 又王曆篇云 朱蒙檀君子 則此以解慕漱爲檀君也 此所稱檀君或非始降之檀君 而其子孫因以爲號竝稱爲檀君而所謂解慕漱者 亦始降檀君之後 而又名其子夫婁者 若芊心之更稱懷王也耶

『紀年東史約』巻1 檀君朝鮮紀 乙未

商武丁三十九祀 入阿斯達山

按三國遺事曰 檀君徙都白嶽 卽九月山 或云在白川 或云在開城東之唐藏京 唐藏京又訛爲藏藏坪後 入阿斯達山 亦云九月山 阿斯諺語九也 達諺語月也 九月山有宮闕遺址 故本名闕山訛爲九月山爲神壽一千四十八 古記以乙未爲武丁八年誤也 自堯戊辰至武丁乙未爲一千四十八年 ㅇ 南孝溫本朝人詩 檀君生我青邱衆 教我彝倫浿水邊 採藥阿斯今萬世 至今人記戊辰年 ㅇ 權近本朝人朝京應製檀君詩 聞說鴻荒日 檀君降樹邊 傳世不知幾 歴年曾過千 蓋以古記所云 檀君享年一千四十有八 爲檀氏相傳享國之數 或云 墓在江東縣西 周四百十尺 或云 松讓今成川西有檀君塚

『東史』 沈大允(1806~1872)

『東史』檀君朝鮮

東方初無君長 有神人降于太白山檀木下 國人立以爲君 是爲檀君 國號朝鮮 唐堯戊辰歲也 都平壤 徙白岳 至商武丁八年乙未乃絶(凡千四十八年)

『東史撮要』(哲宗代) 저자 미상

『東史撮要』朝鮮

國在天下之東 以日先出 故號朝鮮 白頭山爲地之根山 出兩水分 豆滿鴨綠以爲界 東西南皆大海 鬱陵釜山耽羅嗚呼等島環焉 地形亥坐巳向 尾箕分野析木之次 山川險阻 民俗柔仁 有九種夷 無君長 草衣木食 夏巢冬穴 有人降于太白山(今妙香山)檀木下 國人立之 是爲檀君 姓王氏 名儉 元年唐堯二十五年戊辰也 教民編髮盖首 衣服飮食之制 初都平壤 後徙白岳(今九月山) 命彭吳 治國內山川 以奠民居 夏禹十八年甲戌 遣子扶屢 朝塗山 商武丁八年 入阿達山(亦九月山)爲神 在位一千年 廟平壤 塗山商武丁八年 入阿達山(亦九月山)箕子姓子氏 名胥餘 武王克商 箕子以商人五千東來 武王元年已卯 因封之都平壤 施八條教 畫井田 至戊午薨 壽九十三 墓在平壤北兎山(相殺者以死償相傷者以財償 盜者沒爲其家奴婢 八條中三) 箕子四十一世孫否 秦始皇三十三年丁亥 降于秦(秦築長城至遼東 公畏而服之) 否之子準 漢惠帝元年丁未燕人衛萬來襲 準失國南遷(自箕子己卯至準丁未 一千百二十九年)

『東史節要』(1878) 安鍾和(1860~1924)

『東史節要』 卷1 君王紀 第1 桓因氏

書契以前邈矣 無聞自有文獻亦多闕文 因舊直書善惡 自狀起 自檀君迄于恭讓 作君王紀第一

桓因氏 上古九夷之初 有桓因氏(東史記言) 號曰 天神 國人立三聖祠 祭桓因神市檀君(祠在九月山 ㅇ 東史古紀) 世傳 幾葉澤留千蓂(文苑黼黻)

天地絪縕化 生萬物 物旣衆矣 若無代天主宰之化 則率獸食人之禍 相踵而起聖人爲此之 瞿以智制物以禮御世 爲生民立極 而物得其所物 得其所 則其功 大其功大則其尊無比 其尊無比則因而名之曰 上曰 君非聖人有意 而居是名也 上下之位定 而君臣之道正 君臣之道正 而父子之親夫婦之倫立焉 易大傳曰 有天地然後有萬物 有萬物然後有夫婦 有夫婦然後有父子 有父子 然後有君臣 有君臣然後有上下 盖此之謂也 鴻荒之世 有桓因氏 東方初頭出神人也 左海偏邦自肇判二氣之後 寥寥千百載桓因氏出 而史亦無所稱焉 豈無所爲 而化成斯民歟 抑蹺仡氏 陰康氏之類歟 老子曰 至治之世 民至老死 不相往來於虖盛矣 桓因之世 其可謂至治哉 紀曰 桓因氏生神市氏 神市氏生檀君氏 吾以爲桓因氏 先於檀君氏 則其爲首出神人也 無疑 而桓因如太極 神市如兩儀 檀君如三才

『東史節要』 卷1 君王紀 第1 神市氏

神市氏名桓雄 桓因之世子 受天符三印 率徒三千 降于太伯山 檀木下 是爲桓雄天王 將風伯雨師雲師 主穀主命主病主刑主善惡 凡主人間三百六十一事 (右紀) 始敎生民之治 民歸之(記言) 有一熊一虎 同穴

而居 常祈于天王 桓雄願化爲人 雄遺靈藥艾一炷蒜二十枚 使食之 虎食不能變 雄食三七日 化爲女(是爲神熊氏) 雄假化爲婚生子 是爲檀君(古紀)

桓因氏歿神市氏 作風氣人文之闢 自此漸焉 或曰 熊化 或曰 虎化 二說皆非也 世降澆漓虛誕怪妄之說 大作而好奇尙新之人 轉相附會 遂以爲口實可勝歎哉 難之者曰 鯀化爲熊龍交而生漢祖 南蠻之先有盤瓠蒙古之祖 有狼感者 吾子安知其不有虎化耶 且鳳之胎也 異於鳥麟之產也異於獸聖人之生也 異於人熊化之說 豈可曰無乎哉 辨之者曰 不然氣化形化之始也 各以其類而應焉 故種菓則生菓種 樹則生樹 種人則生人種種物物 都是然矣世 豈見桃花上生李花 李樹上生桃樹 人或生牛羊犬馬者乎 且伯鯀之事則死而化也 漢之龍蠻之狗元之狼 則感於人也 感於人而生人有何異乎 堯舜聖也 吾聞堯舜與人同聖人 亦何異於人也 故曰 熊虎二說皆非也

『東史節要』卷1 君王紀 第1 檀君

檀君名王儉 東方初無君長 有神人降太白山神檀樹下 國人立之 自號壇君 神而有智 國號朝鮮(唐堯戊辰) 初都平壤 徙都白岳(山有宮闕遺址 故名曰闕山 後緩聲訛爲九月) 治國內山川 以奠民居(古記) 草衣木食 夏巢冬穴 始教民編髮盖首 衣服飮食之制(上同) 使三子築城 因名三郎(勝覽) 入阿斯達山爲神 (商武丁乙未) 享壽千四十八年(廟在平壤殿曰崇靈) 塹星壇(祭天所在江華累石築壇 高十尺 上方下圓) 傳世不知幾 歷年曾過千(明太祖以檀君爲題命權近應製詩云云) 松壤西有檀君墓(今江東縣) 太白阿斯達 皆有祠(記言) 唐藏京(一作藏藏坪 一云莊莊坪 在文化縣九月山 ㅇ 文獻備考)

先儒記檀君事實之本末也　其曰初無君長者　如詩人所稱厥初生民時維姜嫄之類 而追言檀君有土之始也 其曰 自號檀君者 如新羅所稱尼師今麻立干之類而詳言　檀君建國之蹟也 其曰入阿斯達山爲神者史失　檀君之殂在於何歲 而盛德茂功 民不可忘 至商武丁之世 立廟祀其神 故言入阿斯達山爲神　阿斯達是九月山之別名　而檀君都於此地　故立祠以享之如蒲坂有黃帝祠之類 而総論檀君事實之終也 然而世儒之病於泥古者以爲檀君之前初無君長　則是不通之說也　檀君與堯並立至商武丁時　乃殂 則是不近之辭也 若信周之生民在於姜嫄 而遽言夏殷生民之初 亦在於姜嫄 則豈其可乎 徒言黃帝之昇天在於鼎湖 而不信荊山之陽尙 有數尺之墳 豈其然哉 我東之史斷自檀君 而桓因神市之記出於荒史 故作史者　倣孔子删書斷自唐虞之義　而起例也　豈可曰　檀君之前　則初無君長而世或有享壽千餘歲　入山爲神者乎　語涉不經皆如是也　吾以爲神市氏之德衰 而檀君氏興焉

『東史節要』卷1 君王紀 第1 扶婁

扶婁(一作解夫婁) 檀君之子 母非西岬女夏后氏 平水土會諸侯於塗山 相見以玉帛 扶婁往會(外交之始) 扶婁之子孫避箕子立爲北扶餘(讓土之始) 桓因神市之世 無所攷 檀君之治 千四十八年 夫婁之裔至曷思(國名見下) 亾於勾麗亦千年有餘種通於晋(記言)

夏后氏塗山之役 執玉帛者國以萬計 而扶婁往會 此左海外交之始也左海與中華不過水隔一帶 而服食異嗜好殊 言語不通 豈百里不同風 千里不同俗而然歟　一通中國視同內服三韓　封建有三代之風 所謂中國失禮求之外夷者 洵此之由也 或曰 扶婁乃扶餘王解夫屢 豈其然哉 檀君之世何其壽之靈長　夏殷周秦漢二千年間　扶婁一人獨享其壽哉　意者扶婁

之裔避箕子 北徙扶餘 而後有解夫婁 猶百濟王肖古仇首之後 有近肖古近仇首而事 涉附會亦不可臆也 記曰 以信傳信 以疑傳疑

『歷史輯略』(1905) 金澤榮(1850~1927)

『歷史輯略』 卷1 檀君朝鮮紀

檀君 桓姓 名王儉 上世 我邦之民 草衣木食 夏巢冬穴 羣聚以居 未有統攝 有人生于太伯山(今妙香山)檀樹下 靈秀明智 衆以爲神 戊辰歲(卽中國唐堯二十五年) 推立爲主 以其生於檀 號爲檀君 檀君旣立 都於平壤 名其國曰朝鮮(古語 東方之地 先受朝日光鮮 故謂之朝鮮) 教民編髮盖首 飮食居處之制 聞夏禹會諸侯于塗山 遣子扶婁往會之 季年移居白岳(今九月山 一名阿斯達山)以沒 子孫相傳 凡千有十七年(商武丁八年甲子) 後一百九十六年 而箕子東來云

按檀君箕子及三國事 多出於新羅僧武巫 所作東史古記 後世君子不甚信之 以其中多恠誕語 而又不出於儒家爾雅君子也 然自金氏三國史徐氏東國通鑑輿地勝覽以下 往往取之 豈非以其事不爲盡無耶 昔司馬氏史記五帝紀 出於古史世本等書 而其中所載怪誕之說 盖或有與古記相類者故帝紀末 以擇雅之語 結之 夫使其盡雅也 則何事乎擇也 故讀古者惟在能善擇而已 若以其稍涉不經而一切抹搬之 則天下書之可信者能幾何哉 大抵檀君以下三國以前 上下數千年事之都缺 此宇內萬國之所無也 萬國開闢之始 皆能自造文字 以記其言 以通其情 面我邦上世 獨無其事 則是朝市郊野生長老死之間 只一聒然鳥音而已 以此生活 其亦何堪其煩鬱哉 檀氏之世則旣然矣 至箕子東來則有中國之文矣 一國之人不能廣學而普記 抑何故歟 苟能廣學而普記者 設使檀箕二代之史 皆

燬於衛滿之亂如今 或人之說 雖亡於朝而必存於野矣 可勝歎哉 嗚呼數千年之間 無一文士能傳其事 而方外之流獨能傳之 盖三國之交通中國也 佛教之來先於儒教 持世最久 故其徒能自翻譯方言以述古事 然其學識 不足以擇其不經而鹵莽至此歟 余爲是之慨 輒玆取而裁之 冠諸編首如右 ○ 又按古記 檀君 命子三人 築城於穴口(今江華) 世傳爲三郎城 然而檀君之時 未必有築城之事 豈其事出於檀君後孫 而後人誤指爲檀君歟 ○ 又按以東史古記觀之 檀氏以商武丁八年國絶 然則下距箕子東來爲一百九十六年 乃許眉叟記言以爲檀氏避箕子立爲北夫餘 此何所據耶 豈以北夫餘王解夫婁與檀君子同名 而有此說耶 疑故闕之 ○ 茶山丁氏若鏞疆域考曰 漢書地理志 樂浪郡屬縣二十五 其首縣爲朝鮮則朝鮮者 平壤之舊名也

『國朝寶鑑』(1909)

『國朝寶鑑』卷10 世祖朝1 丙子 元年 7月

秋七月 更定歷代始祖位版 曰 朝鮮始祖檀君之位 曰 後朝鮮始祖箕子之位 曰 高句麗始祖東明王之位 皆加之位二字

『國朝寶鑑』卷11 世祖朝2 庚辰 5年 10月

冬十月 上率王世子 西巡平壤 親祭于永崇殿(太祖眞殿) 又祭于檀君箕子東明王殿

『國朝寶鑑』卷15 成宗朝1 壬辰 3年 1月

立桓因桓雄檀君三聖廟 于文化之九月山 依平壤檀君廟例 歲送香祝

以祭之 從黃海道觀察使李芮之請也

『國朝寶鑑』卷63 英祖朝7 丙寅 22年 5月

命自檀君至前朝諸王陵 令道臣 待秋修治 自儀曺降香致祭

『國朝寶鑑』卷65 英祖朝9 癸未 39年 4月

命修檀君箕子及新羅百濟高句麗始祖之陵

『國朝寶鑑』卷66 英祖朝10 41年 12月

命設櫝於三聖廟 仍致祭 先是 成宗朝建三聖廟於九月山 位版以土造成 年久毁傷 禮曺判書沈鏽以奏 上召副提學徐命膺 問三聖故蹟 命膺具以對曰 三聖卽桓因桓雄檀君也 九月山卽史所稱阿斯達山也 且言高句麗東明王開國在於乙酉年 上遂遣禮官 以木爲櫝於三聖位版 仍命致祭於三聖及東明王廟

『國朝寶鑑』卷70 正祖朝2 己亥 3年 2月

遣承旨 致祭于檀君廟箕子廟

『國朝寶鑑』卷72 正祖朝4 丙午 10年 8月

八月 承旨徐瀅修啓言 江東縣有周圍四百十尺之塚 故老相傳爲檀君墓 至登於柳馨遠輿地志 上命道臣修治 附近民戶 永定守護 邑倅春秋進審

『神檀實記』(1914) 金敎獻(1868~1923)

檀君世紀

桓因·桓雄·桓儉, 是爲三神. 上元甲子十月三日, 桓儉, 以神化人, 持天符三印, 降于太白山檀木下, 乃設神教而教民. 時人民被化, 歸者如市, 有神市氏之稱, 乃寘三千團部. 開天一百二十五年戊辰十月三日, 國人推戴神人爲王儉, 是檀君. 國號檀. 娶匪西岬.河伯女爲后, 生太子扶婁. 當洪水, 命彭虞, 治山川, 奠民居; 神誌, 掌書契; 高矢, 治田事. 一百四十七年庚寅, 自太白移都平壤, 改國號朝鮮. 一百九十一年甲戌, 遣太子扶婁, 往夏禹氏.塗山會. 封支子于扶餘, 以余守己爲濊君長, 使其子九人, 分掌諸郡, 以裶天生爲南海上長. 設祭天壇, 築三郎城. 後, 徙都唐莊京. 二百十七年庚子三月十五日, 入阿斯達山, 化神御天, 開天, 二百十七年, 在君位, 九十三年. 傳不知幾世, 歷一千二百十二年. 太白·阿斯達, 皆有祠.

『韓國歷代小史』(1922) 金澤榮(1850~1927)

檀氏朝鮮紀 (出釋無亟古記)

檀君 夫婁

檀君姓檀氏 以其生於太白山 (今妙香山) 檀樹下也. 名未聞. 本邦之初 有二異人 曰桓因 曰神市. 及檀君生明智出衆 國人慕之 曰此神明也 與桓因神市幷稱爲三神 因相與奉之爲君 (古記云 檀君之立 爲中國唐堯二十五年) 檀君乃都於平壤. 以本邦之地先受朝日光鮮 建國號曰朝鮮. 教民編髮 盖首飮食居處之制 民咸大悅. 檀君娶非西岬之女 生子

夫婁. 旣老移居于阿斯達山 (今九月山)以沒(古記云檀君 年一千歲 入阿斯達山爲神). 夫婁嗣立聞中國夏禹氏會諸侯於塗山 執玉帛往與焉. 子孫相傳亨國 凡一千年而絶云. 檀氏之世 嘗爲檀於穴口山(摩尼山)以祭天又嘗令三子 就穴口之山(傳燈山) 築城 名曰三郎城 至今傳於謠俗.

按朝鮮者 中國唐虞三代時 東北九夷之一也. 基君長之見於史者 自箕子始 猶吳之有泰伯而以上無所考焉. 至高麗季世 權氏近奉使于明 明太祖洵及朝鮮古事 權氏以釋無亟古記所載 檀君與堯幷立之事對之. 自是學士大夫始稍稍傳道之…

然天地之間 事物之顯晦 氣數不一 如中國有巢氏燧人氏者 事在書契以前而得爲世本所書者 以有謠俗之傳焉爾. 然則檀君之事 雖不爲歷代國史所言 而基謠俗之傳 蓋亦猶夫有巢燧人. 不然彼無亟者 安得不畏神明而 以無爲有也?…

乃近日有韓遺民一人 作爲痛史 極說檀君之族種曰檀君之業 失於箕氏 至高句麗 以檀君之裔 自濊南代以復舊業 此何說也? 如使高氏果爲檀君之裔 則金富軾三國史 高句麗始祖紀 何以無此文? 又其祀志 何以但擧箕子可汗神而不擧檀君 況晋書載記云 高句麗人以高辛氏之後 姓高氏者乎?

今以朝鮮之族種言之 檀氏無一人在者 而箕子後裔鮮于氏韓氏奇氏三族 其麗不億 則箕子東來時所携五千人後裔之蕃殖 又可以知矣. 自箕子以後中國人 因亂因事而來居者 前後相望. 陳壽史稱秦人避役入馬韓 馬韓人處之辰韓 而三國史云 秦人寖盛 馬韓憂之 又云新羅駕洛二金氏 皆是少昊金天氏之苗裔 可知新羅駕洛 卽秦避役人之寖盛者也.

史記云陳勝吳廣之亂 燕齊趙民流入朝鮮者 數萬口, 衛滿之王朝鮮也所携椎髻千餘人 及招誘亡黨 皆燕齊人也. 漢武帝滅衛氏置四郡 當是

時 中國人來居者 亦多而瑯琊王仲之族 最巨 爲樂浪之望屢見於中國之史.

高句麗百濟以北夫餘之客種來爲王而高句麗之亡遺種 盡徙入於渤海國. 故渤海之中多有高氏百濟之後今存者惟夫餘徐氏一族而已 高麗王氏簒樂浪之王也. 若我韓完山李氏之所出 無以詳言. 然新羅始祖賜辰韓六部之姓 李居其一 則完山之李 安知非辰韓秦族之派分者耶?

其他黃帝(有氏車氏爲黃帝後) 孔者閔者騫之後及如隴西之 而天水之姜蘇州之張之類 凡充滿於國中者 大抵無非中國之種則雖曰檀氏之自箕之子以下皆因之以王未嘗易之. 然其實舊種日奪於新種 而至於消滅. 如近世美利堅國本種之爲英吉利國新種之所鑠 是安可强尋其族種而以爲張皇敷演哉? 抑爲痛史者哀故國之忽諸念復陽之無期 闡明本邦之始祖 令後生小子有所係戀 久而不忘 其苦衷熱忱可謂賢矣. 然殊不知文字之道 一字之去留而神明之喜怒繫焉. 故 春秋之法 以信傳信 以疑傳疑 所以存謹愼也 況今之世異於古之世 古之世文字之荒 止以誤一州一國 而今則可以悞萬國 可不懼哉? 是以余輒不避刻薄之譏而辨之至此. ○丁氏若鏞 彊域考 曰漢書地理志樂浪郡屬縣二十五 其首縣爲朝鮮則朝鮮者 平壤之舊名也.

『帝王年代歷』 崔致遠(857~?), 洪鍾國 편(1928)㉠

「檀君紀」

檀君[甲子十月三日誕降, 戊辰十月三日卽位, 庚子三月十五日昇遐. 在位九十三年, 壽二百七十年.] 戊辰[唐堯二十五年] 國人推戴神人爲

㉠ 홍종국의 서문에 의하면 공주 마곡사 상원암에서 1928년 발견했고, 1971년 발간했다.

君, 定國號曰檀,[上古有桓因時代, 桓雄時代, 稱神市氏. 上元甲子, 有神人持天符三印, 降于太白山檀木下, 設神教化, 民歸者如市. 戊辰十月, 團衆推戴爲壬儉, 國號曰檀. 是爲檀君始教, 以男女·父子·君臣之道, 衣服·飮食·宮室·編髮·盖首之制, 命彭吳治國內山川, 開通險夷, 以奠民居. 娶河伯之女爲后, 生四子: 曰扶婁, 曰扶虞, 曰扶蘇, 曰扶餘. 民有疾病, 命扶虞以醫藥治之; 山多猛獸, 命扶蘇以火獵攘之; 契兪作亂, 命扶餘討平之; 命神誌掌書契, 命高矢治田事, 以余守己爲濊君長, 以緋天生爲南海長, 分掌諸郡.] 頒教令,[渤海.天統, 注贊三一神誥, 卽此也.] 設壇祭天.[江華.摩尼山]庚寅, 移都平壤, 改國號曰朝鮮.[東史寶鑑曰 地在東表, 日光鮮明, 故曰朝鮮.]甲戌, 遣子扶婁, 會于塗山.[時, 夏禹治水, 告功會塗山, 而執玉帛者萬區.]甲辰, 移都于唐莊京.[今文化縣.莊莊坪也. 時洪水汎濫, 沈沒平壤, 使王子登阿斯達山而定之.] 命肅愼氏, 任征伐.[其地在不咸山, 今白頭山也. 東出石砮, 有皮骨甲·檀弓·楛矢. 檀弓三尺五寸, 楛矢有咫. 指東人曰夷者, 夷是大弓, 以肅愼出大弓而名也. 昔仲尼在陳, 有隼集于陳侯之庭, 而死楛矢石砮貫之, 其長尺有咫. 陳侯使人問仲尼, 曰隼之來遠矣, 此肅愼氏之矢也.] 鳳凰止于庭.[象如鶴, 五色而文, 其名曰鳳凰. 見則天下寧世, 稱鳳凰出於東方君子之國, 正謂是也.]庚子三月十五日, 君昇遐.[入阿斯達山, 化神御天. 時, 大國九, 小國十二, 皆檀氏也. 太白·平壤, 俱在遼.滿之間, 阿斯達山卽文化縣.九月山, 一名白岳. 國人立廟饗之, 稱以三聖祠. 桓因·桓雄·桓儉, 是謂三神, 而桓儉卽檀君也.]歷年一千四十八年.[系爲四十七世]

4장

개인 문집

『陽村集』 權近(1352~1409)

『陽村集』 陽村先生文集 卷1 應製詩(朝鮮國陪臣權近製進) 命題十首(是月二十二日) 始古開闢東夷主

始古開闢東夷主(昔神人降檀木下 國人立以爲主 曰號檀君 時唐堯元年戊辰也)

開說鴻荒日 檀君降樹邊 位臨東國土 時在帝堯天 傳世不知幾 歷年曾過千後來箕子代 同是號國號

陽村先生文集 卷29 靑詞類

槧城醮靑詞

初獻 海上山高 逈隔人寰之繁擾 壇中天近 可邀仙馭之降臨 薄奠斯陳 明神如在 二獻 酌行潦而再陳 明信可薦 驅冷風而先道 感應孔昭 庶借顧歆 優加扶佑 三獻 神聽不惑 庇貺斯人 天覆無私 照臨下土 事之以禮 感而遂通 切念摩利之山 檀君攸祀 自聖祖爲民立極 俾纘舊以垂休 曁後王避狄遷都 亦賴茲而保本 故我家守之不墜 而小子承之益虔 夫何倭寇之狗偸 以致我民之魚爛 雖遠疆之受侮 尙所表聞 況厥邑之被侵 胡然忍視 豈明威之不驗 實不德之無良 是難他求 唯在自責 然人若不安其業 則神將無所於歸 茲因舊典之遵 敢告當時之患 卑忱欵欵 寶鑑明明 致令海不揚波 丕享梯航之輻湊 天其申命 光膺社稷之安盤

『四佳集』 徐居正(1420~1488)

『四佳集』四佳文集 卷5 序 歷代年表序

居正嘗讀史 病其簡帙浩穰 難於涉獵 乃用六十甲子 逐年紀事 六十甲子循環無窮 則其紀事亦與之無窮矣 於是分中國東國爲上下 中國則始自帝嚳四十一載甲子 而終於皇明成化十四年戊戌 凡三千八百幾年 東國則始自檀君戊辰 而終於我殿下九年戊戌 凡三千八百幾年間 有關於治體者 撮其大要 書於六甲之下 釐爲五卷 名曰歷代年表 客有過而見者曰 今子之年表 有何所祖乎 曰 祖司馬遷年表也 曰 遷有世表月表而今獨無之 何耶 曰 世表止於三代月表止於秦楚 今此書 包括數千百年之事 其可盡紀其世其月乎 況書帝王歷年 則世在其中矣 擧其年 則月在其中矣 曰 用六甲紀事 亦有所祖者乎 曰 春秋通鑑 以人君卽位而紀元 則六甲包在其中 今年表以六甲紀事 則年月繫在其下 雖互有賓主其實一也 曰 紀事昉於書 書始唐堯 而今始帝嚳 何耶 曰 年表以六甲爲主 帝嚳四十一載 適上元甲子 甲子者 六甲之首也 況帝嚳六十四載堯生 帝摯八載 堯封于唐 欲紀堯事 則不可不紀所生初封之歲耳 其實始於堯也 曰 古紀云 檀君與堯並立於戊辰 今書堯立於甲辰 檀君於戊辰 何耶 曰 以堯爲戊辰者 緯書也 是以不取爾 曰 凡脩史 一筆一削 皆不可苟 今年表紀歷代事 頗出於子手 何也 居正蹙然驚曰 烏是何言 以予不肖 安敢專聖人筆削之權 而僭爲之乎 曰 然則何也 曰 三代以上則用書春秋 自周封三晉以下 用朱子綱目 自宋以下 用陳桱續編 吾東方三國以前 則雜採諸史 而略書之 三國則用三國史 高麗則用高麗史 皆述而不作也 曰 春秋聖經 非後人所能增減 今不盡書 何耶 曰 列國諸侯昆盟崩葬 其數繁碎 不可盡記 又不切於治體 是以略之 但書周魯

二事 蓋所以尊王室 重望國也 曰 春秋 編年紀事 年月可考 書不編年 無年月可考 今子一一繫之 似無稽也 曰 是取諸金先生履祥前編 陳先生桱昆要之說也 安可臆議爲之也 但自大明高皇帝有天下 我太祖開國以後 無史可考 不可不附以臆見爾 曰 子辨則辨矣 然古人云 觀史之法 若遇事機 當以身處之 掩卷自思 方可有益 今年表疏略大過 亦無終始 將何所鑑 而益其智乎 曰 子不聞夫能博而能約之者乎 自唐虞至于今日 代各有史 多至汗牛充棟 有志之士雖閉戶下帷 窮十年之力 不能盡讀 今年表 上下數千年之事 盡在一帙 不終飯頃 而披閱在目 豈非讀史之逕庭乎 博而求之於書春秋續編諸史之中 約而昆之於年表 有何不可乎 曰 今此書 亦可續而爲之者乎 曰 居正之初以六甲爲起者 蓋六甲者循環無窮 則其紀事亦與之循環無窮矣 天地之間 使六甲有盡則已 如不盡也 則雖窮天地 亘萬古 亦可足成也 客笑而去 戊戌重九節

『白湖全書』 尹鑴(1617~1680)

『白湖全書』卷27 雜著 漫筆(下)

箕子東來 都於平壤 古記有云 乃往二千載 有神人降于太白山檀木下 起於唐堯戊辰之世 國於平壤 與堯并立 號曰檀君 國曰朝鮮 至周武王乙卯 箕子渡遼 檀君以國讓之 而去入阿斯達山爲神云云 此其事卓卓足以照映千秋 其尊德讓賢 脫屣千乘之風 直可追蹤堯舜 豈以華夷而異觀也 檀君名王儉 至今平壤城 名爲王儉城 或云仙人王儉宅 阿斯達山 卽今文化縣之九月山 中有檀君古祠 其事足徵矣 然堯之甲辰 至武王乙卯 一人之壽 豈可經歷數千載 意者以國讓箕子者 寔檀君之裔也 高麗王氏起於民間 莫知姓源之所自 而傳世五百 又豈王儉之後世耶

塚墓之說 本不可信 我國王儉城西有箕子塚 自古相傳奉蘋藻不絶 杜預以爲梁國蒙縣有箕子塚 何也 河東旣有夷齊塚 今遼西故孤竹國 又有夷齊塚 又何也 此必一眞一假 然則河東之首陽夷齊塚 又不可信 其孤竹之塚 豈師尙父五世反葬於周之義歟

『藥泉集』 南九萬(1629~1711)

『藥泉集』第29 雜著 東史辨證 檀君

舊史檀君紀云 有神人降太白山檀木下 國人立爲君 時唐堯戊辰歲也 至商武丁八年乙未 入阿斯達山爲神 此說出於三韓古記云 而今考三國遺事載古記之說 云 昔有桓國帝釋 庶子桓雄受天符印三箇 率徒三千降太伯山頂神壇樹下 謂之神市 是謂桓雄天王也 將風伯雨師雲師 在世理化 時有一熊常祈于神雄願化爲人 雄遺靈艾一炷蒜二十枚 熊食之三七日 得女身 每於壇樹下 呪願有孕 雄乃假化而婚之 生子曰壇君 以唐堯庚寅歲都平壤 御國一千五百年 周武王己卯 封箕子於朝鮮 壇君乃移於藏唐京 後還隱於阿斯達爲山神 壽一千九百八歲 以此言之 降太伯壇樹下者 乃檀君之父 非檀君也 以其生於壇樹下 故稱壇君 非降檀木 故稱檀君也 第其說妖誕鄙濫 初不足以誑閭巷之兒童 作史者其可全信此言 乃以檀君爲神人之降 而復入山爲神乎 且唐堯以後歷年之數 中國史書及邵氏經世書 可考而知也 自堯庚寅至武王己卯 僅一千二百二十年 然則所謂御國一千五百年 壽一千九百八歲 其誣不亦甚乎 筆苑雜記引古記之說 云檀君與堯同日而立 至商武丁乙未入阿斯達山爲神 享年一千四十有八歲 又云檀君娶非西岬河伯之女 生子曰扶婁 是爲東扶餘王 至禹昆諸侯於塗山 遣扶婁朝焉 今按堯之元年 乃甲辰 則此稱與堯同日而

立者 與戊辰歲立爲君 庚寅歲都平壤者 牴牾矣 其稱商武丁乙未入山爲神者 又與周武王己卯避箕子移藏唐京者矛楯矣 厖雜如此 亦可見其肆誣也 且堯之卽位之日 中國之書亦無可考 則又何以知檀君之與之同日乎 檀君立國千餘年之間 無一事可紀者 而獨於塗山玉帛之會 稱以遣子入朝 其假託傅會 誠亦無足言者矣 且其云娶河伯女者 妖異尤甚 遺事又云檀君與河伯女要親 產子曰夫婁 其後解慕漱又私河伯女產朱蒙 夫婁與朱蒙兄弟也 今按自檀君至朱蒙之生 幾二千餘年 設令河伯女果是神鬼而非人 又何以知前嫁檀君 後私慕漱者 必是一女 而前之夫婁後之朱蒙 必是兄弟乎 且其言檀君之壽者 本旣虛誕 而諸書錯出 亦無定說 獨權陽村近應制詩云 傳世不知幾 歷年曾過千 其歷年之數 不曰檀君之壽 而曰傳世者 其於傳疑 或差近矣

『記言』(1689) 許穆(1595~1682)

『記言』卷32 外篇1 序 記言東事序

神市·檀君之世 當帝嚳唐虞之際 君臣肇有 人民希少 朴蒙睢盱 無文字可述至箕子治朝鮮 始有俎豆禮俗之治 自衛滿·三韓以降 攻戰不休亡滅旣多 載籍不備 旣無文獻可徵 後世雜出於傳記者實多 扶婁·朱蒙·赫居世·溫祚之世傳道 古事而已 上自檀君 下至新羅末世 大國六 附庸諸小國十餘九域 初無君長 自神市始教生民之治 至檀君 始建國立號作檀君世家.』上之十四年癸丑溽暑節 孔巖許穆 序

『記言』卷32 外篇 東事1 檀君世家

上古九夷之初 有桓因氏 桓因生神市 始教生民之治 民歸之 神市生

檀君 居檀樹下 號曰檀君 始有國號曰朝鮮 朝鮮者 東表日出之名 或曰鮮汕也 其國有汕水 故曰朝鮮 都平壤 陶唐氏立一十五年 檀君氏生夫婁 或曰解夫婁 母非西岬女也 禹平水土 會諸侯於塗山 夫婁朝禹於塗山氏 後檀君氏徙居唐藏 至商武丁八年 檀君氏歿 松壤西 有檀君塚(松壤今江東縣) 或曰 檀君入阿斯達 不言其所終 泰伯·阿斯達 皆有檀君祠

『記言』卷48 續集 四方2 關西誌

朝鮮九域之地 在海隅 燕齊之外 初無君長 有神市始教生民之治 民歸之 神市生檀君 居檀木下 號曰檀君 始有國號曰朝鮮 朝鮮者 東方日出之名 或曰 鮮汕也 其國有汕水 故曰朝汕 都平壤 堯立二十五年 後徙都唐臧 儒州有唐臧京麗史以爲檀君氏之國都 商武丁八年 檀君歿 今江東縣 傳說檀君塚 或曰檀君入阿斯達 不言所終 泰白·阿斯達 皆有檀君祠

檀君傳解夫婁 爲北扶餘 禹平水土 會諸侯於塗山 解夫婁朝禹於塗山氏 解夫婁母 非西岬女也 解夫婁禱於鯤淵 生金蛙 貌類金蛙 命曰金蛙解夫婁傳金蛙金蛙徙迦葉原 爲東扶餘 金蛙末 秦幷天下

『息山集』 李萬敷(1664~1732)

『息山集』息山先生別集 卷4 地行附錄 九月

九月 據數郡之境 始寧治其東 連豐治其北 栗川治其西 海西山水散漫 惟九月高大秀出 東事檀君初都平壤 後徙居唐莊 商武丁八年 檀君歿 松壤西有檀君塚 或曰檀君入阿斯達 不言所終 太白阿斯達 皆有檀君祠 阿斯達 卽九月也 九月 一名弓忽 一名甑山 一名三危 山西有金

欄窟 又有淵曰高要 水積焉 水旱祭龍有應

『息山集』息山先生別集 卷4 地行附錄 妙香

妙香山在密雲東一百三十里 一名太白 分自長白第一枝 北帶鴨綠水與遼陽爲界 南來磅礴數百里 開箕都 山中水爲花遷江 與魚川合 爲安陵之晴川 古所稱薩水 舊史東方 初無君長 有神人降于太白山檀木下國人立爲君 國號朝鮮 都平壤 或曰 上古九夷之初 有桓因氏生神市 始教生民之治 神市生檀君 居檀樹下 號曰檀君 都平壤 國號曰朝鮮 兩說差殊 然檀君之興 實在太白 蓋檀君始立 唐堯二十五年 至殷武丁世云山南有澤曰優浡 舊史 金蛙悅優浡水之女 感日影照身 生朱蒙 朱蒙少子曰溫祚 蓋檀君氏之後 有解夫婁解 夫婁之後 有金蛙 金蛙之後 有朱蒙·溫祚 爲句麗百濟之祖 皆本於檀君氏 而興於太白…

『息山集』息山先生別集 卷4 總叙

余少從先大夫 西出過王氏舊都 檀君·箕子之墟 涉薩水 臨沸流 望太白之嵩隔浿水 觀遼野句麗·渤海舊域 … 我東國 在燕齊外 其星尾箕其次析木 東西南環大海 北連靺鞨 句麗末世 失玄菟遼東地七百里 以浿水爲界 南北三千里 東西千里 自檀君箕子三韓四郡二府及三國之世… 開京 迤西傅于海 東連貊阻峽者 本句麗南境 卽今圻外奮武之地也… 浿西 西盡于海 其北閭延·虞芮連靺鞨 箕城 三朝鮮所都 而獩貊·句麗·玄菟屬焉 優浡水·迦葉原曰北扶餘 沸流江上曰東扶餘 檀君之世千餘年 上古之治 鴻荒無徵 箕子之世九百餘年 敷八條之教 重禮俗 敬鬼神 器用俎豆婦人貞信不滛黎民樂業有先王之遺風焉 及衛滿 以詐譎逐王準 以兵威財力 略定傍國 而二世卽亡 … 箕城有檀君箕子東明祠 載

中祀 有箕子墓箕子田區 松壤有檀君塚 貝江祭西瀆 太白祭西嶽 … 溫祚治河南慰禮 周文自南平壤 徙熊川 明禯又徙泗沘 改國號曰南扶餘

『息山集』息山先生續集 卷1 詩 南風(幷序)

東土九域初 君長始桓因(上古東土始有桓因 桓因後有神市·檀君 檀世終婁蛙 檀君之後 有解夫婁 夫婁之後 有金蛙 金蛙子朱蒙 朱蒙子溫祚 爲句麗百濟祖) 舊鮮戴殷仁(武王旣平殷亂 箕子不臣 乃去之朝鮮 武王因封之 檀君之世 自唐堯二十五年 歷虞·夏至商武丁八年 是爲檀君朝鮮

『崧嶽集』 林昌澤(1682~1723)

『崧岳集』卷一『海東樂府』檀君祠

唐堯戊辰神人降于太白山檀木下 國人立爲君 是爲檀君

中國有聖人 海東有神人 蒼蒼太白山 鬱鬱檀木春 金麟一去兮 不復還秪今 遺廟浿江濱

『藥山漫稿』 吳光運(1689~1745)

『藥山漫稿』卷之五『海東樂府』太伯檀

東方初無君長 有神人率徒三千降于太伯山檀木下 謂之神市 國人立爲君國 號朝鮮 以東表日出之故也 古記云與堯幷 立於戊辰 壽千四百八年云 或曰檀氏傳世歷年之數 非檀君之壽也 至若熊化爲女 昏而生子之說 尤荒誕不幷記

鬱鬱蒼蒼太伯檀 問誰栽者盤古氏 枝聳一千仞香間 三千里飈輪龍馬君所止身披扶桑 黃襖子手抉雲漢 末派水堯耶舜耶 吾不聞漠漠雲海開神市

『圓嶠集選』 李匡師(1705~1777)

『圓嶠集選』卷第一『東國樂府』太伯檀

東國始無君長 神人率其屬三千 降太伯山檀木下謂之神市 國人立爲君 國號朝鮮 以日始出也 古記云與堯并 立于戊辰 壽千四百 或曰檀氏傳世歷年數也 天壽何歲 地墌何際 日月何時紓其閟 山何世奮 木何時託 祗天地日月稸其精氣 乃降聖人于彼山木之下 日月侔明 天地侔大生已祥靈 不事而化 建國朝鮮 化被千四百歲

『斗室寤言』(1700년대) 李煥模

『斗室寤言』卷3 東語 神市紀

或曰 名桓雄 桓因子也(三國史載古紀曰 昔有桓因帝釋 庶子桓雄 受天符印三介 降于太白山 今安邊府妙香山頂神檀樹下 是爲桓雄天王 將風伯雲師雨師 在世化理 號神市) 不知所始 不知所終 然姑載之 以愽譚古者資焉

東方初無君長 有九種夷 草衣木食 憂巢冬穴 有神市氏 始敎生民之治

君子還古之蹟 誰從而言之 誰從而聽之也 一人倡訛從而傳之 以訛承訛 作爲古寀 其亦難徵也已矣 雖然盖聞天地之氣 由中而外率千有餘年

而開然 則是時東方洪荒未遠 人物之生以氣化也 无怪彼神市氏者 无亦以氣化 如後世高夫梁之生於耽羅之爲 而好事喜怪者 從而爲桓因帝釋之說 以傳之耶 莊周氏有言曰 六合之外存而不論吾於是亦云爾

『斗室寤言』卷3 東語 檀君紀(附扶餘)

名王儉 或曰神市子也(載古紀曰 有熊在太白山神檀樹下 祈于天神願化爲人 神遺靈艾一炷蒜十二枚 熊食之 三七日 得爲女 又呪願有孕神交之 生子曰檀君 以其生於神壇下 故曰檀君 而壇之爲檀字之訛也 或曰居檀木下 故號曰檀君 ○ 天神 卽神市云) 都平壤 歷年一千二百十二年(古今記載 皆以爲檀君之壽 獨陽村權氏朝皇明應製詩曰 傳世不知幾歷年曾遍千 其言有理) 其後裔 自平壤徒唐藏京(今文化縣)白岳(九月山) 又徒玄菟北(或曰今咸興府) 又徒迦葉原(在鴨綠邊) 歷年一千一百四十年 共二千三百五十二年

唐堯二十五年戊辰 檀君立平壤 國號朝鮮(地在東表日光明 故曰朝鮮或曰鮮仙也 以有仙水故名)敎民編髮盖首(君臣男女飮食居處之制亦自此始云) ○取非西岬女 生子夫婁(或曰 檀君與河伯女 要親生子夫婁) ○ 命彭吳治國內山川 以奠民居(牛首州 今春川府 有彭吳碑) ○ 遣子夫婁 朝夏禹於塗山 ○商武丁八年甲子 沒 塚在松壤(今江東縣)西廟在平壤(或曰 入阿斯達山 九月山爲神) 周武王元年己卯 周封箕子於朝鮮 檀君後徙居唐藏京白岳

君子曰 固哉 東史氏之爲史也 惡神熊蛻形之異喜 神人降世之誕 特書而屢書之曰 神人降于檀木下 國人立爲君 又曰 後入阿斯達山爲神 壽千四百八年 何惡於彼而何喜於斯也 夫物之相也 久矣 雀入海 而化蛤雉入淮 而化蜃鳩乘秋 而化鷹黿鼉魚鱉 莫不能化熊奚 獨不然 況厥初之生異

於後世 神聖之降 異於凡輩者乎 此則理之或有也 若神降而爲君 君返而爲神其何誕如之 且中土之神聖 如羲農黃帝者 壽不過百年而崩 則檀君雖壽千四十年之久也哉 此則理之必無也 或有之是惡必無之是喜固哉東史氏之爲史也 若曰神人降生檀木下云而已 截入山爲神之說 以千四十八年 爲傳世歷年之數 如權陽村對高皇之云 則吾又何猜焉

『旅菴全書』 申景濬(1712~1781)

『旅菴全書』卷4 疆界考 我東國別號 三朝鮮

三朝鮮(一檀君 二箕子 三衛滿)

按張華曰 朝鮮有泉水(漢書註云 濕水)·洌水·汕水 三水合爲洌水 疑朝鮮樂浪取名於此也 東史寶鑑曰 朝鮮因水爲名 又云 鮮明也 在東表日先明 故朝鮮 史記索隱東史皆云 朝鮮音潮仙 而杜祐通典汕音所晏切讀鮮爲去聲非是

『旅菴全書』卷4 疆界考 我東國別號 三朝鮮 前朝鮮國

○ 前朝鮮國

壇君名王儉(史記作險) 初降太伯山頂神檀樹下 國人立爲君 國號朝鮮 起唐堯二十五年戊辰 止周武王元年己卯 凡一千二百二十一年

柳磻溪馨遠輿地志云 太伯山在今平安道寧邊府 東一百三十里 今名妙香山 按三國遺事 神檀作壇神壇 檀君作壇君 盖三國遺事 東方始出之史 而以神字觀之壇壝之壇較是矣 神壇之壇 雖作檀 而檀水有二種 一紫檀有香 一俗名朴達木 堅緻中材用太伯山多紫檀 故名 以妙香山在太伯山下 人以紫檀爲壇君之檀 江東縣之鎭山 曰 大朴山下 有一大塚 世傳

檀君墓 大朴卽朴達也 而以有壇君墓 而名之也 ○ 古記云 壇君與堯幷立 於戊辰至商武丁十八年乙未 入阿斯達山爲神 壽一千四十八年 東國通鑑卞之曰 千四十八年 乃壇氏傳世歷年之數 非壇君之壽也 權陽村近入明 應明祖命製壇君詩曰 傳世不知幾 歷年昆過千 此以千四十八年爲壇君傳世歷年之 對東國通鑑 以陽村說爲是 按古記卽曰 壇君入於戊辰則自戊辰至乙未爲千四十八年 是在位年數也 謂之壽者何也 且以皇極經世書 推之武丁八年 乃甲子而非乙未也 古記之未免荒陋可知矣

國都

東國通鑑 壇君初都平壤 後徒都白岳

平壤

平壤 今平安道平壤府城內 有壇君祠 每歲春秋 降香祝祭 以中祀

按平壤非古號也 衛滿都平壤 而史記以衛滿之都爲王險城 王險是壇君之名也 盖平壤壇君所都之地 故箕衛朝鮮之時 以壇君之名號其城 而壇君之時 未知其號之爲何也 歷考諸史及輿地志 箕衛以前 無一平壤之見 而及漢置郡 此爲樂浪郡之朝鮮縣 至高句麗始言平壤城 平壤之號 其自高句麗始矣 東史云 壇君都平壤者 以今名書之也

白岳

白岳 一名阿斯達山 今稱九月山(柳寬云 九月山 以壇君所都 有宮闕本名闕山 後緩聲呼之爲九月山也 或云 阿斯之音與九字之釋 相近之音與月字之釋 相近 故民轉爲九月山) 在黃海道文化縣 西十里 縣東十五里 有莊莊坪 世傳壇君所都 基址尙存 高麗史 以爲莊莊坪 乃唐藏京之訛 山之東麓有桓因桓雄(桓因桓雄 皆壇君前神人 或曰 壇君之父神)壇君三聖祠 歲祭如平壤例

按東國通鑑云 商武丁八年 壇君入阿斯山爲神 輿地勝覽云 周武王封

箕子於朝鮮 壇君乃移於唐藏京 後隱阿斯達山爲神 兩說不同 而魏書云 壇君立阿斯達 開國號朝鮮 與唐堯同時 此則以阿斯達爲壇君初都之地 恐不然矣

『修山集』 李種徽(1731~1797)

『修山集』卷6 史論 古史三國職方考論

北夫餘固檀君之後 而故國在今頭滿之外東海之濱 亦渤海所有 由此言之 朝鮮疆域 可謂遠矣

檀君之國初自太白 後移唐莊 箕子夫婁 都於今開原 遂爲北夫餘之國 盖其界南暨臨津 東西北出入於今烏喇·船廠·遼·瀋·三衛之除 及箕子東來而因檀君之舊益近於燕蘇 至戰國之初 滿畓汗以西二千里入于燕 而遂爲燕之遼東西郡 當燕之末 又失番畓汗以東五百里 而與秦浿水爲界 朝鮮遂廢 爲至弱之國 爲滿因之 復拓肅昚濊貊 際小國 有地四千里 然南不過帶水矣 漢縣朝鮮而爲四 後合爲二府 然夫餘分東北 沃沮分南東北松壤濊貊梁貊盖馬句茶黃龍 荇人大小諸國 自在於其間 至漢之衰 四郡或自爲國 而高句麗興於玄菟郡中 今老城靉陽界也 其始也 附庸於松壤 其微如此 至其孫大武神王 始并東扶餘 而地遂大 三沃沮及松壤濊貊句茶盖馬皆爲其屬 其後盡有四郡之地 盖朝鮮箕子檀君 箕氏據之以傳於衛滿 漢取諸衛滿 以歸於高句麗 句麗不能合其全地 漢魏之除 分於公孫度 晉末 分於宇文慕容氏及靺鞨契丹 而北夫餘餘燼 又在其東界及唐取高句麗而復歸於渤海大氏 始完檀箕之幅 地方五千里 有五京九州九十二郡縣 至高麗復以浿水爲界 而得其十之三四 此朝鮮之壃域 … 盖三韓之地 別於朝鮮而 亦其初皆箕氏之外服也 北夫餘固檀君之後 而

故國在今豆滿之外 東海之濱 亦爲渤海所有 由此言之 朝鮮疆域

『修山集』卷11 東史 本紀 檀君本紀

朝鮮王檀君者 祖曰神人桓因 桓因有庶子 曰桓雄 桓雄居太白之山 有神熊之異 而生君於檀樹下 號檀君 或曰 檀君名曰王儉 或曰 姓桓氏 檀君之時 東夏無君長 百姓蚩蒙 禽獸如羣 於是檀君乃敎民編髮盖首 始有君臣男女之分 飮食居處之節 時陶唐氏立於中國 而始檀君開國 盖在戊辰歲云 當九年之水 命彭吳 定高山大川 至于牛首 奠厥民居 檀君盖年數十百歲 終 子扶婁立 以甲戌之歲 朝夏禹氏於塗山 扶婁之後 世系年譜逸而不傳 或曰 檀君不死 以商武丁乙未 入阿斯達山爲神 或曰 至周 避箕子於唐莊之京 年千有餘歲云 檀君居平壤之邱 而當殷周之除 後世子孫 徙於百岳 檀君立千五百八年 箕子以八條之敎 代莅東夏 方欲用正 外史氏曰 盖虞夏之除 天下之有君久矣 然東方之君始於檀氏 幷堯面立 此其故何也 徐氏通鑑 獨載羅麗以下 而雜記言檀君 其文頗不經 縉紳先生難言之 金富軾所傳天神神市天符三印檀君年歲 儒者多不信 余嘗聞摩尼山有檀君祭天壇九月山有三聖祠 其東有古所謂唐莊京者 往往有佳氣其上云 總之不離 四佳所論者近是 余觀中國古史 其見檀君王儉之名章矣 盖檀君首出聖人 在中國 其伏羲神農之君乎 竊取古記文意頗雅者 爲本紀書首

『修山集』卷12 東史 志 神事志

朝鮮之初 有桓國帝釋庶子桓雄 受天符三印 與其徒三千 降于太白之山上 有神壇 或云檀樹在其下 故桓雄爲神市天皇 而雄之子號檀君云 神市之世 以神設敎 而其神有風雲師雨師與凡主命主病主刑 三百六十

餘事 及檀君之立 而常祀天於穴口之海 摩尼之丘 塹城爲壇 壇十七尺而石累之 方上圓下 而上四方各六尺六寸 下而靚深 神明之宅 故立時祭上帝 星辰之祠亦在焉 其南築城 有君之三郎主之云 又曰 天好陰而地貴陽 故爲壇必于水中之山 而上方下圓 地天之義立焉 亦所以兼祀天地云 檀君盖千有餘歲 而爲阿斯達之神 太白阿斯達 俱有檀君祠 而歷代祀之 阿祀達之祀 上及桓因桓雄 故又號三聖祠 而東方之人 至今奉帝釋神 桓因者 盖帝釋之名也 或曰 檀君娶匪西岬神女 而檀君之母 太白山之熊 嘗祈化人身於神市天王 天王遺以靈欒東海之艾 瓊丘之蒜二十枚 熊食之 三七二十一甲子 化爲女 與天王野合而生檀君云

『明隱集』 金壽民(1734~1811)

『明隱集』卷4『箕東樂府』卷一 震檀歌

震檀初一變. 天降神人太白山巓. 開國扶桑紅日下. 國號曰朝鮮. 記元戊辰歲. 唐堯卄五年. 命彭吳奠山川. 木食穴居舊風俗. 教民編髮五常全. 送子夫婁會塗山, 筐篚玉帛通八 埏. 觀化商王戊丁甲子歲 阿斯達山爲神玄又玄. 或言讓位殷師有如唐虞天. 傳世不知幾. 曆年曾過千.

『精神哲學通編』(1920) 全秉薰(1857~1927)

精神哲學通編卷之一

曙宇韓人全秉薰編纂

東韓神聖檀君天符經〔註解緖言〕

東賢仙眞崔致遠曰 檀君天符經八十一字神志篆 見於古碑 解其字 敬

刻白山〔秉薰〕謹按 崔公爲唐進士 而還韓成仙者 此經至昨年丁巳 始出 韓西寧邊郡白山 有一道人桂延壽 採藥白山 窮入山根 石壁見得此字 照寫云耳

余旣編成精神哲學 方謀付印之際 忽得此經〔老儒尹孝定來交〕誠天賜之神異也 世以〔陰符〕爲黃帝經 然〔朱子有批評〕余則不敢深 信惟此天符則包括天人 道盡兼聖確是我檀君聖祖存神之眞傳 無疑也 然文義淵極超絶而精微 誠難透解也 潛思數日而一旦豁然 嗚乎 至神兼聖 何其如是哉 粵在四千二百五十二年十月三日 有神人降于太白山檀木下 國人立以爲君 可謂民主開基 是爲檀君 卽東韓創立之君師也 其長生至德 治邦之神化兼聖 悠久無疆者 與中國黃帝之兼聖歷史 同而經文 則符合河圖洛書 并老子身易之法 愈約愈精 人爲小天地之理 瞭然明白兼以運用坎離 以仙聖證聖經世宰物之地敎 逼盡俱涵也 凡聖經 罔非因天道以明人事 修身濟世 而參贊化育爲至 然豈有若此經之只八十一字 能兼致仙聖 而與天地相終始者乎〔小子〕僭敢註解 以作精神學首篇 烏乎將普度環球於胎仙 世蹐極樂之治者 其必在此乎 然則此非世界一身 一家之天書者耶 初無國界之可言 而天將以此書 鈞化萬世 必矣 求之宇內中外古今書籍 寧有是否 然此經適此時 洎夫〔小子〕敬受而發揮 以貺宇內同胞 諒非〔小子〕道成救世之生平痴願 結成腦癮者〔所居崇奉 上帝 檀 黃 老 孔 佛 王仁 康德 八聖而香祝〕聖祖在天之靈 而特別降祐者耶 西哲有云卄世紀最文明發達之占者 其亦可徵於此乎 余以道學旣作精神哲學 公用於世 眷言學人又得此兼聖極哲之學理 則不待箕聖洪範之經 而庶幾知韓爲天地中 最古神聖文明之邦國乎 噫!

己未之月註者謹識

天符經原文〔八十一字〕

一始無始一析三極無盡本

天一一地一二人一三一積

十鉅無匱化三天二三地二

三人二三大三合六生七八

九運三四成環五七一妙延

万往万來用變不動本本心

本太陽昻明人中天地一一

終無終一

天符經〔謹註〕

〔韓人小臣子全秉薰敬解

天符字 見於黃帝素問 蓋五運行同天化者 曰天符 此則人之秉聖合天故云歟 〕

經曰一始無始

〔小子秉薰〕謹註天地從虛無中生有 天地之先 只混沌一氣冲漠無朕故曰無始也 無始則無極也 無極而太極 太極動而生陽 靜而生陰 天地始立〔子丑之會〕故曰 一始於無始也 一者 天極之一 元神動能力 是也

一析三

〔小子〕謹註太極之一 旣生天一 而析三者 卽河圖經一函三之理 三天成地人而生萬物也 故老子亦言 一生三 生萬物也

極無盡

〔小子〕謹註無極而太極太極卽生天 生地 生人 生物之元理動能力 故天地人物 雖有終盡之期 而太極之生理元神 則無有窮盡之時也

本天一一

〔小子〕謹註天以太極之一 爲本而先闢 則卽天一以生水故曰 天一一也

地一二

〔小子〕謹註地亦以太極之一爲本 天包地外 地在天中 而地二生火故曰 地二也

人一三

〔小子〕謹註人亦以太極之一爲本 而天一地二水火旣生 則日月行 坎離立 氣化以生 人參爲三才 故曰人一三也〔以上訓明始初開闢之理 〕

一積十鉅

〔小子〕謹註自天一之一 至一三一 則積而成十也 觀夫四象之十 而成十 東三南七 亦然 其流行生成 大矣哉 鉅大也

無匱化三

〔小子〕謹註天地之數成十五 則大化流行不息 函三生物之化 無時匱乏故云也 小而一日 一月 一歲 大而元 會 運 世 造化流行 安有匱乏之時乎 乏也

天二三

〔小子〕謹註上以開闢言 故曰天一一也 此擧陰陽交媾之數 故曰二三

也 二陰三陽 天數五者 而天中亦俱有陰陽 故云也 孔子係易曰 三天兩地而倚數者 蓋先言陽數之故也

地二三

〔小子〕謹註此亦道陰陽之數 與上章同也 易云地數五者 而地中亦俱有陰陽故 云也

人二三大三合六

〔小子〕謹註人與天地同所稟也 故至此言大三合六者 卽三陽 交合六陰云也 三才交姤 以成生化之理數 如是明白 盖乾坤 一年一交姤 日月一朔一交姤 所以先卽氣化以生人 繼以形化 生生不窮也 然則世界人生雖別區城 而均爲平等之同胞也 明矣

生七八九

〔小子〕謹註三才交姤而坎六之水 生東八之木 本生南七之火 火生中土 土生西九之金 四象五行生物之道 完全生成立而理氣 獨其全於人之五臟〔腎水智心火禮 之說詳下 〕此與河圖洛書 五行順逆之序 同一其用 然要當講解以運用身易之法 內有益矣 所謂水火之交 金木之會者也 人有靈明知覺故 自行彛則 兼能修長性命 邃古人之良能也〔以上訓明三才生成之理〕-

運三四成環

〔小子〕謹註運用人身中三木之日 四金之月者 乃道家顚倒五行之術也 三木生火 火爲離 離火中之水 謂以眞水〔所謂龍從火裏出者 〕四金

生水 水爲坎 坎水中之火 謂以眞火〔虎向水中生者〕此眞水火 以意升降〔後升前降 曰子午升降〕久久成丹 成仙 故運三四也 蓋〔左升右降右升左降曰 卯酉運用〕運則以眞意運行 環卽丹之象 而無端 故曰成環也 然環之中 卽玄關不 可不知〔玄關說詳下〕

五七一妙延

〔小子〕謹註五乃土之生數 七爲火之成數 一是水之生數 道家云 以三家相見者也 妙則神用妙凝結之意 以眞意〔土生〕運用火〔七〕水〔一〕水火升降如 上而成道 衍則出神 生子 生 孫我之神氣 充塞天地 上下與天地同流之謂也 烏乎 兼聖極哲之大道乎 以神運用精氣於玄牝 而成眞神通之妙 與黃帝之兼聖同一源性天 性命凝住之精神專學也〔以上訓成眞證聖之法〕

此經天包 八玲瓏 人之見仁 見智 雖殊而自運三四 至妙衍 則眞是運用身易 以成仙之法 學人可以深悟 毋忽也

万往万來

〔小子〕謹註旣成妙衍 眞我聖仙 則神化合天 萬劫之往來 我固自如我之陽神 縱橫上下 無往不周 宇宙在手 以至日用人事 万幾之往來 雖則無窮 而有能主宰者存乎〔以下訓兼聖濟世之法〕

用變不動本

〔小子〕謹註凡事變之來 我所以用濟其變者 心有權衡 權衡以稱事之輕重 隨變制宜 故云用變也 以之開物 成務 仁民 利用 經邦 濟世 何往不動之斯化 酬酌萬變而心本 則不動也 故治成無爲至德至世必矣 此非

兼聖極哲 其孰能之乎

本心本太陽昂明

〔小子〕謹註人之本心 卽太極乾金 太陽之神氣 凝晶於腦中而靈明者也 然上智兼聖 本自如是 惟學人亦可以因欲而人道 制欲而以至無物慾之交昏 則心體之明 乃還其本 道明德滿 如太陽之無私無蔽 而公明焉則明照宇宙 造成萬化 可與天地參矣 然道破心本之逼眞者 曷嘗有是哉惟道家 以離爲心 易云 明兩作離大人以 繼明照于四方 佛與西哲 皆以三界惟心 今以此章 證明心本 詎非宇內之新出曙光耶 腦神爲心之理加確加明 亦可謂心學開山之祖也 烏乎至哉 民衆推載爲君 而政治同太陽之光明者 亦豈非一統民主世界之可法者耶

人中天地一一終

〔小子〕謹註天地中開而人位乎中 參爲三才 所謂人者 天地心 而萬物皆備於我者也 是以人致和之極功 天地位焉 萬物育焉 而與天地合德信乎天地者大我 而眞我則卽太極之一分子 小我也 如是成已者 能中天地而立矣 盱亦至哉 矧今宇內交通 所以五洲一家 致世太平者 其必在此胎仙兼聖之天手乎〔將一統世界之爲元首 非上仙兼聖 中天地而立者耶〕然 人與天地一一相終始也 將之戌亥之會 天地人物終息之期 故云一一終也

無終一

〔小子秉薰〕謹註無終一者 戌亥之會 一氣大息 海宇變動 山勃川湮人物消融 天地復成混沌 然太極之一 則無終息之理 而再至子丑之會

復始生動 故無終一也 於是 可信天地之運 終而復始 太極之一 靜而復動 動而復靜 如環無端也 至哉 我至神兼聖之經乎〔註解終〕

〔小子〕之謹註者如是 而罔敢自是 至願宇內聖哲者君子 明正以檀祖素天降之兼聖 則其遺經於世者 不敎示以兼聖之至理哉 王公樹柟曰 大著 所謂以經註經也 神童江希張 贊以天地神聖之精微奧妙 被我先生數語道破矣 寧非檀君 假手於先生 以與其敎 嘉惠世界者乎?

『借樹亭雜收 檀氏朝鮮紀』(1922) 金澤榮(1850~1927)

『借樹亭雜收』〈甲子文錄〉〈檀氏朝鮮紀〉

戊辰檀君天王元年(中國唐堯二十五年)本邦之初有一異人曰 桓因. 其庶子曰桓雄. 賢明得人心. 居太伯山(今妙香山)歸附者三千人. 及生子以其所居有檀樹命其姓曰檀 是爲檀君而名未傳. 檀君長有神聖之智三千人之徒慕之曰 此神明也 與其父祖并稱爲三神.(至今邦人生子女必云三神與之) 因相與奉爲天王. 於是天王自太伯山相地于平壤 以都之. 以本邦之地先 受朝日光鮮建國號曰朝鮮 作天符經極說人君受天命之道. 天符者 天命之符驗也.

一始無始

澤榮註曰 將說人君所以受天命之由 故先推本天地之而 言之一始者一氣之始 無始者 循環之 故言天地之先 只是循環之一氣 而莫知其始者也.

一析三

三者 天地人三才 言三才 由一氣而分也.

極無盡

極者太極也. 言自一氣而分爲三才 卽太極之理 而其有而非始於孔子也.

本天一一地一二人一三

上之一 卽太極之一理 下之一二三 卽天開子之闢丑 人生寅之次序 言天地人三才 究其本則 皆太極之一理也.

一積十鉅

此卽周易所云 天一地十也. 言天地之數 自一而至於十以生成五行 則其變化可以至於百千萬億 而不窮豈不大哉?

無匱化三

此言天一地十 陰陽交媾以生人 而成三才 其造化無可竭之日也.

天二三地二三人二三

此言天不能獨立 而待地與人二者 爲三然後 始得爲天 地不能獨立 而待天與人二者 爲三然後 始得爲地 人不能獨立 而待天與地二者 爲三然後 始得爲人也. 盖人固賴天地之生成 而天地亦賴乎 人之財成輔相 故其言如此.

大三合六生七八九

此卽易之卦數也. 言此大哉之三才 重之爲六 成內外卦 自六 又積至

於陽數之九 以爲卦用之終.

運三四成環

此言天地運動生三木 則木以生火 而成離. 運動生四金 則金以生水 而成坎其象如環也.

五七一妙演

五土也 君位也 七一火水也 未濟之象也. 言君位孔艱庶事難濟 故爲君者 能妙通五七一之義 而演之憂勤圖治 乾乾惕惕 不敢遑寧 則可而濟其未濟 而受天命 天下之能事 於是焉畢也. 而上下之文 連言坎離者 又以見坎離之變化 爲易道之最矣. 大抵此經所言易理爲六十四卦 盖伏羲畫八卦之後 諸聖人演爲六十四卦 而至文王 只作象而已也歟.

万往万來用變不動本本心本太陽昂明

此言賢君受天命在億兆上 事物之造繁 往來以萬 則酬酌之用 亦與之萬變 然其本未嘗變動 本也者 心也 故重爲之解說曰 是心之體之明 本於太陽之升明也.

人中天地一一終無終一

一卽 上文所言之心 盖心爲人身之主宰 就人言一自然知爲心也. 故上文旣言心德而此又極言之曰 人苟能堂堂然 位乎天地之中心 其心而不失正以變 則身雖終 而其心靡有所終 卽大學所云 沒世不忘 中庸所云 悠久而爲受天命之極功也.

凡八十一字 因授國人編髮 盖首飮食居處人倫之制 民咸大悅 遂成郅治當. 是時中國唐堯臣伯益 因洪水之災烈山澤逐蟲獸履遠近聞東北之人相與談說 檀君事紀其山海之經曰 東海之內 北海之隅 有國曰朝鮮其人水居偎人愛人(偎親近也. 謂檀君有親人愛人之仁政) 以美之. 天王娶非西岬之女生子夫婁 嘗南巡至穴口之山爲檀(俗星檀)祭天. 旣老移居于阿斯達 有(今九月山)以崩. 今江東有大塚居民指爲檀君陵. 夫婁嗣立聞中國 夏禹氏會諸候于塗山 往觀之子孫相傳享國一千年 徙于北夫餘之地 國以遂絶而史無傳者…

及韓亡之七年(丁巳年) 平安人桂延壽 採藥太白山見新羅學士崔致遠 所磨厓刻天苻經者 盖檀氏之臣有神志者 以篆書刻經於碑樹之檀君誕生之地 而致遠以畏約逃至其山 見之 以楷書解而再刻也. 延壽異之搨歸傳於人間 於是 人無不信檀君 而又知其爲神聖焉. 又近歲韓遺民之逃 至中國滿洲者 或於長白山西北深谷中 見檀君祠 滿洲人相與指爲古神 盖檀氏徙北夫餘者之所建也. 又謠俗謂檀君遣三者 築城於穴口山(今傳燈山) 名曰三郎城 盖其事在檀君後孫而人妄傳云(檀君時恐無城制).

按檀君旣以神聖之資 而著天符之經 則其後子孫繩繼文明一代之事必有可觀者 而今其國史歸於灰燼 甚於渤海之國 可勝痛哉?

○ 又按漢書地理志 樂浪郡屬懸二十五 其首縣爲朝鮮 朝鮮者平壤也. 盖漢置四郡時 以舊時國名冒之於首縣 而非箕氏時已有 所謂朝鮮縣也.

○ 又按今本邦無所謂檀氏者 豈檀族盡徙北夫餘 而然耶. 抑有其人而世遠遂膾耶 又抑檀氏雖無其人 而檀氏之民 寧無其遺耶. 雖然 余於此有一言 本邦與中國接壤 故箕子之來居姑置之 而其後中國人之因亂

因事 而來居者 不可勝數 陳壽史稱秦人避役入馬韓 馬韓人處之辰韓 遂稱秦韓. 史記云 陳勝吳廣之亂 燕齊趙民流入朝鮮者 數萬口 衛滿之王朝鮮也 所携椎髻千餘人及招誘亡黨 皆燕齊人也.

漢武帝滅衛氏置四郡 當是時中國人來居者 亦多而瑯琊王仲之族最巨爲樂浪之望屢見於中國之史 高麗王氏 蓋其後也. 若我韓完山李氏之所出無以詳言 然新羅始祖賜辰韓六部之姓 李居其一 則完山之李 安知非辰韓秦族之派分者耶. 其他黃帝(柳氏車氏爲黃帝後) 孔者閔子騫之後 及如隴西之李 南陽之洪 天水之姜 蘇州之張之類 凡充滿於國中者大抵無非中國之種. 然則假使檀氏之遺民能多勢 不能不爲中國新種之所奪 而日就於鑠 亦一天地消息之數云爾.

5장

관찬서 · 잡록

『龍飛御天歌』(1445 刊) 鄭麟趾

『龍飛御天歌』 卷1 第9章

禑次平壤督徵諸道兵(平壤本三朝鮮舊都也 唐堯戊辰歲 神人降于檀木之下 國人立爲君 都平壤 號檀君 是爲前朝鮮 周武王克商 封箕子于此地 是爲後朝鮮 逮四十一代孫準時 有燕人衛滿 亡命聚黨千人 來奪準地 都于王儉城 卽平壤也 是爲衛滿朝鮮)

『世宗實錄地理志』(1454) 鄭麟趾(1396~1478)

平安道 平壤條

(前略) 檀君古記云:「上帝桓因有庶子, 名雄, 意欲下化人間, 受天三印, 降太白山神檀樹下.」是爲檀雄天王. 令孫女飮藥, 成人身, 與檀樹神, 婚而生男, 名檀君, 立國, 號曰朝鮮. 朝鮮, 尸羅, 高禮, 南.北沃沮, 東.北扶餘, 濊與貊, 皆檀君之理. 檀君聘娶非西岬.河伯之女, 生子曰夫婁, 是謂東扶餘王. 檀君與唐堯同日而立, 至禹會塗山, 遣太子夫婁, 朝焉. 享國一千三十八年, 至殷.武丁八年乙未, 入阿斯達爲神, 今文化縣.九月山.

『應製詩註』 權擥(1416~1465)

『應製詩註』是月二十二日命題十首 始古開闢東夷主

【自註】昔神人降檀木下 國人立以爲王 因號檀君 時唐堯元年戊辰也

【增註】古記云 上帝桓因有庶子 曰雄 意欲下化人間 受天三印 率徒三千降於太白山神檀樹下 是謂檀雄天王也 桓或云檀 山卽 今平安道熙川郡妙香山也 將風伯·雨師·雲師 而主穀·主命·主病·主刑·主善惡 凡主人間三百六十餘事 在世理化 時有一熊一虎 同穴而居 常祈于雄 願化爲人 雄遺靈艾一炷·蒜二十枚 曰 食之 不見日光百日 便得人形 熊虎食之 虎不能忌 而熊忌三七日 得女身 無與爲婚 故每於檀樹下 呪願有孕 雄乃假化而爲人 孕生子曰檀君 與唐堯同日而立國 號朝鮮 初都平壤 後都白岳 娶非西岬河伯之女 生子曰夫婁 是爲東夫餘王 至禹會諸侯塗山 檀君遣子夫婁 朝焉 檀君歷虞夏 至商武丁八年乙未 入阿斯達山 化爲神 今黃海道文化縣九月山也 廟至今存焉 享年一千四十八年

『東國輿地勝覽』(1481) 盧思愼(1427~1498)·金宗直(1431~1492)

平壤府

【建置沿革】本, 三朝鮮·高句麗之故都. 唐堯戊辰歲, 有神人降太伯山檀木下, 國人立爲君, 都平壤, 號檀君, 是爲前朝鮮. 周.武王克商, 封箕子于此, 是爲後朝鮮. 傳至四十一代, 孫準, 燕人衛滿, 奪其地, 都王險城險一作儉, 卽平壤, 是爲衛滿朝鮮.

『筆苑雜記』 徐居正(1420~1488)

『筆苑雜記』卷1

嘗考 自唐堯元年甲辰 至洪武元年戊申 摠三千七百八十五年 自檀君元年戊辰 至我太祖元年壬申 亦三千七百八十五年 吾東方歷年之數 大槩與中國相同 帝堯作而檀君興 周武立而箕子封 漢定天下而衛滿來平壤 宋太祖將興而高麗太祖已起 我太祖開國亦與太祖高皇帝同時 古記云 檀君與堯同日而立 歷虞夏至商武丁八年乙未 入阿斯達山爲神 享年一千四十有八 當時文籍不傳 其眞僞不得而考 至今傳襲 以古記爲記 居正以爲當堯之時 人文昭宣 至于夏商 世漸澆薄 人君享國久長者不過四五十年 人壽 上壽白年 中壽六七十年 下壽四五十年 安有檀君獨壽千百年以享一國乎 知其說之誣也 又云 檀君生子扶婁 是爲東扶餘王 至禹會諸侯於塗山 檀君遣扶婁朝焉 其說無據 若檀君享國久長 扶婁往會塗山 則雖我國文籍不備 中國之書豈無一語及之乎 檀氏相傳享國之數 千四十八年者 無疑矣 權文忠公近詩曰 聞說鴻荒日 檀君降樹邊 世傳不知幾 歷年曾過千 蓋言其傳世歷年之久也

『鎖尾錄』 吳希文(1539년~1613)

『鎖尾錄』卷3 朝鮮記

呂應鍾

東方無君長 神人降太白山之檀木 衆君之 謂之檀君 與堯并立 傳世千其年 周封箕子 封於是也 一更而高麗 再變而朝鮮 臣屬我大明 典章文物 惟華是則號小中華 制多尙古 民柔弱 以禮義二字立國 都有三 於

平壤而歷井田基 吊箕子墓

『磻溪雜藁』 柳馨遠(1622~1673)

『磻溪雜藁』東史怪說辨 1933

余嘗東史 三國之際 怪異之事甚多 若赫居世·閼英·脫解·閼智·首露·許妃·金蛙·朱蒙之生及迎日·耽羅之事以至桓因·桓雄·檀君·夫婁·聖骨將軍·作帝建·龍女之說 無不荒怪 噫東國與中國 相去不滿數千里 地形風氣不甚相遠 以麗朝以後 七八百年之間 觀之風氣人事 每相表裏 三國之時 中國聲教 雖不甚通 其風氣人事 則以此推之 亦可知矣 三國之興俱在漢宣帝以後 則在中國 已爲近代 在鴻濛邃古之初已遠矣 安有氣化物變 有若此者乎 況其箕子東來 君主朝鮮 東國雖無徵而漢史所記 未聞有可怪之事 漢武東征以後 則載記已詳 而未聞有有可怪之事 其在三國而反有若是荒怪之事乎…

桓因·檀君 昔有天神桓因命庶子雄 持天符三印率徒三千降於太伯山頂神檀樹下 謂之神市主人間三百六十餘事云云 至帶素而爲高句麗大武神王所滅(古記) ○ 按此說尤甚不經 東史所記檀君·夫婁·金蛙等說 詳略有異 未知其所取 有他出處否乎 若因此而刪以就簡 則亦荒矣 夫檀君東國首出之君 必其人有神聖之德 故人皆就以爲君 古之神聖之出 固異於衆人者 亦安有若此無理之甚乎 外紀 禹治水化熊之說一般 不聞中國之史 取以爲大禹紀也 又遣子夫婁朝塗山之說尤爲好笑 嘗見抱朴 自言壽二千歲少時與堯舜相友善 以此惑衆 後尋問 則果是某郡某人也 何其與此言伯仲也 蓋檀君之生與堯並時 故檀君之號 若存若亡 僅傳二字後人又何從而知其娶某氏耶(大概古記之類 出於新羅俚俗之稱 而成於高

麗）謂檀君娶河伯女而東明之母 又是河伯女矣 自檀君以至三國麗祖王者之興多矣 而不出於卵 則必出於金櫝 王妃不是河伯之女 則必是 龍女二者之外 更無他端 其造詭之術亦狹而不博矣

『青鶴集』(1648년 무렵) 趙汝籍

『青鶴集』

金蟬子曰 卞沚 記壽四聞錄者 記吾東道流之叢 有曰 桓因眞人 受業于明由 明由 受業于廣成子 廣成子古之仙人也

桓因 爲東方仙派之宗 桓雄天王 桓仁之子也 繼志述事 又主風雨五穀 三百六十餘事 以化東民 檀君繼業 化行十年 九夷共尊之 立爲天王蓬亭柳闕而 絢髮跨牛而治 主世一千四十八年 入阿斯山仙去 子孫藩衍當其時大國九 小國十二 大抵皆檀氏也 其後有文朴氏 居阿斯山 韶顏方瞳 能得檀君之道

一日 先生登九月山 翠窟子問曰 檀君 何以遷唐莊里 先生曰 檀君有才子四人曰 夫婁 夫蘇 夫虞 夫餘 夏后會諸侯於塗山 夫婁奉使入朝九夷猰貐之亂 夫餘會集中外國 討平之 國有疾病 夫虞醫而活之 山多猛獸 夫蘇火獵而攘之 是四王子 功冠當世 業垂後辟者也 帝堯九年之水 大禹八年之治 洪水大 泛濫等萊之海 浿水漲溢 平壤沈潛 四王子來登是山 相土地之宜 都于唐莊里 今觀其水勢東走 原土燥乾 日後若茸津潮生 馬嶺石立 此地重爲王者之宅矣

『**海東異蹟**』**(1666)** 洪萬宗(1643~1725)

『海東異蹟』下 (補)檀君

檀君名王儉(或云王險) 古初神仙人也 三國遺事引三韓古記云 上古九夷之初 有桓因帝釋者 命庶子桓雄(按梵語 桓雄天王者 卽帝釋也 東方染佛有此誕耳) 受天符三印 率徒三千 降于太白山頂(太白山今寧邊妙香山 伯一作白)檀木下(亦曰神壇樹下) 始教生民之治民 歸如市 因號神市 將風伯雨師雲師 在世理化 時有一熊 常祈于雄 願化爲人 雄遺靈艾一炷 蒜二十枚 熊食之 三七日 得化女身 每於檀木下 呪願有孕 雄乃假化爲婚 生王儉 號曰檀君(以其生檀木下) 亦曰壇君(以其生于神壇樹下) 以唐堯二十五年戊辰 立國 是曰前朝鮮 卽位之二十三年庚寅(唐堯四十七年) 都王儉城(因其名而造名也 今平壤府) 御國一千一十七年(或曰一千五百年) 而當商武丁八年甲子 移都白嶽(在今文化卽阿斯達山 譯作九月山 又轉爲弓忽 亦曰闕山 又轉爲文山 一名三危 一名甑山 三危甑之方言之轉) 又一百九十五年 而當周武王元年己卯 則箕子東來 因以立國 是曰後朝鮮 檀君復都唐藏京(亦唐藏訛爲庄 庄坪在今文化) 後還白嶽隱 化爲神 壽一千九百八歲(或曰 一千四十八歲 或曰 二千八百歲 未詳 或曰 此盖檀氏世傳歷年之數者 是也) 今江東有大冢周四百一十尺者 曰檀君墓 平壤有崇靈殿 檀君位西而高句麗東明王位東 倶南向 九月山有三聖祠 曰檀因(卽桓因)檀雄(卽桓雄)檀君 水旱有靈應 妙香山絶頂有檀君臺(及檀君窟) 蓋山多香木冬青而仙佛之舊跡存焉 江華之摩尼山有塹城壇 亦醮星壇(疑醮與蘸 字近母近轉爲塹城 星亦聲近) 世傳檀君祭天處 傳燈山有三郎城(郎亦作鄉) 世傳檀君使三子築之(出三國遺事高麗史輿地勝覽)

按檀君壇君未詳孰是 但係是東方人物君長之始 又有王儉仙人之說故錄之 然三韓古記者 新羅所作 或云安弘所作 其說初不足據 而三國遺事 又作於高麗中葉以後 雜引古記以誕傳 誕大抵多出佛徒 其荒亂不經 甚矣 不知三國史高麗史世所稱正史者與 夫輿地勝覽 何故 又從而援之也 大抵東方檀氏尙矣 箕氏之敎 自春秋戰國以前 猶有可徵 故孔子亦欲乘桴 復欲居夷 自秦漢以後 其敎掃也盡矣 而又不幸至東晉簡文帝咸安二年壬申(新羅奈勿尼師今十七年 高句麗小獸林王二年) 秦主符堅送佛像佛經于高句麗 而後此四十餘年 沙墨胡子自高句麗至新羅是訥祗麻立干時也 炤智十年戊辰(南齊世祖永明六年) 內殿焚僧淫王妃 爰有琴匣之變 猶不知惑 又三十三年(新羅法興王八年辛丑 卽梁武帝普通二年)遣使朝梁 又七年(法興王十五年戊申 卽梁武帝大通二年)始大興佛法 自是東方之世代人物風俗言語山川名號 擧入佛染 而史家亦彼其疑謬 卽儒敎之滅 姑亡論 雖道敎一派 亦不免佛敎之掩而混也 至今猶然噫 其甚哉

『旬五志』(1678) 洪萬宗(1643~1725)

『旬五志』上

我東僻壤也 古有九種夷 栖身岩穴 草衣木食 其有君長 自檀君始 按魏書 乃往二千載 有檀君王儉 立都阿斯達 開國號朝鮮 與唐堯同時云 按東史 有天神降于太白山頂檀樹下 時一熊 祝天神 願作人身 天神遂遺靈藥使食之 熊食之化爲女 天神交之而生子 是爲檀君 名王儉 以唐堯二十五年戊辰 都平壤 始稱朝鮮 娶非西岬河伯之女 生子曰扶婁 至大禹會諸侯於塗山 檀君遣子扶婁朝焉 後徙白岳 周武王元年己卯 封箕

子於朝鮮 檀君乃而於唐藏京 後入阿斯達山 爲山神 壽千五百歲 墓在江東縣西三里 周四百十尺 按太白山卽今寧邊妙香山 平壤卽今西京 白岳卽文化九月山 或云在白川 或云開城東 唐藏京卽九月山 阿斯達山亦九月山 非西岬今不知其處也 本朝鄭東溟斗卿 有檀君廟詩曰 有聖生東海 于時竝放勳 扶桑賓白日 檀木上青雲 天地侯初建 山河氣不分 戊辰千歲壽 吾欲獻吾君 余先生亦有詩曰 聞說鴻荒日 神人降樹邊 民推作君長 國號是朝鮮 平壤千餘載 唐藏百有年 一歸阿達隱 非佛亦非仙 凡帝王之將興也 必有大異於人者 試以見於往牒者論之 履跡雷澤而包羲生 夢感流虹而虞舜出 碣石裂而啓夏 玄鳥降而啓商 黃帝之誕也 雷光繞樞 顓帝之育也 瑞光貫月 漢高之生也 龍交於澤 宗祖之産也 香滿於室 此其歷歷可數也 是時東方混沌 始剖元氣未漓 新羅赫居世 高句麗東明王 其生也亦皆有異 而至如檀君 乃東方生民之鼻祖 故考諸傳記參以已聞 著其顚末如右焉…

我東朝鮮之稱 古人以爲地近暘谷 故曰 朝出日先明 故曰鮮 高麗亦取山高水麗之義 盖其山水之勝 甲於天下 中國人至有 願生高麗國 一見金剛山之語 其爲景慕可知也 我國諸山皆祖白頭山 東而爲金剛太白西而爲妙香九月 南而爲智異漢拏 皆其流派也 王興之居都邑之地 往往棋置 而檀君箕王及高句麗之平壤 新羅之慶州 百濟之南漢山及泗沘城爲稱首焉 以其歷年之久 形勝之最也 今以史考之 檀君之季 箕子之朝鮮 仍國號朝鮮 都平壤 至其孫準爲衛滿所襲 南走至韓地金馬郡 自號韓王 按金馬郡今之全羅道益山郡郡 有古城 至今號稱箕準城 衛滿旣逐箕準 據王儉城 至孫右渠爲漢所滅 置四郡 以王儉城爲樂浪郡 按王儉城卽平壤也…

東方雖小 歷代之興山川人物之美 與中國彷佛 姑以大略言之 唐堯之

時 檀君並立 武王之世 箕子受封 秦漢之初 起衛氏都平壤

『星湖僿說』 李瀷(1681~1765)

『星湖僿說』卷1 天地門 檀箕疆域

舜肇十有二州 封十有二山 又在十有二牧 咨命之中幽州居其一 按漢地理志 幽州其山醫巫閭 其利魚塩 非今遼瀋而何哉 檀君與堯並立 至十二州時 已百年矣 雖未知疆土遠近 而箕子継立 其後孫朝鮮候時 與燕爭强 燕攻其西 取地二千餘里 至滿潘汗爲界 朝鮮遂弱 自燕以東本無許多地 滿潘汗卽今鴨綠水 則滿者是滿州 潘是瀋之誤也 鴨綠之外距山海關 不過千有餘里 其爲燕所侵奪者 遼瀋之外更無其地 然則檀君亦必在虞廷風化之內 而東邦之變夷爲夏久矣 舜本東夷之人 則諸馮·負夏亦必九夷之中也 箕子雖都平壤 而與燕接界而孤竹之墟又在其中 自堯舜之世 視作內服閱 檀箕夷齊之風化聲教所迄 莫有此若也 今也鴨綠以外地勢人風 有不可以更合 退以江流爲界 金甌全缺保全一方 不失衣冠舊俗 亦天地間一樂爾

『星湖僿說』卷6 萬物門 髮髢

東史云 檀君教民編髮盖首 盖首者覆首也 檀君與堯並時 歷舜至禹舜之十二州 至於幽 并朝鮮之地合 有全遼壤 界最近王化東漸 與內服同故禹會塗山 遣子夫婁入朝 其同軌可知 而覆首之制與之相符 其用夏禮明矣 羅濟句麗時 以髮繚首 分明是殷之遺制 雖謂之箕子遺教 不爲無考矣

『星湖僿說』卷15 人事門 和寧

二字爲國號 夷裔之俗 東方禮儀文物殆於華夏 而此獨不變何哉 及箕子東封 檀君之後 遷都唐藏京 唐藏在文化縣 而猶稱檀君則檀是國號 按通考 檀弓出樂浪 檀非造弓之木 則以國號名之也 箕子受封爲子爵 則箕是國號 意者星土分野 箕直其墟 故云爾 朝鮮者四郡之通名 如中國之爲齊州 恐非歷代之國號也

『星湖僿說』卷23 經史門 檀箕

東國檀箕以上無所考 檀君與堯並立 則亦與舜並世也 舜肇十二州 而幽幷營 皆東北之地 謂之肇則堯時未有也 舜生諸馮 而稱東夷之人 則其地與遼瀋接近矣 按周禮職方氏 幽州其山曰醫巫閭 其利魚塩 今燕路右見巫閭 魚塩亦遼海所產 而與我東相連 可以見矣 朝鮮之地始並有遼瀋 必與諸馮不遠矣 舜一年成聚 二年成邑 三年成都 則檀君之從化無疑矣 禹貢棄三州不知何意 而盖與中邦稍遠而人風大異 一時來王 未必與內服同 故曰 成賦中邦 然則但在職貢之中 而亦嘗不通于中邦 後夫婁朝夏可證歷 殷入周箕子受封 則亦豈荒漠胡貊之鄉 而任棄之 左傳僖公十二年 秦穆公曰 唐叔之封也 箕子曰 其後必大 唐叔事彼絶域之外 何從知之縱 有言非東國所聞也 小孫九煥曰白駒之詩 恰與有客相符 卽箕子朝周之作 其言有理也 二十八宿之名 又不知刱自何代 而箕在東北之間 正當我國析木墟 以此名國 亦恐有意

『星湖僿說』卷26 經史門 三聖祠

輿地勝覽引古記云 天神桓因 使庶子雄 持天符三印 帥徒三千 降於太白山頂 是時 熊化爲女 神因爲昏 生檀君 檀君娶非西岬河伯之女 生

夫婁 爲北扶餘王 老無子 祈子 得金蛙 養之 夫婁死 金蛙嗣 傳至帶素爲高句麗大神武王所滅 然則檀君之世 只一傳而絶矣 上云 夫婁爲北扶夫餘王 下云 夫婁遷都 三國史云 爲東扶餘王 則舊都爲北扶餘 迦葉爲東扶餘 又云 其舊都有人 自稱天帝子 解慕漱 來都焉 則舊都者卽太白山 而解慕漱都焉 夫婁在太白之東 而至帶素國亡 其弟竄至鴨綠谷 殺海頭王 都焉 是爲曷思王 又降於句麗 則金蛙之世絶矣 桓因女熊昏 則不但雄 因亦同降 檀君乃熊神所生 則熊非嫡妻 不獨雄 檀亦庶子 其更有嫡子乎 又或 雄死而檀君繼兄立耶 檀君傳子夫婁 遷于迦葉 而解慕漱來居舊都 則檀君何往 史又稱檀君入阿斯達山爲神 阿斯者 諺語九也達者 諺語月也 今九月山是也 文化縣有唐莊京 箕子受封 檀君乃移於此云 九月山有三聖祠 祀因雄檀三人 春秋降香致祭 然則檀君留許多年至周武王時始移唐莊乎 又或檀君入於阿達爲神 夫婁遷都 而留舊都者解慕漱之後裔耶 解慕漱王於舊都 而其子朱蒙自東夫餘逃亂何不歸於父而之他乎 箕子受封是代慕漱 非代檀君也 箕子聖}人豈有逐其主君而自王之理 檀君爲天神子 解慕漱亦天帝子 天有兩神乎 檀君爲河伯之壻 解慕漱亦爲河伯之壻 同一河伯乎 其誕妄不可信如此 大抵東史如金寬毅編年之類 雜採俚俗 尤甚孟浪 而作史者取焉 其見識之陋如此

『梧溪日誌集』 李宜白(1711~?)

『梧溪日誌集』檀君來歷實記

古記九月山八臺山頂 匪西岬妃來遊于此 臺瑞氣如虹 壇帝迎之立妃生聖子三人 長曰扶蘇 次曰扶婁虞 三次扶餘也 唐堯二十五年戊辰 以王儉立而爲君 都阿斯達國號朝鮮 始爲壇君 在位九十三年 庚子立神太

子扶婁爲王 入阿斯達山修道至殷武丁八年甲子 來金獜化仙而去(自唐堯二十五年戊辰至殷武丁八年甲子 計合一千 ○ 一十七年也)

魏書云 乃往二千載 有壇君王儉 立都阿斯達(經無葉山 亦云白岳 在白州地 或云開城東 今白岳宮是) 開國號朝鮮 與高同時

古記云 忉利天宮 帝釋桓因所居天也(此天須彌山頂地居天主) 桓因庶子桓雄 數意天下 貪求人世 故父知子意 下視三危太伯 可以弘益人間 乃授天符印三箇 遣往理之 雄率徒三千 降於太伯山頂(卽太伯今妙香山也) 神壇樹下 謂神市 是謂桓雄天王也 將風伯雨師雲師 而主穀主命主病主刑主善惡 凡主人間三百六十餘事 在世理化 時有一熊一虎 同穴而居 常祈于神雄 願化爲人 時神遺靈艾一炷 蒜二十枚曰 爾輩食之不見日光百日 便得人形 熊虎得而食之 忌三七日 熊得女身 虎不能忌而不得人身 熊女者無與爲婚 故每於壇樹下 呪願有孕 雄乃假化而婚之孕生子 號曰檀君王儉 以唐高卽位五十年庚寅(唐堯卽位元年戊辰 則五十年 丁巳非庚寅也 疑其未實也) 都平壤城(今西京) 始稱朝鮮 又移都於白岳山阿斯達 又名弓(一作方)忽山 于今彌達 御國一千五百年 壇君乃移於藏唐京 後還隱於阿斯達爲山神 壽一千九百八歲 乙酉歲 題九月山四仙臺石面詩

朝遊碧海暮青山 月笛風琴自在閑 滿腹經綸無處用 棹頭軒冕出塵間

歲庚午 遊唐莊里 作王樓春詞

唐莊古址生禾黍 逢亭頹柳闕空 金獜一去碧芙蓉 松老荒垳冷冷鶴背風 眞身住處人難覓 青霞帳白雲宮 鸞驂時下鷄鳴嶺 碧瞳玄髮顔如海棠紅

『東國文獻備考』(1770) 洪鳳漢(1713~1778)

帝系考二 歷代紀年

檀君諱王儉. 古記云:「東方, 初無君長, 只有九種夷. 有神人降于太白山神檀樹下. 唐堯二十五年戊辰, 立爲王, 國號朝鮮, 都平壤, 後徙白岳. 商.武丁乙未, 入阿斯達山, 爲神. 在位一千四十八年.

『楓巖輯話』 柳光翼(1713~1780)

『楓巖輯話』卷1 檀君史記卞疑

上古九夷之初 有桓囙氏生神市 始教生民之施 民攸之神市生檀君 居檀樹下 號曰檀君 始有國號曰朝鮮朝 鮮東表日出之名也 或曰鮮汕也 其國有汕水 故曰朝鮮 都平壤 陶唐氏立二十五年 檀君氏生夫婁 或曰解夫婁 母非西岬女也 禹平水土會諸侯於塗山 夫婁朝禹於塗山 後檀君徙居唐莊 至商武丁八年 檀君沒 松讓西有檀君塚 ㅇ 夫婁立爲北夫餘禱於鯤淵 得金蛙 以兒類金蛙 名曰金蛙 金蛙悅優渤水之女 感日影照身而生朱蒙 朱蒙小子曰溫祚 檀君氏之後 有解夫婁 解夫婁之後有金蛙 金蛙之後有朱蒙溫祚爲句麗百濟之始祖 皆本於檀君(眉叟記言) ㅇ 旧史檀君記云 有神人降于太白山(今寧邊妙香山)檀木下 國人立爲君 時唐堯戊辰歲 至商武丁八年乙未 入阿斯達山(今文化九月山)爲神 此說出於三韓古紀 而今考三國遺事載古記說云爾者 有桓國帝釋庶子桓雄受天符印三介 率徒三千 降太白山頂神檀樹下 謂之神市 是謂桓雄天王也 將風伯雨師雲師 在世理化 時有一熊 常祈于神雄 願化爲人 雄遺灵艾 一炷蒜二十枚 熊食之三七日 得女身 每於檀樹下願呪有孕 雄乃假

化而婚之 生子曰檀君 以唐堯庚寅 都平壤 御國一千五百年 周武王己卯 封箕子於朝鮮 檀君乃移於唐莊京 後還隱於阿斯達爲山神 壽一千九百八歲 以此言之 降太白檀樹下者 非檀君也 以其生於檀樹下 故稱檀君 非降檀木 故稱檀君也 茅其說極妖誣鄙濫 初不足以誑閭巷之兒童 作史者其可全信此言 乃以檀君爲神人之降 而復入山爲神乎 且唐堯以後歷年之數 中國史及邵氏經世書 可考而知也 自唐堯庚寅至于周武王己卯 僅一千二百二十歲也 然則御國一千五百年 壽一千九百八歲 其誣不亦甚乎 徐四佳筆苑雜記云 檀君與堯同日而立 至武丁乙未 入門阿斯達山爲神 享年一千四十有八歲 又云 檀君娶非西岬河伯女 生子曰夫婁 是爲東夫餘王 至禹會塗山遣夫婁朝焉 今按堯之元年乃甲辰也 此稱与堯同日而立者 与戊辰歲立爲君庚寅歲都平壤者 矛盾矣 其稱商武丁乙未 入山爲神者 又与周武王己卯避箕子移唐莊京者 矛盾矣 龐雜如此 不亦可見 其肆誣也 且堯之卽位之日 中國史不亦無可考 則又何以知檀君之与之同日乎 檀君之立國千餘年間 無一事可記者 而獨於塗山之會稱 以遣子入朝 其假托傅會誠不亦無是言矣 且其娶河伯女者 妖異尤甚 遺事云 檀君与河伯女要親產子曰夫婁 其後解慕漱 又私河伯女生朱蒙 夫婁与朱蒙兄弟也 今按檀君与朱蒙之生哉二千餘年設 今河伯女果是神見而非人 又何以知先嫁檀君 後私慕漱者 又是一女而爲之 夫婁後之朱蒙 必是兄弟乎 且其言檀君之壽者 本旣虛誕而諸書錯云 亦無定說 獨權陽村應製詩云 傳世不知幾 歷年會過千 其歷年之數 不曰檀君之壽而曰傳世者 其於傳疑 或差近矣

『文苑黼黻』(1787 刊) 저자 미상

『文苑黼黻』 권28 致祭文1 三聖祠致祭文(當寧辛丑)

於赫檀君 首出我東 德合神明 運闢鴻濛 孰克啓之 粤有二聖 濬發其祥 誕膺明命 天符寶篆 事雖無徵 神聖相仍 東史攸稱 世傳幾葉 澤留千禩 崒彼阿斯 地以人靈 廟因舊改 禮重溯源 每歲香祝 一體鉶樽 昔我寧王 載新規畫 今玆替酌 是繼是述 予雖否德 神人所依 誠惟不愆 靈庶無違 保之佑之 壽我宗國 穀我士民 豐我稼穡 靡我多求 維神之責(內閣知製教 李秉模製)

『文苑黼黻』 권28 致祭文1 崇靈殿致祭文(當寧辛丑)

維嶽會精 有菀檀木 篤生神人 並堯而作 如日方昇 遂有朝鮮 混沌初闢 人文漸宣 嶺海之西 遼野以東 始君始長 永被神功 太師說教 夫子欲居 爲嘉乃俗 不顯厥初 我家文明 亦自多賴 報豈或愆 澤猶未沫 翼翼西京 廟貌有侐 肅祖揭詩 寧王宣額 秩我祀典 歲厥明禋 眇予寡躬 忝主神人 粤瞻淸浿 曠世馳情 矧玆替酌 列朝攸行 地莫云遐 誠有不隔 尙克歆斯 誕垂陰隲(內閣知製教 李秉模製)

『文苑黼黻』 권28 致祭文1 崇仁殿致祭文1

維我東壤 粤在偏裔 古初荒僻 人文未晳 首出檀君 生並堯世 神徂靈邈 仁聖聿繼 嗟我仁聖 遭時昏穢 志決靖獻 義甘藏晦 商宗旣喪 洛範將廢 尊師禮至 陳道責大 以聖傳聖 時亦有待 民彝皇極 萬世永賴 攸賓罔僕 我尋初誓 我睠玆墟 界絶區外 匪係職方 匪預聘會 茫茫殷土 滔滔際海 賁然來斯 牖發蒙昧 八條始設 盡倫盡制 導我仁義 率我孝悌

過存知化 法俗丕改 絃誦侏儷 衣裳鱗介 聲名炳㷀 騈美三代 博施遐遠 唐虞所閡 匪封伊居 寔天攸丐 民到于今 見稱守禮 伊誰之力 得免聾聹 千秋報祀 有儼臨浿 神泉鬵湧 古畝留澮 歷越羅麗 崇奉罔怠 爰及本朝 尤嚴奠菜 煌煌九疇 表裏象繫 推原天道 誕垂明戒 戒暴熒獨 戒淫朋係 予讀遺編 怳然神契 恒存兀几 若承謦欬 山川阻夐 未展瞻拜 有敬齋心 緬懷永嘅 肆遣近臣 替將薦酹 庶垂歆格 啓佑不逮(大提學 金錫冑製)

『春官通考』 柳義養(1718~?)

『春官通考』卷44 吉禮 前代始祖廟

世祖元年丙子 更定歷代始祖位版 曰朝鮮始祖檀君之位 曰後朝鮮始祖箕子之位 曰高句麗始祖東明王之位 皆增之位二字

『春官通考』卷44 吉禮 三聖祠

三聖祠在黃海道文化縣九月山 享桓因桓雄(東史補遺云 桓因檀君祖 桓雄檀君父)檀君 春秋降香祝致祭 端宗卽位年壬申 慶昌府尹李光齊疏曰 臣修史草至戊申有右議政致仕柳觀上書曰 文化縣臣之本鄕 父老云 九月山是縣之主山 在檀君時名阿斯達山 山之東嶺 高大逶迤 其山之腰有神堂 不知刱於何代 北壁有檀因天王 東壁有檀雄天王 西壁有檀君父王 縣人称之曰三聖堂 其山下人居 亦稱聖堂里 堂之內外 烏鵲不棲 麋鹿不入 檀君入阿斯達山爲神 此山之下三聖堂 至今猶存 其跡可見 縣之東有地 名藏唐京 父老傳以爲檀君之都 或者以爲檀君初都王儉城 今宜合在箕子廟 盖檀君與堯並立 至箕子千有餘歲 豈宜下合於箕子之廟歟 臣先齊夷考三國遺史 有曰 檀君王儉以唐堯卽位五十年庚寅 都

平壤 始稱朝鮮 又移都白岳山阿斯達 御國一千五百年 周武王卽位 封箕子於朝鮮 檀君又移於藏唐京 還隱於阿斯達爲山神 壽一千九百八歲 在檀君離平壤四百餘歲 而還隱於阿斯達爲神 則爲君於斯 爲神於斯 不厭於此地明矣 箕子傳四十代 燕人衛滿都王儉城 傳二世 高句麗傳七百五歲 新羅並二百餘歲 高麗王氏傳四百餘年 則檀君之去平壤遐哉邈矣 其肯顧戀於平壤乎 且爲山神 致土人之尊祀 豈有樂遷於平壤 與東明王同廟哉

遺事註云 桓因天帝卽柳觀書所謂檀因也 桓雄天帝之庶子卽所謂檀雄也 邃初之人 不忘其本 創立祠宇 改桓爲檀號 稱三聖 果不知創於何時也 向者移檀君於平壤 而置二聖於何地 是檀君不獨起怨於土人 二聖必有作厲爲害於民矣 臣愚以爲修葺舊堂 新作神像 若中朝朝天官列宿之像 又如三義河海神之容 分坐左右尊敬如舊 命遣朝官 致告聖堂以祈陰祐 則豈無昭格降福耶 或者以爲天帝降於檀樹下 生檀君 事涉怪誕不足信也 然神人之生 異於常人 簡狄呑玄鳥卵 而生契 姜源履帝敏 而生后稷 此中國上世之事 豈易議爲也 伏惟殿下聿遵世宗之念 延訪大臣究論天帝降子於檀樹之源 與去遷主作怪之由 廣問耆老之人 改建聖堂之主 幸甚

成宗三年壬辰 立桓因桓雄檀君三聖祠于文化之九月 山依平壤檀君廟例 歲送香祝以祭之 縱黃海道觀察使李芮之請也

英祖四十一年乙酉十二月 命設櫝於三聖廟 仍致祭 先是成宗朝建三聖廟 位版以土造成 年久毁傷 禮判沈鏽以聞 上遂遣禮官 以木爲櫝於三聖位版 仍命致祭

『春官通考』卷44 吉禮 崇義殿

肅宗二十一年乙亥二月 領議政南九萬啓 歷代始祖 祭祝式 告百濟始祖頭辭曰 告于百濟溫王云 百濟始祖 卽高麗始祖高朱蒙之子也 祝文中若擧其姓而稱之 則當稱高字 若以直擧其名爲嫌 則稱以百濟始祖 亦無不可 今乃摘其名之上一字 稱以溫王 事理無據 請令禮官釐正 禮曺啓平壤所在檀君位版 書以前朝鮮檀君之位 箕子位版 書以後朝鮮箕子之位 高句麗始祖位版 書以高句麗始祖東明王之位 慶州新羅始祖位版 書以新羅始祖之位 慶州所在百濟始祖位版 書以百濟始祖溫王之神位 麻田所在高麗始祖位版 書以太祖神聖大王 以此參考 而百濟始祖位版之摘其名一字 稱以溫王 誠無依據 高麗始祖位版之沒其國號 直稱太祖亦涉未安 且考香室儀軌 祝文頭辭中箕子檀君 但稱箕子檀君 而無前朝鮮後朝鮮之稱 高句麗始祖則沒其東明王三字 百濟則沒其始祖二字 高麗始祖則稱高麗太祖大王 位版祝式之斑駁如此 請議大臣稟處 領議政南九萬 以爲年久木主擦去 舊題殊非神道 尙靜之義 位版則似宜仍前香室祝文 百濟始祖則改以百濟始祖王 高麗太祖則改以高麗太祖王 新羅始祖則改以新羅始祖王 似或無妨 上從之

六月 禮曺啓 歷代始祖稱號 並已釐正 而檀君祝文 平壤旣以前朝鮮檀君書送 則黃海道三聖祠檀君位版 所當一軆書塡 崇義殿高麗太祖 旣稱太祖王 則一殿所安顯宗元宗文宗位版 所書大王之大字 並爲勿書只稱某宗王似宜 上允之

『春官通考』卷45 吉禮 檀君墓

檀君墓在平安道江東縣西三里 周廻四百十尺 此載輿地勝覽 姑錄之以備傳疑云

名王儉 唐堯二十五年甲辰卽位 商武丁八年甲子 入阿斯達山(今九月山)爲神墓在平壤

英祖三十九年癸未 命修檀君箕子及新羅百濟高句麗始祖之陵

『海東樂府』 李福休(1729~1800)

『海東樂府』卷1 桓雄詞

古記云 昔桓國君庶子雄 求出世 君知其意 授天印三箇 送之 雄率徒三千於太白山檀樹下 時有一熊一虎同居 有神人授靈艾一炷蒜二十枚曰食此 不見日光百日 可化人 熊食之 如其言化女身 每於檀樹下 祝有孕雄私通生子 是爲檀君 都王儉城 國號朝鮮 享國一千五百年 周武王己卯箕子受封而來 檀君避隱阿斯達山 山有檀君廟 配食桓雄 春秋致祭

國有桓人有雄 父命子天印紅 三千法侶如 青檀中熊化女 女有身 雄是雄 雌之終生神子閒 屯王儉城出朝暾 阿斯舊廟禜烟起 白雲千載遊英魂

按王儉城卽檀王儉之所築也 權陽村近嘗曰 歷年至有幾 傳世不知年盖示檀君子孫之綿遠也 檀君並堯 中國已文明煊烚 而我國則始如盤古之世 其傳說荒誕 世代微茫 有如此者 況僻於我國者乎

『五洲衍文長箋散稿』 李圭景(1788~?)

『五洲衍文長箋散稿』天地篇 地理類 邦國 東土九夷六部辨證說

古記 東方初無君長(只有九種夷) 有天神桓因 命庶子雄(一名 神市)降太白山太白(今妙香山)神檀樹下 時有熊食靈藥 化爲女神 與雄爲婚生王儉 是爲檀君 唐堯二十五年戊辰 立爲王 國號朝鮮(音仙 以有汕水

故名）東史寶鑑曰 朝鮮音潮仙 因水爲名 又云鮮明也 地在東表 日先明 故曰朝鮮 山海經禹與伯益所著 以朝鮮名東方 則其來古矣 卽四郡之通名 如中國之爲齊州也 揚子雄方言 或稱燕之外鄙朝鮮洌水之間 或稱燕代朝鮮洌水之間 或稱燕之北鄙朝鮮洌水之間 或稱燕之北郊朝鮮洌水之間 或稱燕朝鮮洌水之間 或稱北燕朝鮮洌水之間 或稱燕之東北朝鮮洌水之間 凡稱朝鮮 必幷燕與洌水 則朝鮮古在燕之幅員中矣 淸一統志朝鮮 古營州外域 周封箕子 戰國時屬燕秦 爲遼東外徼 漢初仍屬燕 筆苑雜記引涵虛子曰 朝鮮在安東國之東 古肅愼氏之地也

『五洲衍文長箋散稿』人事篇 治道類 治道總說 治道辨證說

治道 亦王政之大者也 … 故王者於國中之道路 東方厥初 人文未闢而亦以治道爲務者 東史檀君命彭吳 治國內山川 以奠民居云 蓋洪水之世 若中國之有伯禹也(本紀通覽云 牛首州有彭吳碑 牛首州 卽今春川也 金時習詩 壽春是貊國 通道自彭吳 按漢書食貨志 武帝時彭吳穿穢貊朝鮮 置滄海郡 然則彭吳武帝臣也 彭吳旣有二 一在檀君 一在武帝則不可不深辨者也）彭吳又在漢武時 通道置郡於東方 則未知孰是 然彭吳 但治漢水以北之道者也

『五洲衍文長箋散稿』人事篇 服食類 冠巾 東國婦女首飾辨證說

此東國婦女首飾之沿革也 東國女子冠名 有簇頭里 一作簇兜 一作簇冠 自皇明萬曆末 始有之 表以玄錦 作六稜帽子 上廣下殺 戴於顋上 … 已自檀君時 乃是古俗所沿 而加髢高大 後世濫觴也 宋文欽有女服考 可按其制而亟行者也(東國古史 檀君使民編髮蓋首)

『東典考』(1862년 이후) 저자 미상

『東典考』卷12 歷代 檀君朝鮮

檀君諱王儉 舊史檀君紀云 有神人降太白山(今寧邊妙香山)檀木下 國人立爲君 時唐堯戊辰歲也 至商武丁八年乙未 入阿斯達山(今文化九月山 本名闕山 以有宮闕遺址也 緩聲呼之爲九月山一說 阿斯者方言九也 達者方言月也 阿斯達卽九月之方言)爲神(三韓古紀)

元年 教民編髮盖首(君臣男女 飮食居處之制 始此 備考)

東史 檀君命彭吳治國內山川 以奠民居 本紀通覽 牛首州(今春川)有彭吳碑

漢書食貨志云 彭吳穿濊貊朝鮮 彭吳乃漢人 非檀君之臣也(上仝)

江華縣西摩利山頂 有塹星壇 世傳檀君祭天壇 傳燈山 有三郎城 檀君命三子而築之(高麗地理志 上仝)

是爲前朝鮮 始有國號(輿地勝覽) ○ 朝鮮音潮仙 因水爲名 又云鮮明也 地在東表 日先明故名 山海經 朝鮮在列陽 註 列水名 楊雄方言朝鮮洌水之間 張華曰 朝鮮有泉水洌水汕水 合爲洌水 疑樂浪朝鮮 取名於此(備考)

生子扶婁 是爲東扶餘王 至禹會諸侯於塗山 檀君遣扶婁朝焉(三韓古紀夏禹十八年甲戌) ○ 一說 扶婁避箕子立國於扶餘 號北扶餘 後徙迦葉原 號東扶餘 文化九月山 有三聖祠祀 桓因桓君檀君三人

三國遺事載 昔有桓因帝釋庶子桓雄 受天符印三箇 率徒三千 降太白山頂神檀樹下 謂之神市 是謂桓雄天王也 將風伯雨師雲師 在世理化有一熊常祈于神雄 願化爲人 雄遺靈艾一炷 蒜二十枚 熊食之三七日得女身 每於檀樹下 呪願有孕 雄乃假化而婚之 生子曰檀君 以唐堯庚

寅 都平壤 御國一千五百年 周武王己卯 封箕子於朝鮮 檀君乃移於唐藏京(白岳之唐藏京 或云在白川 或云在開城東 後訛爲藏藏坪) 後隱阿斯達山 壽一千九百八歲 以此言之 降太白檀樹下者非檀君也 其說妖誣鄙濫 作史者其可全信此言 且唐堯以後歷年之數 中國史及邵氏經世書可考而知也 自堯庚寅至武王己卯 僅一千二百二十年 然則御國一千五百年 壽一千九百八歲 其誣不亦甚乎

檀君墓在江東縣西三里 周四百十尺(一在縣北刀了山 備考) ○ 徐居正以爲當堯之時 人文昭宣 至于夏商 世漸澆薄 人君享國久長者 不過四五十年 人壽上壽百年 安有檀君獨壽千百年以享一國乎 又遣子扶婁朝禹於塗山 其說無據 檀氏相傳享國之數千四十八年者 無疑矣 (兒覽曰 武丁八年爲甲子非乙未 壽當爲一千十七 非一千四十八 以乙未及千四十八叅攷 則當作三十九年)

洪武丙子 吉昌君權近朝京 太祖命題檀君詩 近應制曰 聞說鴻荒日檀君降樹邊 傳世不知幾 歷年曾過千盖言其傳世歷年之久也

或曰 解夫婁母 非西岬河伯女也(楓岩輯話) ○ 遺事云 檀君與河伯女要親 產子曰扶婁 後解慕漱 私河伯女 產朱蒙 設令河伯女果是神鬼而非人 又何以前嫁檀君 後私慕漱乎(上仝)

檀君曾孫東扶餘王帶素 爲高句麗大武王所殺 大武王當漢光武之世則自檀君子解扶婁至帶素 不過三世 自武丁至光武爲千三百三十九年恐無是理 檀君氏之後 有解夫婁 夫婁禱於鯤淵 得金蛙 以貌類金蛙 命曰金蛙 悅優渤水之女 感日影照 身生朱蒙 朱蒙少子曰溫祚 爲句麗百濟之祖 皆本於檀君氏(眉叟記言)

平壤 有崇靈殿 享檀君

檀君疆域無可考 而箕子代檀君 其提封半是遼地 則檀君之世 亦當然

矣 北扶餘在遼東北千餘里 盖檀氏世衰 子孫北遷 而舊疆因入箕封矣(安鼎福綱目)

『東典考』卷12 論氣化

檀君之降 今不可攷 然其降在唐堯世 則此時中國去洪荒未遠 東方想或未有人物氣化之理 恐或有之 若新羅始祖以下 乃在西漢之世 東方之有民物亦巳千餘年矣 豈有卵化之理 或言商周玄鳥巨人迹之說 亦荒詭難徵 而朱子猶不能斷然謂其無理子 獨於赫居世 如是立論 今修東史盡削歷代簡册所載之說而筆之 以不知其所自出 無乃不合於疑 而傳疑之法耶 曰此不然 玄鳥巨迹不過陰陽之靈感 其胎孕産育 與人無異 帝王之興有開 必先後世亦有如劉媼之龍感事雖非常理 或不恠 豈如赫居世卵降馬嘶之恠異無理耶 況當時慕解漱金蛙朱蒙松讓皆言天帝之出閼英脫解首露閼智 皆無父母而生 是何偏方小國擾擾多天神之子孫耶 又況赫居世之母 或言帝室之女 不夫而孕 爲人所疑 泛海抵辰韓生赫居世 遂爲神云云今 慶州有聖母祠 高朱蒙則晋書載記云 高句麗之人 自言高辛氏之後 姓高氏云云 金閼智則武烈王(金庾信)碑 以少昊金天氏爲系 其變幻不的如此 又豈可襲謬而傳訛乎 疑固可傳 訛不可傳也(東史)

三韓舊傳 檀君父桓雄 夫婁子金蛙 東明卵生 赫居世出於瓢 昔脫解金閼智首露王 皆從天降 又耽羅高夫梁三姓 從毛興穴出 甄萱爲大蚯蚓子 麗祖爲唐宣宗之孫 范增之先出於摩尼山 孫權之先出於妙香山 北齊太祖高歡之先 出於菁州 宋藝祖之先 出於耽羅 國朝青海伯佟豆蘭爲岳武穆七代孫 如此之說 不勝其紛紜 夫檀君之事邈矣鴻荒 難推以理 而至於新羅三姓之祖 勾麗高氏之始首露甄萱皆漢唐時人 中國則蛇身牛

首以後 未之聞焉 獨於東國有此奇恠之事何哉 東方文獻出之最晚 故不經理外之言 無所不有 是所謂齊東野人之說 不可取準矣(同文廣考)

『林下筆記』(1871년 탈고) 李裕元(1814~1888)

『林下筆記』 卷11 文獻指掌編目錄1 檀君朝鮮

國在東表日出之地 故曰朝鮮 索隱曰 朝音潮 鮮音汕 有汕水故名 東史曰 檀君天神桓因子 名桓雄 降太白山檀木下 因名儉(卽唐堯戊辰) 武丁八年丁未 入九月山 權陽邨詩曰 傳世不知幾 歷年曾過千

『林下筆記』 卷12 文獻指掌編2 檀君墓

墓在平安道江東縣西三里 周四百十尺 按輿地勝覽云 在右縣 雖無的證 而自古傳說 必有以也 本 朝正宗十年 置守護軍二名 定禁標三十步

『林下筆記』 卷12 文獻指掌編2 檀君朝覲

檀君百二十七年 夏禹氏十八年 遣子解扶婁 朝塗山 百九十四年 夏后相七年 子夷畎夷 來賓于夏 二百九十六年 夏后槐三年 九夷咸賓于夏 四百九十七年 夏后發元年 諸夷賓于王門

『林下筆記』 卷16 文獻指掌編6 前代始祖廟

三聖祠在文化縣九月山 享桓因桓雄檀君 東史補遺云 桓因檀君祖 桓雄檀君父 成宗三年 立廟 崇靈殿在平壤府城外 享檀君及高句麗東明王春秋祭以中祀 世祖元年 更定歷代始祖位版 曰 朝鮮始祖檀君之位 曰後朝鮮始祖箕子之位 曰高句麗始祖東明王之位 皆加之位二字 御製檀

君祠詩曰 東海聖人作 曾聞幷放勳 山椒遺廟在 檀木擁祥雲 崇仁殿在平壤府城外 享箕子 卞季良撰碑影殿在龍岡黃龍山城 又在成川府白嶺山 又平壤府仁賢書院 奉眞像 崇德殿在慶州府南月南里 享新羅始祖以敬順王配享 世宗十一年刱建 英宗二十八年立碑 敬順王影堂在慶州府東北四里 東明王廟在平壤 與檀君同祠 溫王廟在南漢山城 又在稷山縣東北 崇義殿在麻田郡西五里 享高麗太宗(祖)顯宗文宗 初麗太祖影幀在本郡仰巖寺 卽其地立廟 宣祖九年 豊基龍泉寺麗太祖畫像 移安于本殿

『林下筆記』卷36 扶桑開荒攷 檀君朝鮮

唐堯戊辰 立都平壤 後徙白岳(今九月山) 朝鮮世紀曰 桓雄者 天神桓因之子 降于太白山(今妙香山)檀木下 是爲檀君 姓王 名儉 敎民編髮命彭吳治國內山川夏十八年 送于扶婁朝塗山 後入阿達山(今九月山) 爲神 歷年一千四十八年

『增補文獻備考』(1908) 朴容大

『增補文獻備考』卷13 輿地考1 歷代國界1 檀君鮮國

檀君朝鮮國(東史寶鑑 朝鮮音潮汕 因水爲名 又云 鮮明也 地在東表日先名故明 山海經 朝鮮在洌陽 註洌水名 揚雄方言 朝鮮洌水之間 張華曰 朝鮮有泉水洌水汕水 三水合爲洌水 疑樂浪朝鮮取名於此)

三國遺事曰 初都平壤 後徙都白嶽之唐藏京(白嶽 今文化縣九月山山本名闕山 以有宮闕遺址也 後緩聲呼之訛爲九月山 唐藏京又轉爲藏藏坪)

高麗地理志 江華縣西摩尼山頂 有塹城壇 世傳 檀君祭天壇 傳燈山有三郎城 世傳 檀君命三子而築之

東史 檀君命彭吳治國內山川 以奠民居 本紀通覽 牛首州(今春川)有彭吳碑

[續] 臣謹按東史所見彭吳 與漢史所載通道將軍 彭吳穿濊貊朝鮮者同名柳得恭懷古詩賦 此云 堯時君命漢時臣 盖謂東史誤認漢事爲檀君事也 又按三郎城 檀君鴻荒之世 未必有築城之事 豈其事在檀君子孫 而後人誤指爲檀君歟

『增補文獻備考』卷23 輿地考11 山川5 黃海道 文化 九月山

九月山(在北三十里 見安岳及殷栗·長連)雄鎭一方 石峯列立撑天 世傳 檀君所都

『增補文獻備考』卷23 輿地考11 山川5 平安道 寧邊 妙香山

寧邊妙香山(本名太白 在東一百三十里 見熙川及德川) 世傳 檀君所降處 以香檀多生 故今名妙香

『增補文獻備考』卷41 [補] 帝系考2 歷代紀年 1986

檀君 諱王儉 古記云 東方初無君長 只有九種夷 有神人降于太白山(卽妙香山)神檀樹下(詳見氏族) 唐堯二十五年戊辰 立爲王 國號朝鮮都平壤 後徙白岳(世號唐藏京在文化) 商武丁乙未 入阿斯達山(卽九月山在文化)爲神 在位一千四十八年(或云 商武丁甲子 徙于濊地 子孫相傳 凡千有十七年 或云 享國一千二百十一年 壽一千九百八歲 洪武丙子 吉昌君權近 奉使朝明 明高皇帝命題檀君詩 近應製曰 傳世不知幾

歷年曾過千 世以爲實記云)

『增補文獻備考』卷43 [補] 帝系考4 王子 1988

檀君子夫婁(百二十七年 會朝塗山)

三子(世傳 江華鼎足山城 檀君使三子築之 故號三郞城)

『增補文獻備考』卷61 禮考8 諸壇1 附祭天地日月星辰 1992

[續] 四年閏八月 命山陵山神從祀 於山川壇

檀君祭天處 世傳在江華府摩尼山頂塹城(一本作參星)壇 累石築之高十尺上方下圓 上徑六尺六寸 下徑十五尺(以下祭天).

太宗 … 十一年更築圜壇于南郊 先是政府言非天子不得祭天 故罷圜丘壇 至是或以爲祭在西 只祭白帝 我國在東亦宜祭靑帝故也 … 藝文提學卞季良疏言 諸侯而祭天者 魯杞宋也 先儒傳魯論謂 舞雩祭天禱雨之處 則古人之禱雨必祭天明矣 吾東方檀君盖自天而降 非天子分封之也

6장

근현대 교과서

『朝鮮略史十課』(高宗年間) 學部 編

『朝鮮史略十課』 第1課 檀君朝鮮

檀君戊辰元年은 卽 大朝鮮開國紀元前三千七百三十四年이라 檀君은(名은 王儉이라) 東方에 처음에 君長이 無ᄒᆞ더니 神人이 有ᄒᆞ야 太白山 檀木下에 降ᄒᆞ거ᄂᆞᆯ 國人이 奉立ᄒᆞ야 爲君ᄒᆞ니 號ᄅᆞᆯ 檀君이라 ᄒᆞ고 國號ᄅᆞᆯ 朝鮮이라ᄒᆞ니 初에 平壤에 都ᄒᆞ고 後에 白岳에 都ᄒᆞ니라(太白山은 今 寧邊의 妙香山이오 白岳은 今 文化의 九月山이라) 民을 教ᄒᆞ야 編髮ᄒᆞ야 盖首케 ᄒᆞ다 彭吳ᄅᆞᆯ 命ᄒᆞ야 國內의 山川을 治ᄒᆞ야ᄡᅧ 民居ᄅᆞᆯ 奠케 ᄒᆞ다 子 扶婁ᄅᆞᆯ 塗山에 遣ᄒᆞ야 夏에 朝ᄒᆞ다 後에 阿斯達에 入ᄒᆞ야 終ᄒᆞᆫ 바ᄅᆞᆯ 아지 못ᄒᆞ니라 廟ᄂᆞᆫ 平壤에 在ᄒᆞ니라(阿斯達은 ᄯᅩᄒᆞᆫ 九月山이라 云ᄒᆞ니라

『朝鮮歷代史略』(1895) 學部 編輯局 編

『朝鮮歷代史略』 卷1 檀君紀

檀君(名王儉 史記評林 作王險) 東方初無君長 有九種夷 草衣木食 夏葉冬穴 會神人降于太白山檀木下 國人立而爲君 號曰檀君 盖以其孕生於神檀下 故也(愚意 三國遺事乃東方始出之史 檀君之檀 似宜從土 而諸史皆從 木亦不敢任改 今姑兩存之 太白山 今寧邊妙香山) 國號朝鮮 初都平壤 後都白岳(今九月山)

【元年】 (唐堯二十五年)教民編髮盖首(君臣男女飮食居處之制始此) ○ 命彭吳治國內山川 以奠民居(本紀通鑑云 牛首州 有彭吳碑 梅月堂金時習詩曰 壽春是牛首 通道有彭吳 牛首州今春川 壽春卽本州別號

○ 元本金詩曰 壽春是通道有彭吳 云者似誤)

(夏禹十八年)遣子扶婁朝夏(時禹會諸侯於塗山 檀君遣子扶婁朝焉)

(商武丁八年)入阿斯達(亦九月山)爲神 廟在平壤(九月山有三聖祠 檀君居其一 ○ 按東國通鑑 商王武丁八年爲乙未 而以皇極經世書推之 商王八年乃甲子非乙未 故從之 自元年戊辰至甲子計之 在位一千十七年 上世神聖之年壽 與後世不同 廣成子年千二白歲 彭祖年八百世 則檀君之享壽千餘歲 亦無甚怪 權近賦檀君詩曰 傳世不知幾 歷年曾過千 近之詩以一千十七年 歸之於傳世歷年之數 頗爲近理 故東國史斷以近言爲是 然諸史皆以商王武丁八年 爲檀君化神之歲 以後人臆見有難裁斷其心不然 故今從舊史書之 若以商王武丁甲子 爲檀君末年 則自甲子至周武王己卯 當歸之於檀君後孫 共一千二百十二年 ○ 按輿地勝覽 檀君初都平壤 後移白岳 卽九月山 至周武王封箕子於朝鮮 檀君乃移唐藏京 後還隱此山化爲神 唐藏京在文化縣東 ○ 又按魏書 檀君王儉立都阿斯達 開國號朝鮮 與唐堯同時 云 中國史所記 與東史略同 第東史所謂 降于檀木下 化爲神等說似步誕謾 然檀君首出御世在東方 乃洪荒之世 邃古之事固多異蹟 故今不敢妄論一從舊史)

『朝鮮歷史』(1895) 學部 編輯局 編

『朝鮮歷史』 巻1 檀君紀

檀君은 (名은 王儉이니 或云 王險이라ᄒᆞ니라) 東方에 쳐음에 君長이 無ᄒᆞ더니 神人이 有ᄒᆞ야 太白山檀木下에 降ᄒᆞ거ᄂᆞᆯ 國人이 奉立ᄒᆞ야 爲君ᄒᆞ니 號ᄅᆞᆯ 檀君이라 ᄒᆞ고 國號ᄅᆞᆯ 朝鮮이라 ᄒᆞ니 初에 平壤에 都ᄒᆞ고 後에 白岳에 都ᄒᆞ니라(太白山은 今寧邊의 妙香山이오 白岳은

今文化의 九月山이라)

戊辰元年이라(唐堯의 二十五年이라) 民을 教ᄒᆞ야 髮을 編ᄒᆞ야 首ᄅᆞᆯ 盖케ᄒᆞ다 ㅇ 彭吳ᄅᆞᆯ 命ᄒᆞ야 國內의 山川에 險阻ᄒᆞ고 高低ᄒᆞᆷ을 治ᄒᆞ야 ᄡᅥ 民의 居ᄒᆞᆷ을 奠케ᄒᆞ다

甲戌에(夏禹의 十八年이라) 子 扶婁ᄅᆞᆯ 遣ᄒᆞ야 夏禹氏ᄅᆞᆯ 塗山에 朝ᄒᆞ다 ㅇ 後에 阿斯達에 入ᄒᆞ야 終ᄒᆞᆫ바ᄅᆞᆯ 아지못ᄒᆞ니라(阿斯達은 ᄯᅩᄂᆞᆫ 九月山이라 云ᄒᆞ니라)

『東國歷代史略』(1899) 學部 編輯局 編

『東國歷代史略』 卷1

檀君朝鮮紀(古語云 朝鮮地在東方先受日光鮮 故謂之朝鮮)

檀君 檀姓 名王儉 或曰王險 東方初無君長 人民草衣木食 夏巢冬穴 有人生于太白山檀樹下 神靈明智 國人立爲君 是爲檀君 國號朝鮮 始教民編髮盖首 立君臣男女飮食居處之制 聞夏禹會諸侯于塗山 遣其子扶婁 往會焉 初都平壤 後徙白岳 傳世一千十七年(按檀氏以唐堯二十五年戊辰開國 至商武丁八年甲子絶 ㅇ 自檀氏末年甲子 至箕子元年己卯 共一百九十六年 ㅇ 太白山今寧邊府妙香山 白岳今文化郡九月山)

『普通教科 東國歷史』(1899) 玄采(1886~1899)

『普通教科 東國歷史』 卷首 檀君朝鮮紀

東方이 初에 君長이 無ᄒᆞ야 人民이 草衣木食ᄒᆞ며 夏巢冬穴ᄒᆞ더니 神人이 太白山(今寧邊府妙香山) 檀木下에 降ᄒᆞ야 聖德이 有ᄒᆞ거ᄂᆞᆯ

國人이 推尊ᄒᆞ야 王을 삼고 號ᄒᆞ야 曰 檀君이라 ᄒᆞ니 此ᄂᆞᆫ 唐堯二十五年戊辰이오 我大韓의 開國紀元前 三千七百三十四年이라 歷世의 文獻이 無徵ᄒᆞ야 不可考러라

『東史輯略』(1902) 金澤榮(1850~1927) 編, 魚允迪(1868~1935) 校

『東史輯略』卷1 檀君朝鮮

史徐氏 東國通鑑·輿地勝覽 以下往往取之 豈非以其事不爲盡無耶 昔司馬氏 史記五帝事 出於古史世本等書 而其中所載恠誕之說 盖或有與古記相類者 故帝紀末以擇雅之語結之 夫使其盡雅也 則何事乎擇也 故讀古者 惟在能善擇而已 若以其稍涉不經 而一切抹撥之 則天下書之可信者 能幾何哉 大抵檀君以下三國以前上下 數千年事之都缺此 宇內萬國之所無也 萬國開闢之始 皆能自造文字以記 其言以通其情 而我邦上世獨無其事 則是朝市郊野生長老死之間 只一聒然鳥音而已 以此生活 其亦下堪其煩鬱哉 檀氏之世 則旣然矣 至箕子東來 則有中國之文矣 一國之人 不能廣學 而普記抑 何故歟苟能廣學 而普記者 設使檀箕二代之史 皆燬於衛滿之亂 如今或人之說 雖亡於朝 而必存於野矣 可勝歎哉 嗚呼 數千年之間 無一文士能傳其事 而方外之流 獨能傳之 盖三國之交 通中國也 佛教之來 先於儒教 持世最久 故其徒能自飜譯方言 以述古事 然其學識 不足以擇其不經而鹵莽至此歟 余爲是之慨輒玆就 而裁之冠諸編首如右 ㅇ 又按古記 檀君命子三人 築城於穴口(今江華) 世傳爲三郎城 然而檀君之時 未必有築城之事 豈其事出於檀君後孫 以後人誤指爲檀君歟 ㅇ 茶山丁氏若鏞 彊城考曰 漢書地理志 樂浪郡屬縣二十五 其首縣爲朝鮮 則朝鮮者 平壤之舊名也

『大東歷史』(1905) 崔景煥·鄭喬(1856~1925) 編

『大東歷史』 卷1 檀君朝鮮紀 檀君朝鮮

(起戊辰朝鮮檀君元年 盡己卯一千二百十二年 國遷于扶餘) 凡一千二百十二年

【戊辰】 檀君朝鮮(王儉)元年(唐堯二十五年 ㅇ 西曆紀元前 二千三百三十三年) 王卽位

東方初無君長 人民草衣木食夏巢冬穴 有桓因者生子雄 雄築室于太白山(在今寧邊郡卽妙香山)檀木下 誕生王儉 是爲檀君 及長有聖德 國人尊之爲王

按後漢東夷傳 夷有九種曰 畎夷·于夷·方夷·黃夷·白夷·赤夷·玄夷·風夷·陽夷 竹書紀年曰 夏后相卽位元年(乙亥) 征畎夷 二年(丙子)征黃夷 七年(辛巳) 于夷來賓 東漢書曰 昔夏太康失國 四夷背叛 及后相卽位 乃征畎夷 七年然後來賓 竹書紀年 又二少康卽位(卽四十歲之壬午) 方夷之來賓 又云 后泄元歲(乙巳) 命畎夷·白夷·赤夷·玄夷·風夷·陽夷 通志曰 泄之世 畎夷之屬六夷來王 於是始加爵命 漢西羌傳曰 太康失國 四夷咸叛 及相卽位 乃征畎夷 七年然後 來賓 至于泄 始加爵命 由是服從 至桀之亂 畎夷復入豳岐之間 蓋九夷者 如禹貢之嵎夷萊夷之屬 而處於支那九州荒服者也 非朝鮮之謂也 曰東夷者擧 一方而總言之也 觀其四夷咸叛 畎夷復入 邠岐之文 則可知九夷之爲四夷而非專指東方也 况檀君建國於唐堯之世 君臣男女飮食居處之制悉備焉 革其草衣木食 夏巢冬穴之陋 俗自唐堯戊辰至夏相七年辛巳 爲一百九十四年 至少康四十年壬午 爲二百五十五年 至后泄元年乙巳 爲三百三十八年矣 其仁賢

之化 浹洽于民者 爲三百年所 則烏可以夷目之哉 舊史多有書 東方有九種夷 是不知區域之有分年代之可據而詿誤之甚者也 故今削九種夷之說而詳卞之 又按皇王后帝爲有國者之名號焉 蓋隨時變更而初非有彼尊此卑之義也 惟君則未聞焉 若紫陽綱目之書 列國之君者 以周王在上特筆變例也 于我並立之聖自主之國奚取乎 此耶此必文獻無徵襲謬乎 支那史氏之致也(支那魏書云 往在二十載 有檀君王儉 立都阿斯達 開國號朝鮮 與堯同時) 檀非謚 若號則邃古淳俗與高陽高辛之 以其所興之地名焉者同一揆也 然此二字傳說已久 故不敢擅改先儒紀 以朝鮮王檀君者亦有焉 玆首於元年之上 而繼書以卽位恭竢博雅之君子焉

[正義] (得國之辭 有三卽王位正也 稱王自稱而已矣 立爲王不宜立者也 書卽位者檀君箕子也 書稱王者高朱蒙高溫祚也 書立爲王者朴赫居世也 皆不宜立而立者也)

建國號曰朝鮮(國在東方 取朝日出而萬物鮮然 有生意之義也) 都長安(今平壤郡) 立王后非西岬女(非西岬地名 未詳所在) 奠國內山川

東限大海(今太平洋) 西連遼河(今屬支那盛京省) 南至鳥嶺(在聞慶郡西二十七里) 北接黑龍江(在今支那黑龍江省北)

按漢書云 孝武遣彭吳穿濊貊朝鮮 此當在馬韓明王十七年 濊君南閭叛降于漢之時 而舊史誤以彭吳爲檀君時人(舊史云 命彭吳奠國內山川) 故今削而正之

史氏(斷)曰 上古民俗淳厖 惟知穴居之爲安 而檀聖首出分疆定界 使之奠其居 而安其業 雖軒轅之畫萬區 重華之分九州 何以過此哉

[正義] (書美定國界 奠民居建 東方自主獨立之基也)

【己卯】 一千二百十二年(周武王發十三年 ○ 西曆紀元前一千一百

二十二年) 國遷于扶餘

檀聖後孫 遜位于箕子 遷居扶餘(扶餘今屬支那吉林寧古塔東 俄羅斯琿春等地) 是爲扶餘國(後之東扶餘王解扶婁金蛙帶素 皆檀君之後)

按書一千二百十二年者 非檀君卽位之年數 而乃桓氏歷代之年數也 檀君在位與年壽未詳 而陵在今江東郡西三里周四百十尺

史氏(斷)曰 檀聖之傳世 至於千百年所之久 而文獻無徵想 當時後孫微弱 箕聖東渡百姓之謳歌訟獄 皆歸之 故乃讓國位於仁賢保宗社而遷徙 殆勝朱均之受封於虞夏 非若紀侯之大去其國也 故變例特書曰 國遷于扶餘 蓋衿之乎 舊史而折衷者也 讀者宜詳之

『大東歷史』 卷3 後朝鮮紀

【乙卯】 九年(周赧王三十三年 ㅇ 西曆紀元前二百八十二年) 立檀君廟 于白岳

立檀君廟 于白岳 四時遣官 祭之

史氏(斷)曰 商之祀 夏禹非其祖而祭之 非諂媚而求福 爰出於崇德報功之義也 檀君東方首出之神聖 有繼天立極之德 今顯文立廟而享之 可謂知所崇報者矣

[正義] (書美崇報神聖之君 不以異代而忽之也)

『普通教科 大東歷史略』(1906) 國民教育會 刊

『普通教科 大東歷史略』 卷1 檀君朝鮮紀

我東方의 初에 君長이 無ᄒᆞ야 人民이 草를 衣ᄒᆞ며 木을 食ᄒᆞ며 夏에ᄂᆞᆫ 巢ᄒᆞ고 冬에ᄂᆞᆫ 穴ᄒᆞ더니 神人이 太白山(今寧邊妙香山) 檀木下에

降ᄒᆞ야 聖德이 有ᄒᆞ거날 國人이 推尊ᄒᆞ야 王을 삼고 號ᄒᆞ야 曰檀君이라 ᄒᆞ고 國號를 朝鮮이라 ᄒᆞ니 時ᄂᆞᆫ 我大韓開國紀元前三千七百二十七年戊辰이라 長安(今平壤)에 都ᄒᆞ고 民을 教ᄒᆞ야 髮을 編ᄒᆞ며 君臣과 男女와 飮食과 居處에 制度를 立ᄒᆞ다 ㅇ 卽位ᄒᆞ신지 五十九年(丙寅)에 摩尼山(在今江華)에 壇을 設ᄒᆞ고 上帝께 祀ᄒᆞ다 ㅇ 王子三人을 遣ᄒᆞ야 傳燈山(在今江華)에 三郎城을 築ᄒᆞ다 ㅇ 一百二十七年(甲戌)에 都를 白岳(今文化九月山) 에 徙ᄒᆞ다 ㅇ 一百九年(丙子)에 太子扶婁를 遣ᄒᆞ야 支那夏禹氏塗山萬國會에 叅ᄒᆞ다 ㅇ 歷世ᄒᆞᆫ지一千二百十二年(己卯)에 後孫이 扶餘(今吉林寧古塔琿春等地)에 遷居ᄒᆞ니 王統이 遂絶ᄒᆞ니라

『新訂 東國歷史』(1906) 元泳義·柳瑾(1861~1921)

『新訂 東國歷史』 卷1 檀君朝鮮紀

大韓開國 紀元前三千七百二十四年에 檀君이 建國ᄒᆞ시다 檀君의 名은 王儉이니 東方에 君長이 初無ᄒᆞ야 人民이 草를 衣ᄒᆞ고 木實을 食ᄒᆞ며 夏에ᄂᆞᆫ 巢에 居ᄒᆞ고 冬에ᄂᆞᆫ 穴에 處ᄒᆞ더니 一人이 太白山(今寧邊妙香山)檀樹下에 生ᄒᆞ야 神明ᄒᆞᆷ이 有ᄒᆞ거ᄂᆞᆯ 國人이 推尊ᄒᆞ야 君을 삼으니 卽檀君이라 平壤에 定都ᄒᆞ고 國號를 朝鮮이라 ᄒᆞ다 ㅇ 國內의 山川을 治ᄒᆞ야 民居를 奠ᄒᆞ며 民을 教ᄒᆞ야 髮을 編ᄒᆞ고 首를 盖ᄒᆞ며 君臣과 男女와 飮食과 居處의 制度를 立ᄒᆞ다 ㅇ 摩尼山(在今江華)에 祭天壇을 設ᄒᆞ니 名을 塹星이라ᄒᆞ고 三子로 ᄒᆞ야곰 傳燈山(在今江華)에 城을 築ᄒᆞ니 名을 三郎이라 ᄒᆞ니라 ㅇ 太子扶婁를 遣ᄒᆞ야 夏禹氏塗山會에 往赴ᄒᆞ다 ㅇ 其後에 白岳(今文化九月山)唐藏京(今莊莊坪)으로

徙都ᄒᆞ얏다가 後孫이 北夫餘(今盛京省開原縣)로 遷居ᄒᆞᆷ익 朝鮮이 箕子의 有ᄒᆞᆫ바ㅣ 되니 歷一千二百十二年이러라

(한칸 들여쓰기)按檀君은 神市氏桓雄의 子오 桓因氏의 孫이니 妃ᄂᆞᆫ 非西岬의 女러라 ㅇ 三聖祠ᄂᆞᆫ 阿斯達山(今文化九月山)에 在ᄒᆞ니 高麗時로브터 桓因과 神市와 檀君을 祀ᄒᆞ니라 ㅇ 檀君의 陵은 松壤西(今江東顯)大博山에 在ᄒᆞ고 廟(崇靈殿)ᄂᆞᆫ 平壤에 在ᄒᆞ니라

『中等教科 東國史略』(1906) 玄采(1886~1899)

『中等教科 東國史略』卷1 太古史 檀君朝鮮

檀君의 名은 王儉이니 我東方에 처음으로 國家ᄅᆞᆯ 建立ᄒᆞ신 王이라 祖ᄂᆞᆫ桓因이오 父 雄이 太白山(今寧邊妙香山) 檀木下에셔 王을 誕生ᄒᆞᄆᆡ 聖德이 有ᄒᆞᆫ지라 國人이 推戴ᄒᆞ야 王을 삼으니 卽今과 相距가 四千二百三十九年前(光武十年 計下仿此)이오이다

國號ᄅᆞᆯ 建ᄒᆞ야曰 朝鮮이라ᄒᆞ니 此ᄂᆞᆫ 國境이 東方에 在ᄒᆞᄆᆡ 朝日이 出ᄒᆞ면 萬物이 鮮明ᄒᆞ다 ᄒᆞᆷ이오 平壤에 立都ᄒᆞ고 非西岬의 女ᄅᆞᆯ 立ᄒᆞ야 后ᄅᆞᆯ 封ᄒᆞ고 國界ᄅᆞᆯ 定ᄒᆞ니 東은 大海오 西ᄂᆞᆫ 支那盛京省과 黃海ᄅᆞᆯ 連ᄒᆞ고 南은 鳥嶺이오 北은 支那 黑龍江省을 接ᄒᆞ고 人民으로 ᄒᆞ야곰 髮을 編ᄒᆞ야 首ᄅᆞᆯ 盖ᄒᆞ며 江華 摩尼山에 幸行ᄒᆞ야 천졔祭ᄒᆞ고 王子三人을 命ᄒᆞ야 城을 築ᄒᆞ니 곳 三郎城이오 文化九月山에 遷都ᄒᆞ고 太子扶婁ᄅᆞᆯ 支那의 夏禹氏塗山會에 遣ᄒᆞ야 各國과 玉帛으로 相見ᄒᆞ고 其後에 子孫이 千餘年을 傳ᄒᆞ다가 箕子가 東來ᄒᆞᆫ 후 其位ᄅᆞᆯ 遜ᄒᆞ고 扶餘에 遷都ᄒᆞ니 檀君陵이 卽今江東郡에 在ᄒᆞ오이다

『대한력ᄉᆞ』(1908) 헐버트·吳聖根

『대한력ᄉᆞ』 뎨일 단군죠션기(檀君朝鮮紀)

단군의 일홈은 왕검(王儉)이니 혹 골ᄋᆞᄃᆡ 왕험(王險)이라 동방이 처음에 군장이 업서셔 ᄇᆡᆨ셩이 풀노 옷슬 삼고 나무로 밥을 삼아 여름에는 초목을 의지ᄒᆞ고 겨을에는 암혈에 거쳐ᄒᆞ더니 환인(桓因)이라ᄒᆞᄂᆞᆫ 쟈ㅣ 아ᄃᆞᆯ 웅(雄)을 낫코 웅이 태ᄇᆡᆨ산(太白山)(곳영변무묘향산이니라) 박달나무아래 집을 짓고 아ᄃᆞᆯ 왕검을 나핫더니 자라매 셩덕이 잇ᄂᆞᆫ지라 국민이 츄존ᄒᆞ야 왕을 삼아 일홈을 단군이라 ᄒᆞ고 나라 일홈을 죠션이라 ᄒᆞ야 쟝안에 도읍ᄒᆞ니라(지금평양이니라)

(무진)원년(당요이십오년셔력긔원젼이쳔삼ᄇᆡᆨ삼십년)에 비셔압(非西岬)녀를 세워 왕후를 봉ᄒᆞ다 ㅇ 국ᄂᆡ에 산쳔을 뎡ᄒᆞᆯᄉᆡ 동으로는 대ᄊᆞᆺ를 한ᄒᆞ고 (지금 일본히니라) 셔으로는 료하(遼河)를 련ᄒᆞ고(지금 청국 셩경성이니라)

남으로는 됴령(鳥嶺)에 니ᄅᆞ고(지금 문경군 셔이십칠리니라) 북으로는 흑룡강을 졉ᄒᆞ니라(지금 청국 흑룡강북이라) ㅇ ᄇᆡᆨ셩을 ᄀᆞᄅᆞ쳐터 럭을 ᄊᆞᆺ코 머리를 덥게ᄒᆞ니 군신과 남녀의례와 음식과 거쳐의 졔도가 비로소 ᄀᆞ초니라

(병인)오십구년(당요팔십삼년 ㅇ 셔력긔원젼이쳔이ᄇᆡᆨ륙십오년)에 비로소 하ᄂᆞᆯᄭᅴ 졔ᄉᆞᄒᆞᆯᄉᆡ 혈구(穴口)(지금 강화부ㅣ니라) 마니산(摩尼山)에 단을 베플고 졔ᄉᆞᄒᆞ다 ㅇ 삼랑셩(三郞城)을 ᄊᆞᆺ타(강화부 젼등산에 유젹이 잇스니 왕ᄌᆞ 삼인을 보내여 ᄊᆞ흔고로 삼랑셩이라 ᄒᆞ다)

(갑술)일ᄇᆡᆨ이십칠년(우슌ᄉᆞ십구년 ㅇ 셔력긔원젼이쳔이ᄇᆡᆨ칠년)에 도읍을 ᄇᆡᆨ악(白岳)에 옴기다(지금 문화군 구월산이라)

(병ᄌᆞ)일빅이십구년(하우원년 ○ 셔력긔원전이쳔이빅오년)에 태ᄌᆞ 부루(扶婁)를 하우씨 도산(塗山)회에 보내다(도산은 지나 임호부 종이현 셔쳔에 잇다ᄒᆞᄂᆞ니라) 하우씨의 셩은 ᄉᆞ(姒)씨니 아비 곤(鯀)을 요(堯)님군이 슝빅을 봉ᄒᆞ엿더니 그때에 홍슈의 ᄌᆡ앙이 잇서 곤으로 ᄒᆞ여곰 다ᄉᆞ리라 ᄒᆞ엿더니 아홉 ᄒᆡ가 되도록 셩효가 업ᄂᆞᆫ지라 슌(舜)이 셥정ᄒᆞ샤 곤을 죽이고 하우씨로 ᄒᆞ여곰 ᄃᆡ신 ᄒᆞ엿더니 하우씨가 로신초ᄉᆞᄒᆞ시며 밧긔 거ᄒᆞ신지 팔년에 그 셩공홈을 고ᄒᆞ엿더니 그후에 슌의게 젼위ᄒᆞ심을 밧아 지나(支那) 구쥬의 왕이 되샤 각국을 도산에 모흘ᄉᆡ 금빅을 가지고와셔 죠회ᄒᆞᄂᆞᆫ 쟈ㅣ 만국이러라

(긔묘)일쳔이빅십이년(쥬무왕십삼년 ○ 셔력긔원젼일쳔일빅이십이년이라)에 나라흘 부여(扶餘)에 옴기다 단군의 후손이 왕위를 긔ᄌᆞ(箕子)의게 ᄉᆞ양ᄒᆞ고 부여에 거ᄒᆞ니 이거시 부여국이 되니라

주(註) 단군의 ᄌᆡ위ᄒᆞᆫ 것과 년셰는 미샹ᄒᆞ나 그 릉(陵)은 지금 강동(江東)군 셔편 삼십리 되ᄂᆞᆫᄃᆡ 잇니 쥬위가 ᄉᆞ빅십쳑이니라 ○ 또 년긔에 일쳔이빅십이년은 환씨 력셰의 ᄒᆡ수요 단군의 ᄌᆡ위년수는 아니니라

『初等 大東歷史』(1908) 朴晶東

『初等 大東歷史』第1 檀君

檀君은 我東方에 首出ᄒᆞ오신 人君이라 太白山(今寧邊妙香山) 檀木下에 降生ᄒᆞ샤 神聖ᄒᆞᆫ 德이 有ᄒᆞ시거ᄂᆞᆯ 人民이 推尊ᄒᆞ야 王을 ᄉᆞᆷ으니 時ᄂᆞᆫ 我大韓開國紀元前 三千七百二十七年이러라

王이 平壤에 都ᄅᆞᆯ 定ᄒᆞ시고 國號ᄅᆞᆯ 朝鮮이라 ᄒᆞ시며 民을 敎ᄒᆞ샤 髮을 編ᄒᆞ고 首ᄅᆞᆯ 盖ᄒᆞ며 君臣의 分과 男女의 別을 定ᄒᆞ며 衣服과 飮食

과 居處의 制度ᄅᆞᆯ 立ᄒᆞ시다

摩尼山(在今江華)에 壇을 設ᄒᆞ시고 上帝게 祀ᄒᆞ다 王子 三人을 遣ᄒᆞ샤 傳燈山(在今江華)에 三郎城을 築ᄒᆞ다

都ᄅᆞᆯ 白岳(今文化九月山)에 徙ᄒᆞ며 太子 扶屢ᄅᆞᆯ 支那에 遣ᄒᆞ야 夏禹氏 塗山萬國會에 叅預케 ᄒᆞ다 神聖ᄒᆞ오신 敎化가 實로 東方萬年의 基礎가 됨이 子孫이 千餘年을 傳ᄒᆞ니라

『**초등 대한력ᄉᆞ**』(1908) 조종만 편저

『초등 대한역ᄉᆞ』 뎨일장 샹고(上古)

뎨일절(節) 단군(檀君)

ᄃᆡ한 륭희원년(隆熙元年) 졍미(丁未)븟허 ᄉᆞ쳔이ᄇᆡᆨᄉᆞ십년젼(前)에 신셩(神聖)ᄒᆞ신 ᄉᆞᄅᆞᆷ이 ᄐᆡᄇᆡᆨ산(太白山)단목(檀木)아ᄅᆡ에 나리신ᄃᆡ 나라ᄉᆞᄅᆞᆷ이 셰워 인군을 삼으니 이ㅣ 단군(檀君)이 되시니라 원년무진(戊辰)에 나라일홈을 조션(朝鮮)이라ᄒᆞ고 ᄇᆡᆨ셩을 가라쳐 터럭을 역고 머리ᄅᆞᆯ 덥흐며 음식과 거쳐의 졔도(制度)ᄅᆞᆯ 졍(定)ᄒᆞ다. ᄐᆡᄌᆞ(太子)부루(扶婁)ᄅᆞᆯ 도산(塗山)에 보ᄂᆡ야 지나하우시만국회(支那夏禹氏萬國會)에 춤예ᄒᆞ다. 쳐음에는 평양(平壤)에 도읍ᄒᆞ얏다가 후에 ᄇᆡᆨ악(白岳)(문화구월산)으로 도읍을 옴기니라 단군의 ᄌᆞ손이 인군의 위(位)ᄅᆞᆯ 셔ᄅᆞ 젼(傳)ᄒᆞᆫ지 일쳔이백여년에 나라ᄅᆞᆯ 북부여(北扶餘)로 옴겻다가 고구려(高句麗)에게 아오른바ㅣ 되니라.

『初等 大韓歷史』(1908) 鄭寅琥(1869~1945) 纂輯

『初等 大韓歷史』第1篇 上古 第1章 檀君朝鮮 第1節 檀君誕生

東方이 初에 君長이 無ᄒᆞ야 人民이 草ᄅᆞᆯ 衣ᄒᆞ고 木實을 食ᄒᆞ며 夏에ᄂᆞᆫ 巢ᄒᆞ고 冬에ᄂᆞᆫ 穴ᄒᆞ더니 桓因이라 ᄒᆞᄂᆞᆫ 者ㅣ 有ᄒᆞ야 子雄을 生ᄒᆞ니 雄이 太白山(今寧邊妙香山) 檀木下에 室을 築ᄒᆞ고 王儉을 誕生ᄒᆞ다

『初等 大韓歷史』第1篇 上古 第1章 檀君朝鮮 第2節 檀君開國

王儉이 聖德이 有ᄒᆞ거ᄂᆞᆯ 國人이 尊ᄒᆞ야 君을 삼으니 是가 檀君이 되시니라 國號ᄅᆞᆯ 朝鮮(先受日光鮮 故謂之朝鮮)이라ᄒᆞ니 元年은 唐(支那)堯二十五年이오 隆熙元年前四千二百四十年이라 비로소 民을 敎ᄒᆞ야 髮을 編ᄒᆞ고 首ᄅᆞᆯ 盖ᄒᆞ며 君臣과 男女의 飮食과 居處의 制ᄅᆞᆯ 始備ᄒᆞ다.

『初等 大韓歷史』第1篇 上古 第1章 檀君朝鮮 第3節 檀君定都

太子扶婁ᄅᆞᆯ 塗山에 遣ᄒᆞ야 夏(支那)禹氏의 萬國會에 叅ᄒᆞ고 王子三人을 江華 傳燈山에 遣ᄒᆞ야 三郎城을 築ᄒᆞ다 初에 平壤에 都ᄒᆞ얏다가 後에 白岳(今文化九月山)으로 徙ᄒᆞ니라 彭吳ᄅᆞᆯ 命ᄒᆞ야 國內山川을 奠ᄒᆞ실새 東은 大海(今太西洋)ᄅᆞᆯ 限ᄒᆞ고 西ᄂᆞᆫ 遼河(今屬支那盛京省)ᄅᆞᆯ 連ᄒᆞ고 南은 鳥嶺(今在聞慶郡)에 至ᄒᆞ고 北은 黑龍江(在支那黑龍江省北)에 接ᄒᆞ다

『初等大韓歷史』第1篇 上古 第1章 檀君朝鮮 第4節 讓于箕子

檀君의 後孫이 君位ᄅᆞᆯ 相傳ᄒᆞᆫ지 千二百十二年에 位ᄅᆞᆯ 箕子에게 讓

ᄒᆞ고 北扶餘로 遷ᄒᆞ얏다가 後에 高句麗에 併ᄒᆞ니라(扶餘 今支那吉林寧 古塔等地)

『初等 本國歷史』(1908) 柳瑾(1861~1921)

『初等 本國歷史』 第1章 上古 第1節 檀君

距今 四千二百四十年前(隆熙元年丁未起)에 神聖ᄒᆞ신 人이 太白山檀木下에 生ᄒᆞ신ᄃᆡ 國人이 立ᄒᆞ야 君을 삼으니 是ㅣ檀君이 되시니라 元年戊辰에 國號를 朝鮮이라ᄒᆞ고 民을 敎ᄒᆞ야 髮을 編ᄒᆞ고 首를 盖ᄒᆞ며 飮食과 居處의 制를 定ᄒᆞ다. 太子扶婁를 塗山에 遣ᄒᆞ야 夏(支那)禹氏萬國會에 參ᄒᆞ다 初에ᄂᆞᆫ 平壤에 都ᄒᆞ얏다가 後에 白岳(今文化九月山)으로 都를 徙ᄒᆞ니라

檀君의 子孫이 君位를 相傳ᄒᆞᆫ지 千二百餘年에 國을 北扶餘로 遷ᄒᆞ얏다가 高句麗에게 並ᄒᆞᆫ바ㅣ 되니라

『初等 本國略史』(1909) 興士團編輯部 編

『初等 本國略史(초등본국략사)』 第一(권일) 第一(뎨일) 檀君(단군)

우리 太祖高皇帝(태조고황뎨) 開國紀元前三千七百二十四年(개국긔원전삼쳔칠빅이십사년)에 檀君(단군)이 나라를 서아시니 檀君(단군)은 우리나라의 처음 나신 님금이시라 神靈(신령)ᄒᆞ신 德(덕)이 하날처람 크샤 그 빗나심이 아츰날의 고흠이 萬物(만물)을 비침임과 갇으심으로 國號(국호)를 朝鮮(죠션)이라 ᄒᆞ니라

『初等 本國歷史』(1909) 安鍾和(1860~1924)

『初等 本國歷史』第1章 上古 第1節 檀君

傳에 曰 上古에 民族이 山谷間에 散處ᄒᆞ야 穴居陶飮ᄒᆞ며 草衣木食ᄒᆞ더니 神聖ᄒᆞ신 人이 太白山檀木下에 生ᄒᆞ신ᄃᆡ 國人이 立ᄒᆞ야 君을 삼으니 是ㅣ 檀君이 되시니라 元年戊辰에 國號를 朝鮮이라 ᄒᆞ고 民을 敎ᄒᆞ야 髮을 編ᄒᆞ고 首를 盖ᄒᆞ며 飮食과 居處의 制를 定ᄒᆞ다 太子扶婁를 塗山에 遣ᄒᆞ야 夏(支那) 禹氏塗山會에 叅ᄒᆞ다 初에ᄂᆞᆫ 平壤에 都ᄒᆞ얏다가 後에 白岳(今文化九月山)으로 都를 徙ᄒᆞ니라

檀君의 子孫이 君位를 相傳ᄒᆞ기 千二百餘年이라 云ᄒᆞ니라

『新撰 初等歷史』(1910) 柳瑾(1861~1921)

『新撰 初等歷史』卷1 檀君朝鮮紀

第一課

朝鮮은 國이 東方에 잇스니 츠음에 君長이 無ᄒᆞ야 人民이 草衣를 입고 木實을 먹으며 夏에ᄂᆞᆫ 巢에 居ᄒᆞ고 冬에ᄂᆞᆫ 穴에 處ᄒᆞ더라

第二課

隆熙元年前四千二百四十年에 神聖ᄒᆞ신 사람이 太白山檀木아릭에 誕生ᄒᆞ신ᄃᆡ 國人이 놉히여 君을 삼으니 檀君이시니라

第三課

檀君에 名은 王儉이니 桓雄의 子이오 桓因의 孫이라 元年戊辰에 國號를 朝鮮이라ᄒᆞ고 都를 平壤에 定ᄒᆞ얏다가 그後에 다시 白岳(文化九月山)으로 徙ᄒᆞ니라

第四課

檀君게오셔 國內에 山川을 다사리며 民을 가라쳐 髮을 싸코 首를 덥게ᄒᆞ며 飮食과 居處ᄒᆞᄂᆞᆫ 法을 定ᄒᆞ며 君臣과 男女의 別이 有케 ᄒᆞ시다

第五課

檀君게오셔 三子를 命ᄒᆞ야 江華傳燈山에 城을 싸케ᄒᆞ고 名을 三郎城이라ᄒᆞ며 太子扶婁를 夏(支那)禹氏塗山會에 보ᄂᆡ여 會議에 참예케ᄒᆞ시다

第六課

檀君의 後孫이 白岳을 棄ᄒᆞ고 北扶餘로 遷ᄒᆞᆷᄋᆡ 國이 箕子의 有ᄒᆞᆫ바ㅣ되니 檀君의 世를 傳ᄒᆞᆷ은 史記에 失ᄒᆞ얏스나 年을 歷ᄒᆞᆷ은 一千二百十二年이러라

『조선상고사』(1931)㉠ 신채호(1880~1936)

제2편 〈수두〉시대

제2장 단군 왕검의 건국

1. 조선 최초의 일반 신앙의 단군

앞에서 말한 바와 같이 조선족이 각 '아리라'에 분포하여 각 '불'을 개척하는 동시에 한 커다란 공동의 선앙이 유행하였으니 이른바 단군이다.

원시 인민은 우주의 형상을 과학적으로 해석할 지식이 없었으므로 가

㉠ 「朝鮮日報」에 1931년 6월부터 「조선사」로 연재했고, 1948년 『조선상고사』로 출간했다.

상적으로 우주에 신이 있다 정하고 모든 것을 신의 조작으로 돌려 신을 숭배하는 동시에 각기 천연 환경을 따라 혹은 모든 물건을 다 신으로 인정하여 이를 예배하고, 혹은 모든 물건 위에 한 신이 있다 하여 이를 예배하였으니, 이것이 이른바 종교요 원시 시대 각 민족 사회에 각기 고유한 종교를 가진 實在이다.

조선족은 우주의 광명(제1장 참고)이 숭배의 대상이 되어 太白山의 숲을 光明神이 살고 있는 곳으로 믿었는데, 그 뒤 인구가 번식하여 각지에 분포하매 각기 그 살고 있는 곳에 숲을 길러서 태백산의 숲을 模像하고, 그 숲을 이름하여 '수두'라 하였으니, 수두란 神檀이라는 뜻이다. 해마다 5월과 10월에 백성들이 수두에 나아가 제사를 지내는데, 한사람을 뽑아 祭主를 삼아서 수두의 중앙에 앉히고 하느님 天神이라 이름하여 여러 사람이 제사를 드리고 수두의 주위에 금줄을 매어 閑人의 출입을 금하였다.

전쟁이나 그 밖의 큰 일이 있으면 비록 5월과 10월의 제사 지낼 시기가 아니라도 소를 잡아 수두에 제사 지내고, 소의 굽으로 그 앞에서 길흉을 점쳤는데, 굽이 떨어지면 흉하다 하고 붙어 있으면 길하다고 하였으니, 이것은 지나의 八卦 陰劃 陽劃의 기원이 되는 것이다.

강적이 침입하면 수두 소속의 부락들이 연합하여서 이를 방어하고 가장 공이 많은 부락의 수두를 첫째로 받들어 '신수두'라 이름하니, '신'은 최고 최상을 의미하는 것이었다. 그리고 그 밖의 각 수두는 그 아래 딸려 있었으니, 三韓史에 보이는 '蘇塗'는 '수두' 의 음역이고, '臣蘇途'는 '신수두'의 음역이요, 震檀九變局道에 보이는 '震檀'의 진은 '신'의 음역이고, 檀은 수두의 의역이요, 단군은 곧 '수두 하느님'의 의역이다. 수두는 작은 단〔小檀〕이요, 신수두는 큰 단〔大檀〕이니, 수두에 단군이 있었으니까 수두의 단군은 작은 단군〔小 檀君〕이요, 신수두의 단군은 큰 단군〔大 檀君〕이다.

2. 큰 단군, 왕검이 창작한 神說

古記에 이르기를, “桓君帝釋이 三危·太白을 내려다보고 널리 인간 세상에 이익을 끼칠 만 한 곳이라 하여, 아들 雄을 보내 天符와 印세 개를 가지고 가 다스리게 하였다. 웅은 무리 3천을 거느리고 태백산 神檀樹아래에 내려와서 神市라 일컬으니, 이른바 桓雄天王이다. 웅은 風伯·雨師·雲師를 지휘하여 穀·命·病·刑罰·善·惡등 세상의 360여 가지 일을 다스렸다. 이때 곰 한 마리 범 한 마리가 있어 한 굴속에 살면서 사람이 되기를 빌었다. 웅이 쑥 한 줌과 마늘 스무 쪽을 주면서 이것을 먹고 백날 동안 햇빛을 보지 않으면 사람의 모양을 얻을 것이라고 하였는데 범은 그대로 하지 못하고, 곰은 삼칠일 동안 그대로 하여 여자가 되었다. 그러나 결혼할 남자가 없으므로 매양 신단을 향해 아이 가지기를 원하므로 웅이 남자의 몸으로 假化하여 이와 결혼해서 檀君王檢을 낳았다.”고 하였다.

그러나 ‘帝釋’이니 ‘雄’이니 ‘天符’니 하는 따위가 거의 佛典에서 나온 명사이고 또 삼국사에 초기의 사회에도 여성을 매우 존중하였다고 했는데, 이제 남자는 신의 화신이고, 여자는 짐승의 화신이라 하여 너무 여성을 낮게 쳤으니, 나는 이것이 순수한 조선 고유의 신화가 아니요, 불교 수입 이후에 불교도의 點綴이 적지 않았다고 생각한다.

그러나 平壤의 옛 이름이 王檢城이요, 신라의 仙史에도, “平壤者 仙人王檢之宅”이라고 했고, 魏書에도, “지난 2천년 전 단군 왕검이라는 이가 있어 阿斯達에 나라를 세우고, 국호를 조선이라 하였다(乃往二千

載前 有檀君王儉 立國阿斯達 國號朝鮮)"고 하였으니, 그러면 조선 고대에 단군 왕검을 종교의 교조로 받들어왔음은 사실이고, 왕검을 이두자의 읽는 법으로 해독하면 '임금'이 될 것이니, 대개 '임금'이라 이름한 사람이 당시에 유행한 '수두'의 미신을 이용하여 태백산의 '수두'에 출현하여 스스로 上帝의 화신이라 일컫고 조선을 건국하였으므로, 이를 기념하여 역대 제왕의 칭호를 '임금'이라 하고, 역대 서울의 명칭도 '임금'이라고 한 것이다.

'仙人王儉'이라 함은 삼국 시대에 수두 교도의 단체를 '선배'라 일컫고, 선배를 이두로 仙人혹은 '先人'이라 기록한 것이고 仙史는 곧 왕검의 설교 이래 역대 선배의 사적을 기록한 것이다. 후세에 유·불 양교가 서로 왕성해지면서 '수두'의 교가 쇠퇴하고, 선사도 없어져서 그 자세한 것은 알 수 없으나, 지나의 고서 屈原의 楚辭, 司馬遷의 史記, 班固의 漢書에 여기저기 보이는 것으로써 오히려 그 대강을 알 수 있다.

사기의 封禪書의 三一神이란 天一·地一·太一인데, 그 중에 태일이 가장 존귀하고, 五帝는 태일의 補佐라 하였으며, 秦始皇本紀의 천황·地皇·泰皇가운데 태황이 가장 존귀하다고 하였으며, 초사에는 東皇太一이란 노래 이름이 있고, 漢書藝文志에는 太一雜子라는 책 이름이 있으니, 三一神과 三皇은 곧 고기에 있는 三神·三聖등의 유이다.

삼일신을 다시 우리의 옛 말로 번역하면 天一은 '말한'이니 上帝를 의미하는 것이요, 태일은 '신한'이니 신은 최고 최상이 라는 말, 신한은 곧, '하늘 위 하늘 아래에 하나이고 둘이 없다(天上天下 獨一無二)'는 뜻이다. 말한·불한·신한을 이두로 馬韓·弁韓·辰韓이라 적은 것이고, 五帝는 돗가·개가·소가·말가·신가 등 다섯 '가' 곧 五方神을 가리킨 것이다.

차례로 말하면 말한이 불한을 낳고 불한이 신한을 낳았으나 權位로 말하면. 신한이 神界와 人界의 大權을 모두 차지하여 말한과 불한보다 고귀하므로 삼일 중에서 태일이 가장 고귀하다 하는 것이고, '오제(곧 5가)는 곧 태일의 보좌이다'라 하였으니, 신가가 다섯 가의 수위(首位)임은 '신'의 語義로 말미암아 명백하니, 거북〔龜〕의 삼신·오제는 곧 왕검이 만든 전설이다.

3. '신수두'의 三京·五部제도

大檀君왕검이 이에 三神·五帝의 神說로 우주의 조직을 설명하고, 그 신설에 의하여 인간 세상 일반의 제도를 정하매, 신한·말한·불한의 세한을 세워 대단군이 신한이 되니 신한은 곧 大王이요, 말한과 불한은 곧 좌우의 두 副王으로 신한을 보좌한다.

삼경을 두어 세 한이 나뉘어 머무르고 세 한의 아래에 돗가·개가·소가·말가·신가의 다섯 가를 두고 전국을 동·서·남·북·중 다섯 部에 나누어 다섯 가가 중앙의 다섯 국무대신이 되는 동시 에, 다섯 부를 나누어 다스리는 다섯 지방장관이 되고, 신가는 다섯 가의 우두머리가 된다.

戰時에는 다섯 부의 인민으로써 中·前·後·左·右의 五軍을 조직하여 신가가 中軍大元師가 되고, 그 밖의 네 가가 전·후·좌·우의 네 원수가 되어 출전한다.

지금까지 유행하고 있는 윷판이 곧 다섯 가의 出陣圖이니, 그 그림은 다음과 같다. 그림 가운데 刀·介·乞·兪·毛는 곧 이두 글자로 쓴 다섯 가의 칭호이니, 도는 돗가요, 개는 개가요, 유는 옛 음에 소'니 소가요, 모는 말가요, 걸은 신가니, 걸로 신가를 기록함은 그 의의를 알 수 없으나 부여 시대에 犬使라는 官名이 있으니, 대개 견사는 신가의 별칭이므로 걸은 곧 견사의 犬을 의역한 것이 아닌가 한다.

돗〔猪〕·개〔犬〕·소〔牛〕·말〔馬〕 등 가축들로 五方의 신의 이름을 삼는 동시에, 이로써 벼슬 이름을 삼은 수렵 시대가 지나고 農收시대가 된 證跡이다.

제3장 수두의 홍포와 문화의 발달

1. 夫婁의 西行

古記에 이르기를, "단군 왕검이 아들 부루를 보내어 夏禹를 塗山에서 만났다."고 하였고, 또 吳越春秋에도 이와 비슷한 기록이 있어, "庸竇때에 9년 동안 홍수가 져서 당요가 하우에게 명하여 이를 다스리라 하였다. 禹가 8 년 동안이나 공을 이루지 못하고 매우 걱정하여, 南嶽·衡山에 이르러 흰 말을 잡아 하늘에 제사드려 성공을 빌었는데, 꿈에 어떤 남자가 스스로 玄夷의 蒼水使者라 일컫고, 우에게 말하기를, 九山동남쪽의 逢山에 神書가 있으니, 석달동안 齋戒하고 그것을 꺼내보라 하므로 우가 그 말에 의하여 金簡玉牒의 신서를 얻어 五行通水의 이치를 알아 홍수를 다스려 성공하고, 이에 州愼의 덕을 잊지 못하여 井田을 제정하고, 律度量衡 의 제도를 세웠다"고 하였다.

玄夷는 당시 조선의 동·남·서·북·중 오부를 藍·赤·白·玄(黑)·黃으로 별칭했는데, 북부가 곧 玄部이니 지나인이 현부를 가리켜 玄夷라고 한 것이요, 蒼水는 곧 擔水이고, 州愼·肅愼·稷愼 혹은 息愼으로 번역되었으니, 주신은 곧 조선을 가리킨 것이다.

옛 기록의 부루는 吳越春秋의 창수사자이니, 이때 지나에 큰 홍수가 있었음은 여러 가지 옛 역사가 다 같이 증명하는 바인 데, 단군 왕검이 그 수재를 구제해주려고 아들 부루를 滄海 使者에 임명하여 도산에 가서 하우를 보고, 三神五帝教의 일부분인 五行說을 전하고 治水의 방법을 가르쳐주었으므로 禹는 왕이 되자 부루의 덕을 생각하여 삼신오제의 교의를 믿고 이를 지나에 傳布하였으며, 정전과 도량형도 또한 지나의 창작이 아니라 조선의 것을 모방한 것이었다. 그런데 어찌하여 '꿈에 창수사자를 만났다'고 하였는가? 神聖을 장식하여 사실을 신화화함이니, 이는 상고에 흔히 있는 일이다.

『故事通』(1944) 최남선(1890~1957)

제1장 조선의 黎明

白民

아득한 옛날에 大陸의 極奧部를 出發하야 東으로 移動하는 人民의 一集團이 있으니 그 向하는 바는 日出處인 震이라 하는 곳이었다. 그네는 스스로 'ᄇᆞᆰ은'이라 이르니 神明의 子孫이란 의미요, 後에 漢字로 'ᄇᆞᆰ'을 白이라 쓰고 白을 다시 貊 또는 貊으로 고쳤다. 白民은 天을 神界로 알고 太陽을 天主로 崇拜하고 大山을 人間과 天上과의 交通路로 생각하고 天主는 下界를 監視하시다가 必要한 때에는 그 아드님을 降臨시키는 것을 믿는 백성이었다. 東으로 轉進하는 동안에 여러 곳에 天山 또는 神山을 定하고 한참씩 머무르다가 마지막 새벽에 太陽을 맞이하는 곳에 있는 거룩한 大山에 이르러 天主의 神都가 여기 있다고 하고서 그 週邊에 安住할 땅을 이룩하고 여기 저기 '불'이란 것을 만들고 있었다. '불'은 一에 '부유' 또는 '부여'라고도 하야 人民이 많이 모여서 秩序 있게 사는 바닥을 일컫는 말이었다. '불'의 큰 것에는 '나라'라는 이름을 쓰기도 하였다.

2. 檀君

'불' 또는 '나라'마다 인민을 위하여 곡식을 잘 되게 하고, 병을 다스려 주고, 옳고 그른 일을 가르쳐 주고, 할 일과 못할 일을 가르쳐 주는 어른이 있었다. 이 어른을 '당굴'이라고 일컬으니, '당굴'은 그때 말로 '天'을 가리키는 동시에 '天'의 시키는 일을 맡아 하는 사람을 부르기도 하는 말이었다. '당굴'은 후에 변하여 '단군'이 되고, 한자로는 天君 혹은 壇君 또는 檀君으로 쓰게 되었다. 불마다 있는 단군의 맨 위에는 바로 天主의 系統을 받았다 하여 큰 어른 한 분이 계셨다. 그 어른은 천계와 인간과의 사이에 계셔서 가장 큰 기능을 가지셨으며, 天候와 人命까지도 좌우하는 靈威가 있다 하여 인민의 尊信이 끔찍하였다. 이 어른을 당굴 얼검이라 일컫고 후에 한자로 壇君王儉이라 쓰게 되었는데 이 단군왕검을 줄여서 壇君이라고도 함으로부터 보통 단군이라하면 단군왕검을 가르키는 말을 이뤘다.

3. 朝鮮

단군왕검의 계시는 나라는 朝鮮이라 일컬었다. 조선은 첫 번 開明하는 곳이란 뜻이었다. 처음 조선은 지금 松花江 遼河의 유역에 있다가 차차 남으로 옮겨서 대동강 유역으로 내려오고 도읍을 평양에 두었다. 그 때의 평양은 시방과 같지 않고 대동강의 좌안에 있었다. 뒤에 정치의 체제가 변경되어 정치를 위하는 도읍은 依然히 평양에 머물러 있으면서 그 군주는 'ᄀᆞ지'라 일컬으니 ᄀᆞ지는 日子를 의미하는 말이었다. 따로 신앙을 專爲하는 도읍이 九月山下에 성립하여 '唐莊'京이라 일컫고 단군은 여기에서 제사를 가음아시다가 돌아가면 구월산에 神으로 계신다고 믿었다.

고래의 전하는 바를 據하건데 단군조선은 支那의 唐堯戊寅25년(皇紀前1673, 西紀前 2333)을 紀元으로 하여 1천여년을 지내고 기ᄋ지 조선을 후에 기자조선이라고 訛傳하여 다시 1천여년을 지내니 이른바 고조선의 歷年을 합하여 무릇 2140년이라 한다.

구월산에는 고래로 단군의 묘가 있으며 후에는 그 神界의 父祖를 合祀하여 三聖祠라고 일컬었다.

『朝鮮歷史講話』(1930)㉠ 최남선(1890~1957)

제1편 상고

제1장 조선나라의 시초

1. 맨처음

아득한 옛날에 해돋는 동방을 震이라고 불렀는데, 진 땅에는 구멍에 살고, 사냥질로 衣食하는 '되'(狄)들이 살았다. 시방으로부터 5천년전쯤에 먼 西方으로부터 '白'(ᄇᆞᆰ)이라하는 사람의 떼가 진 땅에 와서 사방에 흩어져사는데, 이 白사람은 집안을 짓고 농사를 지어 먹고 시로 옷감 만들 줄을 알며, 또 병 고치는 법과 사람사람끼리 모여 지내는 예절을 가졌었다.

또 그네는 天神을 신앙하여 높은 산에 그를 위하고, 이 산을 '白山'이라고 불렀는데, 여러 백산의 중에 시방 白頭山이 그 祖宗이 되어서 太

㉠ 여기에서는 1946년 발행된 신판을 수록한 최남선, 『六堂崔南善全集』1, 玄岩社, 1973. 26쪽 인용.

白山이란 이름을 가졌었다.

○古語에 神明을 '볽'이라 하여 한자의 白으로 그 表音을 삼으니, 白民이라 하는 고조선인의 自稱은 곧 신명민족의 稱이었다. 후에 支那人이 이것을 '狛' 혹 '貊'자로 쓰기도 하고, 貊은 다시 貊으로 轉하여 그 음도 '믹'으로 訛하게 되었다.

되 들은 차차 白사람에게 눌려 지내게 되었다.

2. 단군조선

얼마 만에 白사람의 중에 하늘과 같이 알게 된 한 神人이 나시니, 이에 이 어른을 모시고 白사람이 太白山下에 나라를 세워서 이름을 朝鮮이라 하였다. 이 거룩한 어른이 檀君王儉이시다. 단군왕검께서는 나라가 편안하고 백성이 즐거울 여러 가지 문화를 많이 마련하사, 온 세상 사람에게 높임을 받으셨다. 이 조선나라의 생기던 날을 뒤에 開天節이라 하여 조선 사람의 가장 기뻐하는 명절이 되니, 시방으로부터 대략 4260년 전 10월 3일의 일이라 한다.

○古語에 天을 '단굴'이라 하고, 天降한 神人을 또한 단굴이라 하니, 단군은 실로 이것을 한자로 표시한 것이다.

3. 奇子시절

단군의 나라는 처음 태백산하의 天坪에 있다가 차차 남으로 옮아서 시방 대동강 유역, 구월산 일대 지방으로 나왔다. 합하여 1천2백년쯤 단군의 이름으로 백성을 다스리다가, 뒤에 나라 형편이 달라지매 법을 새로 마련하고 임금의 이름을 '奇子'라 고 일컬었다. 奇子의 시절에 와서는 안으로 농사가 더욱 커지고, 밖으로 바다건너 支那로 더불어 무역이 행하여 이 동안에 여러 가지 보물과 기술이 굴러들어와서 문화가 더욱 높아졌다.

○古代에 君長은 天主인 太陽의 子라하여 이를 'ᄀᆡᄋᆞ지'라 부르더니, 音相似한 관계로 지나의 箕子에 혼동하는 전설이 생겼다. ᄀᆡᄋᆞ지로써 생겨난 幾個 姓氏의 중에 그 정통이라 할 者 奇자를 쓰니, 이제 여기 因하여 錯誤인 箕子 대신 奇子란 表音을 취하였다.

奇子시절에는 시방 압록강과 대동강을 중심으로 한 남북 각 천여리의 땅을 조선이라 불렀으며, 나라 이름과 한가지 그 서울도 조선이라고 일컬었다.

『국사대관』(1949) 이병도(1896~1989)

第一 古朝鮮과 주위 諸種族 및 漢民族과의 관계

단군조선에 就하여 말하면 거기에 관한 古記는 고조선만이 아니라 실상 고대 우리 민족사회에—아니 인류사회의 발전과정에 있어 흔히—공통된 어떤 사회형태, 즉 수호신을 숭봉하는 神壇(神域) 중심의 정치, 다시 말하면 제정을 분리치 아니한 神政사회의 한 모습을 반영시켜준데 지나지 않는다. 단군 고기에 나타난 환웅천왕과 웅녀는 즉 그때의 수호신 종족신(조상신)이요, 神壇은 즉 祭壇, 神壇樹는 신의 降下階段 또는 신의 住處, 神市는 神壇중심의 都市, 檀君은 수호신을 받들던 제주 겸 군장의 칭호, 王儉은 제정분리시대의 군장의 稱, 阿斯達은 '朝鮮'의 原語로 처음에는 도시 名에 불과하였지만 후에 사회발전을 따라 그 이름이 확대되어 국호로 화한 것이라고 나는 해석한다……. 고조선의 중심지역은 서북해안 지대인 대동강 유역(평양)으로서 즉 여기를 중심으로 하여 인구가 증식하고 산업이 발달하고 사회와 정치의 조직이 변천하였던 것이다.

〔참고〕 檀君古記에 대한 신해석

어느 지역의 역사 고전치고 처음에 신화 전설로 시작되지 아니함이 없고, 특히 개국시조에 관하여 종종의 신이한 설화가 짝하여 있는 것은 누구나 잘 아는 사실이지만 古人의 心理로서는 시조의 유래 출생이 神異 非常한 양으로 믿고 또는 그렇게 구하여 凡人의 그것과 달리함으로써 그의 신성감과 권위성을 나타내려 하던 것이다. 우리 고대사회의 개국시조의 유래에 관하여는 대개 다음에 보이는 다섯가지의 설화 형태가 있다.

1.天神族說(북부여 解慕漱 전설 내지 桓雄신화)

2.地神族說(西述聖母설화 及 제주도 三姓설화)

3.天地兩神族說(檀君 及 大伽倻시조 전설 등등)

4.外來族說(箕子東來說, 昔脫解 전설 등)

5.卵生說(朱蒙, 金蛙, 赫居世, 昔脫解, 閼智, 首露 전설 등이니 여기에는 1.2.3과 공통되는 점도 있음)

단군 출생에 관한 설화는 제3형태에 속한다. 단군의 父 환웅은 天神의 子로 太伯山 神壇樹하에 강하하여 國神族인 웅녀와 결혼하여 단군을 낳았다는 것임으로써 이다. 熊女는 熊이 女神으로 화한 것이라 하나, 실상은 아래에 말할 바와 같이 地上族 즉 國神族이라 할 수 있는 것이다. 그런데 이승휴의 제왕운기라든지 세종실록지리지에 所載된 단군설화에는 神壇樹의 壇자와 환웅천왕의 桓자와 삼국유사의 壇君의 壇자를 모두 檀으로 書하여 後來書에도 依例히 檀君으로 쓰게 되었지만, 그는 차치하고 거기에 "是爲檀雄天王 令孫女飮藥, 成人身, 與檀樹神, 婚而生男, 名檀君 云云"이라 하여 단군은 환웅의 손녀와 단수신과의 결혼에서 출생된 이라 하였다. 그러나 이는 확실히 동물의 熊자를 피하기 위하여 웅녀를 孫女로 개작한 것이 분명한 즉 원형을 잃은 설화라 하겠다.

웅녀를 글자대로 해석하여 암곰의 설화가 생긴 것은 본래 종족의 칭호가 '고마' 혹은 '개마(濊貊)'로 이것이 地神을 대표한 熊의 邦語와 일치한 까닭에서 나온 것이니 나로서 해석한다면 웅녀는 바로 고마족(熊토템종족)의 딸이란 말이다. 다시 말하면 즉 천신족인 환웅과 지신족(국신족)인 고마족의 여성과 결혼하여 단군을 생하였다는 것이다. 이는 마치 고구려 시조전설에 天帝子인 북부여왕 해모수(天王郎)가 하백의 女와 결혼하여 후에 주몽을 생하였다는 것과 꼭 같은 형식의 전설이다.

(天帝子) 환웅(천왕) ──┬── 웅녀(예맥녀)

단군

(天帝子) 해모수(天王郎) ── 하백녀(예맥녀)

自山 安廓씨의 설에 의하면 桓과 解慕는 다 'ᄀᆞᆷ'(고마)의 寫音이요, 雄은 'ᄉᆞᆺ'으로 訓讀, 漱는 '수'로 音讀하여 남성을 의미한 실상 同一人名이라 한다. 나는 安自山의 이 탁견에 계몽되어 웅녀와 하백녀도 꼭

같은 의미의 말로 보지 않을 수 없게 되었다. 하백은 혹은 河泊(通溝의 牟頭婁誌名 及 제왕운기)으로도 書하거니와 이는 역시 '고마' '개마'의 借字로 보아야하겠다. 하백은 원래 중국의 水神의 名이지만 고구려에서 熊자 貊자의 代로 이 神名을 차용하였던 모양이다. 그렇다 하면 환웅과 해모수는 역시 웅녀 하백녀에 의한 남성(男神)의 칭호로 볼 수 있는 동시에 여기에 母系중심사회의 한 모습을 엿볼 수 있는 것이다. 삼국유사 고구려시조전설 조에 注記한 檀君記에는 단군이 娶西岬 河伯의 女를 聘聚하여 夫婁를 생하였다는 설화가 있거니와 - 여기의 西河 河伯이니 娶西岬 河伯이니 하는 것은 즉 大水貊(압록강 본류의 예맥)에 대한 小水貊(佟家江 유역의 梁貊)의 謂인 듯하지만 - 하백녀를 중심으로한 혼인설화는 이밖에도 또 있다. 부루의 嗣子라 하는 동부여왕 金蛙(일작 金蝸)가 해모수와 상관하였던 하백녀를 얻어 室中에 유폐하였다는 것도 일종의 혼인설화이다. 이것은 다 모계중심사회의 對偶婚的 혼인형태를 암시하는 것으로 단군설화중에 同穴而居한 一熊一虎란 것도 실상은 남(虎) 녀(熊)를 의미한 것으로 해석하여야 할 것이다. 즉 雄虎와 일단 동거하던 雌熊이 人으로 화하여 환웅과 결혼하여 단군을 생하였다는 것이니 이는 마치 하백녀를 중심으로한 해모수 금와 내지 단군 관계와 유사한 것이다.

환웅의 父라 하는 천제 환인의 이름은 佛典에서 借來한 帝釋神名이나 이는 후래 佛教徒의 윤색한 바일 것이므로 원명은 '하느님'이었을 것이다. 환웅 - 해모수를 천제자라 천왕이라 혹은 天王郞이라 한 것은 대개 君長의 계통을 天에 붙이어 그를 神異케 하려는 제정일치시대의 흔히 공통된 심리요 신앙이라 하겠지만 고래 동방에서는 수호신을 흔히 천왕 혹은 천왕랑이라 하였던 것이다. 수호신을 위하는 제단 혹은 神祠가 山頂에 있으므로 해서 이를 혹은 山王 또는 仙王이라고도 한다. 또 남조선 지방의 수호신에는 女神이 많이 있어 이를 聖母(할머니)라고도 하거니와 그것은 일종의 모계사회의 잔재 遺名이라고 보아야 하겠다. 수호신인 천왕 혹은 성모는 천상에 왕래하는 것으로 신앙되어 共同大祭日에는 그를 맞이하여 굿을 하였던 것이니 이 유풍은 금일 민속중에 오히려 살아있는 것이다.

환웅천왕이 강하하였다는 神壇樹는 즉 神域이요 제단이요 그 주위는 한 도시였던 것이다. 그러므로 이를 神市라 한 것이다. 그리고 神壇樹는 이 수호신인 천왕의 降下階段이요 또 그의 住處이었던 것이니, 魏志 高句麗傳에 "其國東有大穴. 名隧穴 十月國中大會 迎隧神. 還於國東上祭之置木隧於神坐"라 한 木隧와 同志 三韓傳에 "諸國各有別邑名之為蘇塗 立大木 縣鈴鼓 事鬼神"이라한 大木(즉 솟대)은 다 이 神壇樹의 分化라 할 수 있고 지금 무속중의 「신장ㅅ대」란 것도 즉 이것의 변천으로 볼 수 있는 것이다. 요컨대 환웅은 고조선의 시조신인 동시에 국인의 생명 재산 선악 길흉을 맡은 남성의 수호신이니, 후세의 소위 '山王堂'(산신당) '仙王堂' 내지 '城隍堂'(중국의 城隍神名을 音相似에 의하여 차용한 것)이라 하는 것은 다 이러한 천왕을 위하던 '天王堂'의 轉稱이라고 볼 것이다.(仙王堂의 神樹는 바로 神壇樹 그것이니 모두 樹木숭배에 그 기원을 가진 것이라 하겠다. 원시인은 수목의 생장력의 위대함에 경이감을 가져, 처음에는 나무 자체를 신으로 관념하더니 후에는 변천하여 他神의 降下階段 혹은 住處로 믿게 되었다)

단군은 즉 이 천왕의 아들이라 하여 천왕을 奉祀하던 고조선사회의 제주요 군장이었던 것이다. 고조선뿐 아니라 神政시대 – 즉 제정일치 시대의 모든 군장이 다 그러한 관념과 직책을 가져 제주는 依例히 군장의 직을 겸하고 군장은 또 依例히 제주의 직을 겸하였던 것이다. 檀君(一作壇君)의 稱은 육당 최남선씨의 설에 의하면 무당의 一名인 '당굴'의 寫音이라 하고, 동시에 마한 諸國의 神邑의 長인 '天君'도 이와 마찬가지의 말이라 한다. 단군이 꼭 당굴의 對譯인지 아닌지는 확실치 않으나 육당의 이 설은 대단히 재미있는 설이라고 볼 수 있다. 神政사회의 군장의 직능이 제주인 무당(巫)의 職司를 겸하였던 것은 누구나 상상할 수 있고 또 단군과 天君과의 비교도 容易히 생각할 수 있는 것이다. 요컨대 단군의 稱은 마한의 천군과 같은 이름으로서의 정치 군장의 의의보다도 제사장의 의의를 더 많이 내포하였던 것으로 생각된다. 그것은 단군의 元稱이 壇君으로 되어 있음을 보아도 알 수 있으니 壇君이란 書稱에는 실상 神壇에 奉祠하는 군장이란 의의도 고려되었을 것이라고 믿는다.

그러면 단군왕검이란 王儉은 이를 과연 고유명사로 보아야 할 것이냐가 문제이다. 최남선씨는 이를 '엉큼' 혹은 '음금'의 對譯이라 하여 大人 神聖人 등의 뜻이 아닌가 한다 하였다. 하여튼 나 역시 이를 고유명사로 보는 이보다 어떤 존칭 尊號로 해석하는 것이 좋다고 생각된다. 즉 壇君이란 이름에 祭主(巫君)적 의의가 많다면 王儉이란 칭호에는 정치적 군장의 의의가 더 많은 것으로 보는 것이 타당할 듯하다. 다시 말하면 제정일치시대에는 壇君 뿐이오 그 후 제정이 분리된 후로는 제사단체의 장은 前대로 壇君 정치단체의 장은 왕검이라 하여 그 맡은 지역도 달랐던 것이 아닌가 동시에 고조선 王儉(王險)城의 명칭은 이로 인하여 생긴 것이 아니었던가. 마치 마한 諸國의 神邑(제사단체)의 장을 천군이라 하고 王邑(정치단체)의 장을 臣智 鞬吉支 險側 邑借 등의 칭호가 있음과 같이. 그러나 이에 대하여는 더 고려를 요한다.

삼국유사 所引 魏志에 "乃往二千載 有檀君王儉 立都阿斯達 開國號 朝鮮"이라한 아사달은 어느 곳이며 또 무슨 뜻인가. 그 아래 이끈 古記에 "都平壤城 始稱朝鮮 又移都於白岳山阿斯達 又名弓忽山 又今彌達"이란 것과는 모순이 아닌가. 이에 대한 잠간 愚見을 말하려 한다. 아사달의 위치에 관하여는 설이 區區不一하여 遺事 注에 종종의 설이 있으나 그것은 후인의 설이므로 믿기 어렵고, 하여튼 왕검 국도의 遷動을 따라 그 이름도 자꾸 옮기었을 것이므로 어느 일정한 장소에 국한된 지명이라고는 볼 수 없다. 古記에는 특히 평양의 舊名을 들지 아니하고 또 그 아래 아사달 위에는 특히 白岳(백악 역시 여러 곳에 있다)산의 명을 부친 것을 보면 천도 전의 평양이 舊號도 아사달이 아니었던가. 즉 처음에는 평양 아사달에 都하였다가 그후에는 백악산의 아사달로 옮기었다는 것이 아닌가. 그렇다면 왕검이 아사달에 도하여 국호를 조선이라 하였다는 설과 평양에 도하여 조선을 始稱하였다는 설과는 서로 일치하여 모순됨이 없다고 할 수 있다. 그러면 아사달이란 무슨 뜻인가. 그것과 조선이란 명칭과의 관계는 어떠한가. 옛날 원시국가는 대개 도시(도시라기보다 부락)에서 일어나 도시의 이름으로써 국호를 정하는 일이 많으니(例하면 고구려 慰禮 백제 신라 加羅 등) 아사달과 조선과는 서로 관계가 있는 말로 볼 수 있다. 速히 말하면 후자는 전자의 漢譯名이라고 생각된다. 즉 나의 해석으로는 阿斯는 'ᄋᆞᄎᆞᆷ'의 古語로 일본어 'アサ'와 꼭 같은 계통의 말이라 할 수 있고 達은 '양ᄃᆞᆯ' '음ᄃᆞᆯ' '빗ᄃᆞᆯ'(傾斜地)의 ᄃᆞᆯ 즉 谷地 流域 低地 盆地의 義인 '들'과 마찬가지의 말로, 흔히 山下平地에 達이란 이름이 많이 붙는다. 그러고 보면 아사달은 朝陽 朝光의 地 즉 '양ᄃᆞᆯ'의 뜻으로 볼 것이다. 조선이란 명칭은 중국 전국시대의 문헌에 나타나기 시작하거니와 어떻든 이 漢譯

名은 후대에 한자가 들어온 이후의 改稱이었을 것이므로 그 이전에는 ‘ᄋᆞᄉᆞ달’의 도시의 이름도 되고 국호도 되었을 것이다. 재래에 흔히 조선을 東表日出地의 義로 해석한 이가 많았는데 그것은 단지 朝鮮이란 字面에만 근거한 것이지만 어떻든 나의 결론과는 相違됨이 없다. 중국의 고전인 尙書에 東夷의 地를 ‘暘(陽)谷’이라 한 것은 역시 양달 즉 아사달의 譯稱한 말이 아닐런가 생각한다. 우리의 先民들은 서방에서 동으로 진전하여온 민족이므로 그의 中心 住地를 이와 같이 이름지은 것이 아니었든가 한다.

간단히 결론을 지면 고조선의 중심지는 아사달이요 그 神政시대의 군장은 단군으로 단군은 天神族인 환웅천왕과 國神族(地上族)인 웅녀(고마족의 딸)와의 아들이라 하여 특히 天主(ㄴㅌ및 웅녀)를 수호신으로 받들어 山頂에 神域을 設하고 때를 따라 제사하였던 것이다. 인구의 증가 산업의 발달로 인하여 國都의 변동이 생기고 정치의 조직도 다소 변경되는 동시에 군장의 권력이 有力하여졌던 것이다. 그리하여 최초의 단군도 시조신으로 받들게 되어 천제(환인) 천왕(환웅)과 아울러 朝鮮神을 대표한 이른바 三神(三聖)을 형성하여 마침내 삼위일체적인 수호신이 되고 말았다. 단군이 아사달에 은거하여 산신이 되었다는 것은 시조신의 神祠가 舊都 아사달에 있었던 것을 의미한 것일 것이다. 이는 마치 고구려의 시조 주몽을 天帝之子 河伯外孫이라 하고 그가 승천하였다하면서 그의 神祠가 卒本 舊都에 있었음과 유사하다고 볼 수 있다. 요컨대 조선의 원시국가의 형태는 대개 서로 공통되어 依例히 신성지역을 중심으로 하여 도시가 발전되고 도시가 발전됨에 따라 정치의 조직도 변하였으니 이는 실상 조선뿐 아니라 고대 인류사회에 흔히 발견되는 사실이다.

『朝鮮史槪說』(1949)㉠ 京城大學 朝鮮史研究會

제2장 최초의 부족국가로서의 고조선

제1절 단군전설 비판

二, 단군전설에 대한 諸家의 해석

일본인 학자 那珂通世는 삼국유사 기이편 제일 고조선조에 '古記云…'이라고 한 기사를 들어 말하되, 단군의 이름을 王儉이라 함은 평양의 舊名인 王儉의 儉자를 人篇으로 바꾼 것이며, 또 고구려본기 동천왕 21년조 '築平壤 城移民及廟社' 下에 '平壤者 本仙人王儉之宅也'라고 있음은 왕검을 列仙傳중의 인물로 보고 개국의 太祖로는 보지 않았던 까닭에 檀君之舊都라고는 않고 仙人之宅이라고 한 것이니 斟酌있는 筆法이라고 말하여 결국 단군전설은 佛法東流後 僧徒의 揑造에서 나온 妄誕이요 조선의 古傳이 아님은 一見하여 명백하다고 하였다.

白鳥庫吉은 那珂通世와 그 견해를 같이하여 승려의 妄說이라함에는

㉠ 서문은 1946년 8월15일 경성대학 국사연구실에서 손진태가 쓰고, 발문은 경성대학 국사연구실 이인영이 썼다. 발문에서 "우리 학자의 손으로 된 우리 역사중에서 가장 유명하였던 것은 모름지기 최남선 씨의 『조선역사』일 것이니 이 책은 수년전에 서명은 『고사통』이라 개칭하고 내용은 개악되어 일시 성행하였던 것이다. 그러나 그 상고사 서술의 비과학성과 백과사전적 사실나열에서 우리는 그 무엇을 찾을 수 있을까. 오히려 일본학자 林泰輔의 『朝鮮通史』나 三品彰英의 『朝鮮史槪說』에서 얻는 바 있을 것이나 그러나 이것 또한 우리와는 관점을 달리하는 외국인의 편견에 불과한 것이다"라고 하여, 해방후 새로운 역사관을 모색하는 시각을 보여 준다. 이 1949년판 『조선사개설』은 서울대학교국사연구회, 『국사개설』(홍문서관, 1950)로 개명되어 출판되었는데, 단군 관련 내용은 동일하다.

찬동하였으나, 망설에는 망설로써의 結構가 있을 것임을 인정하여 다른 전설과 연관해서 다소의 사실을 발휘할 수 있으리라고 믿고 천착한 바가 있었으니, 그것은 즉 다음과 같다. 환웅 단군이 강림하였다고 하는 태백산은 평안도에 있는 묘향산인데 고기에 檀木이라고 있는 것은 즉 이 산중에서 나오는 香木이며 향목을 檀木이라 읽는 것은 天竺의 牛頭栴檀에 擬한 것이니 태백산을 묘향산이라고 부름은 필경 이 향목을 產하는 까닭이고, 妙香의 名은 佛籍 중에서 취한 것이다. 그런 고로 이 단군전설은 태백산에서 香木을 產함을 인도 摩羅耶山의 牛頭栴檀에 比하여 此 樹에 인연맺어 단군이란 가공의 인물을 出案한 것이다.

또 釋提桓因(帝釋)을 단군의 조부로 삼은 것도 阿毗曇 중에 제석의 二太子를 旃檀修毗羅라 한 데서 나온 것이며 '主穀 主命 主病 主刑 主善惡 凡主人間三百六十餘事'란 것도 雜阿含經에 '有一比丘尼問佛 何故釋提桓因 答曰爲人時 行於頓施 堪能作主'라고 있는 것을 附會한 망설이다. 그런데 또 단군의 계보를 보면 朱蒙의 養父가 金蛙, 금와의 양부가 夫婁, 부루의 實父가 단군으로 되어 있으니 이것은 즉 단군이 전조선국의 조상이 아니라 고구려 일국의 조상임을 말하는 것이요, 더구나 태백산 평양 아사달등이 모두 고구려 영내에 있음을 볼 때 고구려의 僧侶輩가 그 나라의 조상으로써 假作한 인물임이 분명하다고 말하였다.

今西龍의 「檀君考」는 이 전설의 자료를 더 널리 旁求하여 그 源流와 演化를 검토한 장편의 논문이다. 그는 현존 고문헌에 보이는 단군기사를 열거하고 左의 三種으로 대별하였다.

(1)단군은 帝釋天桓因의 아들인 桓雄과 熊과의 사이에서 출생한 神人으로써 자손에는 王統을 계승한 자가 없고 그 지방은 북조선을 중심

으로 하는 것(삼국유사 고조선조)

(2)단군은 고구려의 始祖王인 東明 朱蒙의 父라는 것(삼국유사 王曆)

(3)단군은 환인의 아들인 환웅의 孫女(실은 熊女)하고 檀樹神이 결혼하여 출산한 사람인데 단군의 태자 부루는 동부여왕으로 되었다.(世宗實錄地理志 引用 檀君古記)

그리하여 삼국유사 王曆 편에서는 東明을 단군의 아들로 하고 同 紀異篇注의 단군설에서는 단군이 西河伯女와 결혼하여 부루를 낳았다고 하고 삼국사기에서는 天帝子 解慕漱가 河伯女와 私通하여 주몽을 낳았다고 한 것을 종합하여 단군이 즉 해모수임을 논하였다. 그리하여 今西는 이 전설을 가지고 王氏 高麗에서 존중되었던 법화경 등에 나오는 환인신앙이라든가 道家사상과 같은 것의 영향을 받아 巫覡讖緯家가 조작한 것이라 하여 특히 고래 선인의 숭배가 성하던 평양에서 제사하여 오는 왕검선인하고 이 단군과의 관계를 중요시 하였으니 즉 왕검은 평양의 고지명으로 선인왕검의 명칭은 그 거처의 지명에서 나온 것인데 왕씨 고려조에 이르러 승려 무격의 徒가 이를 粉飾하기 위하여 그를 제석환인의 神號를 冠하여 단군왕검이라 한 것이 후에 왕검이란 이름이 떨어져서 단군이라 일컫게 된 것이라고 말하였다.

그는 이와같이 단군전설을 해석한 다음 나아가 그 발전에까지 논급하여 전승의 역사적 성격을 규명하려 하였으니 즉 단군전설은 왕씨 고려조가 몽고조정의 흥기로 인하여 압박을 당함에 排外自尊의 風이 성하여 마침내 단군고기 등이라 칭하는 서적이 撰成되고 李承休의 帝王韻記에서도 반도 왕조의 창시자로 봉헌되었던 것이 원의 국세가 차츰 쇠약하여 감에 반비례하여 단군신봉은 더욱 성행하고 이조에 들어가 國初의 史臣 鄭道傳 權近 등이 이 전설을 사실로써 채용하여 官撰史籍의 卷首에 기재하자 이는 전 반도에 유포하고 史的 神人으로써의 부동의 지위를 차지하게 되었던 것이지만 유교를 숭상하던 이조 5백년간은 箕子 전설이 일층 더 유력하였으므로 단군에 대한 종교적 신앙이 일어나게 된 것은 비로소 현대에 이르러서이니 즉 조선이 淸國으로부터 독립하여 韓國으로 되자(1897) 마침내 단군숭배는 기자를 넘어 조선의 시조로써 제사를 지내게 되고 단군을 주신으로 섬기는 大倧教 檀君教가 출현하여 대종교에서는 三一神誥 神檀實記가 단군교에서는 檀經 檀典과 같은 경전이 만들어졌던 것이라 한다. 그밖에 이 전설에 있어서 특히 주의할 점은 아세아 북방 대륙민족에 공통한 神人交媾의 生子란 점이니 이 점 한민족은 일본 민족의 그것과 相違하다고 말하였다.

三品彰英은 이 전설이 삼국유사에 初見하므로보아 그 성립은 고려시대 중기에 속하리라고 추정하고 또 그 전설의 요소로 보아 부여 고구려의 시조신화와 관계가 있으므로 熊女와 단군을 주몽신화중의 柳花와 解慕漱에 비겨 그 간의 本末관계도 찾을 수 있겠지만, 더 직접적인 것은 단군왕검이란 그 이름이 지시하는 바와 같이 단군은 바로 평양의 토지신 왕검선인이니 특히 단군이 聖山 阿斯達의 신으로 되었다는 점이 아사달이 참위가의 숭배하는 성산인 만큼 그 신인의 出自가 참위신앙의 사이에 있다는 것을 암시한다고 논하였다.

그리하여 三品은 이와같은 전설을 채택하여 史籍의 맨 첨에 게재한 일연의 태도에서 고려 政廳의 사대주의 사상과 배치되는 사상이 포함되어 있는 것을 看取하였다. 참위신앙은 地德 즉 地 자체의 신비력으로써 一家의 번영과 국가의 興隆을 求願하는 것이므로 반도국가의 흥륭이 그 발상지의 지덕에 있다고 믿어지는 한 거기에 강력한 독립의식이 날아남은 당연하니 승 일연이 삼국유사를 찬술한 시대로 말하면 당시 고려가 원의 무력에 굴복하면서도 정신적으로는 도리어 硬固한 민족의식이 강조된 때이라 그가 민간전설인 단군전설을 조선 최고의 건국설화로써 채취한 소이는 '欲使夫天下 知我國本聖人之都耳'의 시대적 부르짖음에 응함이라 할 것이요 그런 고로 儒臣 金富軾의 撰인 삼국사기가 이 종류의 전설을 채용하지 않은 것도 사기 撰者 자신의 입장과 호국신앙에 두터운 승 일연의 독립주의적 입장의 相違에 기인한다는 것이다.

小田省吾는 조선사학회 간행『朝鮮史大系上世史』를 집필함에 단군조선이 반도 상고사의 一時期를 劃한다고 하는 것은 정당한 역사연구법에서는 인정할 수 없고 더구나 지나의 근본사료에는 전연 나타나지 않는다하여 고구려를 서술한 뒤에 附說로써 첨부하는 형식을 취하였다.(물론 여기에서 일본 식민지주의의 정치적 의도를 간과할 수는 없다) 그는 단군전설 최초의 출전인 삼국유사의 古本에서 壇자가 전부 木篇이 아니고 土篇으로 되어 있음을 강조하여 위에서 보아온 靈木梅檀云云의 설을 철저히 배척하였으니 즉 檀 壇의 어느 것이나 단 음을 차용한데 불과하고 제단의 壇이라든지 梅檀의 檀이라든지 그 자에 어떠한 의미를 附會할 수는 없으며 따라서 단군은 조선어로는 '단님'이요 단님은 즉 달님의 訛音으로 山君 山主 山神을 의미한다는 것이다.

그런고로 단군전설을 본래 묘향산의 산신의 緣起에 不外하던 것이 고려시대에 있던 평양선인설과 抱合하여 평양의 開國緣起를 만들게 되고 또다시 그것이 승려의 손으로 作爲된 것이라고 전설 작성의 경유를 해석하였다. 그리하여 그의 설에 의하면 대체 평양이란 곳은 이전에 고구려의 國都로써 번성하고 고구려가 망함에 女眞人이 그 간에 遊獵하였지만

弓裔가 신라에 叛하여 건국할 새 그 영역 내에 들어갔고 이어 고려태조 왕건이 일어섬에 그 경영에 힘을 기울여 드디어 서경으로 삼아 중요시하였던 곳인데, 제13세기 半에 이르러 몽고의 領有하는 바가 되어 元의 영유에 歸한 것이 21년간이었으므로 단군으로써 평양의 開祖로 삼는 전설이 작성된 것은 이 기간 혹은 그후 멀지 않은 사이였다고 상상할 수 있으니, 즉 그 전설의 주안점은 往昔 성인 箕子가 지나로부터 도래하기 훨씬 이전에 중국 唐堯와 時를 같이하여 반도 특유의 신인 단군이 평양에 도읍하였었다는 것이지만 그 反向에는 이 땅이 몽고와 같은 蕃夷의 손에 領有될 수 없다는 것을 주장하며 더구나 고구려 시조 주몽이 단군의 子라는 설을 附合한 점은 고구려의 뒤를 계승하였다고 자칭하는 고려가 고구려의 故地를 지배해야겠다는 권리를 일층 역설하는 것임에 틀림없는 것이므로 몽고에게 압박을 받은 시대의 반동으로써 만들어진 것이 분명하다는 것이다.

다시 그는 이씨 조선에 들어가서의 개작의 경위를 말하되 이조시대에 단군전설이 최초에 기재된 것은 세종실록지리지이며 同書에 나타나는 단군은 상당히 삼국유사의 그것과 달라졌으니 즉 상제 환인의 庶子로 天의 三印을 받아가지고 태백산 神壇樹 下에 내려온 환웅 대왕이 藥을 먹여 人身으로 化하게한 孫女가 檀君神과 결혼하여 낳은 아들이 단군이며, 단군이 즉위함에 국호를 조선이라 정하고 朝鮮 尸羅 高禮 南北沃沮 東北扶餘 濊 貊이 모두 단군의 治下에 들어갔다고 한 것은 삼국유사에 실린 고기의 전설을 크게 潤飾한 것임이 일견 명백하나 여기에서는 壇君이 檀君으로 되고 檀樹神의 精靈의 子로 되어 있으며 또 평양과 단군과의 관계는 전혀 缺하고 그 대신에 신라까지도 단군 치하에 있었다고 하였다. 이것은 평양의 開闢緣起說부터 一轉하여 전 반도의 主로 만들

려는 것이니 유학을 장려한 이조에 있어서도 반도 통치상의 요구로써 이 전설을 국가적인 것으로 개조하였던 것을 알 수 있다고 말하였다.

白南雲은 그 著『조선사회경제사』의 서론 제2장에서 '단군신화에 대한 비판적 견해'를 도모하였다. 그는 단군신화에 대한 내외학자의 태도를 평하여 말하되 설화적 관념 표상의 독자성을 주장하는 사람과 실증주의적 편견성을 가지고 임의적으로 평가하는 사람과의 대립적 경향이 있다고 말하였다. 즉 전자는 신채호 최남선 양씨가 이를 대표하여 단군신화를 가지고 조선 인식의 출발점으로 삼아 이를 독자적인 것으로 신성화함으로써 동방문화에 군림하기를 꾀하였고, 후자로서는 일본학자의 해석론적 태도가 구구하여 혹은 무조건으로 부정하든지(那珂通世), 또는 고구려의 국조로써 假作한 인물로써 보든지(白鳥庫吉), 또는 小田省吾와 같이 단군을 묘향산의 산신이라고 단정하고 대발견인 체하여 만족하고 있음을 혹평하였다. 그리하여 그는 자기의 견해를 말하되 신화는 인간이 자연에 대한 또는 인간이 인간에 대한 생산관계적 행동의 반영 혹은 지배복종의 관념형태로써 규정받는 것이라고 하였다. 그런고로 인격화된 자연물에서 그 인격화의 外衣를 베끼고 이면에 놓인 현실관계를 환원시켜 원시적 자연적 상태를 이해하며 또 그 신화의 세계적 유사성에 있어서도 동일 起源의 전파로써의 題材의 계열보다 인간의 현실적 관계의 세계적 類似相의 표명으로써 이를 이해하지 않으면 안된다고 말하였다. 그리하여 그의 논술을 요약하면

(1)단군신화의 題材로 取容된 현저한 자연적 환경은 高山森林 지대이었고 熊과 虎같은 짐승이 많이 서식하고 있었다는 것

(2)題材에 나타난 靈艾 蒜 穀 등으로 보아 생산관계의 역사적 과정으

로써 庭園재배로부터 田野경작의 계단으로 진출하였음을 看取할 수 있다는 것

(3)熊과 虎와의 同穴생활은 女系酋長과 男系君長과의 병존관계의 표상이며 단군이 웅녀에서 출생한 것은 현실적으로는 남계추장의 확립인 것

(4)단군왕검의 칭호는 기타 모든 문화민족의 경우와 같이 주권자의 지배적 계급적 존호인 것

(5)단군은 신화적으로는 天孫, 문자적으로는 天君, 종교적으로는 主祭者 등등 여하히 當面的인 특징이 부여될지라도 실재적 특정적인 인격자로 아니요, 묘향산의 산신도 아니요, 檀木의 정령도 아니요, 민족의 아버지도 아니요 현실적으로는 農業共産사회의 붕괴기에 있어서의 원시적인 남계추장의 호칭에 지나지 않는다는 것등이다. 그러므로 결국 우리 조선 민족의 발전사는 결코 단군신화로부터 시작되는 것이 아니라 그것은 오직 우리 원시사회의 발전사상에 있어서의 역사적 指標인데 끝이며, 農業共産體의 발전과정을 암시하는 점에서만 역사적 중요성이 인정되는 것이라고 하였다. 씨는 나아가 이조시대에 들어가서의 단군신화의 변형을 밝히므로써 계급사회의 발전에 따라 국가의식 또는 국민사상의 함양이라는 문화적 계획 밑에 여러 가지로 윤색하고 합리화하고 특질화해가는 변형의 과정을 살펴보려고 노력하였던 것이다.

7장

외국 문헌

1. 중국

『朝鮮史畧』 저자 미상

『朝鮮史畧』六卷(浙江鮑士恭家藏本)

一名東國史畧 不著撰人名氏 乃明時朝鮮人所紀 其國治亂興廢之事 始於檀君終於高麗恭讓王 王瑶自新羅朴氏以前稍畧 而高麗王建以後則皆編年 紀載事蹟 頗具其稱李成桂李芳遠爲太祖太宗乃其臣子之詞 又間附史臣論斷及歷年圖等書 蓋鄭麟趾高麗史仿紀傳之體 而此則仿編年之體者 故其國中兩行之錢 曾讀書敏求記以其於王氏遺臣鄭夢周等 欲害李成桂事 不沒其實 稱爲良史 今觀其序事 詳畧雖不盡合體要 而裒輯遺聞 頗爲賅具 讀列史外國傳者 亦可以資參考焉 書末有萬歷庚戌趙琦美跋 稱借錄於馮仲纓家 蓋倭陷朝鮮 出師東援時 所得之本也

『朝鮮史畧』卷1

檀君 東方初無君長 有神人降于太白山檀木下 國人立為君 唐堯二十五年戊辰 國號朝鮮 在東表日出之地 故曰朝鮮 索隱曰以有汕水故名 都平壤徙白岳 後入阿斯達山為神 是為檀君 名王儉 古紀云禮君與堯並立 至商武丁八年為神 壽四千㉠十八 然權近應制詩曰傳世不知幾 歷年會過千 蓋傳世歷年非檀君壽也(只有九種夷)(在今寧邊府即妙香山)(今九月山)

㉠ 四千은 千四의 잘못이다.

『朝鮮志』 저자 미상

『朝鮮志』卷上

檀君肇國 箕子受封 皆都平壤 漢置四郡二府 自是三韓瓜分

『朝鮮志』卷上

平壤府: 本三朝鮮高勾麗之故都 唐堯戊辰歲 有神人降太伯山檀木下 國人立為君 都平壤 號檀君 是為前朝鮮 周武王克商封箕子於此 是為後朝鮮 傳至四十一代孫準 燕人衛滿奪其地 都王険城 即平壤 是為衛滿朝鮮 其孫右渠時 漢武帝遣将討之 以王険為樂浪郡

『朝鮮志』卷下

九月山: 在文化縣西十里 即阿斯達山 一名弓忽 一名甑山 一名三危 世傳檀君 初都平壤 又移白岳 即此山也 至周武王封箕子于朝鮮 檀君乃移于唐藏京 後還隱此山 化為神

『朝鮮志』地理類十(總目提要)

臣等謹案朝鮮志二卷 不著撰人名氏 書中稱大明一統志 則成於明代也 卷首略叙疆域沿革而不標其目 以下分六大綱為經 曰京都 曰風俗 曰古都 曰古迹 曰山川 曰樓臺 以所屬八道為緯 中曰京畿 西南曰忠清 東南曰慶尚 南曰全羅 西曰黃海 東曰江源 西北曰平安 東北曰咸鏡 皆略如中國地志 惟京都 但載宮殿曹署而不及城市風俗 多載其國典制與故事 混而為一 又諸道皆無四至八到 古迹多雜以神怪 頗同小説 於體例皆為未協 然遺聞瑣事為中國史書所未詳者 往往而在頗足以資考證

其叙述亦皆雅潔 較諸州郡輿圖 冗漫無緒者 轉為勝之 宋外紀之屬王雲嘗撰雞林志 其書不傳 徐兢高麗國經於山川古迹 亦略 此書出其國人所述 當不失真 我國家威德覃敷八紘砥屬朝鮮一國道里 既近歸化 尤先雖號藩封實同郡縣 其山川疆域 皆宜隸籍於職方 錄而存之 亦足備輿記之一種也 乾隆四十六年十一月 恭校上

『御定歷代賦彙』 明 董越(1430~1502)

「朝鮮賦」卷四十 都邑

東有箕祠 禮設木主 題曰朝鮮後代始祖 蓋尊檀君為其建邦啓土 宜以箕子為其繼世傳緒也

『鄭開陽雜著』 明 鄭若曾(1503~1570) 撰

卷五「朝鮮圖說」'朝鮮考'

朝鮮國近日本 以其在東 朝日鮮明故名相傳 堯戊辰歲有檀君者 居太伯山 朝鮮人奉以為主 此朝鮮立國所自始

總目提要

臣等謹案 鄭開陽雜著十一卷 明鄭若曾撰 若曾字伯魯號開陽 崑山人嘉靖初貢生 是書舊分籌海圖編 江南經略四隩圖論等編 本各自為書 國朝康熙中 其五世孫起旡及子定遠又删汰重編合為一帙 定為萬里海防圖論二卷 江防圖考一卷日本圖纂一卷朝鮮圖說一卷安南圖說一卷琉球圖說一卷海防一覽圖一卷海運全圖一卷黃河圖議一卷蘇松浮糧議一卷

其海防一覽圖 即萬里海防圖之初藁 以詳略互見 故兩存之 若曾尚有江南經略一書 獨缺不載 未喻其故 或裒緝者偶佚歟 若曾少師魏校 又師湛若水王守仁與歸有光唐順之 亦互相切磋 數人中惟守仁順之 講經濟之學 然守仁用之而效順之用之而不甚效 至若曾雖不大用 而佐胡宗憲幕 平倭冦有功 蓋順之求之於空言 若曾得之於閱歷也 此十書者江防海防形勢 皆所目擊 日本諸考 皆諮訪考究得其實據 非剽掇史傳以成書與書生紙上之談 固有殊焉 乾隆四十六年十一月恭校上

『山海經廣注』 淸 吳任臣(1628~1689)注

卷十二, 「海內北經」

朝鮮在列陽東海北山南列陽屬燕：郭曰朝鮮今樂浪縣箕子所封也 列亦水名也 今在帶方 帶方有列口縣 任臣案名山藏 曰朝鮮近日本 日之所出 朝景鮮明也 世法錄云朝鮮眞遼東南 以日東出 鮮潤故名 陳士元譯語音義曰國有汕水 汕鮮同音 因名朝鮮 黃洪憲輶軒錄 云堯戊辰歲有神降太伯山檀木下 朝鮮人君之 謂之檀君 此朝鮮立國之始 鄭樵通志畧 曰朝鮮都王險 漢樂浪郡 茅氏象胥録 曰檀君箕子並都王壤 史稱衛滿都王險 王險亦平壤也 劉會孟云朝鮮地分八道 又名三韓 楊一葵裔乘云朝鮮至今凡三四易姓 圖贊曰箕子避商 自竄朝鮮 善者所在 豈有隱顯

『歷代建元考』 淸 鍾淵映 撰

卷九, 「外國考」 '朝鮮'

檀君降于太白山 以唐堯二十五載戊辰立 都平壤 徙自岳 殷高宗八祀

甲子 入阿斯達山為神

『皇清文潁』 清 納蘭揆敘(1674~1717)

卷七十九 詩 七言律詩「奉使朝鮮雜詩五首」初出 都門

風薰燕市雨初收 近郭村村綠樹稠 戀闕迴瞻天北極 計程直向海東頭 碑傳箕子遺封在 地訪檀君舊蹟留 行徧淵波江畔路 歸途迢遞指清秋

『御定騈字類編』

卷一百九十三 草木門十八‘檀’

檀君 朝鮮世紀 帝堯氏帝天下二十有五年戊辰 檀君立焉 始都平壤 國號朝鮮 桓雄者 天神桓因之庶子 降于太白之山檀木之下 因假化合而生子 以生檀樹下是爲檀君 生而神明 後入山不知所終 壽千四百有八歲 國人立廟祠之題曰朝鮮始祖檀君 東國史畧 檀君在位一千八十年 乘金麟上昇

『御定佩文韻府』

卷十二之二 上平聲十二 文韻二

檀君 朝鮮世紀 帝堯氏帝天下二十有五年戊辰 檀君立焉 始都平壤 國號朝鮮 桓雄者 天神桓因之庶子 降于太白之山檀木之下 因假化合而生子 以生檀樹下是爲檀君 生而神明 後入山不知所終 壽千四百有八歲 國人立廟祠之題曰朝鮮始祖檀君 東國史畧 檀君在位一千八十年 乘金麟上昇

2. 일본

『朝鮮史』(1892) 林泰輔（1854~1922）

第二篇 太古史

第一章 開國ノ起原

朝鮮開國ノ起原ハ．尤茫邈タリ．相傳フ．初君長ナン．神人アリ．檀木ノ下ニ降ル．國人立テ，君トス．是テ檀君ト云フ．國テ朝鮮ト號ン．平壤(平安道平壤府)．ニ都ス．支那唐堯ノ時ニ當ル．其後千四十八年テ歷テ．商ノ武丁八年ニ至リテ．阿斯達山(黃海道文化縣九月山)．ニ入テ神トナルト．其說荒唐ニレテ．遽ニ信ズペカラズ．然レドモ大約我紀元前五六百年頃ノ卽商ニ末ニ當リタ．其北部平安道ノ地ニ．人民旣ニ住居センモノナルベン．

東國史略ニ．檀君姓ハ桓氏．名ハ王儉．初神人桓因ノ子桓雄アリ．徒三千ヲ率ヰテ．太白山(平安道妙香山)神檀樹ノ下ニ降ル．之ヲ神市在世理ト云フ．子ヲ化生ス．號シテ檀君ト日フ．非西岬河伯ノ女ヲ娶リ．子ヲ生ム．扶婁ト曰フ．禹ノ南ニ巡狩シ諸侯ヲ塗山ニ會スルトキ．扶婁ヲ遣シテ朝セシム．其薨ズルヤ松壤(平安道成川府)ニ葬ル．世ヲ傳フルコト．凡一千五百年ト云ヘリ．故ニ或人曰ク．桓ハ神ナリ．桓因ハ神伊奘諾ノ略．桓雄ハ神須佐之男ノ略．神市在世理ノ市在ハ須佐ニテ．卽須佐之男ナルベシ檀君ハ太祈ニテ．素盞鳴尊ノ子五十猛神ンリ．蓋素盞鳴尊．其子五十猛神ヲ帥ヰテ．新羅國ニ到リ曾尸茂梨ニ居リシコト．我國史ニ見エ．又 五十猛神．一名ヲ韓神ト云ヒタレバ．事實大略符合ナリト. 此説亦牽强ニ 近シ. 姑ク附シテ參考ニ供ス.

『日韓古史斷』(1895) 吉田東伍(1864～1918)

抑扶餘の南下して半島を擾亂し, 彼の 朝鮮穢貊諸韓次第に逼迫せしは, 漢の 中葉, 四郡陷沒の 秋にあたる. 故に古傳を佛說に假り, 檀君太白山に降ると 云ふ者卽此の扶餘南漸の 事を外?すに外ならず. 而て韓史之を以て箕氏前の 太古に係く, 最不稽と爲す, 今頗訂正して之が傳を立つ.

韓史開國の最古を談じ, 檀君首に出て平壤に都邑す, 是れ 帝堯戊辰の歲なり, 夏禹の南巡諸を侯塗山に會するや 朝鮮も亦朝すと, 決して信ずべからず是れ 扶餘種南下の事を傳へ 後世に至り其の 草昧を談じて?を神にしなるのみ. 其の論下に見ゆ. .(天野信景〈しほじり〉曰檀君壽一千八百, 在位一千五百年等之說, 皆古人所傳也. 我國往古之事有間似之, 亦古人所傳也.)

『朝鮮史』(1910) 久保得二(1875~1934)

第一篇 太古期 古朝鮮

第一章 半島の原始的住民

朝鮮の歷史は, 一條の神話を 以て始まる. 彼の 書傳ふるところに據れば, その國はじめ君長なし, 神人あり, 檀木の下に降る國人立て, 君となす, これを檀君といひ, 國を 朝鮮と 號す, 是れ唐堯戊辰の歲なり. はじめ, 平壤に都せしが, 後都を白岳(太白山)に徙し商の武丁八年乙未に至り，阿斯達山に入って神となる．又た傳ふるところに據れば，檀君姓は桓氏名は王儉東方はじめ君長なし，神人桓因の 子桓雄あり，太白山 神檀樹下に降る，これを神市 在世 理といふ化して 子を生む號して，檀君といふ．檀君 壽を享くること 千四十八年 或は謂ふ是れ檀氏世を傳へ年を歷る數にして，檀君の 壽に非ずと．これを我が日本の傳說に 徵するに，素戔嗚尊ずでに出雲を定めし後，その子五十猛命を師るて，根の國に 至り曾尸茂梨の地に處り後五十猛を遣して，出雲に歸らしめ，樹木の種子を齎らして，紀の國に播種せしむとあり．こ，に於て，如上兩國 古傳說の符合を論ずるもの，少からず．謂へらく，根の國の 根は瑞穗の國の 穗に對して，その根柢たる大陸を 指し，滿洲 或は咸鏡道轉じて朝鮮半島全體となすも 亦た妨げず．桓○[ㄱ]神桓因は神伊奘諾の略 桓雄は 神須佐之男の略神市 在世理の市在にして，卽ち亦た 須佐之男なるべく檀君は 韓音音便の上より，太祈と讀み五十猛の猛と相近く 五十猛一名を韓神と云びたれば，事實大抵相符合す．又曾尸茂梨は韓語牛頭の義，その之を樂浪地方となすは，或は非なれども，江原道春川の牛頭山おもふに，其地なるべく，我が後世の俗素戔嗚尊を牛頭天王と稱するは，之に因ると．[ㄴ]凡そ是等の諸說は未決の疑案にして，輒ち信ずべからずと雖も，朝鮮の太古漢族の

[ㄱ] ○은 해독불가.

[ㄴ]『日本書紀』卷一，第八段 一書第四，一書曰．素戔嗚尊所行無狀．故諸神科以千座置戶而遂逐之．是時．素戔嗚尊帥其子五十猛神．降到於新羅國．居曾尸茂梨之處．乃興言曰．此地吾不欲居．遂以埴土作舟乘之東渡．到出雲國簸川上所在鳥上之峯．時彼處有呑人大蛇．素戔嗚尊乃以天蠅斫之劒斬彼大蛇．時斬蛇尾而刃缺．卽擘而視之．尾中有一神劒．素戔嗚尊曰．此不可以吾私用也．乃遣五世孫天之葺根神上奉於天．此今所謂草薙劒矣．初五十猛神天降之時．多將樹種而下．然不殖韓地盡以持歸．遂始自筑紫．凡大八洲國之內莫不播殖而成青山焉．所以稱五十猛命爲有功之神．卽紀伊國所坐大神是也．

文化未だ及ばざりしとき，平安道もしくは江原地方には，原始的人民の多少棲息するありて，我が日本邊陲の民と往來交通せしことは，想像と雖も，謬らざるに庶幾し．而して，この遊離神話の 一條は，前後の聯絡を缺くものにして，この外特に證驗すべきものなし．

『朝鮮四千年史』(1917) 青柳綱太郎(1877~1932)

檀君朝鮮:

檀君史論 半島開祖의 守護神

青柳南冥曰, 雲을 攫取홈과 如훈 太古蒙昧의 傳說을 依據ᄒᆞ나 然이나 其異況이 紛紛ᄒᆞ야 尙今此解決을 見ᄒᆞ기 不能훈 朝鮮의 始祖檀君을 如何히ᄒᆞ야 此를 朝鮮史의 冒頭에 拉來ᄒᆞ얏ᄂᆞᆫ지, 朝鮮史界의 檀君資料는 自古로 至今토록 아즉 此ᄅᆞᆯ 史學의 證蹟에 採用될만훈 適確훈 材料를 不有ᄒᆞ도다. 然則檀君을 我史界의 勢力圈內에 引來ᄒᆞ야 此ᄅᆞᆯ 史學으로 硏究論議홈은 果是其當을 得훈 자라 홀가, 然이나 余ᄂᆞᆫ 檀君의 傳說을 宗教로 講究ᄒᆞ야 日鮮의 宗教的 結合을 作ᄒᆞ야 朝鮮의 檀君教와 日本의 神教와 一致混化케ᄒᆞ랴 主志ᄒᆞᄂᆞᆫ 자 아니라, 凡歷史ᄂᆞᆫ 事實의 經驗資料에 對較ᄒᆞ야 情과 理를 經緯로 ᄒᆞ야 此ᄅᆞᆯ 不可不編著홀지니 檀君史料는 此點에서 實로 流言浮語와 如훈 一種의 傳說에 不過홈과 如ᄒᆞ니 如何오. 然則此ᄅᆞᆯ 抛棄ᄒᆞ야 韓史傳說의 檀君朝鮮은 把束ᄒᆞ야 此ᄅᆞᆯ 漢江에 投홀가? 否라. 神代의 傳說은 記錄의 可徵홀자 無ᄒᆞ다ᄒᆞ야 此ᄅᆞᆯ 抛棄홀 것은 아니니 余ᄂᆞᆫ 此ᄅᆞᆯ 史界의 領分에 姑留ᄒᆞ고 此ᄅᆞᆯ 論ᄒᆞ노라.

檀君의 記事韓史에 得見홀 것은 三國遺事로써 嚆矢를 作ᄒᆞ니(三國

遺事는 現存홈이 稀罕훈딕 余가 主幹후는 朝鮮硏究會에서 曾往에 此를 飜譯出版후니라) 此書는 高麗 忠烈王의 時에 僧無極一然의 著述훈 者인딕 檀君에 對후야 左와 如히 云후니라.

『魏書』云 乃往二千載, 有壇君王儉, 立都阿斯達, 開國號朝鮮, 與堯同時『古記』云 昔有桓因, 庶子桓雄數意天下, 貪求人世. 父知子意, 下視三危.太伯, 可以弘益人間, 乃授天符印三箇, 遣往理之. 雄率徒三千, 降於太伯山頂, 神壇樹下, 謂之神市, 是謂桓雄天王也. 將風伯·雨師·雲師, 而主穀·主命·主病·主刑·主善惡, 凡主人間三百六十餘事, 在世理化. 時有一熊一虎, 同穴而居, 常祈于神雄, 願化爲人. 時神遺靈艾一炷, 蒜二十枚曰『爾輩食之, 不見日光百日, 便得人形.』熊虎得而食之, 忌三七日. 熊得女身, 虎不能忌, 而不得人身. 熊女者, 無與爲婚, 故每於壇樹下, 呪願有孕. 雄乃假化而婚之, 孕生子, 號曰壇君王儉. 以唐堯卽位五十年庚寅, 都平壤城, 始稱朝鮮. 又移都於白岳山.阿斯達, 又名弓忽山, 又今彌達, 御國一千五百年. 周.武王卽位己卯, 封箕子於朝鮮. 壇君乃移於藏唐京, 後還隱於阿斯達爲山神, 壽一千九百八歲.

此韓史에 檀君의 記事유홈이 始初야라 檀君의 姓은 桓氏, 名은 王儉 東方에 初無君長이러니 神人桓因의 子桓雄이 有후야 其徒三千을 率후고 太白山(平安北道 寧邊郡 妙香山) 檀木下에 降후야 此를 神市라 云후고, 又桓雄을 天王이라 謂후니, 檀君은 乃其子也라, 唐堯卽位元年 戊辰에 卽位후야, 朝鮮이라 始稱후고 平壤에 都훈 後 白岳에 移都후니, 距今 實히 四千二百餘年이라.

又李朝의 徐居正等은, 其著東國通鑑에 論후야 曰

東方初無君長. 有神人降于檀木下. 國人立爲君. 是爲檀君. 國號朝鮮. 是唐堯戊辰歲也. 初都平壤. 後徙都白岳. 至商武丁八年乙未. 入阿斯達山爲神. (按) 古紀云. 檀君與堯並立於戊辰. 歷虞夏至商武丁八年乙未. 入阿斯達山爲神. 享壽千四十八年. 此說可疑. 今按堯之立在上元甲子甲辰之歲. 而檀君之立在後二十五年戊辰 則曰與堯並立者非也 自唐虞至于夏商 世漸澆漓 人君享國久長者 不過五六十年 安有檀君獨壽千四十八年 以享一國乎 知其說之誣也 前輩以謂 其曰千四十八年者 乃檀氏傳世歷年之數 非檀君之壽也 此說有理 近世權近 入覲天庭 太祖高皇帝 命近賦詩 以檀君爲題 近詩曰 傳世不知幾 歷年曾過千 帝覽而可之 時論亦以近之言爲是 姑存之以備考.

라. 一然이 檀君의 壽를 一千四十八年이라 云홈에 對ᄒᆞ야, 徐居正等이 此를 檀氏가 世를 傳ᄒᆞ고 年을 經ᄒᆞᆫ 數로 爲홈은 余도 同論홈이니, 豈檀君一人의 壽리요. 雖然이나 莊子에 朝菌은 晦朔을 不知ᄒᆞ고 蟪蛄는 春秋ᄅᆞᆯ 不知ᄒᆞᆫ다ᄒᆞ더니, 小虫寒蟬의 短命홈에 反ᄒᆞ야, 彭祖는 夏商周에 涉ᄒᆞ야 八百歲의 壽ᄅᆞᆯ 得ᄒᆞ얏다 云ᄒᆞᄂᆞᆫ 說이 眞實ᄒᆞᆯ지면, 檀君의 千歲說도 亦此ᄅᆞᆯ 一笑에 附홈에 不可ᄒᆞ고, 日本에셔도 武內宿禰ᄂᆞᆫ 三百歲, 三韓의 時任那金官國의 首露王(日本의 皇族壏乘津彦命)은 一百五十八歲의 壽를 得保ᄒᆞ얏다 云ᄒᆞᆫ즉, 人間의 壽命의 長短은 一定ᄒᆞᆫ 尺度로써 律치 못ᄒᆞᆯ자 有ᄒᆞ도다. 然則檀氏歷世一千餘年의 史料ᄅᆞᆯ 覓出키 不能ᄒᆞᆫ 我日鮮의 史學界에셔 檀君의 壽ᄅᆞᆯ 一千歲라ᄒᆞ든지 二千歲라ᄒᆞ든지 余의 敢히 關知ᄒᆞᆯ바 아니로다. 然이나 我日鮮의 史界에셔ᄂᆞᆫ 檀君을 朝鮮의 始祖라 定ᄒᆞᆫ 以上에ᄂᆞᆫ 檀君의 年壽의 傳說以外에셔 余玆에 檀君의 素性을 史學의 見地에 立ᄒᆞ야 解決을 與ᄒᆞ야 置코져ᄒᆞ

나니, 世의 博學, 史家慮倘余의 專斷을 論議ᄒᆞ난 者 有ᄒᆞᆯ지나 余는 敢히 寒心ᄒᆞ는 바 아니로다.

余謹按컨ᄃᆡ 檀君神話와 如ᄒᆞᆫ 此種의 자는 日本에소도 有之卽ᄒᆞ니 卽日本皇室의 先祖는 日神의 子오 母는 龍姬라 稱ᄒᆞ는「와다쓰미ワタズミ」의 神의 令娘이라, 或日에 此二神이 井戶邊에 天降ᄒᆞ사 遂히 夫婦의 契를 結ᄒᆞ셧다ᄒᆞ니, 由之觀之컨ᄃᆡ 我日鮮兩民族의 祖先은 曾往同一ᄒᆞᆫ 土地에서 同一ᄒᆞᆫ 生活을 經營ᄒᆞ고 且同一ᄒᆞᆫ 信仰下에 噞喁ᄒᆞᆷ은 贅言을 不俟ᄒᆞᆯ지로다, 然而 以上의 諸說을 綜合ᄒᆞᆫ즉 我紀元前幾百千年의 以前에 朝鮮北部平安, 黃海, 江原等의 地 及日本西陲의 邊에셔, 旣히 優良ᄒᆞᆫ 一部民族의 棲息ᄒᆞ얏슴은 容疑치 못지라, 故로 此等의 民族은 話材와 言語와 其風俗習慣에셔 其規를 一樣히 ᄒᆞᆫ 것은 爭치 못할 事實이니, 卽我日鮮民族 其祖先은 同型되나 一葦帶水로써 兩島에 分家ᄒᆞᆷ에 不過ᄒᆞ도다.

按컨ᄃᆡ 檀君은 日本의 天降神族과 同種族으로 曾往에 互相協力ᄒᆞ야 東方을 經略코져ᄒᆞ야 一은 熊襲 아이누アイス를 征伐ᄒᆞ고 一은 濊貊及其他의 蠻族을 征服ᄒᆞᆫ야 神族所向에 殆히 破竹之勢로 草木이 風에 靡ᄒᆞᆷ과 如ᄒᆞ니라. 現今의 日本諸島及 韓의 半島 遼東의 地는 悉皆我神族의 政治下에 屈伏ᄒᆞ얏스니 於是乎 兩地의 蠻族은 神族을 推戴ᄒᆞ야 君長이라 爲ᄒᆞ고 數多의 蠻族은 遂히 其地勢와 風土와 氣候를 追ᄒᆞ야 自然日韓兩地에 分屬ᄒᆞᆫ 것이라 ᄒᆞᆯ지로다. 然而兩地의 生民은 同一히 天降神族의 神代史를 朦朧ᄒᆞ나 後世에 傳說ᄒᆞ야 得ᄒᆞᆷ을 悅치 아니치 못ᄒᆞᆯ지로다.

爾後民智의 進化에 依ᄒᆞ야 英雄이 出現ᄒᆞ야 半島의 神系司命者는 革命에 依ᄒᆞ야 驅逐되야 屬屬革命의 亂을 經ᄒᆞ야 現代에 至하얏다ᄒᆞ

나, 唯獨 日本은 神統連綿ᄒᆞ야 萬世一系의 神孫이 此ᄅᆞᆯ 覺知ᄒᆞ시니라. 檀君의 治世ᄂᆞᆫ 滅亡과 共히 後世에 可問ᄒᆞᆯ 物이 何도 無ᄒᆞ다ᄒᆞ나 其傳說은 決코 此ᄅᆞᆯ 拋棄치 못ᄒᆞᆯ지오, 又上古神代에 我日鮮의 神族이 哀々ᄒᆞᆫ 庶民을 撫育ᄒᆞᆫ 踪跡은 亦決코 此ᄅᆞᆯ 塗抹함이 不可ᄒᆞ도다, 然而檀君으로써 半島開祖의 守護神이라ᄒᆞ야, 日本天降의 神族과 同統神系됨에 毫도 異論의 餘地가 無ᄒᆞ야 吾人現代의 日鮮民은 其中間은 措而不問ᄒᆞ고 確實히 遠祖ᄅᆞᆯ 同一神系에 存ᄒᆞᆷ을 祝ᄒᆞ야 此兩民族의 抱合이 茫茫數千年의 遠祖의 抱負에 合致ᄒᆞᆷ을 思ᄒᆞᆯ 時ᄂᆞᆫ 天運의 挽回, 必竟復古의 期가 有ᄒᆞ야 同系의 合法은 歲月로써 蹁論ᄒᆞᆷ이 不可ᄒᆞᆷ을 知ᄒᆞ리로다.

『朝鮮文化史大全』(1924) 青柳綱太郎(1877~1932)

第二篇 版圖的政治史

第一章 檀君朝鮮: 檀君史論

太古蒙昧の傳說は, 史家の適確なる考證と判斷に俟つに非すんば, 到底之を千載の後に解決し能はざるなり, 朝鮮史は朝鮮の始祖を檀君と爲し, 檀君は朝鮮開祖の神とし, 近世に至りて檀君教と爲り, 此神人の餘德を崇拜するもの夥だしく, 平安南北より京畿に亘々て, 檀君教は陰然として一勢力を成せり.

然れども日鮮の史學界に於て古へより以來未だ檀君資料の史學の考證と 爲るべき, 適確の材料を持たざるなり, 然らば朝鮮の開祖を檀君也と記述するは, 其當を得たるものに非るも, 神代の傳說は日本も同様にして，單に記述の徵すべき無さを理由とし，之を拋棄すべきに非ず，要は史學者の 無氣力にして，考證と硏究の足らざるにも基因せるを思はざる可からず，　故に余は姑らく之を我史界の領分に押留し，韓史に據りて聊か檀君を史論し，其判斷は之を讀者に一任するのみ.

按するに，檀君記事の韓史に見はるものは，三國遺事を以て始めと爲す，此書は高麗忠烈王の時僧無極一然の著述せしものなるが，檀君に就て左の 如く記せり.

『魏書』云 乃往二千載，有壇君王儉，立都阿斯達，開國號朝鮮，與堯同時『古記』云 昔有桓因，庶子桓雄數意天下，貪求人世．父知子意，下視三危.太伯，可以弘益人間，乃授天符印三箇，遣往理之．雄率徒三千，降於太伯山頂，神壇樹下，謂之神市，是謂桓雄天王也．將風伯·雨師·雲師，而主穀·主命·主病·主刑·主善惡，凡主人間三百六十餘事，在世理化．時有一熊一虎，同穴而居，常祈于神雄，願化爲人．時神遺靈艾一炷，蒜二十枚曰『爾輩食之，不見日光百日，便得人形.』熊虎得而食之，忌三七日．熊得女身，虎不能忌，而不得人身．熊女者，無與爲婚，故每於壇樹下，呪願有孕．雄乃假化而婚之，孕生子，號曰壇君王儉．以唐堯卽位五十年庚寅，都平壤城，始稱朝鮮．又移都於白岳山.阿斯達，又名弓忽山，又今彌達，御國一千五百年．周.武王卽位己卯，封箕子於朝鮮．壇君乃移於藏唐京，後還隱於阿斯達爲山神，壽一千九百八歲.

と，是れ韓史に檀君記事ある始めなり，檀君姓は桓氏，名は王儉，東方始め君長無し，神人桓因の子桓雄，其徒三千を率ひて，太白山(平安北道 寧邊郡 妙香山)檀木下に降る，之を神市と云ひ，又桓雄天王と云ふ，檀君は 乃ち其子也，唐堯卽位元年戊辰に卽位し，始め朝鮮と稱して平壤に都し，後ち移つて白岳に都すと，今を距ること實に四千二百餘年なり．

又朝鮮の徐居正等は，其著東國通鑑に論して曰く．

東方初無君長．有神人降于檀木下．國人立爲君．是爲檀君．國號朝鮮．是唐堯戊辰歳也．初都平壤．後徙都白岳．至商武丁八年乙未．入阿斯達山爲神．(按) 古紀云．檀君與堯並立於戊辰．歷虞夏至商武丁八年乙未．入阿斯達山爲神．享壽千四十八年．此說可疑．今按堯之立在上元甲子甲辰之歳．而檀君之立在後二十五年戊辰 則曰與堯並立者非也 自唐虞至于夏商 世漸澆漓 人君享國久長者 不過五六十年 安有檀君獨壽千四十八年 以享一國乎 知其說之誣也 前輩以謂 其曰千四十八年者 乃檀氏傳世歷年之數 非檀君之壽也 此說有理 近世權近 入覲天庭 太祖高皇帝 命近賦詩 以檀君爲題 近詩曰 傳世不知幾 歷年曾過千 帝覽而可之 時論亦以近之言爲是 姑存之以備後考．

と一然か檀君の壽を一千四十八年と云へるに對し，徐居正等，之を檀氏か世を傳へ年を經たるの數と爲すは，余も亦同論也，豈檀君一人の壽ならんや，然りと雖も莊子に，朝菌は晦朔を知らす蟪蛄は春秋を知らすと，小虫寒蟬の短命はるに反し，彭祖は夏商周に涉りて，八百歳の壽を 得たりと云へる說の眞なるものあらば，檀君の千歳說亦之を一笑に附す 可きに非ず，日本に於ても武內宿禰は三百歳，三韓の時，任那金官國の 首露王(日本の皇族壛乘津彦命)は一百五十八歳の壽を保つ得とりと云へば，人間の壽命の長短は，一定の尺度を以て律す可からざるものあり，然ら桓氏歴世一千餘年の史料を見出し能ばざる，我日鮮の史學界に於て，檀君の壽を一千歳と爲すも，二千歳と爲すも，余の敢て關知する 所にあらず而も我日鮮の史界に於ては，檀君を朝鮮の始祖と定めたる 以上，檀君か年壽の傳說以外に於て，余は玆に檀君の素性を史學の見地に立て解決を與へ置かんと欲す，　世の博學，史家倘し余の專斷を議する者あるも余は敢て寒心する所に非ざる也.

余謹んで按するに，檀君神話の如さ此種のもの日本に於ても之有に矣，乃ち日本皇室の先祖は日の神の子にして，母は龍姬と申す「ワタズミ」の神の娘なり，或日此二神井戶の邊り天降せられて，遂に夫婦の契りを結ばれ賜へりと，由之觀之，我日鮮兩民族の祖先は，曾て同一の土地に於て同一の生活を營み，且つ同一の信仰の下に喚嗎したるは贅言を俟たざる也，而して以上の諸說を綜合すれば.

我紀元前幾百千年の以前に於て，朝鮮北部平安，黃海，江原等の地及日本西陲の邊に於て，旣に優良なる一部民族の棲息したるは疑を容れず，故に之等の民族は，話材に於て，言語に於て，其風俗習慣に於て，其規を一ににうゝたるは爭ふ可からざる事實なり，卽ち我日鮮民族は 其祖先の同型なるも，一葦帶水を以て兩島に分家したるに過ぎず.

按するに檀君は，日本の天降神族と同種族にして，曾て相協力して，東方を經略せんとし，一は熊襲アイスを征し，一は濊貊及其他の蠻族を 征服し，神族の向ふ所殆んご破竹の勢にして，草木の風に靡くにも似にり，現今の日本諸島及び韓の半島遼東の地は，悉く我神族の政治下に　屈伏せり，是に於てか兩地の蠻族は，神族を推して君長と爲し，數多の　蠻族は遂に其地勢と風土と氣候を追ふて，自から日韓兩地に分屬したるなる可し，　而して兩地の生民が同じく天降神族の神代史を，朦朧ながら 後世に傳說し得たるを悅はすんはあらざるなり．

爾後民智の進化に依りて英雄出現し，半島の神系司命者は革命に依りて驅逐せられ，屢々革命の亂を經て現代に至りしと雖も，獨り日本は 神統連綿として，萬世一系の神孫之を知し召し賜へり，檀君の治世は，滅亡と共に後世に問ふ可き何物も無しと雖も，其傳說は决して之を拋棄す可きに非す，而して上古神代に於て我日鮮の神族が，哀々たる庶民を 撫育したるの跡は，又决して之を塗抹す可からざるなり，而して檀君を 以て半島開祖の守護神とし，日本天降の神族と同統神系なるに於て，毫も異論の餘地無く，吾人現代の日鮮民は，其中間は措て問はず，確かに 遠祖を同一神系に有せるを祝し，此兩民族の抱合が茫々數千年の遠祖の 抱負に合致せるを思ふ時は，天運の挽回，竟に復古の期ありて，同系の 合法は歲月を以て躪論す可かるざるを知るせ．

『朝鮮史要』(1929) 朝鮮史學會

（一）の先史時代は 有史以前の時代である．此の時代は全然期錄がないから造物や遺蹟から發掘したものによつで研究するより 外に方法がない，併し本書の如き小册子では紙數に限りがあるから省略する．（二）の原史時代は記錄があつても甚だ少く且つ不完全で，專ら具備傳說の時代である．本期は箕子朝鮮衛氏朝鮮の時代で非常に 長く，千十六年に達する．…

原史時代に於て朝鮮の北部は 南滿洲の大部分と 一體となり，歷史上同一地區に屬し，中部以南は北部と 分離し，別國 別團を 爲して居た．

北部に 出來た最初の 國は 箕子（殷の王族で 殷が滅亡した時に朝

鮮に 奔つた)の朝鮮國である. 此の國は 初は現今の支那 河北省の東部にあつたが, 漢族の發展するにつれて 次第に 邊疆に追ひ出され, 滿洲西南隅に移り同東南部に轉じ遂に半島內に移動したのである. 箕子の後裔である最後の 王箕準は燕の亡人衛滿に国を奪はれ 馬韓の地に奔り其の地の 王となつた. 此の 王朝は 頗る長く四十餘代九百三十年も繼續した. .

『檀君考』(1929) 今西龍(1875~1932,『朝鮮古史の硏究』, 1937 인용)

朝鮮には開國の神人に檀君なるものありとの傳說を有し其國を檀君朝鮮と稱し, これと之に次で起れりと傳ふる箕氏衛氏の兩朝鮮とを併せて古朝鮮或は三古朝鮮と稱し, 以て李氏朝鮮とを區別せり, 而して檀君を崇奉尊信すること朝鮮人の間に 近代急に熾んとなり, 之を朝鮮民族の祖神とし, 檀君教または大倧教と稱する教徒さへ生ずるに至れり, 然れども檀君傳說は現在の如き結構を古くより有するものに非ず. 又檀君の稱號は古くより存するものに非ず. 此傳說には發展あり沿革ありとす.

此傳說につきては, 故那珂博士は明治二十七年四月史學雜誌第五編第四號所載の〈朝鮮古史考〉中に論證せられ, 次で同年十二月白鳥博士は同誌第十二號に〈朝鮮古傳說考〉の一部にその談話の結構工夫を說明し, 併せて他の傳說との連關を指示し, 之を妄誕なりと論斷せれらたり. 小生も明治四十三年十一月〈歷史地理〉臨時增刊朝鮮號に於て〈檀君の說話に就て〉と題し其小調査を發表し, 其後更に硏究を少しく進むることを得て大學に講義し, 或は朝鮮に於て講演せしことあり．大正九年の頃，文學博士高橋亨氏は京城に於て刊行せる雜誌〈同源〉第二號に〈檀君傳說に就きて〉と題し〈極力現存する文獻を博涉考證せり〉と自稱し，國文の原文に漢文譯を附して　公表せられ，四五年前に京城帝國大學教授小田省吾氏は文教の朝鮮に其甚深なる研究を發表せられたることあり．高橋小田兩氏の研究發表が檀君教徒に與へたる影響は可なりに深かゝりしもの　ゝ

如くまだ之によりて一般世人が檀君といふもの　明白なる智識を得たることは吾人の記憶に尙は存するものなり．今茲に小生が發表せんとする鄙說は其實大正九年夏頃に成りし舊稿にして其後海外に留學し，或は京都帝國大學より京城帝國大學に轉任し他の方面の研究に忙がしく何等の新調查新研究を加ふること能はず後日の增補修正を期して筐底に藏せしものに今回些少の改訂增補をなせるものなり．脫稿以來既に十年にもならんとする舊稿を殆んど其きゝに公表するは，現に生きつゝある小生には忍び得ざる點なきに非ざれども近時世上の風聞は其公表を或は必要とするかと思はしむるものなきにあらざるを似て之を印刷に付するに至れるもの也

第一章．現存古文獻に見する檀君紀事

現存の文獻中にて檀君の紀事ある最も古きものは三國遺事にして此書より以前のものには斷簡にも零墨にも檀君の語さへあるもの無し．三國遺事は高麗の忠烈王代卽ち元の世祖忽必烈の至元年刊に高麗の名僧普覺國尊一然が新羅高句麗百濟の三國に關して當時まで傳はり遺り來たれる事を類聚せる書にして其高弟寶鑑國師混丘(號無極)

等が補修せる部分あり．　又其夾注には更に後人の記入せるものあり．撰述の年代に於ては新しき書なれども古史籍古文獻の湮滅甚だしき半島に於ては高麗仁宗王二十三年乙丑卽ち我が近衛天皇の久安元年に官撰せられたる三國史記を現存する最古の史籍とし兩書相竝びて半島古史研究の典據たるものとして貴重すべき書なりとす．遺事は佛教全盛の熟爛期に於て僧侶の撰述に成りしものなるを以て佛教に關する紀事過半を占め，中には當時高麗に行はれたりし唐宋僧侶撰述の現應傳の類より採りて之を三國佛寺の事蹟としたるが如き說話を其まゝ　に採錄せるものあり．史傳に於ても甚だしき誤謬杜撰少ながらず從て史學の資料となすよりも民譚の資料として扱ふべき書なれども他に文獻の存するものなきを以て吾人は此書より當時に傳はり來りし史實の砂金を採取せざるべからざるなり．但し　檀君傳說の如きは他の史實と類を異にし寧ろ民間傳說に屬するを以て此書の此紀事は實に此書の性質に適應せるものなりとす．この三國遺事の紀異篇第一に古朝鮮と題し 其下に王儉朝鮮と注し次の紀事あり．

魏書云乃往二千載，有壇君王儉，立都阿斯達，開國號朝鮮，與高同時『古記』云 昔有桓因，庶子桓雄數意天下，貪求人世．父知子意，下視三危.太伯，可以弘益人間，乃授天符印三箇，遣往理之．雄率徒三千，降於太伯山頂，神壇樹下，謂之神市，是謂桓雄天王也．將風伯·雨師·雲師，而主穀·主命·主病·主刑·主善惡，凡主人間三百六十餘事，在世理化．時有一熊一虎，同穴而居，常祈于神雄，願化爲人．時神遺靈艾一炷，蒜二十枚曰 爾輩食之，不見日光百日，便得人形．熊虎得而食之，忌三七日．熊得女身，虎不能忌，而不得人身．熊女者，無與爲婚，故每於壇樹下，呪願有孕. 雄乃假化而婚之, 孕生子, 號曰壇君王儉. 以唐堯卽位五十年庚寅, 都平壤城, 始稱朝鮮. 又移都於白岳山.阿斯達, 又名弓忽山. 又今彌達, 御國一千五百年. 周.武王卽位己卯, 封箕子於朝鮮. 壇君乃移於藏唐京, 後還隱於阿斯達爲山神, 壽一千九百八歲

とあり. 此紀事は檀君の事を書ける文獻中現存する最古のものにして此外に三國遺事には檀君の事を書ける第二所あり. 其一は王歷篇高句麗の段に

第一東明王, 甲申立 理卄年 姓高 名朱蒙一作鄒蒙壇君之子

と記せるものにして其二は紀異篇に高句麗と題し國史本紀卽ち三國史記高句麗紀の東明出生談を轉載し其注に

壇君記云:"君與西河伯女要親, 有産子, 名曰夫婁. 今按此記, 則解慕漱, 私河伯之女, 而後産朱蒙. 壇君記云:"産子名曰夫婁, 夫婁與朱蒙, 異母兄弟也

とあるものなり. 但し小生が使用せし三國遺事は李朝中宗王七年卽ち明の正德七年壬申(皇紀二千百七十二年)の慶州重刊本にして此書は其板式を檢するに此重刊の時に舊版の完全なるものは之を其まゝ使用し刓欠散失せしものゝみを改雕せしこと明白なるが其改雕せし部分は誤字あり誤劃あり字體も歪み甚だ粗漏なる刻なりとす. 而して檀君に關する紀事ある部分は不幸にも盡く此粗漏なる新雕の部に屬せり.

前記の古朝鮮と題したる下の檀君紀事中に高とあるは高麗正宗王の諱堯を避けて類似音の高字を代用せるものにして周虎王とあるは周武王にして同じく　惠宗王の諱武を避けて意義を連想する虎字を用ひしなり．三國遺事の正德刊本には檀の文字を盡く壇に作れども前に記せるが如く此紀事のある部分は正德の新雕の部にして誤字誤劃の多き部分なれば壇字は檀字の刊誤ならざるべからず．此書以外に壇字に作るものなし．李朝初期の他の諸書の正德以前の刊本に檀君の事を記せるもの盡く檀字に作れり．近年檀君傳說が有する琉傳說　有佛教的要素を除去せんとするに苦心し此刊誤を利用して檀君の檀は壇に作るべきものなりと說くものあれども，これ成立しうべぎ說にあらず．文中に太伯山頂，神壇樹下とあり於檀樹下呪願すとあるもの　檀を壇なりとせば語を成さ　る也．桓因の因字は刊本の文字訛歪して國の字の略字たる国に近きが爲めに東京帝國大學刊本は訛りて　桓國となせるを以て是れまた一派論者の利用するところとなり檀君傳說に有する帝釋天桓因を除去せんとし桓國を正しと稱するものあるに至れども謂帝釋也の注によれば之を桓國に改訂しうべさに非ざる也．阿斯達を注して今白岳宮とせるは恐くば普覺國尊の原註に非ずして後人の夾註なるべし．而してこの檀君傳說中に於て最も主要なる問題は魏書云とあること是れなり．魏書は說くまでもなく北齊の魏收が撰せしものにして其成りしは文宣帝天保午年(西紀554)にあり．然るに魏書には斯る記事は全然無きのみならず其他支那の古史籍にも元代以前の書には斯る記事絕無なり．或は說く者あらん現存の魏書には此記事を失すれども嘗ては此記事ある別本の高麗に傳はるありて終に普覺國尊の見るに至れるものなりと．斯る浮薄なる想像說に對して之を辨破するの要なけれども或は世俗を迷はすに至るべきを以て一言之を辨ぜんとす．魏書が學者に厭遺せられ其成りしより數百年を經て北宋の時既に亡逸し，不完の者無慮二十九卷ありしを補闕せしものなることは范祖禹劉恕の序にも見え四庫全書提要また之を說けり．乾隆校刊の目錄考證には其闕或は不全たりし二十九卷を列擧し馮夢禎の說を引てく元魏書顚末范祖禹序之詳矣　時魏收原書已闕三十餘卷　乃雜採李延壽北史修文御覽高氏小史等書補綴成之非完璧也〉と記せり．　然るに幸にして卷第一百高句麗百濟等の列傳卷第百十四　釋老志等は完全の部に屬せり．特に其高句麗傳の如きは三國史記東明王紀に採取せる文字と對校するに完璧を失せざることを　證し得るものなり．若し檀君の事にして 此書に載せしことあらんには必ず高句麗傳若くば 釋老志なるべぎに，これ等の 中には絶えて其事なく，また 其事ありたるの痕迹だに無し．若し魏書にして檀君の紀事ありしならんには，よし其書に於て此部分を失ふも，半島の事を記せる 幾多支那史籍中に何等かの痕迹を見るべぎに，其事絶無なるは何ぞや．王氏高麗に 魏書完本の檀君の 事を記するもの傳存せるを，三國遺事の 撰者若くば高麗人が之を見たりといふ說の如きは，何人も首肯せざるべさものなり．普覺國尊に先つこと約百二十年，三國史記の 撰者金富軾等が 魏書を見たることは，兩書の文字を對照すれば明白なる事實なるが，三國史記には 檀君の 文字絶無なるのみならず，彼等史宮が檀君を知らざりしことは，後章に說く所によりて明白なりとす．三國遺事は 其他二府の條に於ても前漢書を引けども，其語は前漢書になく，又七十二國の條に 後漢書を引けども，其語は後漢書になきものあり．普覺國尊は虛構して書さしには　非ざるべさも，記憶の錯誤より出でしものなるべく，或は先人の錯誤を其まゝに傳へたるものもあるべきなり．其他通典を引けるものに，通典に見えざるものあり．三國遺事が 其支那史籍に見ゆと書ける 紀事中には斯くの如きもの多し． 檀君云々は魏書に無く，又無かりし事を斷言しうべし．蓋し魏書には 高句麗朱蒙傳說を詳記し，且つ他の 正史に 類例なき釋老志あるを以て，檀君の語もまた魏書に 出づと記するに至りしならんか．

尙ほ前に表示せし遺事の王歷篇高句麗の段に記する‘朱蒙一作鄒蒙檀君之子’の語中の檀君之子の四字と， 紀異篇高句麗の條の檀君記を引ける注とは， 普覺國尊の筆にあらずして 後人の補記なるべきかの疑なきに非ず，之を後人の補記とするも，三國遺事は 遲くとも 李朝太祖王の初年までには刊行されし形跡顯著なるを以て，王氏高麗 時代の人の補記せしものならざるべからず． 然りと難之を 後人の補記なりと斷ずる證據なし． た○吾人の疑ひは，若し之が普覺國尊の記せしものなりとすれば， 古朝鮮の 題下に記せる主要記事と異る傳說を同一書蹟に記して，一言も其異同を辨ぜざりしは解すること能はずと云ふに存するのみ．今や之れ以て同じく普覺國尊の筆に成りしか別人の補記になりしかを問はず， ただ 三國遺事に記する異聞として扱へば足れり．偖て此異聞は檀君 硏究上最も大切なるものなり．檀君記には檀君と 西河々伯の女との間に生れしを夫婁とす．三國史記には 解慕漱と河伯女(柳花)との間に生れしを朱蒙とす．是れ明白に夫婁と朱蒙とは異父同母兄弟なるべぎに，遺事の注には〈此記〉に據れば夫婁と朱蒙とは 異母兄弟なりとの斷案を下せり． 此斷案は夫婁の母たる西河々伯の女と，朱蒙の 母たる河伯女柳花とを別人とし，解慕漱と檀君とを 同一人なりとして，初めて成立すべき斷案なりとす． 遺事の注は何によりて解慕漱と 檀君とを 同一人となせしかといふに解慕漱と夫婁とに 關する他の古傳說によりしものなり. 此古傳說は同じく三國遺事に之を 登載せり. 卽ち紀異篇北扶餘の 條に,

古記云: 前漢書宣帝神爵三年壬戌四月八日, 天帝降于訖升骨城[在大遼醫州界], 乘五龍車, 立都稱王, 國號北扶餘, 自稱名解慕漱, 生子名扶婁, 以解爲氏焉. 王後因上帝之命, 移都于東扶餘. 東明帝繼北扶餘而興, 立都于卒本州, 爲卒本扶餘, 卽高句麗之始祖

と記し此條の次に東扶餘と題して, 三國史記に 記するが如き夫婁及び其子金蛙の 紀事あり. 北扶餘とは 本來の 扶餘なり, 高句麗が自己の 出でたる扶餘本國の正嫡を奪取せんとし, 自國を中央 視し, 正統の扶餘に 冠らすに北字を以てせるものなり. 三國遺事の 此紀事に, 解慕漱傳說を扶餘の傳說とせるは, 後漢の 王充の論衡驗古篇に記する北扶餘開國記に一致し, 東明朱蒙の傳說研究上に一新路を開くものとして, 大に尊重すべきものなりとす. 其紀事中に, 訖升骨城〈　　〉の注に〈在大遼醫州界〉とせるは, 其古記の原註なるべく, 大遼の語より推すに, 此古記は高麗文宗 王の頃より睿宗王の頃までの四五十年間に書かれしものなるべし. 此古記には解慕漱を 以て夫婁の 父となせるなり. 然るに檀君記には夫婁の 父を檀君となせり. この雙方の 記事を共に信ぜば, 檀君と解慕漱とは同一人ならざるべからす. 然るに遺事の所謂國史高麗本紀卽ち三國史記高句麗東明朱蒙王紀には, 解慕漱を朱蒙の父とせなり. 玆に於て朱蒙も夫婁も共に同一人を 父とすることゝなるを以て, 異母兄弟と記せる也. 但しこの說

は河伯之女柳花と西河々伯の女とを別人となさ○れば 成立せざる也. 但し 檀君記には檀君を解慕漱なりと 明記せざることは, 後に擧ぐる世宗實錄地理志の 所載によりて推定しうべし.

三國遺事の古朝鮮の條に引ける檀君古記と高句麗の 條に注として引ける檀君記とは, 全く別異の傳なること其紀事によりて 推知しうべし. 其関係に就きては後に說くべし.

普覺國尊が三國遺事に檀君の事を著錄せしと殆ど同時に, 李承休はその著述せし帝王韻紀に, 檀君を 東國君王開國の始祖として著錄せし形跡あり. 此事たるや, 朝鮮の 思想上に於ても史學史上に於ても重要なる事なるべきも, 此書は未だ見し事なきを遺憾とす.

其後檀君の尊崇著しくなりし李朝世宗王十四年壬子に尹淮申檣等が撰成せし八道地誌卽ち後に世宗大王實錄地理志として世宗實錄中に編入せられし書には, 平壤の條に次の如く記せり.

檀君古記云: 「上帝桓因有庶子, 名雄, 意欲下化人間, 受天三印, 降太白山神檀樹下.」是爲檀雄天王. 令孫女飮藥, 成人身, 與檀樹神, 婚而生男, 名檀君, 立國, 號曰朝鮮. 朝鮮, 尸羅, 高禮, 南.北沃沮, 東.北扶餘, 濊與貊, 皆檀君之理. 檀君聘娶非西岬.河伯之女, 生子曰夫婁, 是謂東扶餘王. 檀君與唐堯同日而立, 至禹會塗山, 遣太子夫婁, 朝焉. 享國一千三十八年, 至殷.武丁八年乙未, 入阿斯達爲神, 今文化縣.九月山. 夫婁無子, 得金色蛙形兒養之, 名曰金蛙, 立爲太子. 其相阿蘭弗曰: "日者, 天降于我曰: '將使我子孫立國於此, 汝其避之. 東海之濱有地, 號迦葉原, 土宜五穀, 可都也.'" 於是勸王移都. 天帝遣太子, 降遊扶餘古都, 號海慕漱, 從天而下.

と記し之に續きて海慕漱(卽ち解慕漱)が城北青河河伯の長女柳花をして朱蒙を 生ましむること，朱蒙は金蛙に 養はれて後南走し松讓に勝ちて高句麗國を健てしことを記せり．但し今文化九月山の語は地理志著者の挿語なり．而して夫婁無子以下の文は高麗高宗王代に李奎報が其作れる詩東明王篇に 自註して收むる舊三國史の東明王(朱蒙)本紀の文に同じ．

これより先き，李朝太祖王五年丙子陽村權近が 明に使し，太祖洪武帝に謁せしとき，皇帝は題を命じて詩を作らしめたりしが，權近はその詩題の一に自註して，

昔神人降檀木下 國人立以爲王 曰號檀君 時唐堯元年戊辰也

と記せり．其後權近の 孫權擥は此時の皇帝御製詩及び祖父の應製詩に 詳密なる注を作り，世祖王天順六年壬午に刊行せしが，此詩注には檀君の事を增註して，

古記云 上帝桓因有庶子 曰雄 意欲下化人間 受天三印 率徒三千降於太白山神檀樹下 是謂檀雄天王也 桓或云檀 山卽 今平安道熙川郡妙香山也 將風伯·雨師·雲師 而主穀·主命·主病·主刑·主善惡 凡主人間三百六十餘事 在世理化 時有一熊一虎 同穴而居 常祈于雄 願化爲人 雄遺靈艾一炷·蒜二十枚 曰 食之不見日光百日 便得人形 熊虎食之 虎不能忌 而熊忌三七日 得女身 無與爲婚 故每於檀樹下 呪願有孕 雄乃假化而爲人 孕生子曰檀君 與唐堯同日而立國 號朝鮮 初都平壤 後都白岳娶非西岬河伯之女 生子曰夫婁 是爲東夫餘王 至禹會諸侯塗山 檀君遣

子夫妻朝焉 檀君歷虞夏 至商武丁八年乙未 入阿斯達山化爲神 今黃海道文化縣九月山也 廟至今存焉 享年一千四十八年 厥後一百六十四年己卯箕子來封

其せり. 檀君の生るまでの紀事は三國遺事に載するものを採り以下は地理志に載する檀君記の如きものを採れども其間に異同あり.(이하 생략, ○은 해독불가)

『朝鮮史のしるべ』(1936) 朝鮮總督府 編

これは勿論常識的な呼びかたですから學問上からは色色不都合を指摘されるでありませう. 然し理窟拔きに而も大した 誤りを犯さずに朝鮮の歷史の 推移を知るには便利の多い 時代分けです. .

先づ古朝鮮時代とは 支那の歷史でいふ 殷の末周の初めの頃に殷の箕子といふ 人が來て開いた朝鮮國の時代と 前漢の初めに北支那の燕國から亡命して來た衛滿といふ 人が前の箕氏の朝鮮に代つて國をたてたの時代卽ち衛氏朝鮮の時代と, この二ツの時代を合せ呼ぶ名です. …

朝鮮歷史の時代 分けの最初に 置かれる古朝鮮時代は, いはば半島文化のあけぼのです. 文獻上ほのかにも先づ認められるのは, 殷末の三仁の一人とされる箕子, あの箕子によつて 開かれたといふ朝鮮侯國の時代です. この國は 西曆前二世紀の始め頃に亡びました. 普通には箕氏の朝鮮とも 申します. それにつぐものは, 前の箕氏の朝鮮を討ち滅ぼした衛滿といふ 人の建てた朝鮮國です.

부록_ 현대 단군 관련 연구 목록

원전

강천봉 편, 『대종경전총람』, 대종교총본사, 1996.
고구려연구재단, 『고조선 단군 부여 자료집』 상·중·하, 2005.
국사편찬위원회, 『중국정사 역주 조선전』1·2·3·4, 1990.
김교헌 편수, 『三一禮誥』, 大倧教本司, 1912.
김교헌, 『神檀民史』, 대종교총본사, 1923.
金容起, 『檀典要義』, 단전요의발행소, 1925.
김택영, 『韓國歷代小史』, 中國: 翰墨林書局, 1922.(『김택영전집』, 아세아문화사, 1978)
박노철 편, 『檀君禮節教訓聖經八理三百六十六事』, 1965.
北崖子, 『揆園史話』, 국립중앙도서관소장.(도서열람번호: 귀 629/고2105-1)
北崖子 外, 『揆園史話·青鶴集』. 아세아문화사 영인, 1976.
서거정, 『동국통감』, 세종대왕기념사업회, 1986.
이유립, 『桓檀彙記1 : 弘益四書』, 檀檀學會, 1971.
이유립, 『환단고기』, 배달의숙, 1983.
이찬구, 『人符經八十一字集註』, 동신출판사, 1993.
일연, 『三國遺事』, 교토대 출판사, 1921.
全秉薰, 『精神哲學通編 上·下』, 北京: 精神哲學社, 1920.(『精神哲學通編』, 명문당, 1982)
鄭烈模 編, 『譯解倧經四部合編』, 大倧教總本局, 1938.
鄭鎭洪 編, 『檀君教復興經略』, 啓新堂, 1937.
조준희·유영인 옮김, 『단재정훈모전집』, 아라, 2015.
조병윤 편저, 『桓檀古記』, 광오이해사, 1979.
최국술, 「崔孤雲先生史蹟」, 『최문창후전집』, 1926.(성균관대학교출판부영인, 1982)
『檀君教佈明書』, 古經閣, 1909.
『檀祖事攷』, 대종교협제회, 1911.

단행본

1) 원전 번역

강수원 역, 『桓檀古記』, 온누리, 1985.

강희남 역, 『새번역 환단고기』, 법경원, 2008.

고동영 역, 『단기고사』, 한뿌리, 1986.

고동영 역, 『환단고기』, 한뿌리, 2005.

고동영 역, 『규원사화』, 한뿌리, 2005.

김경수 역주, 『帝王韻紀』, 도서출판 역락, 1999.

김길환·권영원 역, 허목 저, 『동사』, 박영사, 1979.

김동환 역, 『단조사고』, 한뿌리, 2006.

김은수 역주, 『註解 桓檀古記』, 기린원, 1985.

金殷洙 譯解, 朴堤上 著, 『符都誌』, 기린원, 1986.

김은수 역, 『符都誌』, 한문화, 2002.

김청도 역, 『천부경·삼일신고·참전계경』, 고대원출판사, 1991.

김청도 역, 『桓檀古記』, 고대원출판사, 1992.

김해암 역, 『檀奇古史』, 문화인쇄사, 1949.

단학회연구부 엮음, 『桓檀古記』, 1 역주본 장구본, 2 인명 지명 서목 관련기사, 3, 대배달민족사 연표, 코리언북스, 1998.

박두포 역, 『동명왕편/제왕운기』, 을유문화사, 1974.

반재원 주해, 『홍사환은』, 한배달, 2013.

신학균 역, 『揆園史話』, 大東文化社, 1968.

신학균 역, 『揆園史話 : 檀君實史』, 明知大學出版部, 1983.

안경전 역주, 『桓檀古記: 역주본』, 상생출판, 2012.

유태우·정창모 역, 『단기고사』, 음양맥진출판사, 1984.

윤세복 옮김, 『檀祖事攷』, 대종교총본사, 1951.

尹昌大 역, 『정신철학통편』, 우리출판사, 2004.

윤치원 역, 『符都誌』 대원출판, 2002.

이민수 역, 『삼국유사』, 을유문화사, 1985.

이민수 역, 『신단실기』, 한뿌리, 1986.

이병도 역, 『삼국사기』, 을유문화사, 1985.

이석호 역, 『해동이적』, 을유문화사, 1982.
이석호 역주, 『한국기인전 청학집』, 명문당, 1990.
이암 찬, 정희철 편역, 『譯註 檀君世記』, 명진, 2017.
이종은 역, 李能和 저, 『朝鮮道敎史』, 보성문화사, 1977.
李鍾殷 역, 『海東傳道錄·靑鶴集』, 보성문화사, 1986.
임승국 번역 주해, 『한단고기』, 정신세계사, 1986.
임훈 역, 『桓檀古記: 大韓民族史』, 배달문화원, 1985.
정재서 역주, 『산해경』, 민음사, 1995.
정진헌 역, 柳得恭 저, 『渤海考』, 서해문집, 2008,
정창모 번역, 『단기고사』, 음양맥진출판사, 1984~1993.
정해백 역, 『단기고사』, 上古文化社, 1959.
최동환 역, 『366사: 참전계경』, 지혜의 나무, 2007.
최민자 역, 『천부경·삼일신고·참전계경』, 모시는사람들, 2006.
최봉렬 역, 박병식 저, 『한국상고사』, 교보문고, 1994.
최윤수 편저, 『참전계경』, 단촌글방, 2004.
최호 역해, 『삼국사기』, 홍신문화사, 1994.
황순구 편저, 『해동운기』, 대광인쇄공사, 1970.

2) 연구서

강무학, 『檀君朝鮮의 實存』, 明文堂, 1989.
강수원, 『우리 배달겨레와 대종교역사』, 한민족문화사, 1993.
강수원역음, 『대종교요감』, 대종교총본사, 1987.
姜銓燮 편, 『洪萬宗硏究』, 민속원, 1998
강천봉 편, 『대종경전총람』, 대종교총본사, 1996.
京城大學 朝鮮史硏究會, 『朝鮮史槪說』, 弘文書館, 1949.
고유상, 『五千年朝鮮歷史』, 滙東書館, 1930.
고준환, 『하나 되는 한국사』, 한국교육진흥재단, 2002.
국민윤리학회, 『한국의 전통사상』, 형설출판사, 1983.
국학연구소 지음, 『알소리』1 국학편, 한뿌리, 2006.
국학연구소 지음, 『알소리』3 종교편, 한뿌리, 2006.
국학연구소 지음, 『알소리』4 고구려편, 한뿌리, 2007.
국학연구소 지음, 『알소리』5 단군편, 한뿌리, 2007.

국학연구소 지음, 『알소리』7 단군신앙편, 한뿌리, 2008.
권덕규, 『朝鮮留記』, 尙文館, 1924.
권태훈·강수원, 『大倧教了勸』, 온누리, 1991.
금장태, 『유교개혁사상과 이병헌』, 예문서원, 2003.
금장태, 『한국 근대사상의 도전』, 전통문화연구회, 1994.
김교헌·윤세복 편, 『홍암신형조천기』, 대종교출판사, 2002.
김규승, 『동이 고사연구의 초점』, 범한서적, 1974.
김동춘, 『천부경과 단군사화』, 기린원, 1986.
김병호, 『고구려를 위하여』, 하서출판, 1997.
김상일, 『인류문명의 기원과 한』, 가나출판사, 1987.
김상일, 『한사상』, 온누리, 1988.
김소남, 『진한국마한사』, 개마서원, 1981.
김영주, 『한민족의 뿌리와 단군조선사』, 대원출판사, 2004.
김용간, 『단군과 고조선에 관한 연구 논문집』, 民族文化 1995.
김원룡 외, 『청동기시대와 그 문화』, 삼성출판사, 1977.
김원용, 『한국 고고학개설』, 일지사, 1973.
김원회, 『단기고사는 말한다』, 전망, 1994.
김은태, 『檀君選民의 歷史』, 도서출판 해인, 1991.
김인, 『聖祖 檀君 : 生涯와 思想』, 明文堂, 1983.
김인규·최영성 편집, 「檀君神話 및 古代思想」1·2, 불함문화사, 1998.
김인배, 『고대로 흐르는 물길』, 세종서적, 1994.
김재원, 『檀君神話의 新研究』, 正音社, 1947.
김정배, 『한국민족문화의 기원』, 고려대출판사, 1980.
김종서, 『신시, 단군고조선사연구』, 한국학연구원, 2007.
김종서, 『잃어버린 한국의 고유문화』, 한국학연구원, 2007.
김해경, 『단군정서』, 우리출판사, 1984.
김형효, 『한국정신사의 현재적 인식』, 고려원, 1986.
노길명 외, 『한국민족종교운동사』, 민족종교협의회.
노태돈, 『단군과 고조선사』, 사계절, 2000.
단군정신선양회, 『國祖檀君』, 檀君精神宣揚會, 1981.
단군정신선양회, 『檀君精神宣揚 學術講演會 자료집』, 제1~5회, 1979~1984.
대종교, 『대종교홍범』, 대종교총본사, 2010.

대종교종경종사편수위원회, 『大倧教重光六十年史』, 대종교총본사, 1971.
東國大學校附設 韓國文學研究所 編, 『韓國文獻說話全集』6, 民族文化社, 1981.
동북아고대사연구소, 『일본인들의 단군 연구』, 한국학중앙연구원, 2005.
동북아역사재단, 『고조선 단군 부여 연구논저 목록』, 2007.
李基白 編. 『檀君神話論集』, 새문社, 1990.
문성철, 『단군할아버지의 슬픔과 분노』, 대종교출판사, 1995.
문재현 역, 『바로보인 환단고기』1-3, 바로보인, 2005.
문정창, 『古朝鮮史研究』, 柏文當, 1969.
문정창, 『근세일본의 조선침탈사』, 박문당, 1967.
문정창, 『이병도저 한국고대사연구평』, 백문당, 1976.
문정창, 『일본상고사 - 조선사의 연장』, 백문당, 1970.
문정창, 『일본신화』, 탐구당, 1980.
문정창, 『한국조선사기연구』, 백문당, 1966.
민영현, 『仙과 훈』, 세종출판사, 1994.
민영현, 『한국, 한국인, 한국학』, 세종출판사, 1999.
박 현, 『한국고대지성사 산책』, 백산서당, 1995.
박병섭, 『고조선을 딛고서 포스트 고조선으로』, 창과 거울, 2008.
박성수, 『檀君紀行』, 교문사, 1988.
박성수, 『단군문화기행』, 서원, 2000.
박성수, 『민족사의 맥을 찾아서』, 집현전, 1985.
박시인, 『알타이문화기행』, 청노루, 1995.
박영석, 『일제하 독립운동사 연구』, 일조각, 1984.
박용숙, 『한국의 시원사상』, 문예출판사, 1985.
박용숙, 『한국의 미학사상』, 일월서각, 1991.
박용식, 『한국설화의 원시종교 사상연구』, 일지사, 1985.
박은식, 『백암박은식전집』, 동방미디어, 2002.
박은식, 『한국통사』, 삼성출판사, 1977.
박정학 외, 『치우자료집』, 도서출판 한배달, 2000.
박종홍, 『한국사상사』, 서문사, 1977.
박창범, 『하늘에 새긴 우리역사』, 김영사, 2002.
백산 편역, 『천부사상과 환단역사』, 동신문화사, 1989.
복기대, 『요서지역의 청동기시대 문화연구』, 백산자료원, 2002.

사단법인국학원, 『한국사속에 나타난 단군관 검토』, 국학총서2, 2007.
서영대 편, 『북한 학계의 단군신화연구』, 백산자료원, 1995.
서울대 동아문화연구소 편, 『韓國學』, 현암사, 1972.
서울대학교국사연구회, 『국사개설』, 홍문서관, 1950.
서희건, 『잃어버린 역사를 찾아서』1~3, 고려원, 1986.
釋 智勝, 『符都와 한단 이야기』, 대원출판, 1996.
성삼제, 『고조선 사라진 역사』, 동아일보사, 2005.
성창호, 『해동인물지 乾 坤』, 회상사, 1969.
세계역사문화연구소 편 지음, 『한국사의 단군인식과 단군운동』, 국제평화대학원대학교출판부, 2006.
손경식, 『弘益三經』, 홍익삼경개명원, 2003.
손진태, 『한국민족설화의 연구』, 을유문화사, 1979.
송부웅, 『삼성의 역사: 우리 민족의 얼과 뿌리의 비밀』, 三養, 2001.
송원홍, 『배달전서』, 밀알, 1987.
송찬식, 「위서변」, 『월간중앙』, 1977.
송호수, 『(삼화)개천경:조화경·교화경·치화경』, 개천민족회, 1984.
송호수, 『단군은 실존 인물이었다』, 한터, 2005.
송호수, 『한민족 뿌리사상』, 기린원, 1989.
송호정, 『단군 만들어진 신화』, 산처럼, 2004.
송호정, 『한국 고대사 속의 고조선사』, 푸른역사, 2003.
신규식 저, 민병하 옮김, 『한국혼』, 박영사, 1975.
신승오 역, 『환단제국사』, 바라, 2001.
申正一 編, 『檀君바른님』, 正華社, 1975.
신종원 엮음, 『일본인의 단군연구』, 한국학중앙연구원, 2005.
신채호, 『조선상고사』, 일신서적, 1998.
신채호, 『한국의 근대 사상』, 삼성출판사, 1981.
신채호, 『단재신채호전집』, 형설출판사, 1975.
신채호, 『조선상고사』, 일지서적출판, 1988.
신채호, 『한국사연구초』, 을유문화사, 1978.
심백강, 『檀君古記錄四種』, 民族文化研究院, 2001.
심백강, 『사고전서중의 단군사료』, 민족문화연구원, 2002.
심백강, 『조선왕조실록중의 단군사료』, 민족문화연구원, 2001.

안천, 『단군할머니론』, 민족문화사, 1995.
안호상, 『단군과 화랑의 역사와 철학』, 사림원, 1979.
안호상, 『배달·동이는 동아문화의 발상지』, 한뿌리, 1987.
안호상, 『한국의 민속·종교사상』, 삼성출판사, 1983.
안호상, 『한웅과 단군과 화랑』, 사림원, 1985.
안호상, 『국학의 기본학』, 배영출판사, 1977.
안호상, 『나라역사 육천년』, 흔뿌리, 1987.
안호상, 『민족사상의 정통과 역사』, 흔뿌리, 1992.
알렉산더 고르보프스키 저, 김현철 역, 『잃어버린 고대문명』, 자작나무, 1994.
양재덕, 『(國民皆學)檀君傳』, 朝鮮文化館出版部, 1949.
양태진, 『사료로 본 단군론』, 백산출판사, 2017.
양태진, 『환단고기』, 예나루, 2009.
오재성, 『백제는 중국에 있었다』, 우리민족연구회, 1995.
오재성, 『중국에 사로신라가 있었다』, 우리민족사연구회, 1995.
오태환, 『단군의 뿌리』, 돌다리, 2000.
유병덕 편저, 『한국민중종교사상론』, 시인사, 1985.
柳承國, 『韓國思想과 現代』, 동방학술연구, 1988.
유영인 외, 『배달민족의 역사의식과 사상가들』, 한뿌리, 2008.
유영인 이근철 조준희 지음, 『근대 단군 운동의 재발견: 단재 정훈모의 업적과 환단고기 진위 문제』, 아라, 2016.
윤내현, 『고조선 연구』, 일지사, 1995.
윤내현, 『우리고대사 상상에서 현실로』, 지식산업사, 2003.
윤내현, 『한국사의 이해 1:고대고고』, 신서원, 1991.
윤내현, 『한국고대사신론』, 일지사, 1991.
윤명철, 『단군신화, 또 다른 해석』, 백산자료원, 2008.
윤이흠 외, 『단군, 그 이해와 자료』, 서울대학교출판부, 2001.
윤희병, 『한민족의 상고사』, 백산학회, 1985.
이강오, 『한국신흥종교총람』, 한국신흥종교연구소, 1992.
이강오, 『韓國의 檀君祠廟: 檀君信仰 各論에서』, 全北大學校 文理科大學, 1970.
李光洙, 『檀君陵』, 三千里社, 1936.
이근철, 『그리스도인이 본 단군신』, 수필춘추사, 2001.
이기백 외, 『우리의 역사를 어떻게 볼 것인가』, 삼성사, 1981.

이기백, 『檀君神話論集』, 새문社, 1988.
이기백, 『한국고대사론』, 탐구당, 1983.
이능화, 『조선무속고』, 삼성출판사, 1977.
이능화. 『조선도교사』, 보성문화사, 2000.
이도학, 『한국 고대사, 그 의문과 진실』, 김영사, 2002.
이병도, 『국사대관』, 동지사, 1949.
이병도, 『신수 국사대관』, 보문각, 1956.
이병도, 『한국사대관』, 삼성문화사, 1964.
이상시, 『단군실사에 관한 문헌고증』, 고려원, 1990.
이성재, 『天書三經大經典』, 천지원리학회, 각세문화사, 1997.
이승헌, 『천지인』, 한문화, 1998.
이승헌, 『한국인에게 고함』, 한문화, 2001.
이승호, 『한국선도와 현대단학』, 국학자료원, 2015.
이어령, 『한국인의 신화』, 서문당, 1996.
이유립, 『대배달민족사』, 고려가, 1987.
李裕岦, 『커발한 文化思想史』, 旺知社, 1976.
이은봉, 『한국고대종교사상』, 집문당, 1984.
이을호 한기두 외. 『한사상과 민족종교』, 일지사, 1990.
이을호, 『한思相의 苗脈』, 사사연, 1986.
이일봉, 『실증 한단고기』, 정신세계사, 2000.
이장수, 『단군의 연인』, 한누리, 1989.
이재원, 『단군사화』, 보성, 2012.
이종욱, 『고조선사연구』, 일조각, 1997.
이중재, 『상고사의 재발견』, 동신출판사, 1993.
이찬구, 『천부경과 동학: 한웅과 수운의 연결고리 찾기』, 모시는사람들, 2007.
이찬구, 『천부경』, 상생출판, 2014.
이형구, 『단군과 고조선』, 살림터, 1999.
이형구, 『단군을 찾아서: 단군릉 발굴 학술 보고집』, 살림터, 1994.
임균택, 『韓 哲學思想史』1-5, 동화출판사, 1995.
임균택, 『韓經大典』1-15, 忠孝禮出版社, 2002.
임균택, 『한사상과 윤리』, 형설출판사, 1992.
장도빈, 『대한역사』, 國史院, 1959.

전관수, 『단군신화는 천문학이다: 단군신화 5000년의 비밀을 푼다』, 한국문화사, 2016.
전해종, 『동이전의 문헌적 연구』, 일조각, 1982.
정경대, 『仙道 한 修行秘書』, 유림, 1993.
정명악, 『國史大全』, 光吾理解社, 1978.
정명악, 『生産論』, 國際語會出版部, 1955.
정명악, 『新政治思想原論』, 百濟文化社, 1952.
정명악, 『歷史哲學』, 讀書行動開發社, 1984.
정명악, 『韓國全史』, 靜友社, 1966.
정수일, 『고대문명교류사』, 사계절, 2002.
정신문화연구원, 『한국인물대사전』, 중앙M&B, 1999.
정연종, 『한글은 단군이 만들었다』, 넥서스, 1996.
정영훈 외, 『홍익인간 이념 연구』, 한국정신문화연구원, 1999.
정인보, 『담원정인보전집』, 연세대학교출판부, 1983.
정재익, 『檀君思想小考』, 제일문화사, 1989.
정호완, 『삼국유사의 종합적 연구』, 박이정, 2002.
정호완, 『우리말로 본 단군신화』, 명문당, 1994.
정호완, 『우리말의 상상력, 1, 우리말 어휘의 기원을 통해 본 겨레의 정서와 의식구조』, 정신세계사, 1991.
조명기 외, 『韓國思想의 深層硏究』, 우석, 1990.
조윤숙, 『略術 檀君新說』, [發行處不明], 1969.
진단학회, 『한국사』, 을유문화사, 1971.
차주환, 『韓國의 道敎思想』, 동화출판공사, 1986.
車柱環, 『韓國道敎思想硏究』, 서울대출판부, 1986.
천관우, 『한국상고사의 쟁점』, 일조각, 1983.
천지원리학회, 『天書三經大經典』, 각세문화사, 1997.
최남선, 『고사통』, 삼중당, 소화19년(1944).
최남선, 『국민조선역사』, 동명사, 1949.
최남선, 『단군론』, 景仁文化社, 2013.
崔南善, 『檀君小考』, 朝鮮總督府, 1930.
崔南善, 『白頭山覲參記』, 漢城圖書 株式會社, 1927.
최남선, 『우리나라역사』, 동국문화사, 1955.

최남선, 『六堂崔南善全集』, 玄岩社, 1973.
최동, 『조선상고민족사』, 인간사, 1988.
최동환, 『366사 참전계경』, 지혜의 나무, 2007
최몽룡 외, 『동북아 청동기시대 문화연구』, 주류성, 2004.
최몽룡, 『인류문화의 발생과 전개』, 동성사, 1985.
최상수, 『한국민족전설의 연구』, 성문각, 1985.
최인철, 「규원사화의 사료적 가치」, 사회과학원-한국학술진흥재단, 2005.
최제우, 『동경대전』, 삼성출판사, 1977.
최종철, 『환웅·단군 9천년 비사』, 미래문화사, 1995.
최태영, 『인간단군을 찾아서』, 학고재, 2000.
최태영, 『한국고대사를 생각한다』, 눈빛, 2002.
한국우리민족사연구회, 『잃어버린 단제』, 청림출판, 1995.
韓國哲學會 編, 『韓國哲學史』, 東明社, 1987.
韓圭性, 『(檀君)天符經解論』, 博文出版社, 1968.
한문화원편집부, 『천지인』, 한문화, 2008.
韓永愚, 『朝鮮後期思想史研究』, 일지사, 1989.
허종호, 『고조선력사 개관』, 도서출판 중심, 2001.
玄鎭健, 『檀君聖跡巡禮』, 東亞日報, 1932.
황선명 외, 『韓國近代民衆宗教思想』. 학민사, 1983.
황준연, 『한국사상의 이해』, 박영사, 1992.
『자유』통권5-98호, 1976~1980.
『한국학연구: 檀君問題 특집』第36輯, 韓國學研究所, 1989.

연구논문

강돈구·고병철, 「대종교의 종교민족주의」, 단군학회, 『단군학연구』제6호, 2002. 6.

강미리, 「천부경의 한사상으로 시도해본 우리 춤의 새로운 깊이와 넓이」, 『한국무용연구』17권, 한국무용연구학회, 1999.

강병수, 「조선후기 성호학파의 단군조선 인식」, 『선도문화』2집, 국제뇌교육종합대학원 국학연구원, 2007.

강승남, 「단군조선 시기 청동 및 가공기술에 대하여」, 『단군과 단군조선』, 살림터, 1995.

권상우, 「다문화시대의 단군연구」, 영남대학교 민족문화연구소, 『민족문화논총』52, 영남대학교 민족문화연구소, 2012.

김교경, 「평양일대의 단군 및 고조선 관계 유적유물에 대한 연대측정 결과에 대하여」, 『단군과 단군조선』, 살림터, 1995.

김기호, 「단군신화의 문학적 연구사 현황과 전망」, 영남대학교 민족문화연구소 학술대회, 영남대학교 민족문화연구소, 2012.

김기화, 「홍산문화로 재해석된 단군신화, 춤극 신시」, 『공연과 리뷰』 Vol.22 No.4, 2016.

김낙필, 「전병훈의 천부경 이해」, 『선도문화』1집, 2006.

김남중, 「箕子전승의 형성과 단군 신화에의 편입 과정」, 『韓國史學報』 제65호, 고려사학회, 2016.11.

김동환, 「단군을 배경으로한 독립운동가」, 『선도문화』11집, 2011.

김동환, 「백포 서일의 철학사상」, 『선도문화』8집, 2010.

김동환, 「일제의 종교정책과 대종교: 탄압과 쇠망의 연관성을 중심으로」, 『한국종교』38집, 2015.

김동환, 「일제하 항일운동 배경으로서의 단군의 위상」, 『선도문화』10집, 2011.

김동환, 「한국종교사 속에서의 단군 민족주의」, 『선도문화』15집, 2013.

김막순, 「한국민족의 형성에 관한 연구: 『환단고기』를 중심으로」, 국방대학원 석사학위논문, 2002.

김상일, 「인류문명의 기원과 한국」, 『민족지성』9호, 민족지성, 1986.

김상호, 「고조선 문제를 둘러싼 논쟁과 금후의 과제」, 『창작과 비평』가을호, 창비, 1988.

김성호, 「단군신화의 재해석을 통한 상호문화주의 기반 콘텐츠 기획에 관한 연구」,

韓國外國語大學校 大學院 박사학위논문, 2014.
김성호, 「문화적 공존을 위한 단군신화의 재해석」, 『글로벌문화콘텐츠』, 2012. 글로벌문화콘텐츠학회, 2012.
김성환, 「남파(南坡) 박찬익(朴贊翊) 집안 소장 단군영정」, 『정신문화연구』 Vol.41 No.2, 한국학중앙연구원, 2018.
김성환, 「단군 인식의 확장과 단군자손의식」, 『민족문화논총』 제61집, 영남대학교 민족문화연구소, 2015. 12.
김성환, 「대종교 관련 필사본 『佈明本教大旨書』에 대하여」, 『단군학연구』14, 단군학회, 2006.
김성환, 「대종교계 사서의 역사관: 상고사 인식을 중심으로」, 『한민족연구』2, 한민족학회, 2006.
김성환, 「선가사료 청학집의 자료적 검토」, 『선도문화』6집, 2009.
김성희, 「민족국가설」, 『夜雷』제1권 제2호, 1907.
김수진, 「檀君 天符經의 초기주석 연구」, 원광대학교석사학위논문, 2005.
김영의, 「천부경주해」, 『檀君教復興經略』, 啓新堂, 1937.
김영주, 「에도시대 출판물 속 단군신화」, 『외국문학연구』 Vol. No.63, 한국외국어대학교 외국문학연구소, 2016.
김용상, 「천부경으로 본 한국전통적 관광의 참뜻에 관한 연구」, 『韓國傳統商學硏究』 6, 한국전통상학회, 1993.
김용상, 「천부수리로 본 여가의 구조」, 『선도문화』9집, 2008.
김용환, 「神市 이화세계의 공공행복 연구」, 『선도문화』14집, 2013.
김용환, 「천부경의 한얼태교」, 『선도문화』3집, 2007.
김윤숙, 「구약성서 에덴신화와 징심록 마고신화의 신·인론 비교 연구」, 『선도문화』19집, 2015.
김은수, 「한국 上代史와 그 문화」, 『符都誌』, 한문화, 2002.
김익수, 「인류의 시원사상인 桓易에 관한 연구—천부경을 중심으로」, 『한국사상과 문화』65권, 한국사상문화학회, 2012.
김익수, 「홍익인간사상을 바탕으로 한 단군왕검 인간366사와 겨레의 효사상」, 『韓國의 青少年文化』 Vol.31, 한국청소년효문화학회, 2018.
김익수, 「『참전계경』에 내재한 인성교육의 근간에 관한 연구」, 『한국사상과 문화』71집, 2014.
김일권, 「단군론의 역사적 변천 연구 : 조선 중기—일제 시대를 중심으로」,

서울대학교 석사학위논문, 1995.
김재범, 「天符經의 종교사회학 및 사회사상사적 의의」, 『사회사상과 문화』29, 동양사회사상학회, 2014.
김재수, 「김시습의 澄心錄追記고찰」, 『符都誌』, 한문화, 2002.
김재휘, 「조선조 정치사상과 한국원형사상(천부경)—磻溪를 중심으로」, 『범한철학』9권, 범한철학회, 1994.
김재휘, 「조선조 정치사상과 한국원형사상(천부경)—星湖를 中心으로」, 『용봉인문논총』26, 전남대학교 인문과학연구소, 1997.
김재휘, 「조선조정치사상과 한국원형사상(천부경)—退溪를 중심으로」, 『윤리연구』32권, 한국윤리학회(구 한국국민윤리학회), 1993.
김재휘, 「한국의 정치사상과 천부경—한국정치사상사 서설을 중심으로」, 『범한철학』8권, 범한철학회, 1993.
김재희, 「유라시아 곰 신앙과 단군신화의 쑥과 마늘을 통해 본 웅녀의 재해석」, 『韓國民俗學』 Vol.67, 한국민속학회, 2018.
김정, 「단군 초상화에 관한 연구」, 『조형교육』20권, 한국조형교육학회, 2002.
김정신, 「단군신앙에 관한 경전 연구」, 『정신문화연구』32, 한국정신문화연구원, 1987.
김주현, 「단기고사 중간서의 저자문제」, 『어문논총』48호, 한국문학언어학회(구 경북어문학회), 2008.
김지목, 「천부경의 신학적 이해」, 한신대학교 신학전문대학원 석사학위논문, 2004.
김지하, 「민족미학의 탐색」, 『김지하전집』, 실천문학, 2002.
김지하, 「율려운동의 나아갈 길」, 『김지하전집』, 실천문학, 2002.
김지하, 「한국 전통사상의 현대적 의의와 전망」, 『김지하전집』, 실천문학, 2002.
김창수, 「天符經에 의한 政治倫理分析에 관한 試圖」, 延世大學校 석사학위논문, 1990.
김철수, 「광명문화와 백산 신앙: 고대조선과 일본의 비교를 중심으로」, 『선도문화』18집, 2015.
김한식, 「상고사 연구에 관련되는 문헌비판」, 『교수논총』36집, 국방대학교, 2004.
김한식, 「홍익인간과 정치사상—환단고기와 규원사화의 상고사 서술과 관련하여」, 『단군학연구』제2호, 단군학회, 2000.
나정길, 「신종교와 경전; 대종교와 천부경」, 『신종교연구』16권, 한국신종교학회, 2007.

노성환, 「일본의 신이 된 조선의 단군—옥산신사의 제신이 단군이라는 인식의 재고」, 『일본사상』제26권, 한국일본사상사학회, 2014.6.
노성환, 일본의 신이 된 조선의 단군, 『일본사상』 제26권, 한국일본사상사학회, 2014.
노태구, 「손자병법의 정치학—천부경 3數 文化 未來學」, 『청소년과 효문화』9권, 한국청소년효문화학회, 2007.
「단군성주교 경선문 원본」, 『한국종교』 Vol.39, 원광대학교 종교문제연구소, 2016 .
도현철, 「조선초기 단군 인식과 삼국유사 간행」, 『동방학지』162권, 연세대학교 국학연구원, 2013.
리철, 「력대 단군화상들의 사료적 가치」, 『단군과 고조선연구』, 평양 사회과학출판사, 1994.(한국문화사 영인본)
문창로, 「고대사연구 60년의 동향과 과제」, 한국고대사학회, 『한국고대사연구』 제40권, 2005.
문치웅, 「삼국유사 고조선 기록에 나타나는 환인과 그 연대기」, 『선도문화』19집, 2015.
문혁, 「환단고기에 대한 사료학적 검토」, 『한민족연구』제2호, 2006.
민병학, 「한민족의 고유사상의 실상」, 『인문학지(人文學志)』35집, 충북대학교 인문과학연구소, 2007.
민영현, 「남북한 민족동질성 회복에 있어 단군학의 의미와 그 역할—부(附). 단군교포명서와 三一哲學의 이해를 중심으로」, 『탐라문화』 Vol.58, 제주대학교 탐라문화연구원, 2018.
민영현, 「소도경전본훈과 천부경의 철학사상」, 『선도문화』3집, 2007.
민영현, 「參佺經 해제와 그 문화사상적 의의」, 『선도문화』6집, 2009.
민영현, 「天符經의 數理哲學과 그 形而上學」, 『선도문화』2집, 2007.
민영현, 「韓民族史와 韓國學의 역사철학적 과제」, 단군학회, 『단군학연구』제6호, 2002.
민영현, 「한민족의 문화 原型과 단군」, 『단군학연구』제17호, 단군학회, 2007.
민영현, 「桓檀古記의 철학적 가치와 그 이해」, 『선도문화』9집, 2010.
박광수, 「제주도 단군성주교(檀君聖主敎) 현장조사 연구」, 『한국종교』 Vol.39, 원광대학교 종교문제연구소, 2016.
박광용, 「단군인식의 역사적 변천」, 『단군』, 서울대학교출판부, 2001.
박광용, 「대단군 민족주의의 전개와 양면성」, 『역사비평』, 1992.

박광용, 「대종교 관련 문헌에 위작 많다—『규원사화』와 『환단고기』의 성격에 대한 재검토」, 『역사비평』, 1990.
박광용, 「대종교 관련문헌에 위작 많다2—『신단실기』와 『단기고사』의 성격에 대한 재검토」, 『역사비평』, 1992.
박광용, 「종교 관련 문헌에 위작 많다1」, 『역사비평』, 1990.
박대종, 「한국에서 발견된 갑골문자에 관한 연구—농은유집 천부경문을 중심으로」 『대종언어연구논문1』, 대종언어연구소, 2002.
박미라, 「근대 유교의 단군 국조론」, 『한국사상과 문화』28집, 한국사상문화학회, 2005.
박미라, 「『단기고사』판본과 문제」, 『선도문화』6집, 국제뇌교육종합대학원출판부, 2009.
박범석, 「단군신화 상징의 종교학적 해석—聖俗 변증법의 관점에서」, 『선도문화』1집, 2006.
박병섭, 「삼성기 전 상하편에 숨겨진 사실들」, 『선도문화』6집, 2009.
박병섭, 「계보위축 변천과정 왕호신구 토픽 그리고 환단고기신 진위검토방법(2)」, 『선도문화』10집, 2011.
박병섭, 「계보위축변천과정, 왕호신구 토픽 그리고 환단고기 신 진위검토방법(1) —스키타이족-북부여-졸본부여-고구려의 계보」, 『선도문화』9집, 2010.
박병섭, 「고조선과 스키타이족 문화에 나타난 한국 철학의 시원」, 『단군학연구』15집, 단군학회, 2006.
박병섭, 「단군과 기자 관련 사료를 통해 본 『한단고기』의 역사성 검토」, 『한국종교사학회』제11집, 2003.
박병섭, 「단군조선과 한국고유철학(2): 천부경」, 『고조선단군학』18, 고조선단군학회, 2008.
박병섭, 「삼성기전 상하편에 숨겨진 사실들」, 『선도문화』6집, 2009.
박병섭, 「환웅, 삼조선과 부여·고구려·요·금·원·청의 계보—지식형태사에 입각한 한국과 방계의 역사」, 『단군학연구』16집, 2007.
박병섭, 「단군의 계보와 고구려 기록들—「호태왕비문, '안승 책봉문', 『류기』 100권을 중심으로」, 『단군학연구』14집, 2006.
박병섭, 「단군조선 삼조선설—『사기』, 『조선상고문화사』, 『한단고기』의 연구」, 『단군학연구』17집, 2007.
박병섭, 「세계사와 한국사에서 근대성, 자유주의 그리고 소수자들」, 『범한철학』

제45집, 2007.
박병섭·박병훈, 「단군과 기자관련 사료를 통해 본 환단고기의 역사성 검토」, 『한국종교사연구』11집, 한국종교사학회, 2003.
박병섭·박병훈, 「환단고기의 역사적 전승」, 사단법인 한배달 2009년 후반기 학술대회 자료집, 2009.
박병채, 「천부경의 수용과 철학적 이해」, 국제뇌교육종합대학원 박사학위논문, 2016.
박병훈, 「단군신화의 一考察」, 전주대학교 석사학위논문, 2006.
박성수, 「천부경과 문화민족주의」, 국제뇌교육종합대학원 국학연구원학술대회 7권, 2007.
박성수, 「천부경은 위서가 아니다」, 국제뇌교육종합대학원 국학연구원학술대회 6권, 2007.
박성수, 「천부경의 유래와 선도문화」, 국제뇌교육종합대학원 국학연구원학술대회 2권, 2006.
박성수, 「환단고기의 역사 세계와 고성 이씨 문중」, 『선도문화』11집, 2011.
박성혜, 「근대 계몽기 단군신화 연구」, 서울대학교 석사학위논문, 2016.
박완서·이병화, 「천부경의 역사성과 미래좌표로서의 삼일신고」, 『한국정신과학회 학술대회논문집』21, 한국정신과학학회, 2004.
박용진, 「한국 창세신화의 특징에 관한 연구」, 『선도문화』18집, 2015.
박인호, 「일본인의 한국인식과 역사왜곡」, 『청계사학』, 청계사학회. 2002.
박재민, 「단군신화의 역사적 부각 시기에 대한 소고」, 『한국어와 문화』, 숙명여자대학교 한국어문화연구소, 2016.
박재원, 「천부경에 관한 연구—子論과 易理論을 중심으로」, 『한국사상과 문화』2권, 한국사상문화학회, 1998.
박정학, 「檀君에 관한 歷史學관련자와 일반인의 認識 比較 硏究」, 강원대학교 대학원 석사학위논문, 1996.
박정학, 「치우의 기록으로 본 『환단고기』의 역사성」, 사단법인 한배달 2009년 후반기 학술대회 자료집, 2009.
박정학, 「한민족의 형성과 얼에 대한 연구」, 강원대학교 대학원 박사학위논문, 2009.
박종천, 「웰빙시대 단군 문화콘텐츠의 현황과 전망」, 『신종교연구』39, 2018. 10.
박종혁, 「해학 이기 연구」, 성균관대 박사논문, 1990.
박진규, 「삼일신고의 수행론」, 조선대인문학연구원, 『인문학연구』42집, 2011.
박진규, 「환웅신시를 통한 '한」의 고찰」, 『고조선단군학』33집, 2015.

박창범, 「개천절 일자(日字)와 단군조선 개국년도 문제 고찰과 제언」, 『천문학논총』, 한국과학기술정보연구원(KISTI), 2015.

박창범, 「단군조선 시대천문현상기록의 과학적 검증」, 『한국상고사학보』14호, 한국상고사학회, 1993.

반재원, 「단군의 호적등본」, 『한국정신과학회 학술대회논문집』 Vol.2017, 한국정신과학학회, 2017.

방건웅, 「參佺戒經 小考」, 『국학연구』5집, 국학연구소, 2000.

방석종, 「성서적 관점에서 본 단군사화 이해」, 『고조선단군학』 No.36, 단군학회, 2017.

백정기, 「대종교 수행에 관한 연구」, 원광대대학원 박사학위논문, 2016.

복기대, 「한국 상고사 연구에 있어서 고고학 응용에 관하여」, 『선도문화』6집, 2009.

사쿠라자와아이, 「근대 일본에서의 단군론의 성립」, 『인문학연구』 Vol.31, 경희대학교 인문학연구원, 2016.

삿사 미츠아키(佐佐充昭), 『한말·일제시대 檀君信仰運動의 전개: 大倧教·檀君教의 활동을 중심으로』, 서울대 박사학위논문, 2003.

삿사 미츠아키, 「간도지역 대종교의 초기 활동과 백봉집단: 배달민족 사관의 제창」, 『간도와 한인종교』, 한국학중앙연구원 문화와종교연구소, 2010.

서굉일, 「서일의 생애와 민족운동에 관한 자료 검토」, 『선도문화』8집, 2010.

서영대, 「『巫黨來歷』소재 단군 기사의 검토」, 『민족문화논총』59, 영남대학교 민족문화연구소, 2015.

서영대, 「근대 동아시아 3국의 신화적 국조 인식」, 『고조선단군학』23, 고조선단군학회, 2010.

서영대, 「근대 한국의 단군 인식과 민족주의」, 『동북아역사논총』20권, 동북아역사재단, 2011.

서영대, 「단군관계 문헌자료 연구」 『檀君-그 이해와 자료』, 서울대 출판부, 1994.

서영대, 「조선후기 선가문헌에 보이는 한국 상고사 인식—단군 문제를 중심으로」 『한민족연구』2, 한민족학회, 2006.

서영대, 「中國 黑龍江省 群力 바위그림과 단군신화」, 『고조선단군학』 34, 단군학회, 2016.

서영대, 「중국학계의 단군 연구와 그 비판」, 『고조선단군학』 27, 고조선단군학회, 2012.

선미라, 「천부경의 기호학적 의미」, 『선도문화』3집, 2007.

송찬식, 「僞書辨」, 『月刊中央』, 1977. 9.
송호수, 「韓民族의 固有思想에 關한 硏究: 『天符經』과 三一神誥를 中心으로」, South Baylor University 박사학위논문, 1982.
송호수, 「환단고기의 사료적 가치」, 『단군학회 학술회의 발표집』, 단군학회, 1999.
신용운, 「조선중기의 단군론과 규원사화」, 『한국사의 단군인식과 단군운동』, 국제평화대학원대학교출판부, 2006.
신용철, 「단군이 하늘에 제사 지냈던 명산 '마니산'」, 『한국방재학회지』 Vol.16 No.3, 2016.
심백강, 「치우는 누구인가」, 『치우연구』창간호, (사)한배달 치우학회, 2001.
沈一用, 「천부경의 原理講論에 關한 硏究」, 『論文集』22, 안성산업대학교, 1990.
안창범, 「桓檀古記 僞書論 批判」, 『한국종교사연구』10집, 한국종교사학회, 2002.
엄진성, 「단군연구의 철학사적 전개와 전망」, 『민족문화논총』52, 영남대학교 민족문화연구소, 2012.
오강원, 「전근대시기 단군 세계 인식의 확대 과정과 맥락」, 『진단학보』제124호, 진단학회, 2015.
오대양·조원진, 「2000년대 북한학계의 단군·고조선연구 현황 검토」, 『先史와 古代』, Vol.54, 한국고대학회, 2017.
오홍국, 「PHYSICS OF CHUNBOOKYUNG(天符經)」, 『한국정신과학회 학술대회 논문집』 No.4, 한국정신과학학회, 2014.
왕희범, 「단군조선 형성의 신화적 반영 연구」, 전남대학교 석사학위논문, 2016.
우대석, 「환단고기 판본에 대한 비판적 고찰」, 국제뇌교육종합대학원대학교 석사학위논문, 2010.
우실하, 「천부경 삼일신고의 수리체계와 3수분화의 세계관」, 『선도문화』1집, 2006.
유영인, 「근대 단군신앙과 단군인식」, 『알소리』5집, 한뿌리, 2007.
유영인, 「기독교의 대종교이해」, 『국학연구』8집, 국학연구소, 2003.
유영인, 「대종교의 민족의식과 그 실천」, 『국학연구』11집, 국학연구소, 2006.
유영인, 「대종교의 생태이론과 실천」, 『국학연구』9집, 국학연구소, 2004.
유영인, 「홍암 나철의 홍익사상」, 『국학연구』10집, 2005.
윤경수, 「단군교훈 366事와 『홍부전』과의 연관성 연구—『참전계경』과 『홍부전』의 권선징악을 중심으로」, 『고조선단군학』, 고조선단군학회, 2001.
윤광길, 「洪萬宗의 道家 思想과 歷史 意識: 旬五志를 中心으로」, 『논문집』29-1, 원광대, 1995.

윤내현, 「단군학 정립을 위한 몇 가지 전제」, 단군학회, 『단군학연구』8호, 2003.
윤명철, 「壇君神話에 對한 構造的 分析」, 성균관대학교 대학원 석사학위논문, 1984.
윤명철, 「桓檀古記의 사회문화적 영향 검토」, 『단군학연구』2호, 단군학회, 2000.
윤성찬, 「단군신화의 제석과 불교의 제석천의 연관성 연구」, 『고조선단군학』 No.34, 단군학회, 2016.
윤승용, 「신종교의 경전에 대한 개설」, 『신종교연구』16, 한국신종교학회, 2007.
윤승준, 「역사연구에 있어서의 사료선택과 해석」, 『단군학회 학술회의 발표집』, 단군학회, 1999.
윤혜신, 「단군신화 變化樣相과 그 動因에 관한 연구」, 연세대학교 대학원 석사학위논문, 1992.
이경섭, 「백남운의 단군신화 인식」, 『동국사학』 Vol.63, 동국역사문화연구소(구 동국사학회), 2017.
이근철, 「'한'의 개념에 관한 연구: 천부경의 '一'을 중심으로」, 『선도문화』1집, 2006.
이근철, 「대종교 경전으로 본 桓檀古記 진위 문제」, 『선도문화』16집, 2014.
이근철, 「천부경 의 "天·地·人"에 관한 연구」, 『선도문화』4집, 2008.
이근철, 「천부경에 대한 철학적 연구」, 대전대학교 대학원 박사학위논문, 2010.
이근철, 「천부경의 "三"에 관한 선도적 고찰」, 『선도문화』3집, 2007.
이근철, 「천부경의 "一"에 관한 우주론적 고찰」, 『선도문화』2집, 2007.
이나미, 「한국의 마고 여신에 관한 고찰: 한국 신화의 고태적 상징」, 『심성연구』 Vol. 24, Issue 2, 한국분석심리학회, 2009.
이덕일, 「桓檀古記의 歷史性과 史學史的 意義」, 『세계환단학회지』 Vol.3 No.2, 2016.
李道學, 「檀君朝鮮, 神話에서 歷史로의 進入過程」, 『고조선단군학』 No.38, 단군학회, 2018.
이도학, 「재야사서해제『환단고기』」, 『민족지성』통권9호, 1986.
李得熙, 「倫理經營需壓과 開放體制實驗(Ⅵ): 建國理念 天符經의 數値實驗解析(Ⅱ)」, 『논문집』 Vol.17, 建國大學校 附設 産業技術硏究所, 1992.
이명화, 「북간도 한인사회와 명동교회」, 『일제하 간도지역의 한인사회와 종교』, 한국학중앙연구원 문화와종교연구소 국제학술대회보, 2009. 11. 20.
이병화, 「민족정신을 통한 새 문명사상: 桓檀古記, 符都誌, 揆園史話를 중심으로」, 『민족사상연구』19, 경기대학교민족문제연구소, 2010.

이상현, 「근대전환기 한국주재 외국인의 단군 담론 연구—다카하시 도루와 한국개신교 선교사의 단군 담론을 중심으로」, 『문화교류연구』제6권 제3호, 한국국제문화교류학회, 2017. 8.
이상현, 「조선후기 단군담론의 전승과 변용—한국 개신교선교사의 단군이해와 근대초기 학술사의 일면」, 『泮矯語文硏究』 Vol.48, 반교어문학회, 2018.
이숙화, 「일제 강점기의 천부경 연구」, 국제뇌교육종합대학원 석사논문, 2007.
이숙화, 「天符經 수용과 근대 지식인들의 이해」, 『남북문화예술연구』9, 남북문화예술학회, 2011.
이순근, 「고조선위치에 대한 제설의 검토」, 『성심대학보』5월호, 성심여자대학 학보사, 1987.
이순근, 「고조선은 과연 만주에 있었는가」, 『역사비평』겨울호, 역사비평사, 1988.
이순근, 「古朝群 位置에 대한 諸說의 검토」, 『聖心大學報』, 1987.
이승호, 「단군 : 역사와 신화, 그리고 민족」, 『역사비평』117호, 역사비평사, 2016.
이승호, 「한국 선도문헌의 연구사 소고」, 『선도문화』6집, 2009.
이승호, 「한국 선도사상에 관한 연구」, 대전대학교 대학원 박사학위논문, 2010.
이승호, 「한국선도 本體論 연구에 대한 試論—천부경과 『삼일신고』를 중심으로」, 『선도문화』9집, 2010.
이승호, 「한국선도경전 천부경의 전승과정에 대한 연구」, 『고조선단군학』19, 고조선단군학회, 2008.
이용범, 「현대 한국의 단군 인식과 민족주의」, 『동북아역사논총』20권, 동북아역사재단, 2011.
이용태, 「천부경도석주해서」1957, 『단암이용태선생문고』, 박달재수련원, 1997.
李容兌, 「天符經圖釋註解」1930, 『단암이용태선생문고』, 박달재수련원, 1997.
이용태, 「천부경의 해설」1960, 『단암이용태선생문고』, 박달재수련원, 1997.
이은자, 「한국어교육을 위한 〈단군신화〉의 교육 방향」, 『문화와 융합』 Vol.39 No.4 한국문화융합학회, 2017.
이이화, 「단군에 대한 이해와 오해」, 『천부사상과 환단역사』, 동신문화사, 1989.
李仁燮, 「글(文字)과 漢文에 대한 小考: 古朝鮮 檀君時代의 文字—天符經을 중심으로」, 『語文硏究』 Vol.26 No.3, 한국어문교육연구회, 1998.
이장희, 「'단군' 인식을 통해 본 오리엔탈리즘」, 『선도문화』20권, 국제뇌교육종합대학원대학교 국학연구원, 2016. 2.
이재걸, 「단군신화연구의 현황과 문제점(I)—역사학적 연구를 중심으로」,

『국제어문』3권, 국제어문학회(구 국제어문학연구회), 1982.
이재걸, 「단군신화연구의 현황과 문제점(II)—조교적·사상적 연구를 중심으로」, 『국제어문』6,7권, 국제어문학회(구 국제어문학연구회), 1986.
이재원, 「북한의 단군신화 인식에 대한 연구」, 『단군학연구』13호, 2005.
이정배, 「天符經을 통해서 본 東學과 多夕의 기독교 이해: 기독교의 토착화/세계화를 위한 水雲과 多夕의 한 접점 모색」, 『神學思想』 Vol.143, 한국신학연구소, 2008.
이정빈, 「북한의 고조선 교육과 '김일성민족'의 단군」, 『한국사학사학보』제32권, 한국사학사학회, 2015.12.
이정훈, 「계연수와 이유립을 찾아서」, 『신동아』9월호, 신동아사, 2007.
이중수, 「풍물 굿 장단에서 박의 리듬구조와 수리체계: 천부경의 삼재사상과 연관지워」, 『민족미학』10(2), 민족미학회, 2011.
이찬구, 「단군신화의 재해석: '無-天地人'의 천부경 원리에 의한 웅녀의 이해」, 『고조선단군학』17, 고조선단군학회, 2007.
이찬구, 「삼일신고의 하늘과 하느님의 관계」, 『선도문화』3집, 2007.
이찬구, 「易學과 東學의 관점에서 본 天符經사상」, 『신종교연구』Vol.8, 한국신종교학회, 2003.
이찬구, 「천부경 "大三合六에 관한 고찰」, 『선도문화』5집, 2008.
이찬구, 「천부경의 無와 과정철학」, 『선도문화』2집, 2007.
이천효, 「천부경의 본의해석」, 『도서관학논집』(한국도서관정보학회)25권, 한국과학기술정보연구원(KISTI), 1996.
이형래, 「천부경 연구사 小考」, 『선도문화』2집, 2007.
李煥壽, 「天符經의 변화하는 생활로 보는 생활경제의 변화」, 『韓國傳統商學』, 한국전통상학회, 2008
임재해, 「단군신화로 본 고조선 문화의 기원 재인식」, 『고조선단군학』19, 고조선단군학회, 2008.
임찬경, 「근대 독립운동과 역사연구 출발점으로서의 단군인식 검토」, 『선도문화』 Vol.23, 국제뇌교육종합대학원 국학연구원, 2017.
임채우, 「대종교 단군 영정의 기원과 전수 문제」, 『선도문화』11집, 2011.
임채우, 「선도사서 규원사화 해제」, 『선도문화』6집, 2009.
임채우, 「전병훈의 천부경 주석이 갖는 선도수련의 의미」, 『선도문화』5집, 2008.
임채우, 「중국철학에 대비되는 천부경의 특수성과 연구방법론에 대해: 「천부경에

나타난 도가 도교 사상」을 읽고」, 『선도문화』13집, 2012
임채우, 「해방후 단군인식의 변화와 문제」, 『선도문화』12집, 2012.
임채우, 「환단고기에 나타난 곰과 범의 철학적 의미」, 『선도문화』9집, 2010.
임태현, 「중국의 천부경연구에 대한 小論—鞠曦 교수의 천부경론을 중심으로」, 『선도문화』5집, 2008.
임태현, 「천부경의 생명사상」, 『인문학연구』 Vol.36 No.1, 충남대학교인문과학연구소, 2009.
임형진, 「한국 정치사 속에서의 단군민족주의」, 『고조선단군학』28, 고조선단군학회, 2013.
장지화, 「광복 이후 초·중등 국사교과서의 '단군조선사(檀君朝鮮史)' 분야 개정 과정 연구」, 『선도문화』 Vol.25, 국제뇌교육종합대학원 국학연구원, 2018.
전승문, 「천부경에 나타난 삼재사상과 RAIMON PANIKKAR의 해석학의 비교연구」, 감리교신학대학교 석사학위논문, 1997.
전택부, 『토박이신앙산맥』2, 대한기독교출판사, 1982.
정경희, 「여말 학계와 천부경」, 『선도문화』6집, 2009.
정경희, 「천부경, 『삼일신고』를 통해 본 한국선도의 "一·三·九論"」, 『범한철학』44권, 범한철학회, 2007.
정경희, 「천부경의 "삼원조화론"—『부도지』의 "天符" 개념을 중심으로」, 『학술대회』7권, 2007.
정경희, 「천부경의 圖象化—천부경에 의한 伏羲八卦·河圖의 해석」, 『선도문화』3집, 2007.
정경희, 「한국선도와 징심록」, 『선도문화』14집, 2013.
정경희, 「韓國仙道의 수행법과 祭天儀禮, 『도교문화연구』21, 한국도교문화학회, 2004.
井上滿郎, 「한일 천손문화론」, 『선도문화』10집, 2011.
정수근, 「天符經의 硏究」, 원광대학교 동양학대학원 석사학위논문, 2013.
정연규, 「한겨레 정신문화의 뿌리—인류문화의 근원, 천부경」, 『국학연구논총』5권, 국학연구원, 2010.
정영훈, 「揆園史話에 나타난 民族意識」, 『정신문화연구』 Vol.13 No.2, 한국학중앙연구원, 1990.
정영훈, 「남과 북의 단군인식과 단군숭앙」, 『단군과 고조선 연구』, 지식산업사, 2005.

정영훈, 「단군과 근대 민족운동」, 『한국의 정치와 경제』9, 한국정신문화연구원, 1995.
정영훈, 「조소앙의 단군민족주의와 삼균사상」, 『고조선단군학』 No.38, 단군학회, 2018.
정영훈, 「홍암 나철의 사상과 현대적 의의」, 『국학연구』6집, 국학연구소, 2001.
정욱재, 「단군 인식의 계보와 대종교 『증보문헌비고』·『단조사고』·『신단실기』를 중심으로」, 『역사문제연구』39권, 역사문제연구소, 2018.4.
정욱재, 「단군 인식의 계보와 대종교」, 『역사문제연구』 No.39, 역사문제연구소, 2018.
정욱재, 「華史 李觀求의 『新大學』연구」, 『한국사학사학보』제10집, 한국사학사학회, 2004.
정재서, 「환단고기의 신화, 도교적 상상력—專有의 민족서사」, 『중국어문학지』 Vol.45, 중국어문학회, 2013.
정종현, 「단군, 조선학 그리고 과학—식민지 지식인의 보편을 향한 열망의 기호들」, 『한국학연구』 제28집, 인하대학교 한국학연구소, 2012.12.
정호완, 「"고맙다"의 문화기호론」, 『선도문화』8집, 2010.
정호완, 「고마의 형태와 변이」, 『나랏말쌈』 Volume 2, 1987.
정호완, 「단군왕검의 형태론적 풀이」, 『한글』219집, 1993.
정호완, 「濊와 단군의 형태」, 『선도문화』7집, 2009.
조경철, 「단군신화 속 홍익인간의 유래와 그 의미」, 『정신문화연구』 Vol.40 No.3, 한국학중앙연구원, 2017.
조경철, 「단군신화의 환인·환국 논쟁에 대한 판본 검토」, 『한국고대사탐구』 Vol.23, 한국고대사탐구학회, 2016.
조남호, 「권덕규의 단군 천부경 연구」, 『선도문화』13집, 2012.
조남호, 「金澤榮의 천부경 주석 연구」, 『동서철학연구』45권, 한국동서철학회, 2007.
조남호, 「북한의 천부경 연구」, 『선도문화』4집, 2008.
조남호, 「천부경 연구의 몇 가지 문제점」, 『선도문화』1집, 2006.
조남호, 「천부경과 하도낙서」, 『도교문화연구』29, 한국도교문화학회, 2008.
조남호, 「천부경의 연구사 정리—기독교와 불교적 해석」, 『선도문화』2집, 2007.
조남호, 「천부경의 철학과 역사적 재해석: 천부경 연구사 정리(3)—천부경과 주역」, 『학술대회』6권. 2007.
조남호, 「한국도교사상사의 특징: 천부경과 하도낙서」, 『도교문화연구』29권,

한국도교문화학회, 2008.
조남호, 「홍익인간사상에서의 신인합일론 소고」, 『선도문화』6집, 2009.
조남호, 「홍익인간사상의 삼원론적 고찰」, 『홍익문화 통일 강연 시리즈 3~4호』통권20호, 홍익문화통일협회, 2003.
조남호, 「환단고기와 삼일신고」, 『선도문화』9집, 2010.
조남호, 「고교형의 단군 인식과 대종교 계열학자들의 비판」, 『대동철학』80, 대동철학회, 2017.9.
조법종, 「2000년대 이후 중국학계의 고조선연구—단군, 기자조선 연구를 중심으로」, 『선사와 고대』54권, 한국고대학회, 2017.12.
조법종, 「단군 연구사 검토 및 역사적 의미」, 『민족문화논총』52, 영남대학교 민족문화연구소, 2012.
조성환, 「단군신화에 나타난 한국철학의 정체성」, 『한국교육철학회 학술발표회논문집』 Vol.2017 No.1, 한국교육철학회, 2017.
조인성, 「규원사화론첨보」, 『경대사론』3집, 1987.
조인성, 「『규원사화』와 『환단고기』」, 『한국사시민강좌』, 일조각, 1988.
조인성, 「단군에 관한 여러 성격의 기록」, 『한국사시민강좌』27, 일조각, 2000.
조인성, 「재야사서 위서론—『단기고사』·『규원사화』를 중심으로」, 『단군과 고조선사』, 사계절, 2000.
조인성, 「한말 단군관계사서의 재검토—신단실기·단기고사·환단고기를 중심으로」, 『한국사논총』3집, 1989.
조인성, 「現傳 揆園史話의 史料的 性格에 대한 一檢討」, 『李丙燾九旬紀念韓國史學論叢』, 1987.
조인성, 「환단고기에 대한 몇 가지 의문」, 『단군학회 학술회의 발표집』, 1999.
조인성, 『桓檀古記』의 『檀君世紀』와 『檀奇古史』·『揆園史話』, 단군학회, 『단군학연구』 제2호, 2000.
조정옥, 「근본 생태주의의 눈으로 본 단군신화와 마고신화」, 『선도문화』2집, 2007.
조준희, 「단군 영정」, 『알소리』5호, 한뿌리, 2007.
조준희, 「白峯神師의 도통전수에 관한 연구」, 『선도문화』1집, 2006.
조준희, 「삼일신고 독경 연구」, 『선도문화』7집, 2009.
조준희, 「한국고대사의 시공간적 문헌적 범위」, 『대종교 경전의 서지적 검토』, 한국학중앙연구원 한민족공동체연구소, 2012.
조준희, 「대종교 중광성지 東京 蓋平館과 北村 翠雲亭에 대한 종교지리학적 고찰」,

『국학연구』8집, 2003.
조현설, 「조선 초기의 단군신화와 의례의 관계—『세종장헌대왕실록·지리지』 소재 단군신화를 중심으로」, 『구비문학연구』 Vol.45, 한국구비문학회, 2017.
차남희·이지은, 「최남선의 "조선 민족"과 단군」, 『담론201』17권4호, 한국사회역사학회, 2014.
채정균, 「단군 민족주의적 관점에서 본 이인성의 작품연구」, 경북대학교 박사학위논문, 2016.
최국태, 「천부경으로 본 역사 고전의 수 상징 해석」, 『전통문화논총』 Vol.14, 한국전통문화대학교 한국전통문화연구소, 2014.
최몽룡, 「단군릉 발굴에 대한 몇 가지 이견」, 『한국상고사학보』15호, 한국상고사학회, 1994.
최봉준, 「이승휴의 단군 중심의 역사관과 다원문화론」, 『한국사상사학』52권, 한국사상사학회, 2016. 4.
최삼룡, 「仙人說話로 본 韓國 固有의 仙家에 대한 硏究」, 『道教와 韓國思想』1, 한국도교사상연구회, 1987.
최삼룡, 「黃胤錫 文學의 道教的 側面에 대하여」, 『韓國 道教文化의 位相』, 아세아문화사, 1993.
崔碩基, 「天符經과 檀奇兩朝의 고찰」, 『白山學報』37, 백산학회, 1990.
최성욱, 「단군신화의 교육학적 재해석」, 『教員教育』 Vol.33 No.1, 한국교원대학교 교육연구원, 2017.
최윤수, 「三一神誥와 參佺戒經에서의 三一 원리, 『국학연구』 4집, 국학연구소, 1998.
최윤수, 「삼일신고와 참전계경의 구성 비교」, 『한국정신과학학회지』, 1999.
최창록, 「청학집의 분석 연구」 『대구어문논총』12, 대구어문학회, 1994.
최현호, 「檀君天眞 小考 : 책에 인용된 자료를 중심으로」, 『비블리오필리』4, 책을 좋아하는 사람들, 1993.
한별, 「천부경 81자」, 『啓明』, 계명구락부, 1921.
한석태, 「玄黙子 洪萬宗의 思想에 관한 一考察: 『旬五志』를 中心으로」, 『論文集』12, 경남대, 1985.
한영우, 「17세기후반~18세기초 洪萬宗의 會通思想과 歷史意識」, 『한국문화』12, 서울대 한국문화연구소, 1991.
한영우, 「고려-조선전기의 기자인식」, 『한국문화』3,
한영우, 「단군신앙과 민족의식의 성장」, 『한국의 문화전통』, 을유문화사, 1988.

한영우, 「재야사서 해제 「규원사화」」, 『민족지성』11월호, 1986.
허창무, 『한국 고유사상·문화론의 전개와 의의』, 한국정신문화원, 2004.
홍기돈, 「국조 단군의 기원과 고구려·신라 담론의 형성 과정 고찰」, 『근대서지』 No.13 근대서지학회, 2016.
홍성렬, 「天符經 數理部의 數學的 解釋」, 『산업개발연구』 Vol.6, 공주대학교 산업개발연구소, 1998.
황경선, 「하이데거와 천부경에서 一者의 문제」, 『동서철학연구』72권, 한국동서철학회, 2014.
황광욱, 「천부경의 전래에 관한 일고찰」, 『한국철학논집』2권, 한국철학사연구회, 1992.

정기간행물 및 기타

『자유』
『한배달』
『국학연구(國學硏究)』
『알소리』
『단군학연구』
『고조선단군』
《단군의 힘 통일의 그날까지》, 2002. 8. 22. 전시회도록.
《개천절, 남북이 하나되다》, 2014평양의 사람들 화보집, 단국민족평화통일협의회 개천절민족(남북·해외)공동행사준비위원회, 2014.
《공공장소 단군상 이대로 둘것인가》, 경북기독교총연합회, 2001.
허호익 교수의 한국신학마당, http://theologia.kr/board_tangun

외국 문헌

1) 중국

연구서

谷德明, 『朝鮮族檀君神話』, 北京 民族文化, 1986.

董越(明) 撰,王政(明) 校刊, 「朝鮮賦」, 1488.

謝君韜, 『韓國訪問記』, 港海通訊社, 중화민국46.

西村豊, 王履康 編譯, 『韓國沿革史 (上. 下)』, 大橋德壽, 1902.

薛培榕(淸) 編輯, 『東藩紀要』, 古活字本, 1883.

孫穆, 『鷄林類事』, 1200년 무렵.

禹王, 吳縣孫谿逸士, 『山海經』, 埽葉山房, 1884.

張楚金 編, 雍公叡 註,『翰苑』, 660년 무렵.

張春植, 『檀君王儉朝』, 長白山, 1988.

鍾淵映(淸) 撰, 『歷代建元考』, 筆寫本, 1890년 무렵.

연구논문

强昱, 「简论天符经的思想内涵」, 『선도문화』13집, 2012.

顧銘學, 「古朝鮮的西部邊界」, 『朝鮮史通訊』, 1980.

鞠曦, 「天符经的思想 与现代意义」, 『선도문화』4집, 2008.

董作賓, 「檀紀和中國古史年」, 『中韓文化論叢1』, 臺北 中華文化出版事業委員會, 1955.

劉子敏, 「燕·遼東· 古朝鮮」, 『東疆學刊』 8期, 1991.

刘仲宇, 「天符经与道教宇宙论的 比较研究」, 『선도문화』4집, 2008.

李雲鐸 譯, 「古朝鮮」, 『朝鮮歷史譯叢』, 1980.

李雲鐸 譯, 「古朝鮮的領域及其中心地」, 『朝鮮歷史譯叢』, 1980.

李雲鐸 譯, 「古朝鮮的社會性質及其形成時期」, 『朝鮮歷史譯叢』, 1980.

李洪甫, 「關於"檀君朝鮮"的幾個問題」, 『中韓人文科學研究』1輯, 中韓人文科學研究會, 1996.

繆正西, 「檀君神話研究一以神話形成過程及傳說演變爲中心」, 『韓國學報』13, 臺北 中華民國韓國研究學會, 1995.

朴眞爽, 「關于古朝鮮的幾個問題」, 『朝鮮史通訊』, 1980.
桑秀雲, 「東夷與朝鮮關係」, 『政大邊政研究所年報』14, 1983.
蕭登福, 「天符經中所見道家道教思想」, 『선도문화』13집, 2012.
孫進己, 「古朝鮮的西界」, 『中朝邊界研究文集』, 吉林省社會科學院, 1998.
芮逸夫, 「韓國古代民族考略」, 『中韓文化論文集(上)』, 臺北 中華大典編印會, 1966.
張碧波, 「古朝鮮研究中的誤區—東北史評之一」, 『黑龍江民族叢刊』 4期, 1999.
張碧波, 「對古朝鮮文化的幾點思考」, 『北方論叢』147, 1998.
朱越利, 「天符'词义之诠释」, 『선도문화』4집, 2008.
周向永, 「朝鮮稱名涵義新解」, 『北方文物』 4期, 1999.
陳明崇, 「檀君神話在韓國文化社會中之地位」, 『現代學苑』10-10, 1973.
陳育良, 「關于古朝鮮地址問題的討論」, 『歷史研究』, 1962.
許憲範, 「古代朝鮮姓氏考」, 『延邊大學學報』, 延邊大學, 1988.
許憲範, 「朝鮮名稱由來考」, 『明知史論』 第6號 명지대학교 史學會, 1994.
許憲範, 「朝鮮一名由來考略」, 『朝鮮史研究』 6期, 1985.

2) 일본

연구서

江上波夫 松本清張, 『古代朝鮮の 歷史と 文化』, 讀賣新聞社, 1975.
久保得二, 『朝鮮史』, 博文館: 明治43(1910).
國友重章 閱 恒屋盛服, 『朝鮮開化史』, 東亞同文會藏版, 1901.
今西龍 遺著, 『朝鮮古史の 研究』, 近澤書店, 1937.
今西龍 著, 『檀君考』, 京城: 近澤印刷部 印刷, 1929.
今西龍, 『檀君の說話に就きて』, 日本歷史地理學會, 1910.
吉田東伍, 『日韓古史斷』, 東京: 富山房書店, 1895(초판1893).
金澤莊三郎, 『日鮮同祖論』, 汎東洋社, 昭和18(1943).
鹿島 昇 訳, 『桓檀古記』, 東京, 新國民社, 1982.
林泰輔, 『朝鮮史』, 연활자본, 東京: 吉川半七發行, 1892.
細井肇 編, 『鮮滿の 經營』, 自由討究社, 1921.
要項號, 『朝鮮史講座』, 朝鮮史學會, 1923.
有高巖, 『槩觀東洋通史』, 東京 同文書院, 1937.
長野覺 著 朴成壽 譯, 『韓國檀君神話と英彦產開山傳承の謎』, 海鳥社, 1996.

井上秀雄,『古代朝鮮』, 日本放送出版協會, 1974.
朝鮮史學會,『朝鮮史要』, 朝鮮史學會, 昭和4(1929).
朝鮮總督府 編,『朝鮮史のしるべ』, 朝鮮總督府, 昭和11(1936).
青柳綱太郎,『朝鮮文化史大全』, 조선연구회, 1924.
青柳綱太郎,『朝鮮四千年史』, 朝鮮研究會, 1917.
村山智順,『朝鮮の類似宗教』, 京城: 朝鮮總督部, 1935.
村上秀一,『國民東洋歷史』, 富山房, 1927.
坂本太郎 校注,『日本書紀』, 岩波書店, 2003.

연구논문

高橋亨,「三国遺事の註及檀君伝説の発展」,『朝鮮学会』(7), 1955.
高橋庸一郎,「檀君神話成立時期の周辺」,『阪南論集』人文·自然科学編40(2), 阪南大学学会, 2005.
金英珠,「偽書と檀君神話:『揆園史話』を中心に」,『アジア遊学』(161), 勉誠出版, 2013.
都珖淳,「檀君神話の歴史性に関する研究—檀君神話形成の歴史性を中心に」,『二松学舎大学東洋学研究所集刊』(15), 二松学舎大学東洋学研究所, 1984.
朴正義,「一つの民族を語らない『三国遺事』壇君」,『日本文化學報』第38輯, 한국일본문화학회, 2008.
桑野栄治,「李朝初期の祀典を通してみた檀君祭祀」,『朝鮮学会』(135), 1990.
松原孝俊,「朝鮮神話研究の最前線—檀君神話を中心にして(特集 世界の神話をどう読むか)」, Eureka 29(2), 青土社, 1997.
野崎充彦,「檀君の位相—固有と外来の相克」,『朝鮮史研究会論文集』(35), 朝鮮史研究会, 1997.
野崎充彦,「檀君神話と朝鮮の民族文化」,『文字』(3), 京都精華大学文字文明研究所, 2004.
野崎充彦,「道教の朝鮮化につこて」,『アシア遊學』16호, 2005.
野平俊水,「韓国メディアウオッチング(9)檀君像の首切り事件発生」,『現代コリア』(399), 現代コリア研究所, 2000.
熊谷治,「三國遺事にみえる神仙思想」,『朝鮮學報』125호, 天理大學. 1987.
原田一良,「『本紀』檀君即位年の復元」,『朝鮮學會』184, 2002.
全成坤,「崔南善における檀君神話の発見と親日派の再解釈—植民地朝鮮における

「同化政策」をめぐって」, *The Journal of Japanese studies*(21), 大阪大学文学部日本学研究室, 2002.

佐々充昭, 「植民地期朝鮮における檀君教の沿革と活動」, 『朝鮮史研究会論文集』(41), 朝鮮史研究会, 2003.

佐々充昭, 「総督府朝鮮史編纂における檀君論争と李能和の朝鮮神教論」, 『季刊日本思想史』(76), ぺりかん社, 2010.